***René Martin***
Université de la Sorbonne nouvelle (Paris III)

***Jacques Gaillard***
Université de Strasbourg

***Jean Cousteix***
École normale supérieure de Saint-Cloud

***Jean-Pierre Laliman***
Lycée de La Réole



# *Latin*

*première*
*terminale*

scodel

NATHAN

# *Avant-propos*

*La plupart des jeunes latinistes, après les années qui conduisent au Baccalauréat, n'auront plus, dans leur vie, de contact véritable avec la langue, la littérature et la civilisation latines. Quel bilan feront-ils de ces études abandonnées au profit d'autres, qui commanderont directement leur vie professionnelle? Qu'ils en gardent un bon souvenir peut s'entendre de deux manières : au sens courant, cela veut dire qu'ils auront trouvé dans les cours de latin l'agrément d'une nourriture intellectuelle intéressante, méritant leurs efforts et proposée sans pédante austérité; dans un autre sens, le bon souvenir sera le contraire d'un oubli rapide, en dépit de cent autres sollicitations intellectuelles. Double enjeu donc, dont nous avons voulu mieux tenir compte.*

*Il nous a paru important que, pour ces deux années, les professeurs puissent disposer, en un seul ouvrage, d'un vaste choix de textes, afin de guider aisément la progression de leurs élèves en fonction de leur niveau de connaissances, mais aussi de leur curiosité ou de leur intérêt pour tel ou tel aspect de la littérature latine. Les pages souvent moroses d'une anthologie permettent assurément le choix dans l'abondance, mais l'organisation thématique assure, dans chaque chapitre, une stimulante variété. Il est bon de passer de Varron à Properce, d'Ovide à Cicéron...*

*Ce manuel reprend, dans une large mesure, ceux que nous avons fait paraître aux Éditions Scodel. Il n'en comporte pas moins d'assez nombreuses innovations dont la principale est la fusion en un seul volume du livre de Première et du livre de Terminale. Cette fusion nous a conduits à resserrer les chapitres, et à donner de chaque thème une présentation plus synthétique. Elle permettra aux professeurs de choisir dans un ensemble beaucoup plus large les textes qu'ils feront étudier à leurs élèves, et aussi d'opérer d'utiles rapprochements entre des thèmes que leur répartition entre deux ouvrages distincts séparait de façon regrettable.*

*Nous avons, en opérant ces changements, tenu le plus grand compte des remarques et critiques formulées, au fil des ans, par nos collègues utilisateurs du livre. Certains souhaitaient des textes plus suivis : ils constateront que plusieurs extraits ont été allongés. Beaucoup regrettaient l'absence d'un tableau chronologique précis et de notices biographiques sur les auteurs : ils trouveront ces deux éléments, à coup sûr importants. Tous déploraient que les références des textes ne fussent pas indiquées : ils verront que cette lacune a été comblée.*

*Il nous a également paru important que, par sa forme même, cet ouvrage unique ait vocation non pas de constituer, textes à l'appui, une « petite encyclopédie », ce qui serait présomptueux, mais un bon guide permettant d'embrasser l'essentiel de la littérature, de la civilisation et de l'histoire romaines. Un livre qui, après tout, ait sa place sur les rayons d'une bibliothèque après la fin des versions latines, comme un outil culturel maniable, riche en références même pour celles et ceux qui continueront à faire des versions latines... Un livre, donc, qui pourra servir également, après le Baccalauréat, aux étudiants de Lettres (modernes et classiques) des Universités et des classes préparatoires.*

*Aussi bien y-a-t-il beaucoup de Français dans ce manuel de latin, des rubriques procurant des informations, esquissant des problématiques, établissant des liens entre textes anciens et textes plus modernes. Et l'iconographie, considérablement enrichie et embellie, contribuera aussi à éveiller la curiosité artistique de l'étudiant.*

*Les disciplines littéraires sont soumises, dans le champ des études secondaires, à une rude concurrence. Puisse cet ouvrage aider professeurs et élèves dans leurs tâches respectives – et complémentaires! Tel qu'il se présente, ce manuel, où se combinent l'ancien et le nouveau, ne manquera pas de susciter d'autres observations. Merci d'avance à tous ceux qui, satisfaits ou non, nous feront l'amitié de les formuler.*

*Les auteurs*

# ROMA CAPUT ORBIS TERRARUM

**(L'Empire romain à son apogée : II^e siècle après J.-C.)**

SARMATIA
SCYTHIA
MARE
CASPIUM
CHERSONESOS
TAURICA
COLCHIS
DACIA
Tomi
PONTUS EUXINUS
MOESIA
Sinope
PONTUS
THRACIA
PARTHI
CEDONIA
MARE
ESSALIA
Mitylene
ASIA
CAPPADOCIA
AEGAEUM
LYDIA
Euphrates
elphi
Ephesus
MESOPOTAMIA
Athenae
Maeander
Corinthus
CILICIA
mpia
Tigris
Cyclades
SYRIA
Rhodos
Cyprus
Euphrates
Creta
R N U M
JUDAEA
Alexandria
RENAICA
AEGYPTUS
Nilus

# Chronologie

| | Événements marquants de l'histoire romaine |
|---|---|
| – **753** | Fondation (légendaire) de Rome par Romulus |
| – **509** | **Passage de la Monarchie à la République** |
| – **270** | Rome maîtresse de l'Italie; Les Romains en contact avec la civilisation grecque |
| – **264** | → – **241 :** Première Guerre punique |
| – **219** | → – **202 :** Deuxième Guerre punique |
| – **200** | → – **168 :** Conquêtes romaines en Grèce et au Moyen-Orient |
| – **149** | → – **146 :** Troisième Guerre punique |
| – **125** | → – **120 :** Conquête de la Gaule méridionale |
| – **112** | → – **106 :** Guerre contre Jugurtha en Afrique du Nord |
| – **100** | → – **82 :** Troubles divers et première guerre civile (Marius contre Sylla) |
| – **73** | → – **71 :** Révolte de Spartacus |
| – **70** | Affaire Verrès |
| – **63** | Cicéron consul; conjuration de Catilina |

| | Principaux écrivains latins |
|---|---|
| – **254** | Naissance de **Plaute** (mort en – 184) |
| – **234** | Naissance de **Caton** (mort en – 149) |
| – **190** | Naissance de **Térence** (mort en – 159) |
| – **186** | Dernières comédies de Plaute |
| – **168** | Caton, *De agricultura* |
| – **160** | Térence, *Les Adelphes* |
| – **116** | Naissance de **Varron** (mort en – 27) |
| – **106** | Naissance de **Cicéron** (mort en – 43) |
| – **100** | Naissance de **César** (mort en – 44) et de **Lucrèce** (mort en – 55) |
| – **87** | Naissance de **Catulle** (mort en – 54) et de **Salluste** (mort en – 35) |
| – **70** | Naissance de **Virgile** (mort en – 19) |
| – **65** | Naissance d'**Horace** (mort en – 8) |
| – **59** | Naissance de **Tite-Live** (mort en + 17) |

| | |
|---|---|
| **– 58** | → **– 50 :** Conquête de la Gaule par Jules César |
| **– 48** | → **– 45 :** Deuxième guerre civile (César contre Pompée) |
| **– 44** | Assassinat de César (Ides de Mars) |
| **– 35** | → **– 30 :** Troisième guerre civile (Octave contre Antoine) |
| **– 30** | **Fin de la période républicaine; début du régime impérial, ou Principat.** Rome s'empare de l'Égypte (victoire d'Octave sur Antoine et Cléopâtre à Actium) |
| **0/1** | **Début conventionnel de l'ère chrétienne** (Jésus-Christ est né en fait 4 ou 5 ans plus tôt) |
| **6** | → **17 :** Conquête de la Judée, d'une partie de l'Europe centrale et d'une partie de la Germanie. |
| **43** | Conquête de la (Grande) Bretagne |
| **54** | Avènement de Néron |
| **68** | Suicide de Néron |
| **79** | Éruption du Vésuve, qui détruit Pompéi et Herculanum |
| **80** | Construction du Colisée |
| **101** | → **114 :** Dernières conquêtes romaines (la Dacie = la Roumanie, et l'Arménie) |

| | |
|---|---|
| **– 54** | Naissance de **Tibulle** (mort en – 19) |
| **– 47** | Naissance de **Properce** (mort en – 15) |
| **– 43** | Naissance d'**Ovide** (mort en + 17) |
| **– 39** | Virgile, *Bucoliques* |
| **– 36** | Varron, *Rerum rusticarum libri III* |
| **– 29** | Virgile, *Géorgiques* |
| **– 19** | Mort de Virgile; publication posthume de *L'Énéide* |
| **– 4** | Naissance de **Sénèque** (mort en + 65) |
| **23** | Naissance de **Pline l'Ancien** (mort en 79) |
| **35** | Naissance de **Quintilien** (mort ≃ 100) |
| **40** | Naissance de **Martial** (mort en 102) |
| **≃ 50** | **Quinte-Curce** et **Phèdre** |
| **55** | Naissance de **Tacite** (mort vers 120) |
| **≃ 60** | **Columelle,** *De re rustica.* Naissance de **Juvénal** (mort ≃ 140), et de **Pline le Jeune** (mort ≃ 113) |
| **60** | → **80 :** Pétrone, *Satiricon.* |
| **75** | Naissance de **Suétone** (mort ≃ 155) |
| **124** | Naissance d'**Apulée** (date de sa mort inconnue) |

**≃ 150** Apogée de l'Empire romain : la *Pax Romana* règne sur le monde

**166** → **180 :** Premières incursions germaniques

**212** Édit de Caracalla, accordant le droit de citoyenneté romaine à tous les habitants de l'Empire

**220** → **284 :** Crise généralisée de l'Empire romain; anarchie militaire; progrès importants du christianisme

**250** → **258 :** Répression antichrétienne

**284** Dioclétien rétablit la situation; début du « Bas-Empire » (en fait, période de renaissance après la crise du IIIe siècle)

**300** → **305 :** Période de répression la plus importante du christianisme

**312** Avènement de Constantin, premier empereur chrétien

**395** Mort de Théodose, dernier empereur à avoir régné sur l'ensemble de l'Empire; il institue le christianisme religion d'État et partage l'Empire romain entre ses deux fils (Empire romain d'Occident et Empire romain d'Orient)

**400** → **476 :** Les grandes invasions

**476** Chute de l'Empire romain d'Occident.

**130** Naissance d'**Aulu-Gelle** (date de sa mort inconnue)

**≃ 150** Naissance de **Minucius Felix** et de **Tertullien** (morts ≃ 220)

**≃ 200** Naissance de **saint Cyprien** (mort en 258)

**≃ 250** Naissance d'**Arnobe** et de **Lactance** (morts ≃ 320)

**310** Naissance du poète **Ausone** (mort en 395)

**330** Naissance de l'historien **Ammien Marcellin** (mort en 400)

**345** Naissance de **saint Jérôme** (mort en 419)

**348** Naissance de **Prudence,** poète chrétien (mort ≃ 410)

**354** Naissance de **saint Augustin** (mort en 430)

**390** Naissance de **Salvien,** historien et apologiste chrétien (mort en 470)

**417** poème de **Rutilius Namatianus**

**≃ 450** **(?) Palladius,** *Traité d'agriculture.*

# QUELQUES ÉCRIVAINS LATINS

## AMBROISE

*(Aurelius Ambrosius),* 330-397 ; très haut fonctionnaire impérial (il était gouverneur de l'Italie du Nord), il fut élu évêque de Milan, alors capitale de l'Empire d'Occident, par les chrétiens de la ville ; il devait devenir le directeur de conscience des empereurs, et jouer un grand rôle dans la conversion de saint Augustin.

## AMMIEN MARCELLIN

*(Ammianus Marcellinus),* né à Antioche vers 340, officier sous Constantin et Julien l'Apostat, est l'un des derniers grands écrivains de l'Empire romain, dont il relate, dans ses Histoires *(Res Gestae),* les ultimes soubresauts.

## APULÉE

*(Apuleius),* vers 125-vers 200. Africain, philosophe platonicien et brillant conférencier, il est surtout connu pour son roman, *Les Métamorphoses* ou *l'Ane d'or,* qui présente les apparences d'un roman d'aventures, mais a probablement une signification philosophico-religieuse.

## ARNOBE

*(Arnobius),* IIIe s. ap. J.-C. Rhéteur africain tardivement converti au christianisme, auteur d'un virulent pamphlet *Contre les païens.*

## AUGUSTIN

*(Aurelius Augustinus),* 354-430 ap. J.-C., né à Thagaste, en Afrique du Nord, fut étudiant à Carthage, puis professeur de rhétorique avant de se convertir au christianisme et de devenir évêque d'Hippone (Bône). Il laisse une œuvre immense, à la fois philosophique, théologique, pastorale, d'où se distinguent deux monuments : les *Confessions* et *La Cité de Dieu.*

## AULU-GELLE

*(Aulus-Gellius),* 130-175 ap. J.-C., vécut à l'écart des affaires publiques, s'occupant de grammaire, de rhétorique et de philosophie. Son ouvrage, les *Nuits attiques,* ainsi nommé parce qu'il fut composé à Athènes pendant les soirées d'hiver, nous fournit une foule de renseignements précieux pour la connaissance de l'Antiquité.

## CATULLE

*(Caius Valerius Catullus),* 87-54 av. J.-C., originaire de Vérone, se fixa à Rome, où il devint le plus en vue des « nouveaux poètes » et connut une liaison orageuse et passionnée avec Claudia, une aristocrate de mœurs très libres qu'il a chantée sous le nom de Lesbia.

## CELSE

*(Aulus Cornelius Celsus)* vécut sous Tibère. Médecin, il composa une *Encyclopédie* en 20 livres, dont nous reste la partie médicale.

## CÉSAR

*(Caius Julius Caesar),* 100-44 av. J.-C., général et homme d'État romain. Après la conquête de la Gaule, réalisée par lui pour égaler la gloire de son rival Pompée, il engagea contre celui-ci une guerre civile dont il sortit vainqueur. Il établit alors un régime de pouvoir personnel qui rencontra la sympathie du peuple mais la vive hostilité du parti sénatorial, et mourut victime d'un attentat perpétré par ce dernier. Ses deux ouvrages, la *Guerre des Gaules* et la *Guerre civile,* constituent de précieux documents mais ne sont pas exempts d'une subtile déformation historique.

## CICÉRON

*(Marcus Tullius Cicero),* 106-43 av. J.-C., chevalier romain, essaya de bâtir une carrière politique sur ses talents d'orateur ; mais son consulat de 63, où il fit face à la conjuration de Catilina, lui valut plus d'ennuis que de gloire. Exilé, puis réhabilité, il ne cessa jamais d'exercer une influence politique, jusqu'aux *Philippiques,* ses derniers discours, où il s'opposa à Antoine. Outre ses nombreux discours politiques et ses plaidoyers, il a composé un grand nombre de dialogues philosophiques *(De oratore, De republica, De legibus),* d'ouvrages sur la rhétorique et l'art oratoire, et nous a laissé une vaste *Correspondance.*

## CYPRIEN

*(Caius Caecilius Cyprianus),* vers 200-258. Professeur de rhétorique converti au christianisme, il devint évêque de Carthage, où il mourut en martyr lors de la persécution de 258. Ses *Lettres pastorales,* écrites en pleine tourmente, constituent un précieux témoignage sur la répression antichrétienne au IIIe siècle.

## FLORUS

*(Lucius Annaeus Florus),* IIe s. ap. J.-C.. Ami de l'empereur Hadrien, ce professeur distingué écrivit un abrégé en deux livres de l'*Histoire romaine* de Tite-Live, qui nous permet de combler partiellement les lacunes de celle-ci.

## HORACE

*(Quintus Horatius Flaccus),* 65-8 av. J.-C., d'origine très modeste (son père était un affranchi), dut à son intelligence et à son talent d'écrivain de devenir l'ami de Mécène, le « premier ministre » de l'empereur Auguste et le protecteur des lettres et des arts. Son œuvre est

très diverse, mais avec des thèmes de prédilection qui sont l'amour et l'amitié, la campagne, les plaisirs de l'existence et tout ce qu'on peut appeler « les choses de la vie ».

## JÉRÔME

*(Hieronymus),* vers 350-419, ancien fonctionnaire impérial, embrassa la vie monastique avant de devenir secrétaire du pape Damase et directeur de conscience des chrétiennes de la haute société romaine. On lui doit une traduction latine de la Bible (la *Vulgate*) qui fait encore autorité aujourd'hui.

## LUCAIN

*(Marcus Annaeus Lucanus),* 39-65 ap. J.-C., originaire d'Espagne et neveu de Sénèque, devint l'ami de Néron qui, jaloux de son talent de poète, le disgrâcia. Pour se venger, il participa à la conjuration de Pison. Tacite et Suétone nous racontent que, découvert, il dénonça sa propre mère pour se faire pardonner. Il n'en reçut pas moins l'ordre de mourir. Son poème épique, la *Pharsale,* relate, en dix chants, la lutte de César et Pompée, dont la bataille de Pharsale, où Pompée fut battu, constitue un épisode décisif.

## MARTIAL

*(Marcus Valerius Martialis),* 40-104 ap. J.-C., originaire d'Espagne, passa la plus grande partie de sa vie à Rome, où il se fit l'observateur ironique des mœurs, tout en vivant aux crochets des riches qu'il payait en poèmes.

## MINUCIUS FELIX

Début du IIIe s. ap. J.-C.. Avocat d'origine africaine, il est le premier en date des apologistes chrétiens.

## NEPOS

*(Cornelius Nepos),* vers 95-24. Originaire de Pavie, il fut l'ami de Catulle et de Cicéron. De son œuvre abondante ne subsistent que les *Vies des grands généraux étrangers* et une *Vie d'Atticus.*

## OVIDE

*(Publius Ovidius Naso),* 43 av. J.-C.-17 ap. J.-C., brillant avocat et surtout poète mondain très en vogue dans la haute société, il finit tristement sa vie au bord de la mer Noire, où il avait été exilé par l'empereur Auguste pour des raisons mal connues.

## PÉTRONE

*(Caius Petronius Arbiter)* nous est mal connu; on considère généralement que l'auteur du *Satiricon,* le premier roman latin, vécut sous Néron.

## PHÈDRE

*(Julius Phaedrus),* 15 av. J.-C-50 ap. J.-C.. Ancien esclave d'origine grecque, affranchi par l'empereur Auguste.

## PLAUTE

*(Titus Maccius Plautus),* ≃ 254-184 av. J.-C., est né en Ombrie. On ne sait rien de précis sur sa vie, mais il semble avoir été, comme Molière, à la fois auteur comique et chef de troupe; une légende (peut-être vraie) veut qu'il ait été esclave pendant quelques années à la suite d'une faillite.

## PLINE L'ANCIEN

*(Caius Plinius Secundus)* 23-79 ap. J.-C.. Travailleur infatigable, il réussit à mener de front la vie d'un grand administrateur et celle d'un érudit; de son œuvre immense ne subsiste que l'*Histoire naturelle,* en 37 livres; il mourut lors de l'éruption du Vésuve, victime de sa curiosité scientifique.

## PLINE LE JEUNE

*(Caius Plinius Caecilius Secundus),* 62-vers 113 ap. J.-C.. Neveu du précédent, il fut un brillant avocat et orateur, très « en vue » dans la société mondaine, ami de Trajan qu'il glorifia par un *Panégyrique;* ses 9 livres de *Lettres* (écrites d'emblée pour être publiées) ne manquent ni d'urbanité, ni de bon goût, ni d'esprit, mais sont parfois trop élégantes pour être profondes.

## PROPERCE

*(Sextus Propertius),* 47/46-15/16 av. J.-C.. Chevalier romain, originaire d'Assise. Membre du cercle de Mécène, il a consacré sa vie à la poésie, amoureuse d'abord, nationale ensuite.

## PRUDENCE

*(Marcus Aurelius Clemens Prudentius),* 348-410. Haut fonctionnaire d'origine espagnole, il consacra sa retraite à la poésie, se proposant de doter le christianisme d'un *corpus* poétique capable de rivaliser avec les grandes œuvres profanes.

## QUINTILIEN

*(Marcus Fabius Quintilianus),* vers 35-vers 96 ap. J.-C.. Avocat et professeur de rhétorique renommé, il fut chargé par l'empereur Domitien de l'éducation de ses neveux. Il publia vers 95 sa célèbre *Institution oratoire,* qui développe en douze livres un programme complet des études visant à former le futur orateur.

## SALLUSTE

*(Caius Sallustius Crispus),* 86-35 av. J.-C., se consola des amertumes d'une carrière politique manquée dans l'ombre de César en composant des ouvrages historiques : *La Conjuration de Catilina, La Guerre de Jugurtha,* les *Histoires* enfin, dont seuls des fragments nous sont parvenus.

## SALVIEN

*(Salvianus),* 390-470. Prêtre marseillais, très hostile aux classes dirigeantes; il salua les invasions barbares comme voulues par Dieu pour purifier la société romaine de ses vices.

## SÉNÈQUE

*(Lucius Annaeus Seneca),* 4 av. J.-C. (?)-65 ap. J.-C., d'origine provinciale (né à Cordoue), fut le précepteur, puis le « premier ministre » de Néron, tâche ingrate s'il en fut... ce qui l'amena à se suicider sur ordre de l'empereur. Il laisse une ample œuvre philosophique, marquée surtout par le stoïcisme, des *Lettres à Lucilius* qui, sous la forme d'une correspondance sans doute fictive, s'efforcent de conduire Lucilius à la sagesse, et des tragédies assez violentes (notamment : *Médée, Phèdre, Œdipe*).

## SIDOINE APOLLINAIRE

*(Caius Sollius Apollinarius),* 430-488, originaire de Lyon puis évêque de Clermont, composa des poésies et nous laisse une importante *Correspondance,* qui constitue un précieux témoignage sur les dernières années de l'Empire d'Occident et les invasions barbares.

## SYMMAQUE

*(Quintus Aurelius Symmachus),* fin du IVe s. ap. J.-C.. Leader du « parti païen », cet aristocrate traditionaliste fut préfet de Rome en 384. Il a laissé une *Correspondance* en dix livres, à l'imitation de Pline le Jeune.

## TACITE

*(Publius Cornelius Tacitus),* vers 55-120 ap. J.-C., fut un « grand commis » de l'Empire, très lié à Pline et à Trajan. Son œuvre historique *(La Vie d'Agricola,* les *Histoires* et les *Annales)* est d'une admirable densité.
Il écrivit aussi un *Dialogue des orateurs* et *La Germanie,* étude ethnologique des peuples vivant au-delà du Rhin.

## TÉRENCE

*(Publius Terentius Afer),* vers 190-159 av. J.-C., d'origine africaine, vint à Rome comme esclave. Affranchi par son maître, le sénateur *Terentius,* il prit, selon l'usage, le nom de celui-ci et devint l'ami de Scipion Émilien, leader du parti philhellène, qui aurait collaboré avec lui à la composition de ses pièces.

## TERTULLIEN

*(Quintus Septimius Florens Tertullianus),* vers 150-vers 220 ap. J.-C.. Rhéteur africain converti au christianisme, il fut ordonné prêtre, puis forma en marge de l'Église une secte particulièrement rigoriste. On lui doit une définition de la femme comme étant « la porte du diable » *(janua diaboli).*

## TIBULLE

*(Aulus Albius Tibullus),* ≃ 54 av. J.-C. ≃ 19 ap. J.-C.. On sait très peu de choses de sa vie, si ce n'est qu'il refusa de faire une carrière politique ou militaire pour se consacrer à la poésie et peut-être à l'amour.

## TITE-LIVE

*(Titus Livius),* 59 av. J.-C.-17 ap. J.-C., consacra sa vie à une histoire de Rome depuis les origines jusqu'à son temps *(Ab urbe condita);* elle ne comptait pas moins de 142 livres, dont 35 nous sont parvenus; ils concernent la fondation de Rome et son histoire jusqu'en 293 av. J.-C., la Seconde Guerre punique et l'expansion romaine jusqu'en 167 av. J.-C.

## VIRGILE

*(Publius Vergilius Maro),* ≃ 70-19 av. J.-C., le plus célèbre des poètes latins, est né à Mantoue d'une famille modeste. Son talent poétique lui valut de devenir l'ami et le protégé de grands personnages, et d'être introduit dans le cercle de Mécène et d'Octave-Auguste. Il mourut (peut-être victime d'une insolation) au retour d'un voyage d'études en Grèce.

## VITRUVE

*(Marcus Vitruvius Pollio),* contemporain de César et d'Auguste (Ier s. av. J.-C.), ingénieur et architecte, nous a laissé un traité d'architecture en dix livres, le *De architectura.*

Mosaïque d'Ostie

# Roma-Amor

ROMA, lu en sens inverse, donne AMOR. Il faut avouer que l'anagramme est plaisante... elle a d'ailleurs été remarquée de longue date. Les cieux de l'Italie sont favorables aux joies (et aux peines) de l'amour, cela se sait, et bien des écrivains, Stendhal, Goethe et d'autres, en ont témoigné.

Les Italiens de l'Antiquité – nos chers Romains – ne passaient bien évidemment pas tout leur temps au forum ou sur les champs de bataille. La vie sociale avait néanmoins donné une grande force à l'institution du mariage, en confiant à la *matrona* le soin primordial d'assurer la descendance (mâle, de préférence!) et de veiller à la bonne marche de la *domus*. Il pouvait arriver que l'on se mariât par amour, mais ce n'était une condition ni nécessaire ni suffisante. Du reste, on divorçait pour de multiples raisons, rarement sentimentales : un remariage pouvait sceller une alliance politique ou resserrer des relations d'affaires... Pour le reste, si l'on ose dire, les *venustae puellae* procuraient les joies et les émois nécessaires au repos du guerrier ou de l'orateur. Vénales ou adultères, ces relations permettaient d'être de temps en temps amoureux, et il était inévitable que la littérature latine en tînt compte!

Les Latins avaient du reste, à l'égard de l'amour et de la vie sexuelle, une attitude fort réaliste. Caton souligne l'hygiène, pour les jeunes gens, de se défouler, pourvu que ce ne soit pas avec des *nuptae mulieres*. Les jeunes esclaves – au masculin et au féminin – faisaient partie du patrimoine et le maître de maison... s'en servait. Quant aux fameuses orgies romaines, phénomène plutôt mondain, elles connurent des développements assez spectaculaires dans la cour du Haut-Empire, mais il ne semble pas qu'elles aient fait l'objet d'un culte général. C'est plutôt en référence à la pudeur classique que Boileau affirmait, un peu choqué, que « le latin dans les mots brave l'honnêteté » : car pour les Anciens, le corps ne fait pas l'objet de tabous particuliers. A Rome, on aime bien appeler un chat un chat, et la littérature érotique, souvent fort piquante dans la grivoiserie, ne faisait nullement scandale, n'étant exposée à aucune censure véritable.

Moins esthètes et idéalistes que les Grecs – qui, notamment avec Platon, philosophèrent abondamment sur l'Amour – les Romains n'ont jamais vraiment imaginé que l'amour pût rester « platonique » et désincarné. Ils n'ont jamais séparé l'amour sentimental de l'amour charnel. En revanche, ils distinguaient fort bien l'amour conjugal, placé sous les auspices d'une Junon volontiers acariâtre, et l'amour... tout court, domaine de l'aimable Vénus, bien secondée par Cupidon. C'est bien évidemment sur ce versant que se déploie la littérature amoureuse. L'épopée connaît des épisodes amoureux, le plus célèbre étant bien entendu la passion de Didon pour Énée; la comédie, héritée de la Grèce, roule essentiellement sur des intrigues amoureuses et se déploie dans le monde des courtisanes; plus tard, le roman latin, comme le roman grec, raconte une ou plusieurs histoires d'amour; mais l'originalité de la poésie latine est d'avoir produit, avec l'élégie, un genre spécifique, illustré par de grands poètes, qui furent peut-être de grands amoureux, mais qui, en tout cas, parlaient merveilleusement des travaux de Vénus. Ils illustrèrent fort bien le proverbe latin, CAELEBS CAELES (« un célibataire est un habitant des cieux », ou, si l'on préfère, « un célibataire est heureux comme un dieu »), avec passion, sensibilité, humour, et il faut bien avouer que cette veine littéraire est rafraîchissante, au cœur de la littérature latine...

Satyres et bacchantes (Mosaïque du IIe siècle après J.-C., Musée d'art romain de Sousse, Tunisie).

# L'AMOUR ÉLÉGIAQUE

## Légère élégie

*D'emblée, l'élégie se signale par une forme de vers très particulière, le distique élégiaque, composé d'un hexamètre dactylique (le vers de l'épopée) suivi d'un pentamètre. Un vers de six pieds, un vers de cinq, l'élégie aurait bien du mal à marcher au pas : « boiteuse », elle avance en sautillant de distique en distique, et cela fait son charme, nous dit* ***Ovide.***

Je faisais les cent pas, dans l'ombre de ce bois,
Cherchant pour quels travaux s'inspirerait ma Muse;
Je vis venir à moi, bien coiffée, parfumée,
L'Élégie – dont un pied, je crois bien, était plus court que l'autre.
Harmonieuse beauté, robe des plus légères,
Elle avait les traits d'une amante,
Et le fait de boiter ajoutait à son charme...

*Et l'Élégie s'adresse à la Tragédie, venue aussi en ce bois tenter le poète.*

Sum levis, et mecum levis est mea cura, Cupido;
  Non sum materia fortior ipsa mea...
Rustica sit sine me lascivi mater Amoris;
  huic ego proveni lena[1] comesque deae;
Quam tu[2] non poteris duro reserare cothurno,
  haec est blanditiis janua laxa meis.
Per me decepto didicit custode Corinna
  liminis adstricti sollicitare fidem,
Delabique toro tunica velata soluta
  atque impercussos nocte movere pedes.
Vel quotiens foribus duris incisa[3] pependi,
  non verita a populo praetereunte legi!
Quin[4] ego me memini, dum custos saevus abiret,
  ancillae missam delituisse sinu.
Quid, cum me munus natali mittis, at illa
  rumpit et adposita barbara mersat aqua?

Ovide, *Amours*, III, 1.

1. *La* lena *est, notamment dans la comédie, l'entremetteuse ou pourvoyeuse qui procure aux jeunes gens (et aux moins jeunes) des complicités féminines...*
2. tu : *la tragédie (chaussée du* cothurnus*). L'antécédent de* quam *est* janua.
3. incisa : *gravée dans la cire d'une tablette (voir plus bas :* rumpit*).*
4. quin : *bien plus, il y a pire... ;* missam : *envoyée comme lettre.*

Cette jeune femme de la maison d'Eustolios, à Chypre, peut évoquer la « légère élégie ».

## *Recherche*

• *Levis* s'oppose à *gravis* comme le léger au lourd, le futile au grave, le badin au sérieux. Face à la Tragédie, fondamentalement *gravis,* l'Élégie se fait un titre de gloire d'être *levis.* En quoi cela dénote-t-il, dans le contexte de la culture et de la société romaines, un changement de mentalité?

• A quoi sert l'élégie – ou plutôt : à quoi peut-elle servir?

• De ces quelques vers, que peut-on conclure des amours d'Ovide? Qu'indique l'évocation du *custos?*

• Comment peut-on interpréter le geste de Corinne jetant l'élégie dans un bassin, alors qu'il s'agit d'un cadeau d'anniversaire?

# QUELQUES LUMIÈRES

Traçons le portrait-robot du poète élégiaque :

• D'abord, il vit à l'écart de la vie publique. Il n'est pas homme à hanter le forum pour gravir les degrés du *cursus honorum.* Il laisse à d'autres le soin de gagner les batailles, et redoute plus que tout les dangers de la guerre. Cette « marginalisation » très relative lui est d'autant plus facile qu'il n'appartient pas aux familles de la classe sénatoriale...

• Il est célibataire, donc disponible. Et jeune, de surcroît, ou... resté jeune. Talentueux, il fréquente la bonne société et tombe fréquemment amoureux des dames qu'il y croise. Ou plutôt – souvenons-nous que les grandes dames, par conviction ou par nécessité, ne se risquaient guère à encourir des scandales hors de leur *domus* – notre poète tisse des *love affairs* avec de jolies dames qui elles aussi fréquentent la haute société... Appelons-les, au prix d'un anachronisme, des « demi-mondaines » : elles ont beaucoup d'amis et d'amants. Rude concurrence pour le poète !

• Il fait profession d'être poète, et même profession de foi en sa poésie. Attitude un peu arrogante à Rome dès lors qu'il ne s'agit pas des formes élevées de l'art, l'épopée par exemple. Il est bien conscient que son talent poétique est une arme de séduction. Plaire est chez lui un souci constant, d'où une certaine recherche de virtuosité poétique, mais en se détournant de tout « style pompier » : la langue qu'il emploie est généralement simple et familière. A des degrés divers, tous les élégiaques recherchent la délicatesse d'expression.

• Il dit constamment « je » : les histoires d'amour qui l'intéressent, ce sont les siennes. Mais écrit-il pour se confier ? Plutôt, il s'exhibe en amoureux chronique, donc en connaisseur de l'amour. Les lecteurs peuvent sourire ou compatir à ses aventures, mais aussi profiter des leçons... Car d'élégie en élégie se constitue un véritable « catalogue des situations amoureuses », avec des constantes et des thèmes récurrents. En fin de compte, l'élégie devient le laboratoire poétique de ce que Roland Barthes appelait « le discours amoureux ».

• Catulle, Properce, Tibulle, Ovide ont-ils vécu une grande passion ? Ils ont respectivement aimé Lesbie, Cynthie, Délie, Corinne, célébrées dans leurs poèmes. Mais ils n'ont sans doute pas aimé qu'elles, et ce serait certainement un contresens que de lire leurs recueils d'élégies comme la « chronique » d'une liaison amoureuse avec l'une ou l'autre de ces beautés. On a pourtant essayé de le faire, notamment pour Catulle et surtout Properce, en s'efforçant de reconstituer, de poème en poème, les hauts et les bas d'une passion, de la séduction à la rupture, en passant par des maladies et des brouilles. Tout cela est très romantique, mais était-ce bien là le propos de la poésie élégiaque ?

• Beaucoup plus vraisemblablement, si l'on excepte Lesbie qui tourmenta vraiment Catulle, plusieurs « modèles » se cachent sous les noms de Délie, Cynthie et Corinne. Ces pseudonymes dessinent en fait des « types » et servent à revêtir le personnage indispensable de l'Aimée. Et le problème de la sincérité des élégiaques a toutes les chances d'être un faux problème. Songeons à ce qu'il en est de la chanson d'amour, correspondant moderne le plus ressemblant de l'élégie en tant que « catalogue » des situations amoureuses. Quand un chanteur proclame qu'il meurt d'amour, nous n'appelons pas une ambulance. Et lorsque Jacques Brel chantait « Ne me quitte pas... », on s'émouvait sans s'interroger sur sa vie privée.

• Comme dans la chanson, il faut supposer une complicité élémentaire entre le poète élégiaque et son public. Dans une large mesure, il joue un personnage, celui du poète amoureux. Et le fait est que, de Catulle à Ovide, l'élégie tend de plus en plus à être un jeu poétique, ce qui ne la dévalorise en rien...

• En face de chacun des textes qui vous sont proposés dans ce chapitre sur l'amour élégiaque, essayez de mettre en rapprochement une ou plusieurs chansons d'amour connues, récentes ou (demandez alors au professeur !) plus anciennes...

# STRATÉGIES AMOUREUSES

*D'abord, séduire la belle. Cela ne se fait pas tout seul. Ensuite, une fois la passion éclose, savoir la gérer. Un mari, le gardien de la maison, la concurrence d'autres galants, les obstacles ne manquent pas : difficile! Et puis, comment conserver dans le cœur de la* puella *les sentiments qu'on a su faire naître? Pas facile non plus.*

*Bref, être amoureux demande beaucoup de savoir-faire. Et c'est, en fin de compte, bien fatigant... Laissons la parole à Ovide, qui est certainement le plus expert de tous quant aux choses de l'amour.*

## Un jour aux courses *ou* scène de « drague » au Circus Maximus

*« Felix agitator equorum » :* la plus célèbre course de chars du cinéma, celle de *Ben Hur*.

*Au programme, des courses de chevaux. Ovide est venu, dans les gradins, s'asseoir à côté d'une* puella *qu'il entend bien séduire...*

« Non ego nobilium sedeo studiosus equorum :
cui tamen ipsa faves, vincat ut ille, precor.
Ut loquerer tecum veni, tecumque sederem,
ne tibi non notus, quem facis, esset amor.
Tu cursus spectas, ego te; spectemus uterque
quod juvat, atque oculos pascat uterque suos.
O, cuicumque faves, felix agitator equorum!
Ergo illi curae contigit esse tuae?
Hoc mihi contingat...

Quid frustra refugis? Cogit nos linea[1] jungi;
haec in lege loci commoda Circus habet.
Tu tamen, a dextra quicumque es, parce puellae;
contactu lateris laeditur illa tui.

1. linea : *les gradins sont divisés en sections par des murets de séparation* (lineae); *cette configuration des lieux* (lex loci) *permet à Ovide de serrer de près sa belle assise contre la* linea...

Tu quoque, qui spectas post nos, tua contrahe crura,
si pudor est[2], rigido nec preme terga genu.
Sed nimium demissa jacent tibi pallia[3] terra;
collige, vel digitis en ego tollo meis.
Invida, vestis, eras, qui tam bona crura tegebas!
quoque magis spectes[4]... invida, vestis, eras!
(...) His ego non visis arsi; quid fiet ab ipsis?
in flammam flammas, in mare fundis aquas.
Suspicor ex istis et cetera posse placere,
quae bene sub tenui condita veste latent...

*(Après péripéties, le favori de la* puella *a gagné la course...)*

Sunt dominae rata vota meae, mea vota supersunt.
Ille[5] tenet palmam : palma petenda mea est! »
Risit, et argutis quiddam promisit ocellis.
Hoc satis hic[6] : alio cetera redde loco.

Ovide, *Amours,* III, 2.

2. si pudor (tibi) est : *si tu as un peu de tenue.*

3. pallia : *ta robe. Il faudrait la relever un peu* (colligere) *pour éviter qu'elle ne se salisse...*

4. quoque (= et quo) magis spectes : *et plus on les regarde.*

5. ille : *le cocher vainqueur, qui a reçu sa récompense* (palma).

6. hic : *adverbe de lieu.*

## *Recherche*

• De la théorie à la pratique : cette élégie met en scène une des « techniques de drague » préconisées par Ovide dans *L'Art d'aimer :*

« Ne néglige pas les courses où rivalisent des chevaux en renom : le cirque (l'hippodrome), qui accueille tant de monde, offre bien des avantages. Pas besoin de faire des signes avec tes doigts pour exprimer discrètement tes sentiments secrets, ni d'un signe de tête pour qu'elle te fasse connaître son acquiescement. Assieds-toi tout contre celle qui te plaît, tout près, rien ne t'en empêche; serre-toi contre elle, flanc contre flanc, autant que faire se peut... Cherche alors à engager conversation, et commence par des banalités. A qui sont ces chevaux qui s'avancent? demanderas-tu avec empressement, et, immédiatement, son favori, quel qu'il soit, sera le tien aussi... Si, comme cela arrive, de la poussière tombe sur la poitrine de ta belle, enlève-la du bout des doigts; et s'il n'y a pas de poussière, enlève tout de même la poussière qu'il n'y a pas : tout doit servir de prétexte à tes prévenances. La robe trop longue traîne-t-elle à terre? Prends-en le bord, et, plein de zèle, soulève-le du sol malpropre. Du même coup, en récompense de tes bons offices, sans que la belle puisse s'en offusquer, tes yeux auront la chance de voir ses jambes... »

Les spectacles de gladiateurs offrent également de belles possibilités : mais, note Ovide, « là, souvent, Cupidon a combattu dans l'arène, et celui qui regardait les blessures d'autrui a été blessé lui-même. On parle, on touche une main, on demande le programme, on prend un pari sur le vainqueur, et voici qu'on gémit sous la blessure, qu'on se sent percé d'une flèche, et qu'on est acteur du spectacle... ».

• A partir de la ressemblance des deux textes, montrez les qualités spécifiques de l'élégie et du « mode d'emploi » développé dans *L'Art d'aimer.*

# Si ton mari est là...

*Faute de dîner en tête à tête, on peut se faire inviter ensemble, mais, à ce repas, la maîtresse d'Ovide viendra accompagnée de son époux. Le poète lui fait toutes recommandations utiles pour nouer, malgré cela, de tendres complicités...*

Cum premet ille[1] torum, vultu comes ipsa modesto
ibis ut accumbas, clam mihi tange pedem;
me specta nutusque meos vultumque loquacem,
excipe furtivas et refer ipsa notas[2].
Verba superciliis sine voce loquentia dicam :
verba leges digitis, verba notata mero[3].
Cum tibi succurrit veneris lascivia nostrae,
purpureas tenero pollice tange genas;
si quid erit, de me tacita quod mente queraris,
pendeat extrema mollis ab aure manus;
cum tibi, quae faciam, mea lux, dicamve, placebunt,
versetur digitis anulus usque tuis[4].
Tange manu mensam, tangunt quo more precantes[5],
optabis merito cum mala multa viro.
Quod tibi miscuerit[6], sapias, bibat ipse, jubeto :
tu puerum leviter posce quod ipsa voles;
quae tu reddideris, ego primus pocula sumam,
et, qua tu biberis, hac ego parte bibam...
Nec premat indignis sinito tua colla lacertis,
mite nec in rigido pectore pone caput,
nec sinus[7] admittat digitos habilesque papillae.
Oscula praecipue nulla dedisse velis,
oscula si dederis, fiam manifestus amator,
et dicam : « mea sunt! », injiciamque manum[8].
Haec tamen aspiciam, sed quae bene pallia celant[9],
illa mihi caeci causa timoris erunt...

Ovide, *Amours*, I, 4.

1. ille : *le mari. Selon l'usage romain, pour se mettre à table, on va s'allonger* (accumbere) *sur un lit* (torus).
2. furtivae notae : *des signes furtifs.*
3. notata mero : *écrits sur la table en trempant le doigt dans du vin.*
4. *« fais tourner encore et encore* (usque) *ta bague autour de ton doigt. »*
5. tangunt quo more precantes : *lorsqu'on prie les dieux, il est d'usage de toucher l'autel de la main.*
6. miscuerit : *chaque convive se fait préparer un mélange de vin (généralement miellé) et d'eau, qui lui est servi par un esclave* (puer). *Ici,* poscere *est construit comme* rogare, *avec deux accusatifs.*
7. sinus : *le « pli » de la toge, sur la poitrine.* Admittere : *laisser s'insinuer.*
8. injicere manum : *l'expression désigne le geste par lequel on revendique officiellement la possession d'un bien. Mais elle peut également être prise au pied de la lettre...*
9. pallia : *il s'agit des couvertures dont les convives disposent comme couvre-pieds pour ne pas avoir froid aux jambes pendant le repas.*

## *Recherche*

• A priori, ces circonstances sont frustrantes pour des amants... mais Ovide laisse entendre qu'elles peuvent avoir des charmes érotiques. Comment « communiquent » les amants? Quel lien ce code établit-il entre eux?

• Ovide vous paraît-il romantique ou libertin? Justifiez votre réponse.

• Étudiez, dans le texte, les expressions syntaxiques de l'ordre (ou du conseil).

# Du bon usage de la jalousie

*Un des thèmes de l'élégie est le « magistère amoureux » : le poète donne de bons conseils, en connaisseur, à ceux qui se lancent dans des aventures amoureuses. Dans le prolongement de ce thème, Ovide a écrit un* Art d'aimer *des plus plaisants, véritable « manuel du parfait amant » dévoilant les techniques éprouvées par lesquelles on drague, on séduit, on cueille l'amour et on le conserve... Ce livre plein d'esprit n'a rien d'un Kâma sûtra – les conseils sont plus psychologiques que techniques – et les femmes ne sont pas oubliées, puisque la dernière partie est réservée à leur instruction !*

Il est des femmes auprès de qui l'on perd à être trop soumis :
Point de rivale en vue ? Leur amour s'assoupit.
Dans la prospérité, souvent, l'esprit s'enivre ;
Garder un cœur égal, c'est dur, quand tout va bien.
Le feu qui s'affaiblit, épuisant ses ardeurs,
En vient à se cacher, sur lui blanchit la cendre :
Ajoute-lui du soufre, et voici qu'il retrouve
sa flamme presque éteinte et son éclat d'antan...
Fais qu'inquiète de toi, elle tremble et réchauffe
son ardeur : qu'elle apprenne ton crime et pâlisse d'effroi !
Ô l'homme bienheureux, mille fois bienheureux,
cet amant dont l'amie gémit d'être trompée !
Son oreille incrédule a eu vent du forfait :
Elle pâme aussitôt, perd la voix, la couleur !

Ille ego sim, cujus laniet furiosa capillos ;
ille ego sim, teneras cui petat ungue genas,
Quem videat lacrimans, quem torvis spectet ocellis,
quo sine[1] non possit vivere, posse velit !
Si spatium[2] quaeras, breve sit, quod laesa queratur,
ne lenta vires colligat ira mora[3].
Candida iamdudum cingantur colla lacertis,
inque tuos flens est accipienda sinus.
Oscula da flenti, Veneris da gaudia flenti,
pax erit ; hoc uno solvitur ira modo.
Cum bene saevierit, cum certa videbitur hostis,
tum pete concubitus foedera : mitis erit.
Illic depositis habitat Concordia telis,
illo, crede mihi, Gratia nata loco est.
Quae modo pugnarunt, jungunt sua rostra columbae,
quarum blanditias[4] verbaque murmur habet.

Ovide, *L'Art d'aimer,* II, 435 sq.

1. quo sine = sine quo.
2. spatium : *le laps de temps, la durée. Dans le vers, la réponse est donnée avant la question.*
3. *Scandez le vers, pour y voir plus clair...*
4. blanditias verbaque = blanda verba : *des mots d'amour.*

## Recherche

• Le « bon conseil » d'Ovide est-il vraiment paradoxal? Montrez que le professeur d'amour est un homme d'esprit.

• Que pensez-vous du plaisir que prend l'amant (Ovide, peut-être?) à subir la scène de jalousie de sa belle? En suscitant ainsi cette jalousie, cherche-t-il seulement à raffermir les sentiments de son amie?

• Les charmes de la réconciliation : à quels vocabulaire Ovide emprunte-t-il des termes éloquents?

Beauté romaine... prématurément disparue (bas-relief funéraire, Ulpia Épigone).

*D'un texte à l'autre*

## « Cinquième manège, la cruauté »

*Dans son roman* Belle du seigneur, *Albert Cohen fait énoncer, par son héros Solal, les « manèges » qui permettent de séduire une femme et de s'en rendre maître – un « art d'aimer » qui ne contredit pas celui d'Ovide sur l'utilité des méchancetés.*

« Lorsqu'elle est entrée en pleine passion, donc, cruautés ouvertes. Mais dose-les. Sois cruel avec maîtrise. Le sel est excellent, mais pas trop n'en faut. Par conséquent, alternances de duretés et de douceurs, sans oublier les obligatoires ébats. Le cocktail passion. Être l'ennemi bien-aimé, saupoudrer de méchancetés de temps à autre pour qu'elle puisse vivre sur le pied d'amour, être toujours inquiète, se demander quelle catastrophe l'attend, souffrir, et notamment de jalousie, espérer, attendre les réconciliations, déguster les tendresses inattendues. En résumé, qu'elle ne s'embête jamais. Sans compter que les réconciliations donnent de la saveur aux jonctions. Après une froideur ou une vacherie, si tu lui souris, la malheureuse escroquée fond de gratitude et elle court vite raconter à son amie intime toutes sortes de merveilles sur toi et comme quoi tu es si bon, au fond. D'un méchant, elles s'arrangent toujours pour dire qu'au fond il est bon. Elles le remercient de sa méchanceté en le couronnant de bonté.

(...) Ne renonce jamais aux cruautés qui vivifient la passion et lui redonnent du lustre. Elle te les reprochera mais elle t'aimera. Si par malheur tu commettais la gaffe de ne plus être méchant, elle ne t'en ferait pas grief, mais elle commencerait à t'aimer moins. Primo, parce que tu perdrais de ton charme. Secundo, parce qu'elle s'embêterait avec toi, tout comme avec un mari. Tandis qu'avec un cher méchant on ne bâille jamais, on le surveille pour voir s'il y a une accalmie, on se fait belle pour trouver grâce, on le regarde avec des yeux implorants, on espère que demain il sera gentil. Bref, on souffre, c'est intéressant. »

A. Cohen, *Belle du seigneur,* Gallimard, 1968, p. 329.

*Mulier lacrimans...* Il s'agit en fait de Pénélope, que tente de consoler Euryclée, la nourrice d'Ulysse (Musée National de Rome).

# Mars et Vénus

*La génération des poètes élégiaques a été marquée par les guerres civiles. Leur art s'épanouit dans la paix retrouvée, après Actium. Ce ne sont pas exactement des pacifistes : ils se contentent de laisser à d'autres les peines et la gloire que procure la guerre... et préfèrent, aux travaux de Mars, les joies de Vénus.*

## Une chaumière et un cœur

***Tibulle,*** *le plus « bucolique » des élégiaques, avoue aimer avant tout la tranquillité.*

Quam juvat immites ventos audire cubantem
 et dominam tenero continuisse[1] sinu
aut, gelidas hibernus aquas cum fuderit Auster,
 securum somnos igne juvante sequi!
Hoc mihi contingat : sit dives jure, furorem
 qui maris et tristes ferre potest pluvias!
O quantum est auri[2] pereat potiusque smaragdi,
 quam fleat ob nostras ulla puella vias!
Te bellare decet terra, Messala[3], marique,
 ut domus hostiles praeferat exuvias :
me retinent vinctum formosae vincla puellae,
 et sedeo duras janitor ante fores.
Non laudari curo, mea Delia : tecum
 dummodo sim, quaeso segnis inersque vocer[4];
te spectem, suprema mihi cum venerit hora,
 te teneam moriens deficiente manu...

Tibulle, *Élégies,* I, 45 sq.

1. continuisse = continere = tenere.
2. quantum est auri *(gén. partitif) : tout l'or du monde.*
3. *Tibulle adresse cette élégie à son ami et protecteur M. Valérius Messala Corvinus, qu'il a jadis accompagné lors de deux expéditions militaires en Gaule et en Orient.*
4. quaeso vocer : *je veux bien qu'on m'appelle...*

## Recherche

• Étudiez la langue de Tibulle : use-t-il de mots rares? Avez-vous beaucoup de « pannes de vocabulaire » pour traduire ce texte? Qu'en déduisez-vous sur le style et le ton de cette élégie?

• Montrez que l'« *otium* » amoureux de Tibulle a pour principes : immobilité, sécurité, passivité. Commentez *ob nostras vias;* qu'impliquent les campagnes militaires?

• En quoi cette profession de foi peut-elle paraître hardie, dans le contexte de l'idéologie « officielle » de Rome? D'un autre côté, d'après ce que vous savez des grands thèmes de la propagande augustéenne (la paix revenue, le retour à la terre, etc.), Tibulle est-il vraiment scandaleux?

## Guerre et amour, même combat!

*Ovide, lui, cultive le paradoxe... non sans humour.*

Militat[1] omnis amans, et habet sua castra Cupido :
Attice, crede mihi, militat omnis amans.
Quae bello est habilis, Veneri quoque convenit aetas :
turpe senex miles, turpe senilis amor.
Quos petiere duces animos in milite forti,
hos petit in socio bella puella viro[2].
Pervigilant ambo; terra requiescit uterque :
ille fores dominae servat, at ille ducis.
Militis officium longa est via : mitte puellam[3],
strenuus exempto fine sequetur amans...
Mittitur infestos alter speculator in hostes :
in rivale oculos alter, ut hoste, tenet.
Ille graves urbes, his durae limen amicae
obsidet : hic portas frangit, ut ille fores.
Saepe soporatos invadere profuit hostes
caedere et armata vulgus inerme manu :
(...) saepe maritorum somnis utuntur amantes
et sua sopitis hostibus arma movent.

Ipse ego segnis eram discinctaque in otia natus[4] :
mollierant animos lectus et umbra meos;
impulit ignavum formosae cura puellae,
jussit et in castris aera merere suis[5].
Inde vides agilem nocturnaque bella gerentem.
Qui nolet fieri desidiosus, amet!

Ovide, *Amours,* I, 9.

Mars et Vénus. Tibulle les oppose, mais leurs amours étaient l'un des plus fameux épisodes de la mythologie (fresque de Pompéi, Musée archéologique de Naples).

1. Militare : *faire son service militaire, être soldat. Atticus, ami d'Ovide, est le dédicataire de cette élégie.*

2. animos : *l'ardeur (antécédent inclus dans la relative).*

3. mitte puellam (= si mittetur puella) : *faites partir, éloignez sa maîtresse;* exempto fine : *jusqu'au bout du monde.*

4. discincta otia : *la tranquillité et le laisser-aller; l'adjectif* discinctus *s'applique à une personne qui drape mal sa toge, de façon débraillée – mais aussi à un soldat qui a ôté cuirasse, armes et baudrier.*

5. aera merere : *mériter sa solde, d'où : prendre du service, s'engager.*

## *Recherche*

• Homme d'esprit, Ovide cultive le paradoxe; montrez-le. Son parallèle entre le sort du soldat et celui de l'amant vous paraît-il facile, ou ingénieux?

• Le poète Luis de Gongora, cité par Stendhal, proclame : « A batailles d'amour, champs de bataille en plumes. » Commentez, de ce point de vue, le vers 19.

• Une des constantes de l'élégie est de parodier l'épopée en appliquant aux relations amoureuses le vocabulaire militaire. Montrez-en des exemples évidents dans ce texte (ex. : pour César, un « bon soldat » est qualifié usuellement de *fortis ac strenuus*).

# CHAGRINS D'AMOUR

## Sous les flèches de Cupidon

*Qui aurait pu le penser? Au moment où il devrait le rendre heureux, l'amour torture celui qu'il atteint.* ***Properce*** *nous décrit ici les tourments qu'il éprouve alors qu'il s'avoue vaincu par son plus cruel ennemi : l'amour!*

Quicumque ille fuit, puerum qui pinxit Amorem,
nonne putas miras hunc habuisse manus?
Hic primum vidit sine sensu vivere amantes,
et levibus curis magna perire bona.
Idem[1] non frustra ventosas addidit alas,
fecit et humano corde volare[2] deum :
scilicet alterna quoniam[3] jactamur in unda,
nostraque non ullis permanet aura[4] locis.
Et merito hamatis manus est armata sagittis,
et pharetra ex humero Gnosia[5] utroque jacet :
ante ferit quoniam tuti quam cernimus hostem[6],
nec quisquam ex illo vulnere sanus abit.
In me tela manent, manet et[7] puerilis imago :
sed certe pennas perdidit ille suas;
evolat, hei, nostro quoniam[8] de pectore nusquam,
adsiduusque meo sanguine bella gerit.
Quid[9] tibi jucundum[10] siccis habitare medullis?
Non ego, sed tenuis vapulat umbra mea.
Quam si perdideris, quis erit qui talia cantet
(haec mea Musa levis gloria magna tua est),
qui caput et digitos et lumina nigra puellae
et canat ut soleant molliter ire pedes?

Properce, *Élégies*, II, 12.

1. idem : *le même : de même il...*
2. volare *a ici le sens de* volitare : *voler çà et là. On peut traduire par « papillonner ».*
3. alterna quoniam = quoniam alterna.
4. nostra... aura : *la brise qui nous porte.*
5. Gnosia : *les archers crétois étaient réputés.*
6. ante ferit quoniam tuti quam cernimus hostem = quoniam ferit antequam tuti cernimus hostem.
7. manet et = et manet.
8. evolat... quoniam = quoniam evolat.
9. quid : *accusatif adverbial : en quoi? pourquoi?*
10. jucundum (est).

## *Recherche*

• La représentation de Cupidon sous la forme d'un enfant ailé muni de flèches s'appelle une allégorie : c'est un système de plusieurs symboles qui ajoutent et combinent leurs significations, ou, si l'on préfère, une métaphore complexe. Étudiez les vers 3 à 12 : à quelle opération Properce se livre-t-il sur l'allégorie de Cupidon?

• Que pensez-vous des vers 10 et suivants? Quel rôle se donne Properce? Quelle conception de la poésie se fait-il? Comparez avec le poème célèbre de Ronsard : « Quand vous serez bien vieille... »

• Situez le temps de *habuisse* par rapport à *putas* (vers 2). En prenant des exemples simples, rappelez l'emploi des temps de l'infinitif dans la subordonnée infinitive.

### ◆ Calamo aut ore

Traduisez :

La main de l'Amour, armée de flèches, me frappe alors que je me crois sain et sauf. Mon cœur, mon sang, sont pleins de ce poison, que mon amie a déjà essayé sur d'autres hommes. Mais si je peux rendre ses ailes à l'Amour, si je peux chasser son image enfantine de mon cœur, jamais il ne reviendra habiter dans ma moelle desséchée.

### ◆ La vie des mots

Étudiez l'origine étymologique des mots : lever, lévitation – frustré – cordial – permanent – sagittaire – discerner – empenné – Joconde – médullaire – noir (doublet : nègre), dénigrer.

## *D'un texte à l'autre*

*Vous retrouverez le dieu archer dans ce poème de Prévert :*

Le tendre et dangereux
visage de l'amour
m'est apparu un soir
après un trop long jour
C'était peut-être un archer
avec son arc
ou bien un musicien
avec sa harpe
Je ne sais plus
Je ne sais rien
Tout ce que je sais
c'est qu'il m'a blessée
peut-être avec une flèche
peut-être avec une chanson
Tout ce que je sais
c'est qu'il m'a blessée
blessée au cœur
et pour toujours
Brûlante trop brûlante
blessure de l'amour.

« Le tendre et dangereux visage de l'amour »,
in *Histoires* © éd. Gallimard.

Éros archer.

# Pauvre Catulle...

*Le poète **Catulle** a chanté son amour pour une certaine Lesbie, pseudonyme sous lequel se cache peut-être Clodia, sœur du fameux tribun Clodius qui causa tant d'ennuis à Cicéron. En tout cas, une dame de la haute société romaine... et une femme fort délurée, volage et allumeuse, qui faisait grande consommation d'amants. Tout cela est fort douloureux pour Catulle, obsédé par la jalousie et par l'idée d'une inévitable rupture.*

Miser Catulle, desinas ineptire,
Et quod vides perisse perditum ducas[1].
Fulsere quondam candidi soles,
Cum ventitabas quo puella ducebat
Amata nobis quantum amabitur nulla.
Ibi illa multa tum jocosa fiebant,
Quae tu volebas nec puella nolebat.
Fulsere vere candidi tibi soles.
Nunc iam illa non vult; tu quoque, impotens[2], noli,
Nec quae fugit sectare, nec miser vive,
Sed obstinata mente perfer, obdura.
Vale, puella. Jam Catullus obdurat,
Nec te requiret nec rogabit invitam;
At tu, dolebis, cum rogaberis nulla[3].
Scelesta, vae te; quae tibi manet vita!
Quis nunc te adibit? cui videberis bella?
Quem nunc amabis? cujus esse diceris[4]?
Quem basiabis? cui labella mordebis?
– At tu, Catulle, destinatus obdura!

Catulle, *Poésies,* 8.

1. ducere : *dans ce vers, considérer comme.*
2. impotens : *faible cœur;* noli : *cesse de vouloir.*
3. cum rogaberis nulla : *lorsque personne ne viendra te chercher.*
4. cujus esse diceris : *de qui dira-t-on que tu es l'amante?*

Difficile est longum subito deponere amorem.
 Difficile est, verum hoc qualibet efficias[1].
Una salus haec est, hoc est tibi pervincendum;
 hoc facias, sive id non pote, sive pote[2].
O dei, si vestrum est misereri[3], aut si quibus umquam
 extremam jam ipsa in morte tulistis opem,
me miserum aspicite et, si vitam puriter egi,
 eripite hanc pestem perniciemque mihi,
quae mihi subrepens imos, ut torpor, in artus
 expulit ex omni pectore laetitias.

1. hoc... efficias : *tu dois y parvenir.*
2. pote (est).
3. si vestrum est misereri : *si la pitié est un de vos attributs.*

Non jam illud[4] quaero, contra[5] ut me diligat illa,
aut, quod non potis est, esse pudica velit;
ipse valere opto et taetrum hunc deponere morbum.
O dei, reddite mi hoc pro pietate mea.

Catulle, *Poésies,* 76, v. 14 sq.

4. illud... ut : *ceci... à savoir que.*

5. contra : *en retour.*

## *Recherche*

• Catulle n'est pas à proprement parler un poète élégiaque, ne serait-ce que parce qu'il n'utilise pas systématiquement la forme poétique de l'élégie, le distique « élégiaque ». Comparez les deux poèmes : la différence de structure métrique vous paraît-elle refléter (ou induire) une différence de ton ?

• Étudiez, dans le premier poème, les reprises de termes (anaphores), et, dans le second poème, la transition de *deponere amorem* à *deponere morbum.* Comment, dans ces poèmes de « crise amoureuse », progresse la pensée de Catulle ? Cela vous paraît-il psychologiquement juste ?

• Pourquoi écrire des poèmes lorsqu'on souffre du mal d'amour ? Que peut apporter l'écriture en telle situation ? Quel rôle semble jouer, pour Catulle, la composition de ces poèmes ?

*Amoris « puerilis imago »* (Properce) : le petit Cupidon grondé par sa mère Vénus (fresque de « l'Amour puni », Musée archéologique de Naples).

# Coup de foudre sur cœur transi

Ille mi[1] par esse deo videtur,
ille, si fas est, superare divos,
qui sedens adversus identidem te
spectat et audit

dulce ridentem, misero quod[2] omnes
eripit sensus mihi; nam simul[3] te,
Lesbia, aspexi, nihil est super mi
vocis[4] in ore,

lingua sed torpet, tenuis sub artus
flamma demanat, sonitu suopte
tintinant aures, gemina teguntur
lumina nocte.

Otium, Catulle, tibi molestum est;
Otio exsultas nimiumque gestis.
Otium et reges prius et beatas
Perdidit urbes.

Catulle, *Poésies,* 51.

1. mi = mihi *(forme à retenir).*
2. quod = id quod.
3. simul : *aussitôt que.*
4. nihil... vocis = nihil vocis (nulla vox) mihi superest.

La poétesse Sappho, vue par un mosaïste du IIIe siècle après Jésus-Christ (Musée archéologique de Sparte).

## *Recherche*

• Les trois premières strophes de ce poème sont la traduction par Catulle d'une ode célèbre de la poétesse grecque Sappho (qui ne bornait pas son inspiration aux amours sapphiques). Sans doute ces vers grecs chantaient-ils à la mémoire du poète latin... Que peut-on en déduire sur la sincérité de Catulle, qui se dit fou d'amour pour Lesbie? Étendez cette réflexion sur le rôle de la culture dans le discours amoureux à des auteurs plus proches de nous (Ronsard, par exemple).

• Montrez que la dernière strophe, elle, est bien « romaine », dans les mots et le ton...

# RÉFLEXION D'ENSEMBLE

## ODI ET AMO, ou les mystères de l'amour...

*Odi et amo; quare id faciam fortasse requiris.*
*Nescio, sed fieri sentio et excrucior.*

Ces deux vers (célèbres!) de Catulle nous éclairent sur sa sensibilité et constituent une des « clés » essentielles de son « discours amoureux ». Dans les trois textes que nous vous avons proposés, vous avez pu observer une nette tendance au dédoublement de la part du poète : comment s'exprime-t-elle? Certains commentateurs supposent qu'en fait Catulle dialogue avec son *Genius,* instance par laquelle les Romains figuraient, en gros, ce que nous appellerions la conscience individuelle, et à laquelle ils prêtaient un caractère divin. Est-il indispensable de lire les soliloques de Catulle comme des dialogues avec une divinité intérieure?

*Dans son livre* Fragments d'un discours amoureux, *Roland Barthes décrit ainsi ce qu'il nomme la « loquèle », flux de paroles intérieures par lequel le sujet amoureux commente ses sentiments, ses douleurs, en un mot, son état :*

« "Trop penser me font amours" (vers d'une chanson du XV^e^ siècle). Par moments, au gré d'une piqûre infime, il se déclenche dans ma tête une fièvre de langage, un défilé de raisons, d'interprétations, d'allocutions. Je n'ai plus conscience que d'une machine qui s'entretient elle-même, d'une vielle dont un joueur anonyme tourne la manivelle en titubant, et qui ne se tait jamais. Dans la loquèle, rien ne vient empêcher le ressassement. Dès que, par hasard, je produis en moi une phrase "réussie" (dans laquelle je crois découvrir l'expression juste d'une vérité), cette phrase devient une formule que je répète à proportion de l'apaisement qu'elle me donne (trouver le bon mot est euphorique); je la remâche, je m'en nourris... »

*Ailleurs, Roland Barthes évoque un des effets du langage amoureux :*

« Une force précise entraîne mon langage vers le mal que je peux me faire à moi-même : le régime moteur de mon langage, c'est la roue libre : le langage fait boule, sans aucune pensée tactique de la réalité. Je cherche à me faire mal, je m'expulse moi-même de mon paradis, m'affairant à susciter en moi les images (de jalousie, d'abandon, d'humiliation) qui peuvent me blesser; et la blessure ouverte, je l'entretiens, je l'alimente avec d'autres images, jusqu'à ce qu'une autre blessure vienne faire diversion. »

*Enfin, commentant le désir d'« exprimer » le sentiment amoureux dans une « création » (entre autres, littéraire ou poétique) :*

« Ce qui bloque l'écriture amoureuse, c'est l'illusion d'expressivité : écrivain, ou me pensant tel, je continue à me tromper sur les *effets* du langage : je ne sais pas que le mot "souffrance" n'exprime aucune souffrance et que, par conséquent, l'employer, non seulement c'est ne rien communiquer, mais encore, très vite, c'est agacer (sans parler du ridicule). Il faudrait que quelqu'un m'apprenne qu'on ne peut écrire sans faire le deuil de sa "sincérité" (toujours le mythe d'Orphée : ne pas se retourner). » (*Fragments d'un discours amoureux,* © éd. du Seuil, coll. « Tel Quel », 1977.)

*Ces lignes de Barthes peuvent éclairer votre lecture des vers de Catulle, et, plus largement, de nos poètes-amoureux... Essayez de les appliquer aux textes qui vous sont proposés.*

**« Profitons du temps d'aimer! »**
**Fresque de Stabie (non loin de Pompéi).**

# L'AMOUR ET LE TEMPS

*La « haute littérature » romaine aime les sages vieillards, et les rares jeunes gens qu'on y rencontre – dans les récits historiques, par exemple – ne se perdent pas en badinage : ils ont hâte de rivaliser de vertu avec leurs aînés...*

*C'est dans les comédies de* ***Plaute*** *et de* ***Térence*** *qu'apparaissent d'abord de sympathiques jeunes gens, un peu turbulents. Mais c'est au Ier siècle avant Jésus-Christ, avec* ***Horace*** *puis – surtout – les élégiaques, que se fait jour une « poésie de la jeunesse ».*

## Profitons du temps d'aimer!

Quid sit futurum cras, fuge quaerere, et
quem fors dierum cumque dabit, lucro
appone[1], nec dulces amores
Sperne puer[2] nec tu choreas,

Donec virenti canities abest
morosa. Nunc et Campus[3] et areae
lenesque sub noctem susurri
composita repetantur hora,

Nunc et latentis proditor intimo
gratus puellae risus ab angulo
pignusque[4] dereptum lacertis
aut digito male pertinaci.

Horace, *Ode*, I, 9.

1. quem... dierum cumque = quemcumque diem; lucro appone : *mets au compte des bénéfices.*
2. puer = dum es puer.
3. Campus : *le Champ de Mars, où se retrouvait la jeunesse romaine pour des exercices sportifs, et des rendez-vous plus tendres...*
4. pignus : *en gage d'affection ou de tendre complicité.*

## *Recherche*

• « Profitez de la vie, jour après jour, sans songer au lendemain » : sur ces principes, Horace chante un art de vivre appelé « hédonisme » – le mot grec *hédoné* signifie « plaisir », et seuls les plaisirs nous détournent de l'angoisse de la mort... Il s'agit donc de « cueillir » chaque jour. Ce thème du « *carpe diem* » peut donner lieu à des développements pseudo-philosophiques assez pontifiants. Est-ce le cas ici?

• Le mètre utilisé ici par Horace est appelé « strophe alcaïque » (du nom du poète grec Alcée) : en voici le schéma :

⏓ / − ⏑/ − − // − ⏑⏑ / − ⏑ / ⏓
⏓ / − ⏑/ − − // − ⏑⏑ / − ⏑ / ⏓
⏓ / − ⏑/ − − / − ⏑ / ⏓
− ⏑⏑ / − ⏑⏑ / − ⏑ / − ⏓

Scandez ces vers. Quels effets stylistiques contribuent à donner à ce poème un rythme et une légèreté bien accordés au ton choisi par Horace?

# Donne m'en mille, donne m'en cent...

*Catulle est le premier, à Rome, à avoir écrit des poèmes en distiques élégiaques. Mais on a déjà vu qu'il n'use pas de cette seule forme métrique dans une œuvre au demeurant fort variée : dans la pièce que voici, plus que la forme, c'est « l'esprit » élégiaque qui se fait jour.*

« *Da mi basia mille* »... Cette statuette d'Herculanum aurait sans doute enchanté Catulle.

Vivamus, mea Lesbia, atque amemus,
rumoresque senum severiorum
omnes unius aestimemus assis.
Soles occidere et redire possunt;
nobis cum semel occidit brevis lux[1],
nox est perpetua una dormienda.
Da mi basia mille, deinde centum,
dein mille altera, dein secunda centum,
deinde usque altera mille, deinde centum;
deinde, cum milia multa fecerimus,
conturbabimus illa, ne sciamus,
aut ne quis malus invidere possit,
cum tantum sciat esse basiorum.

Catulle, *Poésies,* 5.

1. lux : *lumière de la vie, vie.*

## Recherche

• Que ressent Catulle jusqu'à l'angoisse ? Comment essaie-t-il d'y échapper ? Comparez avec les deux quatrains suivants du poète Magny (XVIe siècle) :

Vivons, Belle, vivons et suivons notre amour,
De cent divers plaisirs bien heurant notre vie,
Sans estimer en rien le soleil de l'envie,
Qui du bonheur d'autrui se tourmente toujours.
Le soleil s'en va et revient chaque jour :
Mais depuis que la Mort notre vie a ravie,
Et qu'une fois en bas notre ombre l'a suivie,
Il ne faut plus, Maîtresse, espérer de retour.

• Plus près de nous, Lamartine rendra immortels ces vers du *Lac :*

Aimons donc ! Aimons donc ! De l'heure fugitive,
Hâtons-nous, jouissons !
L'homme n'a point de port, le temps n'a point de rive;
Il coule et nous passons !

• Laissons le dernier mot à Properce.

*Quare, dum licet, inter nos laetemur amantes :*
*non satis est ullo tempore longus amor.*

# LES AMOURS CÉLÈBRES

## Didon et Énée

*Si l'amour élégiaque est l'expression – ou la mise en scène littéraire – du « moi » de l'auteur, l'amour épique, en revanche, est un sentiment que celui-ci imagine et prête aux héros de son épopée. La fiction littéraire n'atténue cependant ni sa violence ni sa profondeur.*

*L'année dernière, vous avez peut-être fait connaissance avec* l'Énéide, *épopée de* ***Virgile,*** *relatant les aventures d'Énée; vous avez alors appris comment Énée, parti de Troie en flammes, est parvenu à Carthage, chez la reine Didon. En écoutant le récit des malheurs d'Énée, Didon est tombée amoureuse de lui.*

La première rencontre de Didon et d'Énée, vue par G.B. Tiepolo (XVIIIe siècle). Cupidon a pris la place et l'apparence d'Ascagne, le fils d'Énée.

*Virgile a pris bien soin de nous indiquer la cause de ce coup de foudre : sur l'ordre de sa mère, Vénus, Cupidon a pris les traits du fils d'Énée, Ascagne. Assis près de Didon pendant tout le récit d'Énée, il a insufflé à la reine le poison* (venenum) *de l'amour : « La malheureuse Didon buvait un long amour. » Et voici les premiers effets de ce poison sur la reine, alors qu'Énée vient de se retirer.*

### L'aveu

At regina gravi jamdudum saucia cura
vulnus alit venis, et caeco carpitur igne.
Multa viri virtus animo multusque recursat
gentis honos[1]; haerent infixi pectore vultus
verbaque, nec placidam membris dat cura quietem.
Postera[2] Phoebea lustrabat lampade terras
humentemque Aurora polo dimoverat umbram,
cum sic unanimam adloquitur male sana sororem :

1. gentis honos : *la gloire de sa race.*

2. postera... Aurora.

« Anna soror, quae me suspensam insomnia terrent!
Quis novus hic nostris successit sedibus hospes,
quem sese ore ferens[3], quam forti pectore et armis!
Credo equidem – nec vana fides[4] – genus esse deorum.
Degeneres animos timor arguit. Heu! Quibus ille
jactatus[5] fatis! Quae bella exhausta canebat!
Si mihi non animo fixum immotumque sederet
ne cui me vinclo vellem[6] sociare jugali,
postquam primus amor deceptam morte[7] fefellit,
si non pertaesum thalami taedaeque fuisset[8],
huic uni forsan potui[9] succumbere culpae.
Anna, fatebor enim, miseri post fata Sychaei
conjugis et sparsos fraterna caede[10] Penates,
solus hic inflexit sensus animumque labantem
impulit[11]. Adgnosco veteris vestigia flammae.
Sed mihi vel tellus optem[12] prius[13] ima dehiscat,
vel Pater omnipotens adigat me fulmine ad umbras,
pallentes umbras Erebi[14] noctemque profundam,
ante, Pudor[15], quam te violo, aut tua jura resolvo.
Ille meos, primus qui me sibi junxit, amores
abstulit; ille habeat secum servetque sepulchro. »
Sic effata sinum[16] lacrimis implevit obortis.

Virgile, *Énéide*, IV, 1 sq.

3. quem sese ore ferens! : *quel homme il se présente par son visage!* = *quelle noblesse dans son visage!* (se ferre *se dit de celui qui attire l'attention par son aspect extérieur*); armis : *voir « Recherche ».*

4. nec vana fides (est); genus esse = eum esse generis.

5. jactatus (est).

6. ne... vellem : *la volonté de ne pas (cette subordonnée est le sujet de* sederet*);* vinclo = vinculo.

7. morte (Sychaei). *Didon est veuve de Sychée.*

8. pertaesum... fuisset (me).

9. potui : *j'aurais pu.*

10. fraterna caede : *par le meurtre qu'a commis mon frère. C'est Pygmalion, frère de Didon, qui a tué Sychée.*

11. labantem impulit = impulit ita ut labaret.

12. opto + *subj.* (dehiscat) : *je souhaite que.*

13. prius... quam; ante... quam : *tmèses.*

14. Erebus : *ce fils du Chaos et de la Nuit, père du Jour, fut précipité dans les Enfers, et changé en fleuve (il avait, contre la volonté de Jupiter, aidé les Titans). Par extension le mot* Erebus *désigne les Enfers.*

15. Pudor : *cette déesse, qui avait deux sanctuaires à Rome, ne pouvait être adorée que par les femmes ayant eu un seul mari.*

16. sinum : *les plis de sa robe dont elle se couvre le visage.*

## Recherche

• Quelle conception de l'amour se fait jour à travers les termes et les images qui l'évoquent au début du texte? Comparez avec ces vers de Racine, où Phèdre avoue à sa suivante qu'elle aime Hippolyte :

> « Je le vis, je rougis, je pâlis à sa vue;
> Un trouble s'éleva dans mon âme éperdue;
> Mes yeux ne voyaient plus, je ne pouvais parler.
> Je sentis tout mon corps et transir et brûler. »

• Qu'est-ce qui, dans la personne d'Énée, a séduit Didon? Relevez les vers qui évoquent ses qualités physiques et morales. Le vers 11 peut être interprété de deux façons. Ou bien Didon est sensible à la large poitrine *(forti pectore)* et aux fortes épaules *(fortibus armis, armis* étant une forme de *armus)* du héros; ou bien à son âme courageuse *(forti pectore)* et à ses hauts faits d'armes *(fortibus armis, armis* étant une forme de *arma).* Qu'en pensez-vous?

• Pourquoi Didon refuse-t-elle d'aimer et d'épouser Énée? Qu'est-ce qui montre que, malgré ses souhaits, elle est tentée de s'abandonner à ce nouvel amour?

• Ces vers sont des hexamètres dactyliques. N'hésitez pas à scander chaque fois que vous hésitez sur la quantité d'une syllabe, et, par conséquent (dans certains cas), sur le cas du mot comportant cette syllabe. Il peut être utile de scander les vers 1, 6 et 7, 20, 21, 24.

## L'amour fou

*Anna, à qui Didon vient de se confier, lui enlève ses scrupules religieux et lui montre les avantages d'une union avec Énée. « Demande l'avis des dieux, lui dit-elle, et, si les sacrifices te donnent de bons présages, prends soin de ton hôte. » Didon s'apprête à suivre ce conseil.*

Principio delubra adeunt, pacemque per aras[1]
exquirunt; mactant lectas de more bidentes
legiferae Cereri[2], Phoeboque, Patrique[3] Lyaeo[4],
Junoni ante omnes, cui vincla[5] jugalia curae.
Ipsa, tenens dextra pateram, pulcherrima Dido
candentis vaccae media inter cornua fundit[6];
aut ante ora deum[7] pingues spatiatur ad aras,
instauratque diem donis[8], pecudumque reclusis
pectoribus inhians spirantia consulit exta.
Heu! vatum ignarae mentes! quid vota furentem,
quid[9] delubra juvant? Est[10] molles flamma medullas
interea, et tacitum vivit sub pectore vulnus.
Uritur infelix Dido totaque vagatur
urbe furens, qualis[11] conjecta cerva sagitta
quam procul incautam nemora inter Cresia fixit
pastor agens telis, liquitque volatile ferrum
nescius : illa fuga silvas saltusque peragrat
Dictaeos; haeret lateri letalis arundo.
Nunc media Aenean[12] secum per moenia ducit,
Sidoniasque ostentat opes[13] urbemque paratam;
incipit effari mediaque in voce resistit;
nunc eadem, labente die, convivia quaerit
Iliacosque iterum demens audire labores
exposcit, pendetque iterum narrantis ab ore.
Post, ubi digressi lumenque obscura vicissim
luna premit, suadentque cadentia sidera somnos,
sola domo maeret vacua, stratisque relictis[14]
incubat. Illum absens absentem auditque videtque.

Virgile, *Énéide*, IV, 56 sq.

1. per aras : *d'autel en autel.*
2. *Cérès (Déméter), selon la légende athénienne, apprit aux hommes à cultiver la terre et institua le mariage. Phébus (Apollon) est un dieu guérisseur.*
3. Pater : *terme de vénération (le Vénérable), adressé aux dieux.*
4. *Lyée : surnom de Bacchus (celui qui délivre des soucis).*
5. vincla = vincula. *Il y a un double datif dans la relative; le verbe* sunt *n'y est pas exprimé.*
6. fundit (liquorem).
7. deum = deorum.
8. instaurat diem donis : *par ses offrandes, elle recommence le sacrifice du jour. Les jours solennels commençaient par un sacrifice; Didon en offre plusieurs.*
9. quid : *en quoi?*
10. est : *attention! forme de* edo, *non de* sum.
11. (talis) qualis : *telle que, semblable à. Quelle est la longueur du* a *de* conjecta?
12. Aenean : *accusatif grec.*
13. Sidonia opes : *Didon et ses sujets sont originaires de Sidon, autre nom de Tyr, ville phénicienne.*
14. relictis : *par Énée.*

## *Recherche*

• Qu'est-ce que Didon demande aux dieux? Pourquoi s'adresse-t-elle particulièrement à Junon? Qu'est-ce qui, dans ses actes, annonce le terme *furentem* (vers 10)? A quelle science est-il fait allusion aux vers 8 et 9 ? Virgile est-il soucieux de la vérité historique (pensez que la scène se déroule à Carthage, dans un passé très reculé)? Comment interprétez-vous l'exclamation *Vatum ignarae mentes*?

• Dans les vers 11 à 18, relevez les expressions qui peignent la passion de Didon. Qu'est-ce que le mot *nescius* laisse entendre?

• Comment se manifeste l'amour de Didon selon qu'Énée est présent ou absent ? Quel vers traduit le mieux son obsession ? C'est dans des termes comparables que Néron, dans *Britannicus,* pièce de Racine, évoque sa rencontre avec Junie :

« J'ai voulu lui parler et ma voix s'est perdue...
Je l'ai laissée passer dans son appartement,
J'ai passé dans le mien. C'est là que, solitaire,
De son image, en vain, j'ai voulu me distraire. »

• Comme dans le texte précédent, il vous sera utile de scander les vers 5, 11, 13 et 14, 17, 27.

### ◆ Calamo aut ore

Traduisez :

• Si les devins n'étaient pas si ignorants, ils pourraient dire, après avoir consulté les entrailles palpitantes des brebis, si les dieux sont propices *(propitius, a, um).*

• Autrefois les biches parcouraient les forêts et les monts, et fuyaient les bergers qui leur lançaient des flèches. At nunc silvae desunt et aves feraeque mortuae sunt nec jam pastor eas venari potest.

• Étudiez l'emploi du datif. Relevez les doubles datifs et traduisez :

Vir fortis parcit hosti victo jacentique. – Vir sapiens stultis ignoscit. – Cur mihi mortem minaris ? – Equus equiti paret. – Heri cenae adfui. – Is fecit cui res prodest. – Quot digiti tibi sunt in manu una ? – Nulla nobis jam est spes. – Alter consul collegae auxilium tulit. – Caesar legato legionem unam reliquit. – Sibi quisque laborat. – Non solum nobis divites esse volumus sed etiam liberis et amicis. – Quid tibi vis ? – Militibus vinum bibendum est. – Mors somno est similis. – Cur magister nobis iratus est ? – Villa urbi proxima est. – Canes pastoribus necessarii sunt. – Imperator castris locum delegit. – Tuae res mihi non minori curae sunt quam meae. – Hannibal odio Romanis erat. – Canes pastoribus magno usui sunt. – Caesar legionem unam castris praesidio reliquit.

« *Cerva... fuga silvas saltusque [peragrans]* » (vers 17). Fresque de Pompéi.

## Des reproches aux prières

*Didon s'abandonne finalement à Énée, alors que, pris dans une tempête déchaînée par Junon, ils se sont réfugiés dans une grotte. Mais Énée a une mission à remplir; s'il s'attarde dans les délices de Carthage, il risque de ne jamais toucher l'Italie, et Rome ne sera pas fondée. Aussi Jupiter lui envoie-t-il Mercure pour le rappeler à son devoir. Énée se prépare à partir discrètement. Mais Didon a des soupçons.*

At regina dolos (quis fallere possit amantem?)
praesensit motusque excepit prima futuros,
omnia tuta timens...
Tandem his Aenean compellat vocibus ultro :
« Dissimulare etiam sperasti[1], perfide, tantum[2]
posse nefas tacitusque mea decedere terra[3]?
Nec te noster amor nec data dextera quondam
nec moritura tenet crudeli funere Dido?
Quin etiam hiberno moliris sidere classem
et mediis properas Aquilonibus ire per altum.
Crudelis! Quid? Si non arva aliena domosque
ignotas peteres, sed Troja antiqua maneret,
Troja per undosum peteretur[4] classibus aequor?
Mene fugis? Per ego has lacrimas dextramque tuam te
(quando aliud mihi jam miserae nihil ipsa reliqui),
per connubia nostra, per inceptos hymenaeos,
si bene quid de te merui, fuit aut tibi quicquam
dulce meum[5], miserere[6] domus labentis et istam,
oro, si quis adhuc precibus locus[7], exue mentem.
Te propter[8] Libycae gentes Nomadumque tyranni
odere[9], infensi[10] Tyrii; te propter eumdem
exstinctus pudor et, qua sola sidera adibam,
fama prior. Cui me moribundam deseris, hospes,
hoc solum nomen quoniam de conjuge restat?
Saltem si qua mihi de te suscepta fuisset
ante fugam soboles, si quis mihi parvulus aula
luderet Aeneas, qui te tamen ore referret,
non equidem omnino capta ac deserta viderer. »

Virgile, *Énéide*, IV, 296 sq.

1. sperasti = speravisti.
2. tantum : *un si grand.*
3. decedere (e) mea terra; tacitus *s'accorde avec le sujet de* sperasti.
4. Troja peteretur? = num Troja a te peteretur?
5. fuit aut tibi quidquam dulce meum = aut (si) quidquam meum tibi dulce fuit.
6. miserere : *impératif.*
7. locus (est).
8. te propter = propter te.
9. odere = (me) oderunt.
10. infensi = infensi sunt. *Les sujets de Didon, colons tyriens ou indigènes, n'ont pas apprécié la liaison de la reine avec un étranger.*

## *Recherche*

- En quoi l'expression paradoxale *omnia tuta timens* (vers 3) est-elle particulièrement expressive?
- Pourquoi Énée commet-il un sacrilège (*nefas :* vers 6) en quittant Didon?

• Montrez comment Didon, tout en faisant des reproches à Énée, prend conscience de son abandon et de sa solitude. Quels arguments invoque-t-elle pour tenter de retenir Énée ? A quel moment est-elle particulièrement émouvante ?

## La dernière nuit de Didon

*Comme Énée répond assez piteusement, Didon lui fait des reproches encore plus violents, puis s'enfuit. Énée, poussé par les dieux, accélère les préparatifs. Didon, de plus en plus sombre, songe à mourir. Après avoir, vaine tentative, envoyé sa sœur Anna supplier Énée, Didon se décide. Sous un prétexte religieux, elle demande à Anna d'élever un bûcher. Ainsi elle se suicidera, pense-t-elle, le jour même du départ d'Énée : le bûcher servira à réduire son corps en cendres. La nuit survient. Didon erre dans le palais.*

Nox erat et placidum carpebant fessa soporem
corpora per terras silvaeque et saeva quierant[1]
aequora, cum medio volvuntur sidera lapsu,
cum tacet omnis ager, pecudes pictaeque volucres,
quaeque lacus late liquidos quaeque aspera dumis
rura tenent, somno positae sub nocte silenti
lenibant curas et corda oblita[2] laborum.
At non infelix animi[3] Phoenissa, neque umquam
solvitur in somnos oculisve aut pectore noctem[4]
accipit ; ingeminant curae rursusque resurgens
saevit amor magnoque irarum fluctuat aestu.
Sic adeo insistit secumque ita corde volutat :
« En quid ago ? rursusne procos irrisa priores
experiar, Nomadumque petam connubia supplex,
quos egos sim toties jam dedignata maritos ?
Iliacas igitur classes atque ultima[5] Teucrum
jussa sequar ? Quiane[6] auxilio juvat ante levatos
et bene apud memores veteris stat gratia facti ?
Quis me autem, fac velle[7], sinet[8], ratibusve superbis
invisam accipiet ? Nescis, heu ! perdita, necdum
Laomedonteae[9] sentis perjuria gentis ?
Quid tum ? Sola fuga nautas comitabor ovantes ?
An[10] Tyriis omnique manu stipata meorum
inferar[11] et, quos Sidonia[12] vix urbe revelli,
rursus agam pelago et ventis dare vela jubebo ?
Quin[13] morere[14], ut merita es, ferroque averte dolorem.
Tu lacrimis evicta meis, tu prima furentem
his, germana, malis oneras atque objicis hosti.

1. quierant = quieverant.

2. oblita = ita ut obliviscerentur.

3. animi : *complément de* infelix : *malheureuse dans son âme, au cœur infortuné.* Phoenissa (quiescit) ; Phoenissa : *la Phénicienne : Didon.*

4. noctem = quietem noctis.

5. ultima jussa : *les ordres les plus dégradants (cf. « les derniers outrages »).* Teucrum = Teucrorum.

6. quiane : *serait-ce parce que... La question est d'une ironie noire ;* auxilio juvat ante levatos = juvat (eos) ante levatos (esse) auxilio (meo).

7. fac velle = fac (me) velle : *suppose que je le veuille : en supposant que je le veuille.*

8. sinet (me classem sequi).

9. Laomedonteae : *de Laomédon. Laomédon, ancêtre d'Énée, avait refusé de payer aux dieux la somme d'argent qu'il leur devait pour la construction des murs de Troie ; on ne peut donc se fier à un peuple qui a une telle hérédité.*

10. an : *ou bien est-ce que ?*

11. inferar : *à la poursuite des Troyens.*

12. Sidonia : *les compagnons de Didon sont des exilés venus de Sidon, autre nom de Tyr, ville phénicienne.*

13. quin : *au contraire.*

14. morere : *impératif de* morior.

Non licuit thalami expertem sine crimine vitam
degere[15], more ferae, tales nec tangere curas;
non servata fides cineri promissa Sychaeo. »
Tantos illa suo rumpebat pectore questus.

Virgile, *Énéide*, IV, 522 sq.

15. non licuit (me) degere.

*Tout se passera comme prévu, hélas! Énée, poussé une nouvelle fois par les dieux, s'enfuit à l'aube. Didon, qui l'a vu fuir du haut des remparts de Carthage, le maudit. Puis elle monte sur le bûcher qu'elle a fait dresser, et se tue avec une épée qu'un jour Énée lui avait offerte. Ainsi les Troyens pourront gagner l'Italie, et leurs descendants fonder Rome.*

# Orphée et Eurydice

***Virgile,*** *dans ses* Géorgiques, *introduit un autre épisode légendaire qui met en scène des amants célèbres : Orphée et Eurydice. Le poète Orphée aimait la nymphe Eurydice, mais celle-ci mourut, piquée par un serpent. Inconsolable, Orphée osa descendre aux Enfers la réclamer à Pluton et à son épouse Proserpine. Il obtint qu'Eurydice lui fût rendue, à une condition : il devait marcher devant Eurydice en remontant vers la lumière, et ne pas se retourner avant d'avoir franchi la limite des Enfers. Orphée se remit donc en route, et tout semblait aller au mieux, quand soudain...*

## J'ai perdu mon Eurydice

Jamque pedem referens casus evaserat omnes
redditaque Eurydice superas veniebat ad auras
pone sequens (namque hanc dederat Proserpina legem),
cum subita incautum dementia cepit amantem,
ignoscenda[1] quidem, scirent si ignoscere Manes[2] :
restitit, Eurydicenque suam, jam luce sub ipsa,
immemor, heu! victusque animi[3] respexit. Ibi omnis
effusus[4] labor atque immitis rupta[5] tyranni
foedera[6], terque fragor stagnis auditus[7] Avernis.
Illa : « Quis et me, inquit, miseram et te perdidit, Orpheu,
quis tantus furor? En iterum crudelia retro
fata vocant conditque natantia lumina somnus.
Jamque vale : feror ingenti circumdata nocte
invalidasque tibi tendens, heu! non tua, palmas. »

1. ignoscenda : *pardonnable.*
2. Manes : *les dieux Mânes, c'est-à-dire, d'une façon générale, les Enfers.*
3. animi : *complément de* victus. Victus animi : *vaincu dans son âme, l'âme vaincue.*
4. effusus (est).
5. rupta (sunt); tyranni : *Pluton.*
6. foedera : *le pacte conclu avec Pluton et Proserpine.*
7. auditus (est); (in) stagnis Avernis : *le lac Averne, situé non loin de Naples, était considéré comme une des portes des Enfers.*

Dixit, et ex oculis subito, ceu fumus in auras
commixtus tenues, fugit diversa, neque illum,
prensantem nequicquam umbras et multa volentem
dicere, praeterea vidit; nec portitor Orci[8]
amplius objectam passus[9] transire paludem.
Quid faceret? Quo se, rapta bis conjuge, ferret?
Quo fletu Manes, quae numina voce moveret?
Illa quidem Stygia nabat jam frigida cymba[10].
Septem illum totos perhibent[11] ex ordine[12] menses
rupe sub aeria deserti ad Strymonis undam
flevisse et gelidis haec evolvisse sub antris,
mulcentem tigres et agentem carmine quercus.

Virgile, *Géorgiques,* IV, 485 sq.

8. Orcus : *autre nom de Pluton;* portitor Orci ; *Charon, le batelier des Enfers, chargé de transporter les âmes à travers le fleuve Styx.*

9. passus (est).

10. *Scandez ce vers.*

11. perhibent : *on raconte.*

12. ex ordine : *successivement.*

*Orphée pleura si bien son Eurydice que les Bacchantes en devinrent jalouses et le tuèrent.* Même alors, *dit Virgile,* sa voix et sa langue glacée criaient encore, tandis que sa vie fuyait : « Ah! Malheureuse Eurydice! »

*Orphée,* par Gustave Moreau, 1826-1898. (Musée d'Orsay).

## *Recherche*

• Pourquoi les premiers vers créent-ils une impression angoissante (construction de la phrase, temps des verbes)? Quel est l'effet produit par la place du verbe *restitit?* et par l'omission des formes attendues du verbe *esse* dans les vers 8 et 9? Comment est qualifié ce qui cause la faute d'Orphée (vers 4)? Quelle est la véritable raison?

• Que pensez-vous des paroles d'Eurydice? D'où provient surtout sa douleur? Représentez-vous la scène. Qu'est-ce qui la rend particulièrement émouvante?
• Quel peut être le sens de ce mythe?

### ◆ Calamo aut ore

Traduisez :

Eurydice suivait Orphée, et ne pensait pas qu'il se retournerait pour la regarder. Jamais il n'aurait dû rompre son pacte, car les dieux des Enfers *(Inferi)* ne pardonnent à personne, mais son amour fut plus fort. Il se retourna, et Eurydice, après avoir dit quelques mots, disparut soudain à ses yeux. Que faire? Quel dieu invoquer? Orphée ne put que regagner la lumière et pleurer.

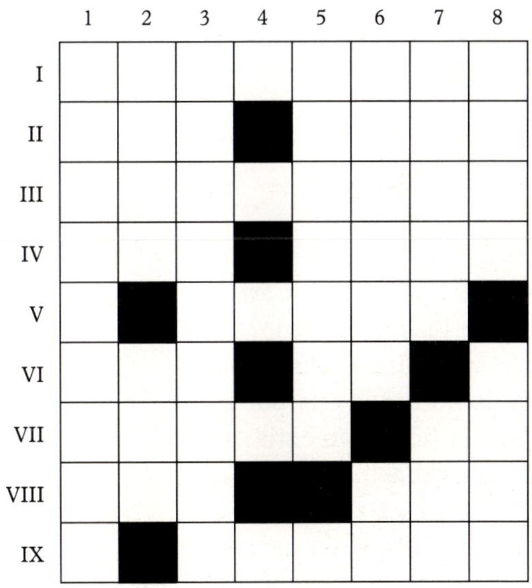


### ◆ Ad mentem relaxandam

HORIZONTALEMENT. I. Orphei uxor (nominativus casus) – II. Incendo – Autumno aratur – III. Misericordia capta – IV. Edit – Finis supini – V. Sacerdotes eum servant (vel, sine ordine, genetivus verbi « tres ») – VI. Veniam – Initium irae – VII. Tristis, infaustus, funestus – Praepositio cum accusativo – VIII. Supinum de verbo « edere » – Feci – IX. Amantes non eas sanas habent.

VERTICALEMENT. 1. Graecum nomen Furiarum – 2. Incendis – Nec semel, nec ter – 3. In navium proris (genetivus casus pluralis) – 4. Vocales litterae – 5. Urbs Parthica (genetivus casus) – 6. Ergo – Atque – 7. Ingens animal marinum (accusativus casus) – Fac – 8. De verbo « esse » (tempus imperfectum) – Aqua imbutis.

# Ariane et Thésée

*Parmi les héroïnes de la mythologie, il est une autre abandonnée célèbre : Ariane. Par amour, elle avait aidé Thésée à vaincre le Minotaure, mais Thésée la quitta avant de l'épouser, la laissant seule sur une île. Nous devons à* **Catulle** *le texte suivant, où Ariane exhale ses plaintes et ses reproches.*

Ariane abandonnée par Thésée, dont on voit le navire gagnant le large (fresque de Pompéi). Musée archéologique de Naples.

### « Ariane aux rochers contant ses infortunes »

Sicine me patriis avectam, perfide, ab aris,
perfide, deserto liquisti in litore, Theseu[1]?
Sicine discedens neglecto numine divum[2],
immemor, ah!, devota domum perjuria portas?
Nullane res potuit crudelis flectere mentis
consilium? Tibi nulla fuit clementia praesto,
immite ut nostri vellet miserescere pectus?
At non haec quondam nobis promissa dedisti,
voce mihi, non haec misere[3] sperare jubebas,
sed conubia laeta, sed optatos hymenaeos;
quae cuncta aerii discerpunt irrita venti.
Nunc jam nulla viro juranti femina credat,
nulla viri speret sermones esse fideles!
Qui, dum aliquid cupiens animus praegestit apisci,
nil metuunt jurare, nihil[4] promittere parcunt;
sed simul ac cupidae mentis satiata libido est,
dicta nihil metuere[5], nihil perjuria curant.

Catulle, *Poésies,* LIV, v. 134 sqq.

1. Theseu : *vocatif.*
2. divum = deorum.
3. misere : *éperdument.*
4. nihil : *adverbe : pas du tout, en rien, nullement.*
5. metuere : *parfait, à traduire par un présent.*

# LES AMOURS ROMANESQUES

## L'eau à la bouche

*Dans ses* Métamorphoses *(roman que vous avez peut-être abordé avec nous en classe de 3^e^),* ***Apulée*** *nous conte les aventures et les mésaventures d'un jeune homme, Lucius. Tout au début du roman, nous voyons Lucius faire halte chez son hôte, Milon. Après avoir échangé quelques propos avec lui, Lucius va faire un tour en ville, puis il revient. Et voici qu'il rencontre Photis, la jolie servante de Milon, qui est en train de préparer le repas...*

Nec domi Milonem vel uxorem ejus offendo sed tantum caram meam Photidem. Suis parabat, quod naribus jam inde hariolabar, tuccetum perquam sapidissimum. Ipsa, linea tunica mundule amicta, illud cibarium vasculum floridis palmulis rotabat in circulum et, lumbis sensim vibrantibus, spinam mobilem placide quatiens decenter[1] undabat. Isto aspectu defixus obstupui et mirabundus steti. Et tandem ad illam : « Quam pulchre quamque festive, inquam, Photis mea, ollulam istam intorques! Quam mellitum pulmentum apparas! Felix et certius beatus cui[2] permiseris illuc digitum intingere! » Tunc illa lepida et alioquin dicacula puella : « Discede, inquit, miselle; quam procul[3] a meo foculo discede! Nam si te vel modice meus igniculus adflaverit, ureris intime nec ullus extinguet ardorem tuum nisi ego quae, dulce condiens, ollam suave quatere novi. » Haec dicens in me respexit et risit. Nec tamen ego prius inde discessi quam[4] diligenter omnem ejus oculis explorassem habitudinem. Quid ego de ceteris aio, cum semper mihi unica cura fuerit caput capillumque sedulo prius intueri et domi postea perfrui? Nam – quod[5] nefas dicere, nec sit ullum hujus rei tam dirae exemplum! – si cujuslibet eximiae pulcherrimaeque feminae caput capillo spoliaveris et faciem nativa specie nudaveris, licet illa mari edita[6], fluctibus educata, licet – inquam – Venus ipsa fuerit, licet omni Gratiarum choro stipata et toto Cupidinum populo comitata calva processerit, placere non poterit nec Vulcano suo[7].

D'après Apulée, *Les Métamorphoses,* II.

1. decenter : *ne traduisez pas par « avec décence » !*
2. cui = is cui.
3. quam procul = (tam) procul quam (potes).
4. prius... quam : *tmèse.*
5. quod = id quod sit.
6. edita (sit), educata (sit). *Allusion à la légende de Vénus, née de la mer (connaissez-vous le célèbre tableau de Botticelli ?);* licet : *même si.*
7. nec Vulcano suo = ne Vulcano quidem suo; *Vulcain est l'époux en titre de Vénus; laid et difforme lui-même, il est en adoration devant son épouse.*

## *Recherche*

• Quelles sont les deux parties du texte? Qu'est-ce qui les différencie, tant du point de vue du style que du thème abordé? Laquelle vous semble la plus originale, la plus vivante aussi? La transition entre les deux est un peu hypocrite mais elle permet à Apulée d'entamer ce que l'on appelle un « blason du corps féminin » : dans les pages qui suivent, il va se lancer, par la voix de Lucius, dans une longue apologie de la chevelure féminine.

• La servante coquine est un personnage promis à un grand avenir dans la littérature érotique. Quel avantage (du point de vue romanesque) présentent ces amours ancillaires ? Dans *Les Métamorphoses,* Photis a néanmoins un autre rôle – capital s'il en est – à jouer, puisque c'est elle qui, par maladresse, transformera Lucius en âne.

• A la différence des romans grecs (par exemple, *Daphnis et Chloé,* de Longus) qui sont sentimentaux et (apparemment) fort prudes, les romans de Pétrone et d'Apulée n'ont peur ni des mots ni des situations scabreuses. Mais en l'occurrence, à quoi tient le charme du texte ? Homme d'esprit, Apulée était un rhéteur habile : cherchez, dans ces lignes, la part de la métaphore et de la métonymie.

## Variations sur un jugement célèbre

*A la fin du roman d'Apulée, l'âne Lucius, conduit dans un amphithéâtre, assiste à un spectacle chorégraphique, qui culmine par la représentation d'une scène mythologique célèbre : le jugement de Pâris.*

Venus ecce cum magno favore caveae, in ipso meditullio scenae, circumfuso populo laetissimorum parvulorum, dulce subridens, constitit amoene. Illos teretes et laetos puellos diceres tu Cupidines, et Cupidines veros, de caelo vel mari commodum[1] involasse. Nam et pinnulis et sagittulis et habitu cetero formae praeclare congruebant; et, velut nuptiales epulas obiturae, dominae coruscis praelucebant facibus. Et influunt innuptarum puellarum decorae soboles. Hinc Gratiae gratissimae; inde Horae pulcherrimae, quae jaculis floris serti et soluti[2] deam suam propitiantes, scitissimum construxerunt chorum, dominae voluptatis Veris coma blandientes. Jam tibiae multiforabiles[3] cantus lydios dulciter consonant. Quibus spectatorum pectora suave mulcentibus, longe suavior Venus placide commoveri, constantique lente vestigio, et leviter fluctuante spinula, et sensim annutante capite coepit incedere, mollique tibiarum sono delicatis respondere gestibus; et nunc mite conniventibus, nunc acre comminantibus gestire pupulis, et nonnumquam saltare solis oculis[4]. Haec ut primum ante judicis conspectum facta est, nisu brachiorum polliceri videbatur, si fuisset deabus ceteris antelata, daturam se nuptam Paridi forma praecipuam, suique consimilem. Tunc animo volenti Phrygius juvenis, malum, quod tenebat, aureum, velut victoriae calculum, puellae tradidit.

Quid ergo miramini, vilissima capita, immo forensia pecora, immo vero togati vulturii, si toti nunc judices sententias suas pretio nundinantur, cum, rerum exordio, inter deos et homines agitatum judicium corruperit gratia? Et originalem sententiam magni Jovis consiliis electus judex, rusticanus et opilio, lucro libidinis vendiderit, cum totius etiam suae stirpis exitio!

Apulée, *Les Métamorphoses,* XI.

1. commodum, *adverbe : à l'instant même, tout juste.*

2. floris serti *(singulier générique) : des fleurs tressées en guirlandes;* soluti : *des fleurs effeuillées, des pétales de fleurs.*

3. multiforabiles : *percées de plusieurs trous.*

4. saltare : *ses yeux, à eux seuls, sont une vraie danse.*

## *Recherche*

• Le paradoxe de la description : cette scène se décrit comme un tableau, mais c'est un tableau vivant... Comment Apulée s'y prend-il pour « mettre du mouvement » dans sa description ? Cette page n'a pas vraiment d'intérêt dramatique dans le roman, il ne s'y passe rien qui fasse progresser l'intrigue. Quel est alors son intérêt ?

• Une esthétique du « mignon » : que pensez-vous du goût d'Apulée pour les diminutifs ?

• L'humour d'Apulée : dans ce roman dont le narrateur est l'âne Lucius, qui prend la parole pour commenter le jugement de Pâris ? Quel effet produit cette intervention ?

Le jugement de Pâris, vu par un artiste de l'atelier de David (1788, château de Gué-Péan).

• Le jugement de Pâris peut inspirer d'autres idées, comme l'atteste cet épisode du roman grec *Daphnis et Chloé,* écrit par Longus vers 200 apr. J.-C. Bonne occasion d'apprécier la différence de ton et d'inspiration entre le roman latin de Pétrone et Apulée, plein de violence, volontiers paillard, corrosif et n'ayant pas peur des mots, et le roman grec, plus porté au sentimentalisme, à la délicatesse, voire à la mièvrerie (mais, notamment chez Longus, avec un discret érotisme qui ne manque pas de charme).

« En allant ainsi çà et là Daphnis et Chloé trouvèrent un pommier dont les pommes avaient été toutes cueillies, et il n'y avait plus ni feuille ni fruit, les branches étaient toutes nues, et n'y était demeuré qu'une seule pomme à la cime de la plus haute branche. Cette pomme était belle et grosse à merveille, et sentait meilleur que toutes les autres. Mais celui qui les avait cueillies n'avait osé monter si haut, et ne s'était point soucié de l'abattre, et à l'aventure aussi, que les dieux le voulaient ainsi, qu'une si belle pomme fût réservée pour un pasteur amoureux. Incontinent que Daphnis l'aperçut, il se mit en point pour l'aller cueillir. Chloé l'en voulut garder, mais il n'en fit compte; pourquoi elle, ayant peur de le voir tomber, s'enfuit là où étaient leurs bêtes, et Daphnis montant allègrement tout au plus haut du pommier alla cueillir la pomme qu'il lui porta, et la voyant mal contente, lui dit telles paroles : "Chloé, ma mie, le beau temps a produit cette belle pomme, un bel arbre l'a portée, le beau soleil l'a mûrie, et la bonne fortune l'a contregardée pour une belle bergère. J'eusse été bien aveuglé, si je l'eusse laissée là où elle fût tombée par terre, et eût été froissée des pieds des bêtes ou envenimée de quelque serpent qui eût frayé au long, ou bien eût été gâtée et pourrie par le temps. La pomme d'or fut jadis donnée à Vénus, pour le prix de sa beauté; et je te donne celle-ci pour ce que tu es plus belle que toutes les autres filles du monde. Nous sommes Pâris et moi juges et témoins pareils, car il était berger et je suis chevrier." En disant ces paroles, il la lui mit en son giron, et elle, s'approchant de lui, le baisa si suavement que Daphnis ne se repentit point d'avoir osé monter sur l'arbre si haut pour la cueillir, en ayant eu en récompense un baiser, qui valait mieux à son gré que ne faisait la pomme d'or. »

*Daphnis et Chloé,* trad. Amyot (1559).

Couple romain (Porcia et Caton), qui n'est pas sans évoquer celui que devaient former plus tard Pline et Calpurnia (Musée du Vatican).

# COUPLES

*Élégiaques, épiques, romanesques ou comiques, autant d'amours aventureuses ou franchement libertines... Même si les institutions romaines poussent foncièrement au mariage de raison (on a même vu se concrétiser ainsi des alliances politiques !), il n'y a pas de raison de penser que l'amour conjugal était une denrée rarissime à Rome. Il faut bien avouer que la vie quotidienne d'une (bonne) matrone romaine devait être assez ennuyeuse, et que l'on ne saurait vraiment imaginer une « vie de couple » au sens où nous l'entendons... Raison de plus pour saluer la tendresse de Pline à l'égard de son épouse.*

## Un homme, une femme...

*Veuf à quarante ans,* ***Pline*** *se remarie avec une toute jeune femme, Calpurnia. Jugez de ses sentiments pour elle d'après les lettres suivantes. La première est adressée à la mère adoptive de Calpurnia.*

C. Plinius Calpurniae Hispullae suae s.d.

Summum est[1] acumen, summa frugalitas; amat me, quod castitatis indicium est. Accedit his studium litterarum, quod ex mei caritate concepit. Meos libellos habet, lectitat, ediscit etiam. Qua illa sollicitudine, cum videor acturus[2], quanto, cum egi, gaudio adficitur! Disponit[3] qui nuntient sibi quem adsensum, quos clamores excitarim, quem eventum judicii tulerim. Eadem, si quando recito[4], in proximo, discreta velo, sedet laudesque nostras avidissimis auribus excipit. Versus quidem meos cantat etiam formatque cithara[5], non artifice aliquo docente, sed amore, qui magister est optimus.

His ex causis in spem certissimam adducor perpetuam nobis majoremque in dies futuram esse concordiam. Non enim aetatem meam aut corpus, quae paulatim occidunt ac senescunt, sed gloriam diligit. Vale.

C. Plinius Calpurniae suae s.d.

Scribis te absentia mea non mediocriter adfici unumque habere solacium, quod pro me libellos meos teneas, saepe etiam in vestigio meo colloces. Gratum est quod nos requiris, gratum quod his fomentis adquiescis; invicem ego epistulas tuas lectito atque identidem in manus quasi novas sumo; sed eo magis ad desiderium tui accendor. Nam cujus litterae tantum habent suavitatis, hujus sermonibus quantum dulcedinis inest! Tu tamen quam frequentissime scribe, licet[6] hoc ita me delectet, ut torqueat. Vale.

1. est (uxori meae).
2. ago : *plaider. Pline était avocat.*
3. disponit (homines, servos).
4. recito : *au temps de Pline, les écrivains faisaient des lectures publiques de leurs œuvres.*
5. format cithara : *et elle les met en musique à la cithare.*
6. licet + *subj.* : *conjonction : même si.*

C. Plinius Calpurniae suae s.d.

Numquam sum magis de occupationibus meis questus, quae me non sunt passae aut proficiscentem te valetudinis causa in Campaniam[7] prosequi aut profectam e vestigio subsequi. Tunc enim praecipue simul[8] esse cupiebam, ut oculis meis crederem quid viribus, quid corpusculo apparares, ecquid denique secessus voluptates regionisque abundantiam inoffensa transmitteres. Equidem etiam fortem te non sine cura desiderarem; est enim suspensum et anxium de eo quem ardentissime diligas[9] interdum nihil scire. Nunc vero me cum absentiae, tum infirmitatis tuae ratio incerta et varia sollicitudine exterret. Vereor omnia, imaginor omnia, quaeque[10] natura metuentium est ea maxime mihi quae maxime abominor fingo. Quo impensius rogo ut timori meo cotidie singulis vel etiam binis epistulis consulas. Ero enim securior, dum lego, statimque timebo, cum legero. Vale.

Pline le Jeune, *Lettres.*

7. in Campaniam : *la Campanie, réputée pour la douceur de son climat, attirait les malades et les riches oisifs. C'était la Côte d'Azur des Romains.*

8. simul = tecum.

9. diligas : *on aime (2e pers, du sing, du subjonctif).*

10. quae est : *ce qui est... La relative est une sorte d'apposition à ce qui suit.*

*Reste à savoir si la troisième femme de Pline, mariée à 20 ans à un homme qui en avait 40, n'a pas eu parfois l'occasion d'éprouver des sentiments analogues... Mais c'était là monnaie courante dans l'Antiquité, et même jusqu'au XIXe siècle : l'amour dans le mariage n'était pas inconnu, mais les mariages d'amour demeuraient l'exception. Et les épouses trop jeunes pour leur mari lisaient en soupirant ces vers de Tibulle adressés à une jeune femme :*

Carior est auro juvenis, cui levia fulgent
    ora nec amplexus aspera barba terit.
Huic tu candentes humero suppone lacertos,
    et regum magnae despiciantur opes!

## Recherche

• Quelles qualités intellectuelles et morales Pline reconnaît-il à sa femme, dans le premier texte? Qu'est-ce que ce texte révèle sur la condition féminine de l'époque, du moins dans le milieu social de Pline? Peut-on dire que la *concordia* entre les époux préserve la personnalité de l'un et de l'autre? Que pensez-vous du caractère de Pline tel qu'il se manifeste à travers les mots *adsensum, laudes, gloriam?* Ne devez-vous pas nuancer votre jugement en fonction des mœurs de l'époque?

• Le deuxième texte modifie-t-il l'image que vous vous faisiez de Pline et de Calpurnia? En quoi l'expression *invicem* est-elle importante? Commentez le paradoxe *licet ita me delectet, ut torqueat.*

• Quel est le ton général de la troisième lettre? Relevez la phrase qui exprime le mieux, selon vous, l'inquiétude de Pline.

• Relevez les propositions infinitives, et justifiez le temps de leurs verbes.

## ◆ Calamo aut ore

Traduisez maintenant les plaintes amères que font entendre, chez Apulée, les deux sœurs aînées de Psyché, jalouses du merveilleux mariage qu'a fait celle-ci :

« Ego misera primum patre meo seniorem maritum sortita sum, dein cucurbita calviorem et puero pusilliorem, cunctam domum seris et catenis obditam custodientem!
– Ego vero maritum articulari morbo complicatum curvatumque sustineo, plerumque detortos et duratos in lapidem[1] digitos ejus perfricans, fomentis olidis et pannis sordidis et fetidis cataplasmatibus manus tam delicatas adurens, nec uxoris faciem, sed medicae personam sustinens! »

1. in lapidem : *jusqu'à (la dureté de) la pierre.*

L'amour conjugal
*« Si te habebo, non mibi videbor plane perisse »*
(stèle funéraire, Rome, Musée des Thermes).

# « Il y a des gens qui n'ont que ce qu'ils méritent, les autres sont célibataires* »

*Même chez les couples mariés, amour ne rime pas avec toujours. Dans son* Phormion, ***Térence*** *met en scène un vieillard, Chrémès, qui a mené longtemps une double vie. Laissant de temps en temps sa femme légitime à Athènes, sous prétexte d'affaires urgentes, il allait rejoindre sa maîtresse, dont il avait eu une fille, dans l'île de Lemnos. Mais voilà que cette maîtresse meurt et que l'épouse légitime, Nausistrata, apprend brutalement toute la vérité de la bouche du parasite Phormion.*

NAUSISTRATA

Pro di immortales, facinus miserandum et malum!

PHORMIO

Hoc actumst[1].

NAUSISTRATA *(révoltée)*

An quicquam hodiest factum indignius?
Qui[2] mi[3], ubi ad uxores ventumst, tum fiunt senes!
*(se tournant vers son beau-frère)*
Demipho, te appello; nam cum hoc ipso distaedet[4] loqui.
Haecine[5] erant itiones crebrae et mansiones diutinae
Lemni? Haecine erat ea quae nostros minuit fructus vilitas?

DEMIPHO *(prudent)*

Ego, Nausistrata, esse in hac re culpam meritam non nego.
Sed ea quin sit ignoscenda?

PHORMIO

Verba fiunt mortuo[6].

DEMIPHO *(convaincu)*

Nam neque neglegentia tua neque odio id fecit tuo.
Vinolentus fere abhinc annos quindecim mulierculam
eam[7] compressit, unde haec[8] natast, neque postilla umquam [attigit.
Ea mortem obiit; e medio abiit, qui fuit in re hac, scrupulus.
Quamobrem te oro[9], ut alia facta tua[10] sunt, aequo animo hoc [feras.

NAUSISTRATA *(abattue)*

Quid ego aequo animo? Cupio misera in hac re jam defungier[11].
Sed quid sperem? Aetate porro minus peccaturum[12] putem?
Jam tum erat senex, senectus si verecundos facit[13].
An mea forma atque aetas nunc magis expetendast, Demipho?
Quid mi hic adfers, quamobrem exspectem aut sperem porro [non fore[14]?

* Sacha Guitry.

1. *Dans la langue de Térence, la forme* est *se réduit souvent à* st, *soudé au mot qui précède. Vous rencontrerez dans la suite du texte d'autres exemples.*

2. qui : *ces hommes (du genre de Chrémès).*

3. mihi : *datif éthique (cf. en français de Provence : « Cette orange je vais* me *la manger », ou, dans La Fontaine : « Le drôle* vous *eût lapé le tout en un moment »).*

4. distaedet (me); hoc : *Chrémès.*

5. haecine : *forme de* hicine.

6. *Expression proverbiale : cf., en français, « parler à un sourd ».*

7. eam : *la maîtresse de Chrémès.*

8. haec : *la fille illégitime de Chrémès.*

9. oro + *subj. : supplier de.*

10. tua = a te.

11. defungier, *forme archaïque* = defungi.

12. peccaturum = (istum) peccaturum (esse).

13. senectus ... facit = si senectus (viros) facit verecundos.

14. (id) fore.

At meo merito[15], credo. Quid ego nunc commemorem, [Demipho,
singulatim, qualis ego in hunc fuerim?

DEMIPHO *(assez sec)*

Novi aeque omnia
tecum.

NAUSISTRATA

Meritone hoc meo videtur factum?

DEMIPHO

Minime gentium[16].
Ignosce : orat, confitetur, purgat : quid vis amplius?

Térence, *Phormion.*

15. meo merito : *ironique.*

16. minime gentium : *pas le moins du monde.*

## *Recherche*

• Comment Nausistrata réagit-elle à la nouvelle? Selon le droit romain, elle est légalement désarmée; Caton l'Ancien écrit en effet : « Si tu surprenais ta femme en flagrant délit d'adultère, tu pourrais la tuer impunément, mais si c'était toi qui la trompais, elle n'oserait pas te toucher, et, d'ailleurs, la loi le lui interdirait. »

Pour comprendre le premier reproche de Nausistrata (vers 3), traduisez ces paroles équivoques d'une autre épouse trompée, dans l'*Asinaria* de Plaute : « *Ille, opere foris faciendo lassus, noctu ad me advenit : fundum alienum arat, familiarem incultum deserit.* »

• Quand Nausistrata devient-elle émouvante? Quels sont les deux points qui la font le plus souffrir?

• Montrez que Démiphon prononce un véritable plaidoyer (introduction, développement, conclusion). Appréciez ses arguments.

Musée archéologique d'Agrigente.

# LA COMÉDIE DE L'AMOUR

S'il est un domaine littéraire où l'amour tient une grande place, c'est bien le théâtre latin. Presque toutes les comédies de Plaute et de Térence ont pour intrigue principale une aventure amoureuse. Bien sûr, dans ces comédies, l'amour n'est pas le seul centre d'intérêt, mais il en est un ressort essentiel. C'est sur lui que se greffent les autres éléments de l'action. C'est lui qui crée le plus de situations comiques. C'est lui qui donne souvent, malgré les conventions du genre, un peu d'humanité aux personnages.

Vous avez déjà entendu parler de **Plaute** *(Titus Maccius Plautus).* Il a vécu au IIIe siècle avant Jésus-Christ, probablement de 251 à 184. D'abord acteur dans une troupe de comédiens, il est devenu metteur en scène et auteur dramatique. Pour écrire ses comédies, il imite le plus souvent les comédies grecques. Ainsi, l'*Asinaria,* ou *Comédie des Anes,* a pour original *L'Anier,* de l'auteur grec Démophile. Cela pose évidemment le problème de l'originalité de Plaute, mais laissez les érudits le résoudre... s'ils le peuvent!

En tout cas, les personnages ont gardé leurs noms grecs. Les voici (vous reconnaîtrez quatre d'entre eux) :

***Demaenetus :*** Déménète, vieillard.
***Libanus :*** Liban, jeune esclave de Déménète.
***Leonida :*** Léonide, jeune esclave de Déménète.
***Artemona :*** Artémone, femme de Déménète.
***Philenium :*** Philénie, jeune courtisane.
***Cleaereta :*** Cléérète, mère de Philénie, qui cherche à « placer » sa fille.
***Argyrippus :*** Argyrippe, fils de Déménète, amant de Philénie.
***Diabolus :*** Diabole, jeune homme, amant de Philénie.

A ces personnages, il faut joindre un marchand étranger et un parasite, qui n'ont pas de nom propre. Le décor : un rideau en trompe-l'œil représentant la maison de Cléérète et Philénie.

Philénie est une jeune et ravissante courtisane, ce qui signifie qu'elle vit, comme on dit, de ses charmes, mais sans être une « prostituée » au sens le plus vulgaire du terme (en latin *prostibulum,* par opposition à *meretrix*) : en d'autres termes, elle est plutôt ce que nous appellerions une « femme entretenue », car elle ne se donne pas à n'importe qui, mais accorde ses faveurs à un ou deux amants, assez fortunés pour louer ses bons et loyaux services au mois ou à l'année, cela sous la haute direction de sa propre mère, ancienne courtisane elle-même et femme d'affaires avisée. Situation fort immorale, mais encore courante de nos jours dans les pays pauvres...

Les deux amants en question étaient, avant le début de la pièce, Argyrippe et Diabole. Seulement, voilà qu'à force de se montrer généreux envers la jeune personne et sa mère, ils se sont retrouvés l'un et l'autre sans le sou! Conséquence : la vieille Cléérète leur a fermé la porte du logis, et a interdit à sa fille de leur adresser la parole.

Dans une des premières scènes, on voit Diabole (un jeune commerçant qui, avant de se ruiner pour Philénie, avait fait fortune dans l'« import-export ») se lamenter devant la porte close. Mais voici que Cléérète sort...

Après quelques propos aigres-doux, ils en viennent à débattre d'un sujet (presque) sérieux : les conditions de vie des courtisanes et des entremetteuses, les problèmes de l'amour vénal, qui est au centre de tout ce théâtre gréco-latin.

Un couple qui pourrait évoquer Diabole et Philénie (Musée des mosaïques d'Antioche).

# Un métier difficile

DIABOLE

Ubi illaec quae dedi ante?

CLÉÉRÈTE *(bras ballants)*

Abusa[1] : nam si ea durarent mihi,
mulier mitteretur ad te, numquam quicquam poscerem.
Diem, aquam, solem, lunam, noctem, haec argento non emo;
cetera quae[2] volumus uti, Graeca mercamur fide[3].
Cum a pistore panem petimus, vinum ex oenopolio,
si aes habent, dant mercem. Eadem nos disciplina utimur :
*(montrant ses mains)*
semper oculatae manus sunt nostrae; credunt quod vident.

DIABOLE

Aliam nunc mihi orationem despoliato praedicas.
Longe aliam, inquam, praebes[4] nunc atque olim, cum dabam,
aliam atque olim, cum illiciebas me ad te blande ac benedice.
Tum mihi aedes quoque adridebant, cum ad te veniebam, tuae.
Me unice unum ex omnibus te atque illam[5] amare aiebas mihi.
Ubi quid[6] dederam, quasi columbae pulli, in ore ambae meo
usque eratis; meo de studio[7] studia erant vestra omnia.
Usque adhaerebatis; quod ego jusseram, quod volueram,
faciebatis; quod nolebam ac vetueram, de industria
fugiebatis neque conari id facere audebatis prius.
Nunc neque quid velim neque nolim[8] facitis magni, pessimae!

CLÉÉRÈTE

Non tu scis? Hic noster quaestus aucupii simillimust[9].
Auceps quando concinnavit aream, offundit cibum.
Aves adsuescunt; necesse est facere sumptum qui quaerit[10] [lucrum.
Saepe edunt; semel si sunt captae, rem solvunt[11] aucupii.
Itidem hic apud nos : aedes nobis area est, auceps sum ego,
esca est meretrix, lectus illex est, amatores aves.
Bene salutando consuescunt, compellando blanditer,
osculando, oratione vinnula, venustula.
Savium si sumpsit[12], sumere eum licet sine retibus.
Haeccine[13] te esse oblitum, in ludo qui fuisti tam diu!

DIABOLE *(amer)*

Tua ista culpa est, quae discipulum semidoctum abs te amoves.

CLÉÉRÈTE

Remeato[14] audacter, mercedem si eris nactus; nunc abi.

Plaute, *Asinaria*, acte II, scène 3.

1. abusa (sum).
2. quae : *le verbe* utor, *chez Plaute, se construit soit avec l'accusatif, soit avec l'ablatif, seul correct en latin classique.*
3. Graeca fide : *avec un crédit grec, c'est-à-dire sans possibilité de crédit.*
4. aliam (orationem) *ou* aliam (te) praebes; alius... ac/atque : *différent de.*
5. illam : *Philénie.*
6. quid = aliquid; usque : *sans arrêt.*
7. meo de studio = de meo studio : *selon mon goût.*
8. neque nolim = neque quid nolim; magni facere : *faire grand cas de (*magni *est au génitif de qualité).*
9. simillimust = simillimus est.
10. qui quaerit = eum qui quaerit.
11. rem solvere : *payer, récompenser la peine de.*
12. sumpsit (amator).
13. haeccine = haec + ne, *particule interrogative.*
14. remeato : *impératif futur.*

## *Recherche*

• Quelle doctrine applique Cléérète ? Comment la justifie-t-elle ? Dans quelle catégorie sociale estime-t-elle qu'elle se situe ? Il est exact que la courtisane libre ressemblait à une commerçante : elle vendait ses propres charmes si elle était jeune, ceux de ses filles si elle était âgée. Par contre, la courtisane esclave n'était pas une marchande, mais la marchandise que son propriétaire, le *leno*, vendait ou louait au meilleur prix.

• Relevez dans la tirade de Diabole les expressions amusantes qui évoquent l'empressement passé des deux courtisanes. Montrez avec quelle rigueur Diabole oppose le passé et le présent.

• Étudiez la comparaison que fait Cléérète, à partir du vers 19. Montrez que les deux termes de cette comparaison se répondent point par point.

Une certaine vision de l'Antiquité, qui reflète l'esprit des années 30... (dessin de J. Ruhn-Régnier). « *Bene salutando consuescunt.* »

• Ici, l'amant est comparé à un oiseau naïf que l'on prend au filet *(retibus)*. Dans une autre comédie de Plaute, un jeune homme dit à ses interlocutrices : « C'est pure glu que vos caresses... Vous vous mettez à deux pour attraper un seul pigeon ! Je meurs : le gluau colle à mes ailes. » Ailleurs encore, l'homme est un poisson que l'on pêche au filet ou à la ligne, et la courtisane fait comme « celui qui dispose un filet dans le vivier ; quand le filet est parvenu au fond, il tire le filin ; et quand il a lancé son filet, il a bien pris garde de ne pas effrayer les poissons ».

• Expliquez la plaisanterie finale. A quoi est comparée la maison des courtisanes ?

• Étudiez ce qui, dans la société antique, favorisait particulièrement un tel trafic : condition de la femme, organisation du travail, insécurité...

• Les adjectifs et les adverbes exprimant la ressemblance, l'égalité, la différence, ont des constructions diverses et multiples qui vous sont signalées dans le dictionnaire. Relevez quelques-unes de ces constructions à partir des exemples suivants :

Quidam alia sentiunt et dicunt. – Easdem res amo quas tu. – Quid aliud volunt homines nisi beate vivere ? – Eadem nunc dicit atque tu dicebas. – Servi moribus iisdem sunt quibus dominus. – Non dixi aliter ac sentiebam. – Longe aliter est amicus et amator. – Labores non aeque graves sunt imperatori et militi. – Aeque ac tu doleo. – Aequam Cannensi cladem accepimus. – Mors somno similis est. – Tui dissimillimus frater est. – Nihil aliud volunt pueri nisi ludere. – Quod dicis veri simile est. – Parem cum ceteris fortunam subimus. – Omnia fere contra ac dixeras evenerunt. – Mars aeque colitur ac Venus. – Aeque amicos et nos diligamus !

• Mettez les vers 20 à 28 au style indirect, en les faisant dépendre de « *Cleaereta dicit...* ».

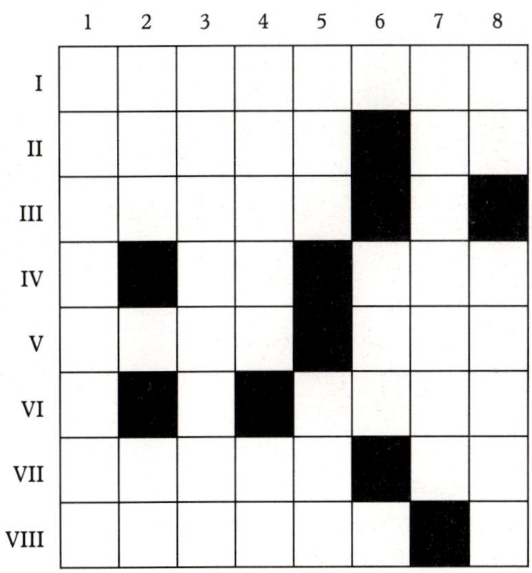

## ♦ Ad mentem relaxandam

HORIZONTALEMENT. I. Scortum – II. Aratro effodi ! – mihi – III. Fluminis oram – IV. Duo sunt in dupondio – Plus quam bis – V. Anser – Mercatus sum – VI. Interjectio – VII. Quae oderit (futurum participium verbi « odi ») – Initium rapidi (vel flumen quod nunc « Volga » vocatur) – VIII. Risum edidero.

VERTICALEMENT. 1. Et emit et vendit – 2. I foras ! – Conjunctio – 3. Avidius – 4. Abrasa – Non verbis – 5. Adeo – Aequus – 6. Plus quam bis – 7. Non meminit – 8. Graeca littera in alphabeto post « nu » sita – Certamina (accusativus casus).

# L'amant de cœur

*Diabole aura beau dire, Cléérète se montrera intraitable, et le jeune commerçant n'aura plus qu'à mettre au point une vengeance que vous verrez se réaliser tout à l'heure. Quant à Argyrippe, c'est une autre histoire; il se trouve, en effet, que Philénie, manquant à tous les devoirs de son métier, a cessé de le considérer comme un simple client, car le jeune homme est fort séduisant, et elle est devenue sincèrement et tendrement amoureuse de lui. Aussi la dureté de sa mère la met-elle au désespoir (chez les comiques latins, la courtisane, personnage traditionnel et quasi obligatoire, est en général âpre au gain et peu sentimentale; la « courtisane amoureuse » est un type beaucoup plus rare – et psychologiquement beaucoup plus riche).*

*Quelques scènes après, nous voyons Cléérète et Philénie sortir de chez elles, celle-ci triste et les larmes aux yeux, celle-là très en colère...*

PHILÉNIE *(tristement)*
Meas queror fortunas, cum illo quem amo prohibeor.

CLÉÉRÈTE *(criant)*
Ecqua pars orationis de die[1] dabitur mihi?

PHILÉNIE *(doucement)*
Et meam partem loquendi et tuam trado tibi.
Ad loquendum tute habeas portisculum.

*(poussant un soupir)*
Quin[2] pol si reposui remum, sola ego in casteria
ubi quiesco, omnis familiae causa consistit tibi.

CLÉÉRÈTE *(criant plus fort)*
Quid ais tu, quam ego unam vidi mulierem audacissimam[3]?
Quotiens te vetui Argyrippum, filium Demaeneti,
compellare aut contrectare colloquive aut contui[4]!
Quid dedit? Quid deportari jussit ad nos? An tu tibi
verba blanda esse aurum rere[5], dicta docta[6] pro datis?

*(Tendant son index vers Philénie)*
Ultro amas[7]; ultro expetessis, ultro ad te arcessi jubes.
Illos qui dant, eos derides : qui deludunt deperis.
An te id expectare oportet, si quis promittat tibi
te facturum divitem[8], si moriatur mater sua?
Ecastor nobis periclum[9] magnum et familiae portenditur,
dum ejus exspectamus mortem, ne nos moriamur fame!
Nunc adeo nisi mihi huc argenti adfert viginti minas,
ille ecastor hinc trudetur largus lacrimarum foras.

1. de die : *aujourd'hui, de toute la journée.*
2. quin, *ici : et pourtant.*
3. quam... audacissimam = mulier audacissima quam ego usquam vidi.
4. contui = contueri.
5. rere = reris, *forme de* reor.
6. dicta docta : *de belles paroles;* (esse) pro datis : *remplacent les cadeaux.*
7. amas (Argyrippum); (Argyrippum) arcessi.
8. te (se) facturum (esse) divitem : *c'est sans doute une promesse d'Argyrippe; il espère hériter.*
9. periclum (= periculum) magnum ne moriamur : *un grand danger de mourir.*

PHILÉNIE *(soumise)*

Patiar, si cibo carere me jubes, mater mea.

CLÉÉRÈTE

Non veto te amare qui dant quoia amentur gratia[10].

PHILÉNIE *(avec tristesse)*

Quid si hic animus occupatust[11], mater, quid faciam? Mone.
Etiam opilio qui pascit, mater, alienas oves,
aliquam habet peculiarem, qui[12] spem soletur suam.
Sine me amare unum Argyrippum animi causa[13], quem volo.

CLÉÉRÈTE *(sèchement)*

Intro abi! nam te quidem edepol nihil est impudentius.

Plaute, *Asinaria,* acte III, scène 1.

10. quoia amentur gratia : *de quoi se faire aimer.*

11. hic, *ici : par Argyrippe;* animus : *mon cœur;* occupatust = occupatus est.

12. qui = ut.

13. animi causa : *pour satisfaire mon cœur;* causa *est la préposition.*

## *Recherche*

• La mère entremetteuse est un type traditionnel de la comédie latine. Sa psychologie est assez sommaire. Quels en sont les traits essentiels? Quel est le verbe qui revient le plus souvent dans sa conversation? Son âpreté a quelque excuse, si l'on en croit une de ses collègues qui dit aux spectateurs : « Je n'ai pas poussé ma fille à exercer le métier de courtisane par despotisme, mais pour ne pas être affamée. »

• Comment Philénie réagit-elle devant l'autorité de sa mère? Ne sait-elle pas, à un certain moment, faire preuve de fermeté? En quoi est-elle émouvante et d'une psychologie plus originale que Cléérète? Quelles réactions Plaute cherche-t-il à provoquer chez le spectateur par ces personnages contrastés?

*« Illos qui dant, eos derides » :* offrande de bijoux (mosaïque du seigneur Julius, Musée du Bardo).

# Le souper interrompu *ou* le vice est toujours puni

*Tout va donc très mal pour Argyrippe et Philénie, qui semblent condamnés à la séparation. Fort heureusement, les deux esclaves Léonide et Liban vont réussir à se procurer l'argent exigé par l'intraitable Cléérète et, non sans se faire beaucoup prier (reportez-vous à la page 155), ils vont remettre à leur jeune maître la précieuse sacoche qui contient cette somme.*

*Seulement voilà : pour obtenir cet argent, ils ont été obligés de « mettre dans le coup » le vieux Déménète, père d'Argyrippe, à qui la somme, résultant de la vente d'un troupeau d'ânes (d'où le titre de la pièce), était normalement destinée. Et le vieillard – qui est l'immoralité faite homme! – ne s'est montré compréhensif qu'à une condition : que Philénie, avant de revenir à Argyrippe, lui accorde, à lui, Déménète, une nuit d'amour!*

*Ladite nuit va commencer, selon la meilleure tradition, par un souper fin, auquel le malheureux Argyrippe sera obligé de prendre part lui-même, tandis que son père et sa maîtresse échangeront devant lui baisers et caresses : jugez un peu de la situation, et reconnaissez que les comiques latins (et leurs modèles grecs) n'y allaient pas de main morte! L'affaire se corse d'ailleurs d'autant plus que Diabole, ayant appris par le « parasite » (autre personnage traditionnel) ce qui allait se passer, s'est empressé, afin de se venger, d'aller prévenir Artémone, l'épouse de Déménète...*

*Voici donc que le souper intime commence, cependant que, cachés derrière un rideau, Artémone et le parasite ne perdent pas un geste ni un mot de la scène...*

« *Numquid nam tibi molestum est... si haec nunc mecum accubat?* » (scène de banquet, Ier siècle avant J.-C., Musée du Louvre).

ARGYRIPPE

Agedum, decumbamus[1], sis, pater.

DÉMÉNÈTE

Ut jusseris,
mi gnate, ita fiet.

ARGYRIPPE

Pueri, mensam adponite[2]!

DÉMÉNÈTE

Numquid nam tibi molestum est, gnate mi, si haec nunc mecum [accubat?

ARGYRIPPE

Pietas[3], pater, oculis dolorem prohibet : quamquam ego istanc [amo,
possum equidem inducere animum ne aegre patiar quia[4] tecum [accubat.

DÉMÉNÈTE

Decet verecundum esse adulescentem, Argyrippe...

*(il embrasse Philénie)*

PARASITE

Aucupemus ex insidiis clanculum[5] quam rem gerant.

ARGYRIPPE *(se contenant difficilement)*

Quid modi[6], pater, amplexandi facies?

DÉMÉNÈTE *(un peu gêné)*

Fateor, gnate mi...

ARGYRIPPE

Quid fatere?

DÉMÉNÈTE

Me ex amore hujus corruptum oppido[7]

*(il embrasse encore Philénie)*

Edepol, animam[8] suaviorem aliquanto quam uxoris meae!

ARTÉMONE

Perii, misera! Ut osculatur carnifex, capuli decus!

PHILÉNIE *(câline, et flattée malgré sa répugnance)*

Dic, amabo, an foetet anima uxoris tuae?

DÉMÉNÈTE

Nauteam[9]
bibere malim, si necessum est[10], quam illam osculari!

1. decumbamus : *passons à table (littéralement : couchons-nous; vous vous rappelez que les Romains dînaient étendus sur des lits de table).*

2. mensam adponite : *on apportait la table toute servie, après que les convives avaient pris place sur les lits. Les* pueri *sont les esclaves (voir en français, l'emploi du mot « garçon », au café).*

3. pietas : *la piété filiale.*

4. quia = quod.

5. clanculum = clam *(en cachette).*

6. quid modi = quem modum = quem finem (finem facere + *gén. : finir, cesser de*).

7. oppido, *adverbe : tout à fait.* Ex amore alicujus oppido corruptum esse : *aimer quelqu'un à la folie, être fou d'amour pour quelqu'un.*

8. animam, *ici : haleine. A comprendre comme un accusatif d'exclamation : voilà une haleine...*

9. nauteam : *de l'eau d'égout.*

10. est = sit.

PHILÉNIE

Miser, ecastor, es.

ARTÉMONE

Mecastor, dignus est?

ARGYRIPPE *(naïvement)*

Quid ais, pater?
Ecquid matrem amas?

DÉMÉNÈTE

Egone illam? Nunc amo, quia non adest!

PARASITE *(s'adressant à Artémone)*

Amat homo hic te, ut praedicat!

ARGYRIPPE

Quid cum adest?

DÉMÉNÈTE

Periisse cupio![11]

ARGYRIPPE *(cherchant à faire diversion)*

Jace, pater, talos[12], ut porro nos jaciamus.

DÉMÉNÈTE

Maxime!
Te, Philaenium, mihi, atque uxori mortem[13]! Hoc Venerium[14] est!
Pueri, plaudite, et mihi ob jactum cantharo[15] mulsum date!

ARTÉMONE *(surgissant de sa cachette comme une Furie)*

Ego, pol, vivam, et tu istaec[16] hodie cum tuo magno malo [invocasti!

PARASITE *(avec un flegme ironique)*

Ecquis currit pollinctorem arcessere?...

Plaute, *Asinaria*, acte V, scènes 1 et 2 (avec des coupures).

11. periisse cupio = cuperem illam periisse.

12. talos : *les dés (à jouer). Le jeu de dés était très apprécié des Romains.*

13. te... mortem : *c'était la coutume d'exprimer des vœux en jetant les dés.*

14. Venerium : *le coup de Vénus, c'est-à-dire le coup le meilleur (l'équivalent de notre 421).*

15. cantharo = in cantharo. *Le canthare était une coupe de grande contenance.*

16. istaec : *pluriel neutre.* Istaec invocasti : *tu as exprimé ces vœux.* Invocasti = invocavisti.

## Recherche

- Un fils humilié par son père, une jeune femme dégradée devant celui qu'elle aime, une épouse bafouée par son mari : la situation est sordide; elle pourrait être dramatique. D'où vient qu'elle est pourtant comique?
- A quels acteurs et actrices d'aujourd'hui confieriez-vous les rôles de cette pièce?
- Relevez les pronoms/adjectifs démonstratifs. Étudiez leur emploi.

*Ainsi, tout est bien qui finit bien : le vieux Déménète rentre chez lui, « honteux comme un renard qu'une poule aurait pris »; Argyrippe et Philénie vont pouvoir roucouler ensemble... provisoirement tout au moins; et Cléérète pourra être fière de sa fille. Mais l'amour professionnel et l'amour tout court font rarement bon ménage, et l'on peut penser que les deux tourtereaux auront d'autres occasions de s'en apercevoir...*

# LES AUTEURS CHRÉTIENS ET L'AMOUR PROFANE

Les Anciens auraient jugé extravagante l'idée que l'amour physique pût être un péché : ils étaient même si loin de le penser qu'ils avaient fait de Vénus, déesse de la beauté, du désir et du plaisir, l'une des plus importantes parmi les divinités. Elle avait des temples partout, et ces temples étaient desservis par des cohortes de prêtresses qui ne faisaient pas précisément, quant à elles, vœu de chasteté. Or, cette même Vénus n'était-elle pas, en tant que mère d'Énée, la souche originelle du peuple romain, et, comme nous dirions, la « sainte patronne » de Rome ?

Incontestablement, érotisme et paganisme apparaissaient – même si ce n'était là qu'une vue schématique des choses – comme liés par des liens fort étroits, et il était difficile aux chrétiens d'attaquer l'un sans attaquer l'autre. Comme, en outre, les dieux des païens n'étaient autres à leurs yeux que des démons, Vénus leur apparaissait évidemment comme l'un de ces démons, et, de tous, le plus redoutable, car, de tous, le plus séduisant. Or, quel est le rôle des démons, si ce n'est de détourner les hommes de Dieu, en leur faisant trouver du charme à ce bas monde où nous sommes, et en les distrayant de ce qui devrait être leur seule pensée et leur seule préoccupation : faire leur salut ?

Aussi était-il presque inévitable que les premiers chrétiens missent au premier rang des péchés le « péché de la chair ». A vrai dire, ils distinguaient soigneusement la « fornication », c'est-à-dire l'union sexuelle en dehors du mariage (du latin *fornix* qui désigne une maison de prostitution), de l'union sanctifiée par le mariage, seule la première étant bien entendu un péché. Mais leur réticence à l'égard de tout ce qui touche à la sexualité était si grande que certains d'entre eux allaient jusqu'à se demander si le mariage lui-même n'était pas condamnable. Tous, en tout cas, étaient d'accord pour estimer que le célibat était supérieur à l'état de mariage, la divergence se situant entre ceux qui considéraient le mariage comme un « moindre bien », et ceux qui n'hésitaient pas à voir en lui... un « moindre mal » – moindre certes, mais « mal » quand même.

Les démons, omniprésents pour les chrétiens de l'Antiquité et du Moyen-Age (Monte Oliveto).

# Quand on a la chance d'être veuve, il ne faut pas se remarier

*Un bon exemple de cette attitude intransigeante nous est fourni par* ***saint Jérôme*** *qui, dans une lettre adressée à une jeune veuve, l'engage vivement à ne pas se remarier. La jeune femme en question appartenait à l'une des plus nobles familles de Rome, la* gens Furia, *et, comme Jérôme était son directeur de conscience, elle l'avait consulté sur ce point. Voici la réponse du saint homme.*

Quid angustiarum[1] habeant nuptiae, didicisti in ipsis nuptiis, et quasi coturnicum carnibus[2] ad nauseam saturata es. Amarissimam choleram tuae sensere fauces, egessisti acescentes et morbidos cibos, relevasti aestuantem stomachum : quid rursus ingeras quod tibi noxium fuit, ut canis revertens ad vomitum et sus ad volutabrum luti[3]? Bruta quoque animalia[4] et vagae aves in easdem pedicas retiaque non incidunt!

An vereris ne proles Furiana deficiat, et ex te parens tuus non habeat pusionem[5] qui reptet in pectore et cervices ejus stercore liniat? Contristabitur pater[6], sed laetabitur Christus; lugebit familia[7], sed angeli gratulabuntur. Faciat quod vult pater de substantia[8] sua! Non es ejus cui[9] nata es, sed cui renata[10] et qui te grandi pretio redemit : sanguine suo.

Cave nutrices et gerulas et istius modi vinosa animalia, quae de corio tuo[11] saturare ventrem suum cupiunt! Non suadent quod tibi, sed quod sibi prosit, et saepe illud obganniunt :

« Solane perpetua maerens carpere juventa[12]
Nec dulces natos, Veneris nec praemia noris? »

Ubi pudicitas et sanctitas, ibi frugalitas est; ubi frugalitas, ibi damna servorum : quidquid non tulerunt, sibi ablatum putant, nec considerant de quanto sed quantum accipiant; ubicumque viderunt Christianum, statim illud de trivio : « O Graïcos, o épithéthès[13]! »

Saint Jérôme, *Lettres.*

1. angustiae : *embarras, difficultés;* quid angustiarum habeant nuptiae = quam angustae sint nuptiae; in quibus angustiis nuptae feminae sint.

2. coturnicum carnibus = coturnicum carne *(allusion aux Hébreux traversant le désert sous la conduite de Moïse, et n'ayant pour se nourrir que des cailles envoyées en grand nombre par Dieu).*

3. *Comparaisons empruntées à la correspondance de saint Pierre, qui désignait ainsi le pécheur retournant à sa faute après y avoir temporairement renoncé.*

4. bruta quoque animalia = etiam bruta animalia.

5. pusionem : *un marmot, un mouflet.*

6. pater = pater tuus.

7. familia = familia tua.

8. substantia : *mot difficile à interpréter; sans doute faut-il lui donner son sens assez fréquent de fortune, que le vieux Furius voudrait pouvoir transmettre à un héritier.*

9. cui = a quo.

10. renata : *renée; allusion au baptême considéré comme une deuxième naissance (*Renatus *et* Renata *sont à l'origine de nos prénoms René et Renée).*

11. de corio tuo : *à tes dépens.*

12. solane... juventa : « *Te déchireras-tu en t'affligeant dans la solitude tout au long de ta jeunesse?* » *Ce vers et le suivant sont extraits de l'*Énéide *(IV, 32-33); ils étaient adressés à Didon par sa sœur afin précisément de l'encourager à se remarier.*

13. *Exclamation grecque : « Ô le Grec, ô l'imposteur! ». Le christianisme, qui s'était répandu d'abord dans les provinces orientales de l'Empire, était souvent considéré par les Romains comme une doctrine grecque, et les Grecs avaient mauvaise réputation. Un* trivium *est un carrefour; une expression* de trivio *est donc une expression populaire, comme en emploient les gamins des rues, les « titis ».*

## Recherche

• Quelle est l'idée générale du premier paragraphe? Comment apparaît aux yeux de Jérôme la veuve qui se remarie? Comparez son point de vue à celui qu'exprimait saint Paul dans la première *Épître aux Corinthiens :* « La femme reste liée à son mari tout le temps de sa vie; s'il vient à mourir, elle est libre d'épouser qui elle veut; toutefois, à mon avis, elle sera plus heureuse (en grec *makariôtera*) si elle demeure comme elle est. » Comment se situe Jérôme par rapport à Paul?

Quel est le caractère dominant du style de Jérôme dans ce premier paragraphe? Qu'est-ce qui caractérise son vocabulaire?

• Que nous apprend le second paragraphe sur les sentiments que l'on éprouvait dans la famille de la jeune femme ? Quels procédés emploie Jérôme pour encourager celle-ci à résister aux pressions qu'elle devait subir ? Son attitude vous paraît-elle parfaitement conforme aux préceptes évangéliques ?

• En quels termes Jérôme parle-t-il des esclaves au troisième paragraphe ? Comment explique-t-il leur hostilité au christianisme ? Ce qu'il nous apprend ne contredit-il pas, dans une certaine mesure tout au moins, une idée reçue concernant le développement du christianisme ?

• Bien que bénéficiant de la protection du pape Damase, dont il était le secrétaire particulier, Jérôme était très mal vu par une bonne partie du clergé romain ; cette lettre ne vous fait-elle pas entrevoir les raisons de cette hostilité ? Que pouvait-on surtout lui reprocher ?

## ◆ Qu'en pensez-vous ?

Appréciez ce jugement porté sur Jérôme par un spécialiste des Pères de l'Église : Jérôme « ne cache pas ses défauts. Il n'a rien de l'onction ecclésiastique. Il n'est guère de personnage plus haut en relief, à la physionomie mieux accusée, au verbe plus truculent. Dieu se sert de tout bois pour faire du feu » (A. Hamman, *Guide pratique des Pères de l'Église,* Desclée de Brouwer, p. 255).

## ◆ Calamo aut ore

Traduisez :

Le père de famille souhaitait vivement que sa fille eût un fils à qui il pût laisser sa fortune. – Jérôme dit que même les animaux stupides et les oiseaux errants ne tombent jamais dans les mêmes pièges. – Le vieux Furius entra dans une grande colère lorsqu'il sut que sa fille avait envoyé une lettre à Jérôme pour lui demander si elle devait se remarier ou non, car il n'ignorait pas ce que le saint homme allait répondre.

Saint-Jérôme au désert, vu par Andrea Mantegna, 1431-1506 (Musée d'art de São Paulo, Brésil). Le saint, en fait, était encore jeune lorsqu'il mena la vie érémitique.

# Le mariage, c'est bien, mais il y a beaucoup mieux

*Certains chrétiens, donc, entraînés par leur aspiration à une vie entièrement tournée vers Dieu, allaient jusqu'à considérer le mariage comme un « piège » où il valait mieux ne pas tomber. D'autres, au contraire, se souvenant du précepte biblique « croissez et multipliez », avouaient ne pas comprendre en quoi la virginité et le veuvage étaient supérieurs à la vie conjugale. L'Église officielle, pour sa part, renvoyait dos à dos les uns et les autres, et définissait, entre ces deux « extrémismes », une position de « juste milieu » que* ***saint Augustin*** (Aurelius Augustinus) *en sa qualité d'évêque d'Hippone, en Algérie, nous expose avec beaucoup de subtilité.*

Haec tamen[1] omnia humani officii sunt munera. Virginalis autem integritas angelica portio[2] est, et in carne corruptibili incorruptionis perpetuae praeparatio : cedat huic omnis fecunditas carnis, omnis pudicitia conjugalis!...

Sectatores et sectatrices sacrae virginitatis admoneo ut bonum suum ita praeferant nuptiis, ne[3] malum judicent nuptias, neque fallaciter ab Apostolo dictum (esse) noverint : « Qui dat nuptum[4], bene facit; et qui non dat nuptum, melius facit. Et si acceperis uxorem, non peccasti; et si nupserit virgo, non peccat[5]. » Et paulo post : « Beatior autem erit, si sic permanserit, secundum meam sententiam... » Qui ergo sine conjugio permanere voluerint, non[6] tamquam foveam peccati nuptias fugiant, sed tamquam collem minoris boni transcendant, ut in majoris continentiae monte requiescant...

In qua disputatione litigatores incurrimus, qui non aequales perpetuae continentiae nuptias facerent, sed eas omnino damnarent! Cum uterque error sit, vel aequare sanctae virginitati nuptias, vel damnare, nimis invicem fugiendo[7] duo isti errores adversa fronte confligunt, quia veritatis medium tenere noluerunt : alii quippe, appetendo virginitatem, nuptias tamquam adulterium detestandas esse putaverunt; alii vero, defendendo connubium, excellentiam perpetuae continentiae nihil mereri amplius quam conjugalem pudicitiam voluerunt. Quasi vel Susannae bonum Mariae sit humiliatio[8], vel Mariae majus bonum Susannae debeat esse damnatio!

Saint Augustin, *De nuptiis.*

1. haec... omnia : *les mérites du mariage, qu'Augustin vient de rappeler, et qui sont essentiellement de permettre aux époux d'engendrer et d'élever leurs enfants dans les meilleures conditions de moralité, d'égalité et d'affection.*
2. angelica portio : *une condition, un état, semblable à celle (à celui) des anges; ces derniers, étant de purs esprits, ne connaissent pas les désirs charnels.*
3. ita... ne : *sans pour autant (en latin classique :* ita... ut non).
4. qui dat (filiam) nuptum : *celui qui donne sa fille en mariage, celui qui marie sa fille.*
5. *Citation d'un très célèbre passage de saint Paul,* Première Épître aux Corinthiens, 7, *sur lequel repose toute la doctrine de l'Église au sujet du mariage.*
6. non = ne.
7. nimis invicem fugiendo : *à force de vouloir s'éviter l'une l'autre.*
8. Maria : *la Vierge Marie;* Susanna : *la chaste Suzanne, personnage biblique; elle avait été accusée, à tort, d'infidélité conjugale, et elle est restée comme le modèle de l'épouse vertueuse.*

*Quant aux chrétiens qui avaient très nettement tendance à voir dans le mariage un demi-mal sinon un mal à part entière, le plus célèbre représentant en avait été, quelque cent cinquante ans plus tôt, Tertullien (voir un peu plus loin), aussi intransigeant sur ce point que sur le problème du service militaire. S'appuyant lui aussi sur une phrase de saint Paul, lequel avait écrit : « Mieux vaut se marier que brûler » (sous-entendu : de passion, de désir non assouvi), Tertullien écrivait :*

Si per mali collationem connubium cogitur bonum dici, non tam est bonum quam genus mali inferioris quod, a superiore malo obscuratum, ad nomen boni impellitur ! Ita « melius est nubere quam uri » sic accipiendum est quomodo « melius est uno oculo quam duobus carere »...

## *Recherche*

• D'où vient, aux yeux de saint Augustin, la supériorité de la virginité et de la chasteté absolue sur le mariage?
Comment pourrait-on définir l'attitude qu'il adopte par rapport aux deux tendances dont il parle?

• « Le style, c'est l'homme », dit-on : comparez les styles d'Augustin et de Jérôme.

• Ne vous y trompez pourtant pas : nos deux saints étaient moins opposés qu'on ne pourrait le croire sur le fond du problème, mais saint Jérôme est le type même de l'homme dont les paroles, comme on dit, dépassent facilement la pensée. Lorsqu'il maîtrisait son expression, il se retrouvait, en fait, en plein accord avec l'évêque d'Hippone. Lisez, à ce propos, et traduisez les phrases suivantes :

JÉRÔME (*Ép.*, 49, 7) : « Tantum est inter nuptias et virginitatem quantum inter bonum et melius. »

AUGUSTIN (*De bono conjugali*, 8, 8) : « Duo bona sunt connubium et continentia, quorum alterum est melius. » (*De bono conjugali*, 23, 9) : « Nuptiae et virginitas duo bona sunt, quorum alterum majus. »

Saint Augustin enseignant à Rome la philosophie et la rhétorique (fresque de Benozzo Gozzoli, 1465, Basilique Saint-Augustin de San Gimignano).

# Les tentations d'un saint ermite

*« Saepe choris intereram puellarum » :* bacchante dansant (Musée du Louvre).

*Quelques-uns, parmi les chrétiens, allaient plus loin encore que le simple vœu de chasteté, et choisissaient de renoncer totalement au monde pour mieux rencontrer Dieu dans une sorte de face-à-face que rien ne pût troubler : on appelait cela se faire « moine », du grec* monos, *qui signifie « seul ». Comme le nom l'indique, un moine n'était pas, à cette époque, un homme qui entrait au couvent pour y mener une vie communautaire, mais au contraire un homme qui partait vivre seul dans une région désertique, c'est-à-dire un « ermite », le mot* érèmos *désignant en grec un désert. Beaucoup de jeunes gens, au IV^e^ siècle, quittèrent ainsi leur famille et leur pays, et partirent pour les déserts du Moyen-Orient, afin de trouver dans une vie de privations un équivalent du martyre devenu impossible depuis que l'Empire était chrétien. Saint Jérôme fut, vers sa vingt-cinquième année, l'un de ceux-là, et il passa trois ans de sa vie dans un des plus sauvages déserts de Syrie, le désert de Calchis, où il s'infligea des conditions de vie à peine supportables, tout en luttant à grand-peine, nous raconte-t-il, contre la nostalgie de Rome et de ses plaisirs.*

O quotiens, in eremo constitutus et in illa vasta solitudine quae, exusta solis ardoribus, horridum monachis praestat habitaculum, putavi me Romanis interesse deliciis! Horrebam sacco membra deformis[1]; squalida cutis situm Aethiopicae carnis adduxerat[2]; cotidie lacrimae, cotidie gemitus, et, si quando repugnantem[3] somnus me oppressisset, nuda humi ossa[4] collidebam. De cibis vero et potu taceo, cum etiam languentes aqua frigida utantur et coctum aliquid accepisse[5] luxuriae sit. Ille igitur ego[6], qui ob gehennae metum tali me carcere ipse damnaveram, scorpionum tantum socius et ferarum saepe choris intereram puellarum : pallebant ora[7] jejuniis, et mens desideriis aestuabat in frigido corpore! Itaque, omni auxilio destitutus, ad Jesu[8] jacebam pedes quos rigabam lacrimis, et repugnantem carnem hebdomadarum inedia[9] subjugabam. Non erubesco infelicitatis meae[10] : quin potius plango non esse quod fuerim...

Saint Jérôme, *Lettres.*

1. horrebam... deformis : *littéralement « hideux quant à mon corps, j'étais hérissé d'un sac ». A vous de trouver une traduction plus élégante!*
2. situm... adduxerat : *avait pris l'aspect de la peau d'un Éthiopien (= d'un Noir).*
3. repugnantem = quamquam repugnabam.
4. ossa (mea).
5. accepisse = accipere = capere.
6. ille igitur ego = talis igitur qualis ego eram.
7. ora = os meum.
8. Jesu : *forme de génitif.*
9. hebdomadarum inedia = inedia quae complures hebdomadas durabat.
10. non erubesco infelicitatis meae = non me pudet infelicitatis meae.

## Recherche

• Relevez et précisez les diverses privations que Jérôme s'impose. Comment nomme-t-on le fait de vivre de la sorte? D'où vient ce mot?

• Saint Jérôme, dont la plus grande passion a toujours été la littérature (il a même fait un jour un affreux cauchemar, rêvant que saint Pierre lui interdisait l'entrée du paradis en l'accusant d'être « cicéronien » plutôt que chrétien!), n'a jamais renoncé au souci de bien écrire. Relevez dans le texte les éléments de pittoresque.

• Une phrase du texte vous indique la raison pour laquelle Jérôme avait cru devoir s'imposer cet exil en plein désert : quelle est-elle? Que veut-il dire par là?

• Le procédé stylistique de la disjonction consiste à séparer des mots que la syntaxe et le sens devraient normalement rapprocher; Jérôme pour sa part use et abuse de ce procédé qui est une de ses coquetteries stylistiques : relevez les exemples qu'en offre ce texte.

| | 1 | 2 | 3 | 4 | 5 | 6 | 7 |
|---|---|---|---|---|---|---|---|
| I | | | | | | | |
| II | | | | | | ■ | |
| III | | | | | ■ | | |
| IV | | | | ■ | | | |
| V | | ■ | | | | | |
| VI | | | | ■ | | | ■ |
| VII | | | | ■ | | | |

### ♦ Ad mentem relaxandam

HORIZONTALEMENT. I. Hieronymus hanc metuebat – II. Exstruo – III. Minus magnam (initium) – Ad interrogandum – IV. Conjunctio sine ordine = at si – Experientia *(abl.)* – V. Hic profecto non frigidus est – VI. Tum arbores virides fiunt – Ad interrogandum – VII. Initium sperandi – Non tua.

VERTICALEMENT. 1. Hos cotidie Hieronymus dabat – 2. Nondum es – Initium pedis (retroversum) – 3. Quod equi faciunt cum clamant *(inf.)* – 4. Non tu – 5. Quod hodie Britanni sive Angli dicunt ad negandum – Non duas – 6. Non gaudebis, si hoc magister tibi dicet – 7. Ovis pullus.

# Au diable la coquetterie des femmes!

*Tous les chrétiens ne partaient pas pour le désert, et tous, bien sûr, ne renonçaient pas au mariage. Mais tous, vous vous en doutez, se faisaient un plaisir et un devoir de condamner sévèrement l'éternelle coquetterie féminine, et de fustiger celles des chrétiennes qui ne parvenaient pas à concevoir la vie sans de longues séances à leur table de maquillage ou dans les fauteuils de leur coiffeur.* ***Tertullien,*** *très en verve, comme cela lui arrive souvent, ne se gêne pas pour leur dire ce qu'il pense d'une telle frivolité.*

Solis maritis vestris placere debetis; in tantum autem placebitis eis, in quantum[1] alteris[2] placere non curaveritis. Securae estote : uxor nulla deformis est marito suo. Ne quae vestrum putent, si temperaverint a compositione sui[3], odium et aversionem maritorum prosecuturam : omnis maritus castitatis exactor est.

Haec utique non ad crudam in totum[4] et ferinam habitudinem insinuandam vobis suggeruntur, nec de squalore et paedore suademus[5], sed de modo et justitia[6] corporis excolendi : non supergrediendum ultra quam Deo placere.

In Illum enim delinquunt, quae cutem medicaminibus urgent, genas rubore maculant, oculos fuligine porrigunt : displicet nimirum illis plastica Dei[7]! In ipsis redarguunt et reprehendunt artificem omnium! Reprehendunt enim cum emendant, cum adjiciunt, ab adversario artifice sumentes addimenta ista – id est a Diabolo : nam quis corpus mutare monstraret[8], nisi qui et spiritum hominis malitia transfiguravit? Ille, indubitate, hujusmodi ingenia concinnavit, ut in nobis quodam modo manus Deo inferret.

Video quasdam et capillum[9] croco vertere : pudet eas etiam nationis suae, quod non Germanae atque Gallae sint procreatae! Ita patriam capillo transferunt[10]. Male ac pessime sibi auspicantur flammeo capite... Quaedam et atrum capillum ex albo conantur facere, quas paenituit ad senectam usque vixisse : pro temeritas! Adulescentia, in qua saepe delinquimus, suspiratur[11] : absit a Sapientiae filiabus[12] stultitia tanta! Senectus, cum plus occultari studuerit, plus[13] detegetur.

Quid enim tanta ornandi capitis operositas ad salutem subministrat? Quid[14] crinibus vestris quiescere non licet, modo substrictis, modo relaxatis, modo suscitatis, modo elisis? Aliae gestiunt in cincinnos coercere[15], aliae ut vagi et volucres elabantur, simplicitate non bona; affigitis praeterea nescio quas enormitates sutilium atque textilium capillamentorum... Omnem hanc ornatus servitutem a libero capite propellite! Frustra laboratis ornatae videri, frustra peritissimos quosque structores[16] capillaturae adhibetis : Deus vos velari jubet, credo, ne quarumdam capita videantur!

Tertullien, *De cultu feminarum.*

1. in tantum... in quantum : *pour autant que, dans la mesure où.*
2. alteris = aliis.
3. compositio sui : *le fait de se parer, de se faire belles.*
4. in totum = omnino.
5. suadere de : *prêcher, prôner, recommander.*
6. de modo et justitia = de justo modo.
7. plastica Dei : *la façon dont Dieu les a faites.*
8. quis monstraret : *qui pourrait leur montrer à.*
9. et *adverbial* = etiam, *comme plus haut* et spiritum *et, plus bas,* et atrum capillum; capillum = capillos.
10. patriam capillo transferunt : *elles changent de patrie en changeant de cheveux.*
11. adulescentia... suspiratur : *elles aspirent à l'adolescence, elles ont la nostalgie de l'adolescence.*
12. Sapientiae filiabus : *les filles de la Sagesse,* i.e. *les chrétiennes. Les mots* filia *et* dea *ont au datif/ablatif pluriel une terminaison en* -abus *qui évite la confusion avec les formes de* filius *et* deus.
13. cum plus... plus = quo magis... eo magis.
14. quid = cur.
15. coercere (crines).
16. structores : *coiffeurs;* quisque *avec superlatif : tous les plus...*

# Monique ou l'épouse parfaite

*Une épouse chrétienne modèle, ce fut, si nous en croyons son fils, la propre mère de saint Augustin, dont le prénom était Monique,* Monica, *prénom d'origine berbère, semble-t-il : la ville natale d'Augustin était Thagaste, aujourd'hui Souk-Ahras, en Algérie, près de la frontière tunisienne. L'auteur des* Confessions *était donc un Nord-Africain de souche, et de toute sa vie il n'a d'ailleurs passé que trois ans hors de la terre africaine.*

*Ses parents formaient, si l'on peut dire, un couple « à la Mauriac » : lui mécréant et coléreux; elle chrétienne et douce, mais autoritaire et d'idées assez étroites, au point d'interdire à son fils, à cause de la différence de milieu social, d'épouser sa maîtresse, dont il avait pourtant un fils... Quoi qu'il en soit, Augustin avait pour elle une grande admiration et un profond amour filial. Voici en quels termes il nous parle d'elle.*

**On imagine volontiers Monique sous les traits de cette jeune femme sereine (buste du IIe s. ap. J.-C., Rome, Musée du Capitole).**

Educata pudice ac sobrie, ubi nubilis facta est, tradita viro servivit ei veluti domino, et sategit eum lucrari tibi[1], loquens te illi[2] moribus suis, quibus eam pulchram faciebas et reverenter amabilem atque mirabilem viro. Ita toleravit cubilis injurias[3], ut nullam de hac re cum marito haberet umquam simultatem. Exspectabat enim misericordiam tuam super eum ut, in te credens, castificaretur[4]. Erat vero ille praeterea, sicut benevolentia praecipuus, ita ira fervidus; sed noverat haec non resistere irato viro, non tantum facto, sed ne verbo quidem; cum vero eum refractum et quietum viderat, rationem facti sui reddebat, si forte ille

1. tibi : *Augustin s'adresse à Dieu.*
2. loquens te illi : *lui parlant de toi (construction non classique).*
3. cubilis injurias : *ses infidélités conjugales.*
4. castificaretur : *il devînt vertueux.*

inconsideratius commotus fuerat. Denique cum matronae multae, quarum viri mansuetiores (quam pater meus) erant, plagarum vestigia gererent, inter amicarum colloquia illae arguebant maritorum vitam, haec earum linguam[5], veluti per jocum graviter admonens eas superbire adversus dominos non oportere. Cumque mirarentur illae, scientes quam ferocem conjugem sustineret, numquam fuisse auditum quod[6] Patricius[7] ceciderit uxorem, et causam familiariter quaererent, docebat illa institutum suum, quod supra memoravi... Socrum etiam suam, primo susurris malarum ancillarum adversus se irritatam, sic vicit obsequiis, ut illa ultro filio suo linguas famularum proderet, quibus inter se et nurum pax domestica turbabatur, expeteretque vindictam; itaque ille, et matri obtemperans et curans familiae disciplinam et concordiae suorum consulens, proditas verberibus coercuit... Denique virum suum, in extrema vita temporali[8] ejus, lucrata est tibi, nec in eo jam fideli[9] planxit quod in nondum fideli toleraverat.

Saint Augustin, *Confessions,* IX, 9.

5. *sous-entendu* arguebat.

6. fuisse auditum quod... = fuisse auditum + *prop. inf. (construction non classique, annonçant les langues romanes).*

7. Patricius : *prénom du père d'Augustin.*

8. vita temporali : *par opposition à la vie éternelle.*

9. fideli : *il y a ici un jeu de mots; le mari de Monique devient « fidèle » à sa femme à partir du moment où il est devenu « un fidèle », c'est-à-dire, un croyant, un chrétien.*

## *Recherche*

• Sous son apparente douceur, Monique est, en réalité, une femme qui sait ce qu'elle veut et qui, sans en avoir l'air, dirige tout le monde dans la maison : par quelle méthode y parvient-elle?

• Il se dégage de ce passage un parfum de vie quotidienne bourgeoise et provinciale qui en fait toute la saveur : quels éléments concourent à nous donner cette impression? Quels renseignements nous donne le texte sur des mœurs couramment répandues dans l'Antiquité?

• L'emploi de participes présents là où Cicéron aurait employé des propositions subordonnées est un des caractères marquants du style d'Augustin : relevez ceux du texte, et remplacez-les par les subordonnées auxquelles ils correspondent.

### ◆ Calamo aut ore

Thème :

Un jeune homme ardent et plein d'esprit[1] s'abandonne à ses passions; il épuise bientôt les voluptés et s'étonne que les amours de la terre ne puissent remplir le vide de son cœur[2]. Il tourne son âme inquiète vers le ciel : quelque chose lui dit que c'est là qu'habite cette souveraine beauté après laquelle il soupire : Dieu lui parle tout bas, et cet homme du siècle, que le siècle n'avait pu satisfaire, trouve enfin le repos et la plénitude de ses désirs dans le sein[3] de la religion. (Chateaubriand, *Le Génie du christianisme,* IV, 2).

1. *Il s'agit de saint Augustin.*

2. *Le vide de son cœur = son cœur vide.*

3. *Dans le sein de = dans.*

# L'impérialisme romain

## UNE EXPANSION EN CINQ ÉTAPES

L'histoire de Rome, c'est peut-être avant tout l'histoire d'une fantastique expansion territoriale qui, d'un petit peuple occupant le territoire du Latium (moins étendu qu'un département français), fit le maître du plus grand Empire de tous les temps. Pourquoi cette expansion s'est-elle produite? Et comment a-t-elle été possible? Deux questions qui ont toujours passionné les historiens, mais auxquelles il n'est guère de réponse incontestable.

Quoi qu'il en soit, cette spectaculaire conquête de la plus grande partie du monde alors connu s'est réalisée en cinq étapes.

### *PREMIÈRE ÉTAPE :*

### LA CONQUÊTE DE L'ITALIE

Elle occupe le IV^e^ et la première moitié du III^e^ siècle de notre ère, et se présente comme une véritable épopée, qui fait un peu songer à ce que fut, en Amérique, la conquête de l'Ouest. Elle est marquée d'abord par les guerres Samnites, qui opposent le peuple romain aux divers peuples de l'Italie centrale, Samnites, Ombriens et Étrusques; puis par la marche vers le Sud, qui permet à Rome de s'emparer de la partie méridionale de la « botte », jusque-là contrôlée par les Grecs : la prise de la ville de Tarente, en 272, est un des événements les plus importants de l'histoire ancienne. Rome domine dès lors la totalité de l'Italie (exception faite de la partie septentrionale, qui constitue la Gaule cisalpine : regardez sur la carte). Rome est donc devenue, à l'échelle antique, ce qu'on peut appeler une « grande puissance »; aussi va-t-elle inévitablement se heurter à l'autre grande puissance qui domine le bassin méditerranéen occidental : Carthage (en punique *Kartadasht :* la ville nouvelle).

### *DEUXIÈME ÉTAPE :*

### LES GUERRES PUNIQUES

Elles opposent les Romains aux Puniques ou Carthaginois *(Poeni, Carthaginienses),* puissance maritime et coloniale qui occupe le territoire de la Tunisie actuelle et tient la Sicile ainsi qu'une partie de l'Espagne, et se déroulent dans la seconde moitié du III^e^ siècle avant J.-C.

La première de ces guerres dure de 265 à 241 et a pour enjeu la Sicile, pour des raisons à la fois stratégiques et économiques; l'île, fabuleusement riche en blé, tombe aux mains des Romains.

La deuxième, guerre de revanche entreprise par Carthage, dure de 218 à 201. Elle est conduite par Hannibal, véritable génie militaire, et Rome, après avoir été à deux doigts de sa perte, finit par en sortir victorieuse grâce à un audacieux débarquement en Afrique. Il était temps : elle est à bout de forces, et sa paysannerie ruinée et décimée. Graves et durables en seront les conséquences sociales et politiques.

Il y aura, de 149 à 146, une troisième guerre Punique, qui s'achèvera par la destruction totale et systématique de la ville de Carthage, et par la création de la province romaine d'Afrique.

### *TROISIÈME ÉTAPE :*

### LA CONQUÊTE DU MONDE MÉDITERRANÉEN

Elle occupe essentiellement le II^e^ siècle. A peine Rome a-t-elle repris des forces que la guerre devient sa véritable et, à vrai dire, sa seule industrie : la nation romaine n'est pas productrice de richesses, c'est une nation qui s'empare des richesses des autres. On peut dire que Rome est alors devenue un État « prédateur » (du latin *praeda,* proie, butin) : c'est tout le phénomène de l'impérialisme romain, qui, aujourd'hui encore, a quelque chose de fascinant.

Voici les principales dates qui jalonnent cette expansion apparemment irrésistible :

– 192 : conquête de la Gaule cisalpine.
– 180 : conquête de l'Espagne.
– 168 : conquête de la Macédoine et protectorat sur la Grèce.

- 146 : prise (et destruction) de Carthage et de Corinthe – les Romains ne faisaient pas toujours dans la dentelle !
- 133 : mainmise sur l'Asie Mineure (léguée à Rome).
- 121 : conquête de la Gaule transalpine méridionale, qui devient la Province *(provincia)* romaine de Gaule ; nous avons conservé ce nom : c'est celui de la Provence.

Durant toute cette période, il y a une véritable osmose entre l'armée et le « monde des affaires » : les grands généraux sont aussi de grands hommes d'affaires ; richesse et gloire militaire vont de pair, c'est l'un des caractères de la civilisation romaine.

*QUATRIÈME ÉTAPE :*

### L'ŒUVRE DE POMPÉE ET DE CÉSAR

Tous deux sont le type même de ces « seigneurs de la guerre » qui dominent, dans la première moitié du Ier siècle avant J.-C., la vie politique de Rome.

Le premier, entre 67 et 61, marchant sur les traces d'Alexandre le Grand, s'avance jusqu'à la mer Caspienne et ajoute aux conquêtes romaines deux pays du Moyen-Orient : la Bithynie et la Syrie ; il y gagne le surnom de *Magnus*, et une gloire sans précédent.

La colonne Trajane, érigée en 113 sur le nouveau forum. Elle commémore les victoires de l'Empereur sur les Daces.

Le second, qui est son principal rival politique, tient absolument à égaler cette gloire ; pour ce faire il entreprend (sans aucun mandat du Sénat) et réalise (assez difficilement, entre 58 et 51) la conquête de la Gaule indépendante, celle qu'on appelait « chevelue » à cause des forêts qui la couvraient. Voilà pourquoi nous parlons aujourd'hui une langue qui n'est autre que du latin évolué !

A ces conquêtes, réalisées essentiellement pour des raisons de politique intérieure, il convient de rattacher celles qui sont faites à l'occasion de la guerre civile qui suit l'assassinat de César : celle de l'Illyrie (l'actuelle Yougoslavie) en 33 et celle de l'Égypte en 30.

*CINQUIÈME ÉTAPE :*

### L'EXPANSION SOUS LE HAUT-EMPIRE

Le premier des empereurs romains, Auguste, pensait que l'Empire était largement assez vaste, et qu'il ne fallait plus chercher à l'agrandir. Pourtant ses successeurs en étendirent encore les frontières, mais il s'agit désormais d'une expansion au ralenti, et qui va bientôt s'arrêter.

Signalons, entre 43 et 82 (après Jésus-Christ, cette fois), la conquête de la Bretagne (l'actuelle Grande-Bretagne), opérée sans doute pour abattre le druidisme, ferment de la résistance gauloise à l'occupation ; celle de la Palestine ou Judée en 70, avec notamment la prise de Jérusalem ; l'occupation des « Champs Décumates », à l'est du Rhin ; enfin, au début du IIe siècle, la poussée vers l'Orient du dernier des grands conquérants romains, l'empereur Trajan, qui conquiert en 107 la Dacie (la Roumanie actuelle, dont le nom même rappelle qu'elle fut jadis terre romaine), et dix ans plus tard l'Arménie, l'Assyrie et la Mésopotamie (devenue aujourd'hui l'Irak).

Ces conquêtes sont les dernières de Rome. Après elles, l'expansion prend fin, et les successeurs de Trajan appliquent la politique de stabilisation et de consolidation des frontières préconisée par Auguste. Mais est-il possible de défendre efficacement une frontière aussi gigantesque lorsque les peuples restés à l'extérieur se mettent à l'attaquer ? Telle est la question qui ne va pas tarder à se poser.

# LES GUERRES PUNIQUES

## Un héros national

*La première guerre Punique (264-241 av. J.-C.) a pour objet la possession de la Sicile. De nombreuses batailles se déroulent sur mer : exaspérés par les incursions des corsaires carthaginois, les Romains se sont décidés, avec l'aide des Grecs d'Italie, à construire une flotte et à affronter la mer. L'amiral Duilius la mène à la victoire; on dresse en son honneur une colonne rostrale, ornée des rostres des bateaux pris à l'ennemi. C'est alors que les Romains décident audacieusement de porter la guerre en Afrique, et y débarquent, sous la conduite de Régulus. L'historien* ***Florus*** *(Ier siècle après J.-C.) résume et commente l'épisode.*

Omnium victor Regulus, cum terrorem nominis sui late circumtulisset, cumque magnam vim[1] juventutis ducesque ipsos aut cecidisset aut haberet in vinculis, classemque, ingenti praeda onustam, in Urbem praemisisset, etiam ipsam, belli caput, Carthaginem urgebat obsidio ipsisque portis inhaerebat. Hic paululum circumacta fortuna est, tantum[2] ut plura essent Romanae virtutis insignia, cujus fere magnitudo calamitatibus approbatur. Nam conversis ad externa auxilia hostibus, cum Xanthippum illis ducem Lacedaemon misisset, a viro militiae peritissimo vincimur.

Tum foeda clade Romanisque usu incognita, in manus hostium venit fortissimus imperator. Sed ille quidem par tantae calamitati fuit. Nam nec Punico carcere infractus est, nec legatione suscepta[3]. Quippe diversa quam[4] hostes mandaverant censuit, ne pax fieret, nec commutatione captivorum redimeretur. Sed nec illo voluntario ad hostes suos reditu, nec ultimo, sive carceris, sive crucis, supplicio deformata majestas; immo his omnibus admirabilior : quid aliud quam[5] victus de victoribus atque etiam, quia Carthago non cesserat, de fortuna triumphavit?

Florus, *Epitome de gestis Romanorum.*

1. vim : *abondance, grand nombre.*

2. tantum ut : *seulement pour que.*

3. legatione suscepta : *Régulus fut envoyé à Rome pour négocier la paix, et obtenir un échange de prisonniers; il avait juré de revenir à Carthage si les Romains rejetaient les conditions de paix.*

4. diversa quam : *des choses opposées à celles que; le complément de* diversa, *comme celui des comparatifs, dont il se rapproche pour le sens, est introduit par* quam.

5. quid aliud quam : *que fit-il d'autre sinon que...*

## *Recherche*

• Montrez comment ce texte s'insère dans la tradition romaine du culte des grands hommes. Quelle est, selon Florus, la cause profonde de la défaite de Régulus? Comment sa défaite est-elle « récupérée » par l'orgueil national? Sous quel aspect apparaissent les Carthaginois?

• Régulus a été battu par un spécialiste de la guerre, un condottiere spartiate. Cette constatation amène à penser que le régime militaire romain commençait à ne plus être adapté à l'empire naissant. Pourquoi? Qui commandait les armées romaines?

*Malgré la défaite de Régulus, Rome finit par l'emporter grâce à la puissance économique de l'Italie et au manque d'initiative des dirigeants carthaginois qui cantonnent leurs généraux sur la défensive. La Sicile est occupée par les Romains, et deviendra la première province; ensuite la Corse et la Sardaigne passeront sous leur domination.*

# Hannibal

*Au cours des guerres Puniques, de la deuxième plus exactement, le plus redoutable adversaire de Rome fut le général carthaginois Hannibal, l'un des plus grands chefs de guerre de tous les temps, qui faillit mettre Rome à genoux et aurait peut-être pu s'en emparer s'il avait eu l'audace de « risquer le coup ». Rêvons un instant à ce que cela aurait changé à la face du monde et au cours de l'Histoire... Le destin a voulu qu'Hannibal, au dernier moment, n'eût pas ce coup d'audace : « la peur de gagner », peut-être, comme on dit au tennis. Toujours est-il que le chef carthaginois laissa aux Romains le temps de se ressaisir, et qu'après avoir largement gagné la première manche, il perdit les deux suivantes, en Afrique d'abord, et en Orient ensuite.*

*L'historien* ***Cornélius Népos,*** *contemporain de Cicéron, a écrit une biographie complète d'Hannibal. En voici le texte.*

## Le serment d'Hannibal

Hannibal, Hamilcaris filius, tanto praestitit ceteros imperatores prudentia[1] quanto populus Romanus antecedit fortitudine cunctas nationes... Hic[2] velut hereditate relictum odium paternum erga Romanos sic conservavit ut prius animum quam id deposuerit, qui quidem, cum patria pulsus esset[3] et alienarum opum indigeret, numquam destiterit[4] animo bellare cum Romanis. Nam regem Antiochum, omnium iis temporibus potentissimum, tanta cupidine incensit bellandi, ut usque a Rubro mari arma conatus sit inferre Italiae[5]. Ad quem cum legati Romani venissent qui darent operam ut Hannibalem in suspicionem regi adducerent tamquam ab ipsis corruptum, idque Hannibal comperisset[6] seque ab interioribus consiliis segregari vidisset[7], tempore dato adiit ad regem eique dixit :

« Pater meus Hamilcar, puerulo me (utpote[8] non amplius novem annos nato), in Hispaniam imperator proficiscens, Carthagine Jovi optimo maximo[9] hostias immolavit. Quae divina res cum conficiebatur, quaesivit a me vellemne secum in castra proficisci; id cum libenter accepissem[10] atque ab eo petere coepissem ne dubitaret ducere[11], tum ille : "Faciam, inquit, si mihi fidem quam postulo dederis." Simul me ad aram adduxit apud

1. Prudentia : *attention au sens de ce mot! S'agit-il de « prudence »?*

2. Hic : *représente Hannibal.*

3. pulsus esset = expulsus esset.

4. qui... destiterit : *relative au subjonctif; quelle est sa valeur?*

5. Italiae = in Italiam.

6. *Construire :* cum legati venissent et Hannibal id comperisset.

7. *Hannibal, exilé, avait trouvé refuge auprès d'Antiochus, dont il était devenu l'un des conseillers.*

8. utpote = nam.

9. Jovi optimo maximo : *formule traditionnelle. Il s'agit en fait du dieu Baal, latinisé par l'historien romain.*

10. accepissem = audivissem.

11. ducere = me secum ducere.

quam sacrificare instituerat, eamque ceteris remotis tenentem[12] jurare jussit numquam me in amicitia cum Romanis fore. Id ego jusjurandum patri datum usque ad hanc aetatem ita conservavi ut nemini dubium esse debeat quin reliquo tempore eadem mente futurus sim[13]. »

Hac ergo qua diximus aetate cum patre in Hispaniam profectus est, cujus post obitum[14], Hasdrubale imperatore facto, omni equitatui praefuit; hoc quoque interfecto, exercitus summam imperii[15] ad eum detulit : id Carthaginem delatum publice comprobatum est. Sic Hannibal, minor quinque et viginti annis imperator factus, proximo triennio omnes gentes Hispaniae bello subegit et tres exercitus maximos comparavit. Ex his unum in Africam misit, alterum cum Hasdrubale fratre in Hispania reliquit, tertium in Italiam secum duxit. Saltum Pyrenaeum transiit; quacumque iter fecit, cum omnibus incolis conflixit : neminem nisi victum dimisit.

12. eam (*sous-entendre* aram) tenentem : *la main posée sur l'autel.*

13. non dubium est quin : *il n'est pas douteux que, il est indubitable que.*

14. obitum = mortem.

15. summam imperii = summum imperium.

**Hannibal jeune chef de guerre. L'orthographe *Anibal* est incorrecte ; dans l'adjectif *Cartaginiensis,* noter l'absence du *h* après le *t,* et le remplacement du *n* par un tilde au-dessus du *e.* (Monnaie romaine.)**

### « Le vol de l'aigle »

Ad Alpes postquam venit, quae Italiam a Gallia sejungunt, quas nemo umquam cum exercitu ante eum transierat, Alpicos conantes prohibere transitu concidit, loca patefecit, itinera muniit, effecit ut ea[1] elephantus ornatus[2] ire posset qua antea unus homo inermis vix poterat repere. Hac copias traduxit in Italiamque pervenit. Conflixerat apud Rhodanum cum P. Cornelio Scipione consule eumque pepulerat. Cum hoc eodem Clastidi apud Padum decernit sauciumque inde ac fugatum dimittit.

1. ea, *comme* hac *à la phrase suivante : adverbe de lieu.*

2. ornatus : *équipé, harnaché.*

Tertio idem Scipio cum collega Ti. Longo apud Trebiam[3] adversus eum venit; cum his manum conseruit[4], utrosque profligavit. Inde per Ligures Apenninum transiit, petens Etruriam. Hoc itinere[5] adeo gravi morbo adficitur oculorum, ut postea numquam dextro aeque bene usus sit.

Qua valetudine cum etiam tum premeretur lecticaque ferretur, C. Flaminium consulem apud Trasumenum cum exercitu insidiis circumventum occidit neque multo post C. Centenium praetorem cum delecta manu saltus occupantem. Hinc in Apuliam pervenit. Ibi obviam ei venerunt duo consules, C. Terentius et L. Aemilius; utriusque exercitus uno proelio fugavit, Paulum consulem[6] occidit et aliquot praeterea consulares, in his[7] Cn. Servilium Geminum, qui superiore anno fuerat consul.

Hac pugna pugnata, Romam profectus est nullo resistente. In propinquis Urbi montibus moratus est. Cum aliquot ibi dies castra habuisset et Capuam reverteretur, Q. Fabius Maximus, dictator Romanus[8], in agro Falerno ei se objecit.

3. Trebiam : *affluent du Pô.*

4. conseruit : *attention au changement de sujet !*

5. Hoc itinere = in hoc itinere.

6. Paulus : *Paul Émile, tué à la bataille de Cannes, à laquelle il est ici fait allusion.*

7. in his = inter quos.

8. dictator Romanus : *un « dictateur », à Rome, n'est pas ce que nous, modernes, désignons par ce terme (et qui se dirait en latin* tyrannus*) : c'est un magistrat républicain, investi des pleins pouvoirs par décision du Sénat, et pour une durée limitée.*

Le trajet d'Hannibal

## Dernières batailles

Hic, clausus locorum angustiis, noctu sine ullo detrimento exercitus se expedivit Fabioque, callidissimo imperatori, dedit verba[1]; namque[2] obducta nocte sarmenta in cornibus juvencorum deligata incendit ejusque generis[3] multitudinem magnam dispalatam[4] immisit : quo repentino visu tantum terrorem injecit exercitui Romanorum ut egredi extra vallum nemo sit ausus[5].

Hanc post rem gestam, non multis diebus, M. Minucium Rufum, magistrum equitum, dolo perductum in proelium fugavit; Ti. Sempronium Gracchum, iterum consulem, in Lucanis in insidias inductum sustulit[6]; M. Claudium Marcellum, quinquies consulem, apud Venusiam pari modo interfecit. Longum est[7] omnia enumerare proelia! Quare hoc unum satis erit dictum[8], ex quo intellegi possit quantus ille fuerit : quamdiu in Italia fuit, nemo ei in acie restitit, nemo adversus eum post Cannensem pugnam in campo castra posuit.

Hinc invictus patriam defensum[9] revocatus, bellum gessit adversus P. Scipionem, filium ejus Scipionis quem ipse primo apud Rhodanum, iterum apud Padum, tertio apud Trebiam fugarat[10]. Cum hoc, exhaustis jam patriae facultatibus, cupivit impraesentiarum[11] bellum componere, quo valentior postea congrederetur. In colloquium convenit, condiciones non convenerunt. Post id factum apud Zamam cum eodem conflixit; pulsus (incredibile dictu!), biduo et duabus noctibus Hadrumetum pervenit, quod abest ab Zama circiter milia passuum trecenta. In hac fuga Numidae qui simul cum eo ex acie excesserant insidiati sunt ei, quos non solum effugit, sed etiam ipsos oppressit. Hadrumeti reliquos e fuga collegit, et novis dilectibus paucis diebus multos contraxit.

Cum in apparando acerrime esset occupatus, Carthaginienses bellum cum Romanis composuerunt; ille nihilo minus exercitui postea praefuit...

1. dare verba alicui : *se jouer de quelqu'un.*

2. namque = nam, enim.

3. generis (animalium).

4. dispalatam : *dispersée dans tous les sens.*

5. sit ausus = ausus sit.

6. sustulit : *de* suffero *ou de* tollo ?

7. longum est : *il serait trop long (voir Recherche, « Un peu de grammaire »).*

8. dictum = dicere.

9. defensum : *supin à valeur finale.*

10. fugarat = fugaverat.

11. impraesentiarum = in praesentia rerum : *momentanément.*

*Suite des événements : ici s'achève la carrière proprement militaire d'Hannibal et commence sa carrière politique. Devenu suffète, c'est-à-dire chef de l'État, il va déployer une intense activité diplomatique visant à trouver en Orient des alliés qui permettraient à Carthage de reprendre la guerre contre Rome. Mais il se heurte à une forte opposition à Carthage même, au point d'être contraint de quitter le pays. Accueilli d'abord par le roi de Syrie Antiochos, il le convaincra de se lancer dans une entreprise militaire contre Rome. Après l'échec de celle-ci, il trouvera refuge chez un autre souverain du Moyen-Orient, le roi de Bithynie Prusias – jusqu'au jour où les Romains, voulant en finir une fois pour toutes avec leur ennemi mortel, décident d'intervenir...*

*La mort d'Hannibal, c'est un peu la « mort du loup » : celle d'un grand fauve traqué qui ne permettra pas aux chasseurs de le capturer. C'est toujours Cornélius Népos qui nous la raconte.*

## La mort d'Hannibal

Accidit casu ut legati Prusiae Romae apud T. Quinctium Flamininum consularem cenarent atque ibi, de Hannibale mentione facta, unus ex iis diceret eum in Prusiae regno esse. Id postero die Flamininus senatui detulit. Patres conscripti, qui Hannibale vivo numquam se sine insidiis futuros esse existimarent, legatos in Bithyniam miserunt qui ab rege peterent ne inimicissimum suum[1] secum haberet sibique dederet. His Prusias negare ausus non est; illud recusavit, ne id a se fieri postularent[2] quod adversus jus hospitii esset : ipsi, si possent, comprehenderent; locum ubi esset facile inventuros[3]. Hannibal enim uno loco se tenebat, in castello quod sic aedificaverat ut in omnibus partibus aedificii exitus haberet. Huc cum legati Romanorum venissent ac multitudine[4] domum ejus circumdedissent, puer[5] ab janua prospiciens Hannibali dixit plures praeter consuetudinem armatos apparere. Qui imperavit ei ut omnes fores aedificii circumiret ac propere sibi nuntiaret num eodem modo undique obsideretur. Cum puer celeriter quid esset renuntiavisset omnesque exitus occupatos esse ostendisset, sensit id non fortuito factum, sed se peti neque sibi diutius vitam esse retinendam. Quam ne alieno arbitrio dimitteret, memor pristinarum virtutum, venenum quod semper secum habere consuerat sumpsit. Sic vir fortissimus, multis variisque perfunctus laboribus, anno acquievit septuagesimo.

Cornélius Népos, *Vie d'Hannibal.*

1. suum, *et plus loin* sibi : *réfléchis indirects.*
2. illud... postularent : *ce qu'il refusa, c'est qu'ils lui demandent de faire...*
3. ipsi... inventuros : *paroles de Prusias, au style indirect; le subjonctif correspond à un impératif, et l'infinitif futur à un indicatif futur du style direct.*
4. multitudine (militum).
5. puer = servus.

## *D'un texte à l'autre*

*L'historien Tite-Live, dans son* Histoire romaine, *a lui aussi raconté la mort d'Hannibal. Voici, en traduction française, son propre récit. Comparez-le à celui de Cornélius Népos : quels points communs et quelles différences les deux textes présentent-ils? Lequel des deux récits vous paraît le plus réussi, et pour quelles raisons?*

« Pour avoir constamment une issue pour s'enfuir, Hannibal avait aménagé sept sorties à sa demeure, dont certaines étaient secrètes pour qu'elles ne puissent pas être bloquées. Mais le pouvoir des rois est fort et ne laisse rien dans l'ombre de ce qu'ils veulent découvrir. La maison fut cernée de troupes, si étroitement que nul ne pouvait s'en échapper. Hannibal, lorsqu'il apprit que les soldats du roi étaient dans l'entrée, tenta de fuir par une petite porte dérobée qui était l'issue la mieux dissimulée; mais il s'aperçut qu'elle aussi était bloquée par des postes de soldats, et qu'un cordon de troupes cernait tout, tout autour. Alors il demanda le poison qu'il tenait prêt depuis longtemps pour une telle éventualité, et dit : "Délivrons donc le peuple romain d'un souci déjà ancien, puisqu'il n'a pas la patience d'attendre la mort d'un vieillard!

Sans grandeur et sans lendemain sera la victoire que Flamininus va remporter sur un ennemi désarmé et trahi. Ah! les Romains ont donc bien changé, et ce jour à lui seul en fournira la preuve : leurs pères, alors que le roi Pyrrhus avait pris les armes contre eux et se trouvait en Italie avec ses troupes, l'ont mis en garde contre une tentative d'empoisonnement; eux, ils ont envoyé en ambassade un ancien consul, pour amener Prusias à faire mourir un hôte par traîtrise." Alors, il maudit Prusias et son royaume, et, prenant à témoins de cette trahison les dieux de l'hospitalité, il vida la coupe. Telle fut la fin de la vie d'Hannibal. »

## Recherche

• Étudiez, d'une part au point de vue de la structure narrative, d'autre part au point de vue de l'écriture, le récit que fait Cornélius Népos de la vie d'Hannibal. Quel effet pensez-vous que l'écrivain, en adoptant ce type de style, a voulu produire sur le lecteur?

• Si vous avez travaillé sur le chapitre *Terra marique* du manuel de l'an dernier, vous avez déjà rencontré Hannibal. Essayez de vous rappeler à quelle occasion : de quoi était-il question? Comment Cornélius Népos traite-t-il cet épisode?

« Il vida la coupe »... Coupe d'argent sculptée provenant d'Alésia. (Musée de Saint-Germain-en-Laye.)

## Un peu de grammaire

• Relevez et étudiez l'ensemble des subjonctifs du texte.

• Une des notes du texte « Dernières batailles » vous a suggéré de traduire *longum est enumerare* par « il serait trop long d'énumérer », donc de rendre par un conditionnel l'indicatif du latin.

Effectivement, en latin, l'indicatif désigne couramment une action qu'il *serait* possible, convenable ou nécessaire d'accomplir, mais que l'on n'accomplit pas :
– d'une part avec les verbes de possibilité, de convenance et d'obligation *(possum, debeo* et les impersonnels *decet, oportet, necesse est);*
– d'autre part dans les locutions impersonnelles composées du verbe *esse* et d'un adjectif neutre, du type *longum est, difficile est, magnum est, melius est,* etc.

Dans tous ces cas, le présent de l'indicatif correspond au potentiel, le parfait ou l'imparfait à l'irréel : *possum :* je pourrais; *potui* ou *poteram :* j'aurais pu.

C'est naturellement le contexte qui permet de déterminer si l'on a affaire à un indicatif véritable ou à un « indicatif-conditionnel ». Par exemple : *Melius erat Hannibali venenum bibere quam a Romanis capi* voudra dire : « Il valait mieux pour Hannibal boire du poison que d'être pris par les Romains », car c'est effectivement ce qu'il a fait. Mais la même phrase, appliquée à Vercingétorix, serait à traduire par « il aurait mieux valu pour Vercingétorix boire du poison que d'être pris par les Romains », car le chef gaulois, lui, ne s'est pas empoisonné.

## ◆ Calamo aut ore

Traduire les phrases suivantes :

Difficile fuit Hannibalis militibus Alpes cum multis elephantis transire. – Facile fuit Hannibali post Cannensem pugnam Romam capere. – Oportebat Romanos Poenos retinere antequam Alpes transirent. – Oportebat Romanos legationem de Hannibale ad Prusiam regem mittere. – Prusias rex dixit : « Debeo hospitii leges observare; itaque Hannibalem Romanis non dedam. » – Prusias rex dixit : « Debeo Hannibalem, hospitem meum, monere Romanorum legatos eum petere; at Romanorum amicus manere cupio; itaque nihil ei dicam. »

Thème d'imitation :

Bien qu'Hannibal eût aménagé le fortin dans lequel il se tenait de telle sorte qu'il eût de nombreuses sorties, il ne put s'enfuir lorsque les Romains encerclèrent cet endroit. Comme cependant il ne voulait pas remettre sa vie à leur bon vouloir, il estima qu'il devait absorber du poison afin de ne pas être capturé par ceux dont il avait toujours été le plus grand ennemi. Il aurait mieux valu pour lui ne pas rester chez le roi Prusias qui, bien qu'il respectât les lois de l'hospitalité, ne voulut pas l'avertir que les Romains le recherchaient et qu'ils allaient encercler sa maison.

# LA POUSSÉE VERS L'EST

*C'est après les guerres Puniques que semble être née à Rome l'idée d'une conquête systématique du bassin méditerranéen. Libérée de la crainte d'une rivale puissante, Rome va se découvrir un rôle d'arbitre, et se mêler des affaires de la Grèce et de l'Asie. L'expérience a montré que quelques interventions militaires rondement menées pouvaient rapporter un joli butin* (praeda), *procurer de la gloire aux généraux, établir des gouvernements qui ouvriraient les ports aux commerçants romains... A Rome les affaires étrangères dépendent du Sénat : la pesanteur de cette assemblée, traditionaliste par tempérament, explique la lenteur et la prudence avec lesquelles furent menées les premières guerres. Puis les éléments belliqueux de la* nobilitas *trouvèrent un renfort de poids dans la classe des milieux d'affaires et dans la plèbe urbaine, gens à l'affût d'un enrichissement susceptible d'accroître leur puissance ou de soulager leur misère. C'est la raison pour laquelle on n'assiste point, à Rome, à une aventure foudroyante comme celle d'Alexandre le Grand; bien au contraire, on peut distinguer deux phases très nettes dans cette conquête : dans la première moitié du II*[e] *siècle, les campagnes dans le monde grec cherchent, avant tout, à assurer une domination d'influence sur les territoires concernés, qui, du reste, ne sont pas annexés. Ensuite, Rome se met à annexer ces territoires, et leur donne systématiquement le nom de* provincia; *ce terme désigne primitivement la zone soumise à l'*imperium *d'un magistrat supérieur : l'Empire est né. Et la guerre est devenue, selon le mot d'un historien, « la principale industrie des Romains ».*

Ce discobole grec figurant sur une coupe du musée du Louvre aurait pu paraître aux Jeux Isthmiques qu'évoque le texte suivant.

## Liberté, liberté chérie...

*C'est au cours de la première phase de cette politique de conquête que se situe l'événement décrit dans le texte que nous vous proposons. Depuis des décennies, la Grèce se débat dans des luttes intestines incessantes : elle est incapable de trouver une unité, et les puissances étolienne, achéenne et macédonienne s'y disputent la suprématie. Rome délègue un jeune et bouillant aristocrate,* T. Quinctius Flamininus : *il bat Philippe de Macédoine à Cynoscéphales, en Thessalie, et libère ainsi la Grèce de sa tutelle (197 av. J.-C.). Voici de quelle façon, selon* ***Tite-Live,*** *le consul proclama la liberté des Grecs, à Corinthe, au cours des Jeux Isthmiques.*

Isthmiorum statum[1] ludicrum aderat, semper quidem et alias[2] frequens cum propter spectaculi studium insitum genti, quo certamina omnis generis artium viriumque et pernicitatis visuntur, tum quia propter opportunitatem loci per duo diversa maria omnium rerum usus[3] ministrantis humano generi, concilium Asiae Graeciaeque is[4] mercatus erat; tum vero non ad solitos modo usus undique convenerant, sed exspectatione erecti qui[5] deinde status futurus Graeciae, quae sua fortuna esset; alii alia[6] non taciti solum opinabantur sed sermonibus etiam ferebant Romanos facturos; vix cuiquam[7] persuadebatur Graecia omni cessuros. Ad spectaculum consederant, et praeco cum tubicine, ut mos est, in mediam aream, unde sollemni carmine ludicrum indici solet, processit et tuba silentio facto ita pronuntiat : « Senatus Romanus et T. Quinctius imperator, Philippo rege Macedonibusque devictis, liberos, immunes, suis legibus esse jubet Corinthios, Phocenses, Locrensesque omnes et insulam Euboeam et Magnetes, Thessalos, Perrhaebos, Achaeos Phthiotas ». Percensuerat omnes gentes quae sub dicione Philippi regis fuerant. Audita voce praeconis, majus[8] gaudium fuit quam quod universum homines acciperent. Vix satis credere[9] se quisque audisse, et alii alios intueri mirabundi velut ad somni vanam speciem; quod ad quemque pertinebat[10], suarum aurium fidei minimum credentes, proximos interrogabant.

Revocatus praeco, cum unusquisque non audire modo sed videre libertatis suae nuntium averet, iterum pronuntiavit eadem. Tum ab certo jam gaudio tantus cum clamore plausus est ortus totiensque repetitus ut facile appareret nihil omnium bonorum multitudini gratius quam libertatem esse. Ludicrum deinde ita raptim peractum est ut nullius nec animi nec oculi spectaculo intenti essent; adeo unum gaudium praeoccupaverat omnium aliarum sensum voluptatum.

Tite-Live, *Histoire romaine,* XXXIII, 32.

1. statum (*forme de* status, a, um) : *à date fixe.*

2. et : *adverbe;* alias : *adverbe;* cum propter... tum quia...

3. loci... ministrantis; omnium rerum usus : *toutes les denrées utiles.*

4. is = is locus; mercatus *est un substantif.*

5. qui status futurus esset : *interrogative dépendant de* exspectatione : *par l'attente de savoir.*

6. alii... alia opinabantur : *tous avaient des idées différentes.*

7. vix cuiquam : *presque personne;* persuadebatur : *passif impersonnel.*

8. major quam ut : *trop grand pour;* ut *peut être remplacé par* qui + *le subjonctif. Exemple :* Stultior est hic consul quam qui victoriam ferat : *ce consul est trop bête pour remporter la victoire.*

9. credere : *infinitif de narration.*

10. quod ad quemque pertinebat : *chacun pour ce qui le concernait.*

## *Recherche*

• Tite-Live s'attache à montrer la grandeur de la décision annoncée par Flamininus, et pour cela il n'hésite pas à nous gratifier d'une « mise en scène » particulièrement soignée : montrez-le, en vous appuyant sur le détail du texte et ses péripéties. Vous pouvez prendre au pied de la lettre cette expression de « mise en scène » : quel « jeu de caméra » est suggéré par le texte?

• Quel point du texte fait ressortir l'originalité de la politique romaine (un désintéressement inattendu!)? Quelle image de marque les Romains donnent-ils d'eux-mêmes dans ce texte, par la plume de Tite-Live?

• Comment Tite-Live s'y prend-il pour décrire l'enthousiasme de la foule? En un mot, qu'apporte Rome à la Grèce, en lui donnant la liberté?

# LA CONQUÊTE DE LA GAULE

*De toutes les conquêtes réalisées par Rome, il est bien certain que pour nous, Français, qui habitons le territoire des anciens Gaulois, la plus importante est celle de la Gaule. Aurait-elle été accomplie sans l'ambition politique d'un certain Jules César, animé du désir d'égaler en gloire son rival Pompée, qui s'était illustré en Orient? Il est probable que oui, car elle était dans la logique de l'impérialisme romain. Il n'en reste pas moins qu'elle a été voulue par César, et que celui-ci l'a réalisée de sa propre initiative, sans en avoir reçu mandat du Sénat, et en feignant de se porter au secours des Gaulois prétendument menacés par leurs voisins d'outre-Rhin les Germains : César, en somme, s'est emparé de la Gaule au nom du droit des peuples à disposer d'eux-mêmes, et a soumis les Gaulois sous prétexte de les protéger... C'était peut-être pour leur bien; mais, s'il avait incontestablement des alliés parmi eux, tous n'approuvaient pas son initiative, tant s'en faut, et il s'est heurté de leur part à une résistance qu'il n'avait probablement pas prévue : la guerre a été longue (elle a duré sept ans), et par moments les Romains ont frôlé la catastrophe, notamment lorsque Vercingétorix a réussi à prendre la tête d'un front commun de résistance à l'envahisseur – avant de se faire encercler dans cette ville d'Alésia dont la localisation exacte est encore âprement débattue par les archéologues.*

## Les Romains en mauvaise posture

*Cette « guerre des Gaules », c'est **César** lui-même qui nous l'a racontée très en détail, dans son ouvrage* De bello Gallico, *écrit pour justifier son entreprise et pour la présenter sous le meilleur jour possible. Ouvrage de propagande, par conséquent, mais écrit avec un tel art de la déformation historique qu'il donne à première vue l'impression de la plus parfaite objectivité, accentuée par le fait que César y parle de lui-même à la troisième personne et ne dissimule pas les difficultés qu'il a rencontrées : le* De bello Gallico *est à cet égard un chef-d'œuvre, que vous avez déjà abordé en classe de troisième et dont nous vous invitons à savourer encore quelques pages. César arrive, au nord de la Gaule, dans le pays des Nerviens...*

Loci natura erat haec, quem nostri castris delegerant[1] : collis ab summo aequaliter declivis ad flumen Sabim vergebat; ab eo flumine pari acclivitate collis nascebatur adversus[2] huic, passus circiter ducentos[3] infimus apertus, ab superiore parte silvestris, ut non facile introrsus perspici posset; intra eas silvas hostes in occulto sese continebant, in aperto loco[4] secundum flumen paucae stationes equitum videbantur[5]; fluminis erat altitudo[6] circiter pedum trium[7].

1. *L'action se passe vers le début de la guerre, et dans le nord de la Gaule (région actuelle de Maubeuge); la rivière dont il va être question* (Sabis) *est vraisemblablement la Sambre.*

2. adversus : *adjectif et non adverbe.*

3. passus ducentos : *accusatif d'étendue. Transposez en mètres.*

4. in aperto loco : *absence de liaison (asyndète); marque généralement l'opposition (« tandis que »...).*

5. videbantur : *attention à* videor, *qui peut être le verbe déponent (« sembler »), ou le passif de* video. *Ici?*

6. altitudo : *méfiez-vous, deux sens possibles!*

7. pedum trium : *transposez en mètres.*

Caesar, equitatu praemisso, subsequebatur omnibus copiis; consuetudine sua sex legiones expeditas ducebat; post eas totius exercitus impedimenta collocaverat; inde duae legiones, quae proxime conscriptae erant, totum agmen claudebant praesidioque impedimentis erant[8].

8. *double datif.*

Mêlée générale entre Romains et Gaulois ! (sarcophage, Rome, Musée des Thermes).

# César dans la mêlée

Equites nostri, cum funditoribus sagittariisque flumen transgressi, cum hostium equitatu proelium commiserunt. Cum se illi identidem in silvas ad suos reciperent ac rursus ex silva in nostros impetum facerent neque nostri cedentes insequi auderent, interim legiones sex quae primae venerant castra munire coeperunt. Ubi prima impedimenta nostri exercitus ab iis qui in silvis abditi latebant visa sunt, subito omnibus copiis provolaverunt impetumque in nostros equites impetum fecerunt. His facile pulsis ac proturbatis, incredibili celeritate ad flumen decucurrerunt, ut paene uno tempore ad silvas et in flumine et jam in manibus nostris[1] hostes viderentur; eadem celeritate adverso colle ad nostra castra atque eos qui in opere occupati erant contenderunt.

Caesari omnia uno tempore erant agenda : vexillum proponendum, quod erat insigne cum ad arma concurri oporteret[2], signum tuba dandum, ab opere revocandi milites, qui[3] paulo longius aggeris petendi causa processerant arcessendi, acies instruenda, milites cohortandi. Quarum rerum magnam partem

1. in manibus nostris : *aux prises avec nous.*

2. quod erat... oporteret = quod significabat ad arma concurri oportere.

3. qui = ii qui.

temporis brevitas et successus hostium impediebat. His difficultatibus duae res erant subsidio : scientia atque usus militum qui, superioribus proeliis exercitati, quid fieri oporteret non minus commode ipsi sibi praescribere quam ab aliis doceri poterant; et quod[4] ab opere singulisque legionibus singulos legatos Caesar discedere vetuerat. Hi propter propinquitatem et celeritatem hostium nihil[5] jam Caesaris imperium exspectabant, sed per se quae videbantur administrabant.

Caesar, necessariis rebus imperatis, ad cohortandos milites quam in partem fors obtulit[6] decucurrit, et ad legionem decimam devenit. Milites non longiore oratione cohortatus est quam : ut suae pristinae virtutis memoriam retinerent neu perturbarentur animo hostiumque impetum fortiter sustinerent; et, quod non longius hostes aberant quam quo telum adigi posset, proelii committendi signum dedit. Atque in alteram partem item cohortandi causa profectus, pugnantibus occurrit. Temporis tanta fuit exiguitas, hostiumque tam paratus ad dimicandum animus, ut non modo ad insignia adcommodanda, sed etiam ad galeas induendas scutisque tegimenta[7] detrudenda tempus defuerit. Quam in partem quisque ab opere casu devenit quaeque prima signa conspexit, ad haec constitit, ne in quaerendis suis pugnandi tempus dimitteret...

Caesar, ab decimae legionis cohortatione ad dextrum cornu profectus, ubi suos urgeri vidit (quartae cohortis omnibus centurionibus occisis signiferoque interfecto, signo amisso, reliquarum cohortium omnibus fere centurionibus aut vulneratis aut occisis, in his primipilo[8] P. Sextio Baculo, fortissimo viro, multis gravibusque vulneribus confecto, ut jam se sustinere non posset), scuto ab novissimis[9] uni militi[10] detracto, quod ipse eo sine scuto venerat, in primam aciem processit centurionibusque nominatim appellatis, reliquos cohortatus milites, signa inferre et manipulos laxare jussit, quo facilius gladiis uti possent. Cujus adventu spe illata militibus, paulum hostium impetus tardatus est.

4. quod : *le fait que.*

5. nihil, *ici adverbe : nullement.*

6. quam in partem fors obtulit : *du côté que le hasard lui offrit.*

7. tegimenta : *les housses.*

8. primipilo : *le « primipile » était un centurion (équivalent de ce qu'on appelle aujourd'hui un capitaine) en quelque sorte de première classe; il commandait la première centurie du premier manipule de la première cohorte.*

9. novissimis : *les soldats des derniers rangs.*

10. uni : *a ici non pas le sens habituel de « un seul », mais déjà la valeur d'un article indéfini.*

# Une victoire durement acquise

*La situation des Romains va finalement être rétablie, grâce à l'arrivée des trois légions qui fermaient la marche...*

Harum legionum adventu tanta rerum commutatio est facta, ut nostri etiam qui vulneribus confecti procubuissent, scutis innixi, proelium redintegrarent, calones, perterritos hostes conspicati, etiam inermes armatis occurrerent, equites vero, ut turpitudinem fugae virtute delerent, omnibus in locis pugnae se legionariis militibus praeferrent[1]. At hostes, etiam in extrema spe

1. redintegrarent, occurrerent, praeferrent : *subjonctifs imparfaits à traduire comme des subjonctifs parfaits; cela arrive fréquemment dans les subordonnées consécutives (à retenir... et à ne pas considérer comme systématique !).*

salutis, tantam virtutem praestiterunt ut, cum primi eorum cecidissent[2], proximi jacentibus insisterent atque ex eorum corporibus pugnarent et, his dejectis et coacervatis cadaveribus, qui superessent ut ex tumulo tela in nostros conjicerent et pila intercepta remitterent...

Hoc proelio facto et prope ad internecionem gente Nerviorum redacta, majores natu, qui una cum pueris mulieribusque in aestuaria ac paludes conjecti erant, hac pugna nuntiata, omnium qui supererant consensu legatos ad Caesarem miserunt seque ei dediderunt et ex sexcentis ad tres senatores, ex hominum milibus sexaginta vix ad quingentos qui arma ferre possent sese redactos esse dixerunt. Quos Caesar, ut in miseros ac supplices usus misericordia videretur[3], diligentissime conservavit suisque finibus atque oppidis uti jussit.

César, *De bello Gallico,* II, 18 sq.

2. cecidissent = ceciderant *(le subjonctif est un simple subjonctif « d'attraction modale », dû au fait que la subordonnée par* cum *dépend d'une autre subordonnée elle-même au subjonctif (fréquent).*

3. videretur : *à considérer ici comme le passif de* video.

## *Recherche*

• César raconte ici l'un des épisodes les moins glorieux de la guerre des Gaules : essayez de repérer dans le texte d'une part les éléments qui peuvent être retenus contre lui, d'autre part les moyens qu'il met en œuvre pour que le récit, en fin de compte, tourne tout de même à sa gloire?

• Dans le dernier paragraphe, César explique que le peuple des Nerviens a été presque anéanti, et réduit à 500 hommes en état de porter les armes; or, dans la suite de la guerre, nous verrons les mêmes Nerviens mettre de nouveau les Romains en péril, puis fournir à Vercingétorix un contingent de 6 000 hommes... Que pensez-vous de cette contradiction?

**Cette bataille tumultueuse entre Romains et Gaulois, représentée sur un sarcophage (Musée du Capitole, Rome), pourrait illustrer ce texte de César... et bien d'autres!**

# L'IDÉE D'EMPIRE

*Avez-vous remarqué qu'un même mot latin,* imperium, *sert à définir le pouvoir légal que Rome confie à ses magistrats, et l'ensemble des territoires sur lesquels s'exerce son autorité? Ce que sous-entend ce fait linguistique, c'est que le peuple romain exerce sur ces nations un pouvoir légitime, librement consenti, tout comme celui qu'il remettait à ses consuls. A première vue, l'idée d'« empire » apparaît donc comme une sorte de dédoublement des structures de la cité romaine, à la fois gouvernée et gouvernante, selon le même pacte de légalité et de justice : comme les consuls avaient la responsabilité de la* res publica, *Rome s'arroge la responsabilité des peuples qu'elle a soumis.*

*On voit par là que l'impérialisme n'est pas un accident historique, mais une politique, et que cette politique, pour se justifier, s'appuie sur une idéologie. Selon celle-ci, Rome apparaît investie d'une sorte de mission, qui consiste à faire régner l'ordre, la justice et la paix* (pax Romana) *sur un monde soumis à ce bénéfique* imperium. *Pourtant, sans nier le moins du monde la sincérité de ceux qui professaient cette idéologie, force est de reconnaître que les vraies causes de l'impérialisme romain (comme, plus tard, celles du colonialisme européen, convaincu lui aussi de sa « mission » civilisatrice) sont à chercher du côté du coffre-fort, et non des bons sentiments : à quoi sert de conquérir, si ce n'est pour exploiter?*

## Les pillards de l'univers

*Tel était bien, en tout cas, le point de vue d'un chef d'État qui fut, à l'Est, l'adversaire le plus coriace des Romains : Mithridate, roi du riche royaume du Pont, qui résista à Rome pendant une bonne trentaine d'années avant d'être vaincu par Pompée en 64.* ***Salluste*** *lui prête sa plume, dans ces extraits d'une lettre adressée à Arsace, roi des Parthes.*

Romanis cum nationibus, populis, regibus cunctis una, et ea vetus, causa bellandi est : cupido profunda imperii et divitiarum. Scio equidem tibi magnas opes virorum, armorum et auri esse; et ea re a nobis ad societatem, ab illis ad praedam peteris[1]. An ignoras Romanos, postquam ad Occidentem pergentibus[2] finem Oceanus fecit, arma huc convertisse, neque quicquam a principio nisi raptum habere : domum, conjuges[3], agros, imperium, convenas olim sine patria, parentibus? Quibus non humana ulla neque divina obstant quin socios, amicos, procul, juxta sitos,

1. peteris ad... : *on cherche à obtenir de toi...*

2. pergentibus (eis).

3. *Mithridate fait allusion aux origines de Rome.* Conjuges *évoque peut-être le rapt des Sabines,* convenas *les premiers compagnons de Romulus, en rupture avec les cités environnantes.*

inopes potentesque trahant, exscindant, omniaque non serva (et maxime regna) hostilia ducant[4]. Romani arma in omnes habent, acerrima in eos quibus victis spolia maxima sunt[5]; audendo et fallendo et bella ex bellis serendo magni facti. Per hunc morem exstinguent omnia aut occident[6] : quod haud difficile est si tu Mesopotamia[7], nos Armenia circumgredimur exercitum sine frumento, sine auxiliis, fortuna aut nostris vitiis adhuc incolumem. Teque illa fama sequetur auxilio profectum magnis regibus[8] latrones gentium oppressisse.

Salluste, *Fragments.*

4. ducere, *ici : considérer comme.*

5. in eos... sunt : *ceux dont la défaite réserve le plus grand butin.*

6. occident : *de* occĭdo *ou de* occīdo ?

7. Mesopotamia : *par la Mésopotamie.*

8. auxilio... regibus : *double datif;* profectum : *participe passé de* proficiscor, *épithète de* te.

## *Recherche*

• Quelles sont les deux raisons qui expliquent, selon Mithridate, l'impérialisme romain (commentez à ce sujet l'expression *inopes potentesque*)?

• Que pense-t-il de la fameuse loyauté romaine?

**Le légendaire « Enlèvement des Sabines » (vu ici par le peintre italien G.A. Bazzi, 1477-1549), peut être considéré comme l'archétype de la « piraterie » romaine. (Rome, palais Barberini.)**

# LA RANÇON DES CONQUÊTES

*A Rome, les historiens sont volontiers pessimistes. Vous avez déjà pu constater que, pour* ***Salluste,*** *l'âge d'or de Rome est loin dans le passé, au temps où les conquêtes et les succès n'avaient point encore émoussé et anéanti ces vertus qui avaient présidé aux premiers temps de la ville :*

Sed ubi labore atque justitia res publica crevit, reges magni bello domiti, nationes ferae et populi ingentes vi subacti, Carthago, aemula imperii Romani, ab stirpe interiit, cuncta maria terraeque patebant, saevire fortuna ac miscere omnia coepit...

## Le troisième âge

*Deux siècles plus tard, Florus reprend une analyse de ce type, et date lui aussi de la chute de Carthage (146 av. J.-C.) le début d'un nouvel âge pour le peuple romain, celui du déclin.*

Haec est illa tertia aetas populi Romani transmarina[1], qua, Italia progredi[2] ausus, orbe toto arma circumtulit. Cujus aetatis superiores centum anni sancti, pii et, ut diximus, aurei, sine flagitio, sine scelere, dum sincera adhuc et innoxia pastoriae illius sectae[3] integritas, dumque Poenorum hostium imminens metus disciplinam veterem continebat. Posteri centum, quos a Carthaginis, Corinthi Numantiaeque excidiis et Attali regis Asiatica hereditate[4] deduximus in Caesarem[5] et Pompeium secutumque hos Augustum, ut claritate rerum bellicarum magnifici, ita domesticis cladibus miseri et erubescendi[6].

At nescio an satius fuerit[7] populo Romano Sicilia et Africa contento fuisse, aut his etiam ipsis carere dominanti in Italia sua, quam eo magnitudinis[8] crescere, ut viribus suis conficeretur. Quae enim res alia civiles furores peperit quam nimiae felicitates? Syria prima nos victa corrupit, mox Asiatica Pergameni regis hereditas. Illae opes atque divitiae adflixere saeculi mores, mersamque vitiis suis quasi sentina rem publicam pessumdedere. Unde enim populus Romanus a tribunis agros et cibaria flagitaret, nisi per famem quam luxus fecerat? Hinc ergo Gracchana prima et secunda et illa tertia Apuleiana seditio[9]. (...) Quid autem? Bella servilia unde nobis, nisi ex abundantia familiarium? Unde gladiatorii adversus dominos suos exercitus, nisi ad conciliandum plebis favorem effusa largitio, dum spectaculis

1. transmarina : *apposition à* aetas : *l'âge de l'outre-mer.*

2. Italia progredi = ex Italia progredi.

3. pastoria secta : *mœurs pastorales;* integritas (fuit).

4. Numantia : *grande ville espagnole prise et détruite par les Romains en 133; Attale III, roi de Pergame, légua son royaume au peuple romain (133 av. J.-C.) qui prit pied ainsi en terre asiatique.*

5. in Caesarem = ad Caesaris tempora.

6. magnifici... miseri et erubescendi (fuerunt); erubescendi : *honteux.*

7. nescio an satius fuerit : *peut-être aurait-il été plus avantageux;* populo Romano... contento... dominanti = populum Romanum... contentum... dominantem.

8. eo magnitudinis ut : *jusqu'à un tel point de grandeur que.*

9. *Allusion aux tentatives de réformes des Gracques et d'Apuléius Saturninus en faveur de la plèbe.*

10. indulget (plebs).

11. artem facit : *transforme en spectacle.*

12. furialibus facibus armavit : *image complexe! Les torches, symbole de la destruction, sont semblables à des Furies, personnages mythologiques, symboles du déchaînement de la vengeance.*

indulget[10], supplicia quondam hostium artem facit[11]? Jam, ut speciosiora vitia tangamus, nonne ambitus honorum ab isdem divitiis concitatus? Atquin inde Mariana, inde Sullana tempestas. Aut magnificus apparatus conviviorum et sumptuosa largitio non ab opulentia paritura mox egestatem? Haec Catilinam patriae suae impegit. Denique illa ipsa principatus et dominandi cupido unde nisi ex nimiis opibus venit? Atquin haec Caesarem atque Pompeium furialibus in exitium rei publicae facibus[12] armavit.

Florus, *Epitome de gestis Romanorum.*

*Au moment où intervient le texte que nous vous proposons, Florus vient de raconter la première moitié de ce « troisième âge », ce siècle qui, entre 264 et 146, vit s'accomplir l'expansion méditerranéenne de Rome : comme l'annonce Florus, les cent ans qui suivent seront ceux des grands conflits sociaux et politiques, qui ne se résoudront que par la Guerre Civile entre César et Pompée, puis le principat d'Auguste.*

*Cette conception de l'histoire s'harmonise avec le penchant très net de Florus pour la classification. De plus, ce pessimisme serait catastrophique s'il ne débouchait pas sur l'idée d'une renaissance, qui s'amorce sous Trajan, c'est-à-dire précisément avec la génération à laquelle appartient Florus...*

## Recherche

• L'originalité de Florus est d'établir un lien entre la croissance de l'Empire et l'avènement des crises intérieures de la République; au demeurant, cette idée se rencontre, moins systématiquement exposée, chez Salluste. A la lumière des connaissances historiques que vous pouvez posséder, appréciez et commentez cette analyse. Il va de soi que vous ne devez pas vous en tenir à l'exemple de Rome : songez à l'impérialisme espagnol en Amérique du Sud et à ses conséquences économiques, et aux crises qu'a pu connaître l'Europe après l'évanouissement des rêves impérialistes du siècle dernier.

• Comment, selon Florus, les conquêtes de Rome interviennent-elles dans son équilibre intérieur? Quel rôle jouent, dans l'éclosion des crises, les richesses que les conquêtes ont procurées? En quoi l'exploitation systématique des provinces et le phénomène de la guerre ont-ils pu bouleverser l'économie romaine?

• Montrer comment Florus associe spontanément les conséquences matérielles de la conquête et l'évolution des mœurs romaines. En quoi les guerres de conquête ont-elles pu faire naître le scandale des combats de gladiateurs? et favoriser les révoltes d'esclaves?

# QUELQUES LUMIÈRES

Florus, pour composer son *Epitome de gestis Romanorum* (« Abrégé d'histoire romaine »), adopte un plan original : il assimile le temps de l'histoire au temps d'une vie humaine, qui va de la naissance à la vieillesse, en passant par chaque âge de la vie *(aetas)*. A chaque période du passé de Rome correspond ainsi un des quatre « âges » :

« Si l'on veut considérer le peuple romain comme un seul homme, examiner toute sa carrière, comment il a commencé et grandi, comment, par la suite, il a, pour ainsi dire, vieilli, comment il a, en quelque sorte, atteint la fleur de sa jeunesse, on y relèvera quatre degrés ou étapes. Le premier âge, sous les rois, dura presque 250 ans, au cours desquels le peuple romain combattit autour de la Ville elle-même avec ses voisins : ce sera son enfance *(infantia)*. Suit, du consulat de Brutus et de Collatinus à celui d'Appius Claudius et Marcus Fulvius (en 264 av. J.-C., c'est-à-dire au début de la première guerre Punique), une période de 250 ans, pendant laquelle il conquit l'Italie. Ce fut, pour ce qui est des hommes et des armes, la période où il se montra le plus énergique, et c'est pourquoi on pourrait l'appeler son adolescence *(adulescentĭa)*. Puis, jusqu'à César Auguste, 200 ans, pendant lesquels il pacifia l'univers. Ce fut alors la jeunesse *(juventus)* même de l'Empire et, en quelque sorte, sa maturité robuste. De César Auguste à notre temps, il n'y eut pas beaucoup moins de 200 ans, pendant lesquels, sous l'effet de l'inertie des Césars, il vieillit et se réduisit en quelque sorte *(senectus)*; mais sous le principat de Trajan, il fit jouer ses muscles : contrairement à toute attente, le vieil Empire voit, comme si on lui avait rendu sa jeunesse, ses forces reverdir. »

Florus, *Préface;* traduction, retouchée, de Paul Jal (Les Belles-Lettres)

Légionnaires romains. (Lyon, Musée de la Civilisation romaine.)

# QUAND LA LÉGION BOUGE...

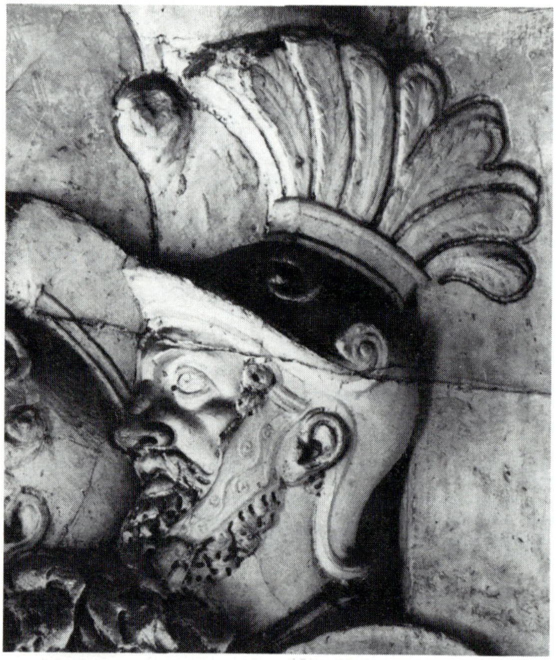

Ce légionnaire à l'air peu commode pourrait être l'un des mutins mis en scène par Tacite. (Arc de triomphe de Constantin.)

*Toute médaille a son revers, et les conquêtes spectaculaires réalisées dans le monde entier par les légions romaines ne pouvaient manquer d'avoir le leur. Ces légions en effet ne devaient pas tarder à prendre conscience du fait que l'existence même de l'Empire reposait sur elles, ce qui les conduisit à faire preuve d'un esprit revendicatif et contestataire poussé parfois extrêmement loin.*

*Les soldats romains n'avaient pas toujours, si l'on nous permet cet anachronisme, le petit doigt sur la couture du pantalon; il leur arrivait d'en avoir plus qu'assez de la discipline de fer qu'on leur imposait, et l'on assistait alors à des mouvements de révolte qui pouvaient déboucher sur l'insoumission caractérisée, la séquestration des gradés, parfois même leur exécution en bonne et due forme. C'est, nous raconte* ***Tacite,*** *ce qui se produisit dans les légions de Pannonie (l'Autriche actuelle) et de Germanie, lorsqu'y parvint la nouvelle de la mort d'Auguste et de l'avènement de son successeur Tibère...*

## Le déclenchement de la révolte

Hic rerum urbanarum status erat, cum Pannonicas legiones seditio incessit, nullis novis causis nisi quod mutatus princeps licentiam turbarum ostendebat[1]. Castris aestivis tres simul legiones habebantur, praesidente Junio Blaeso qui, fine Augusti et initiis Tiberii auditis, ob justitium[2] aut gaudium intermiserat solita munia[3].

Eo principio lascivire miles, discordare, lusum et otium cupere, disciplinam et laborem aspernari[4]. Erat in castris Percennius quidam, dux olim theatralium operarum[5], dein gregarius miles, procax lingua et miscere coetus doctus. Is interrogabat milites cur paucis centurionibus, paucioribus tribunis in modum servorum oboedirent : « Enimvero militiam gravem, infructuosam; denis in diem assibus animam et corpus aestimari! Hinc vestem, arma, tentoria, hinc saevitiam centurionum et vacationes munerum redimi. At, hercule! verbera et vulnera, duram hiemem, bellum atrox aut sterilem pacem sempiterna[6]... »

Tacite.

1. licentiam turbarum ostendebat : *offrait une occasion de troubles.*

2. justitium : *deuil public (ne confondez pas avec* justitia !).

3. solita munia = solitos labores.

4. *Phrase à l'infinitif de narration, tournure très employée par Tacite; le sujet,* miles, *est un singulier collectif* (= milites).

5. dux theatralium operarum : *chef de claque au théâtre.*

6. *Sous-entendre* esse : *l'omission de ce verbe est, elle aussi, un procédé stylistique cher à Tacite.*

# La révolte fait tache d'huile

1. Nauportus, i : *ville de Pannonie.*

2. retinentes centuriones = centuriones qui eos retinere conabantur.

3. praecipua... ira ; *ablatif absolu.*

4. revocabat : *rétablissait, faisait revivre.*

5. quia toleraverat = quia ipse eam duram militiam toleraverat.

6. ad terrorem ceterorum = ad ceteros terrendos.

7. illi : *les soldats mis en état d'arrestation.*

8. adcurritur ab universis = universi adcurrunt. *Quelle nuance la tournure impersonnelle ajoute-t-elle à l'idée?*

9. vocabulum, ici : *surnom;* cedo = da!

10. fracta vite : *il s'agit du « cep de vigne »* (vitis), *bâton de commandement que portaient les centurions comme insigne de leur grade, et dont certains faisaient, semble-t-il, un usage assez vigoureux.*

11. poscebat = poscere solebat.

Interea manipuli, ante coeptam seditionem Nauportum[1] missi, postquam turbatum in castris accepere, vexilla convellunt, direptisque proximis vicis ipsoque Nauporto, retinentes centuriones[2] irrisu et contumeliis, postremo verberibus insectantur, praecipua in Aufidienum Rufum praefectum castrorum ira[3], quem dereptum vehiculo sarcinis gravant aguntque primo in agmine, per ludibrium rogitantes an tam immensa onera, tam longa itinera libenter ferret. Quippe Rufus, diu manipularis, dein centurio, mox castris praefectus, antiquam duramque militiam revocabat[4], eo immitior quia toleraverat[5].

Horum adventu redintegratur (in castris) seditio, et vagi circumjecta populantur. Blaesus paucos, maxime praeda onustos, ad terrorem ceterorum[6] adfici verberibus, claudi carcere jubet; nam etiamtum a centurionibus et optimo quoque manipularium parebatur. Illi[7] obniti trahentibus, prensare circumstantium genua, omnibus eadem imminere clamitantes. Adcurritur ab universis[8] et, carcere effracto, solvunt vincula desertoresque ac rerum capitalium damnatos sibi jam miscent.

Flagrantior inde vis, plures seditionis duces. Tribunos ac praefectum castrorum extrusere; sarcinae fugientium direptae; centurio Lucilius interficitur, cui vocabulum[9] « Cedo alteram » indiderant, quia, fracta vite[10] in tergo militis, alteram clara voce ac rursus aliam poscebat[11]. Ceteros latebrae texere...

Tacite.

# De la révolte à la révolution

1. Cui... legato = ea quae « Superior » nominabatur sub C. Silio legato erat; *noter la construction par attraction :* cui nomen Superiori (erat), *au lieu de* cui nomen Superior.

2. moderari + *datif : commander à, diriger (le verbe est également transitif);* quibus = ii quibus.

3. maturam missionem : *une retraite anticipée. On imposait alors aux légionnaires vingt ans de service actif; ils revendiquaient le plus souvent la retraite au bout de seize ans.*

4. non unus haec : *sous-entendu* dicebat.

5. lymphati : *frappés de folie* (de Lymphae *ou* Nymphae, *les Nymphes, qui rendaient fou, disait-on, celui qui les apercevait*).

6. jus obtinere : *parvenir à se faire obéir.*

Isdem ferme diebus, isdem causis Germanicae legiones turbatae, quanto plures tanto violentius. Duo apud ripam Rheni exercitus erant : cui nomen « Superiori » sub C. Silio legato[1], « Inferiorem » A. Caecina curabat. Quibus Silius moderabatur[2] mente ambigua fortunam seditionis alienae speculabantur; Inferioris exercitus miles in rabiem prolapsus est : « Venisse tempus quo veterani maturam missionem[3], juvenes largiora stipendia, cuncti modum miseriarum exposcerent saevitiamque centurionum ulciscerentur. » Non unus haec[4], ut Pannonicas inter legiones Percennius, sed multa seditionis ora vocesque : « Sua in manu sitam rem Romanam, suis victoriis augeri rem publicam... »

Repente, lymphati[5], destrictis gladiis, in centuriones invadunt; (quos) prostratos verberibus mulcant, tum laniatos et partim exanimos in amnem Rhenum projiciunt. Non tribunus ultra, non castrorum praefectus jus obtinuit[6] : vigilias, stationes, et si qua alia praesens usus indixerat[7], ipsi partiebantur. Id praecipuum indicium (erat) magni atque implacabilis motus, quod, neque disjecti nec paucorum instinctu, pariter ardescerent, pariter silerent, tanta aequalitate et constantia, ut regi[8] crederes.

Tacite, *Annales,* I, 16 sqq.

7. si qua... indixerat = alia quae facienda erant.

8. regi = eos regi.

*Finalement, les pouvoirs publics, en faisant quelques concessions sur la durée du service et le montant de la solde, parviendront non sans mal à enrayer le mouvement. Une partie des révoltés, plus résignée que vraiment satisfaite, rentrera plus ou moins à contrecœur dans le rang; les irréductibles, regroupés dans les cinquième et vingt et unième légions de Germanie, seront massacrés durant leur sommeil par des légions restées disciplinées.*

*La révolution n'a donc pas eu lieu, mais l'alerte avait été chaude, et l'on avait tremblé à Rome presque autant qu'à l'époque de Spartacus. Le moment n'était pas loin où les légions allaient à leur gré faire et défaire les empereurs, et instaurer dans l'Empire ce que certains historiens ont appelé assez justement l'« anarchie militaire ».*

## *Recherche*

**1. Le déclenchement de la révolte**

• Comment Tacite explique-t-il le démarrage de la révolte? Pourquoi Junius Blaesus a-t-il décidé de mettre les soldats « en vacances »?

• Qu'est-ce qui caractérise le personnage de Percennius? Comment dépeint-il les conditions de vie des légionnaires? Pourquoi qualifie-t-il la paix de « stérile »? Qu'est-ce qu'un centurion? un tribun?

• Mettez au style direct les paroles de Percennius.

**2. La révolte fait tache d'huile**

• Que désignent les mots : *manipuli, vexilla, praefectus castrorum?*

• D'où vient la colère des soldats contre Aufidiénus Rufus? Quel est l'état d'esprit, la psychologie de ce dernier?

• Comment réagit la masse des soldats devant l'emprisonnement de leurs camarades? Qu'est-ce qui met en évidence leur refus de l'ordre établi?

• Le récit de Tacite est remarquablement vivant, et donne l'impression d'un véritable reportage : quels éléments (stylistiques ou autres) concourent à donner cette impression?

**3. De la révolte à la révolution**

• Quels points font apparaître, dans le premier paragraphe, que le mouvement des légions de Germanie n'est pas seulement une révolte, mais qu'il présente un caractère révolutionnaire?

• Quels sont, dans le second paragraphe, les deux points qui accentuent encore le caractère révolutionnaire du mouvement? Que pensez-vous du jugement exprimé par Tacite dans la dernière phrase?

# DE L'EXPLOITATION A L'ASSIMILATION

*Avec l'avènement de l'Empire, la situation des provinces évolue; elles sont administrées par des représentants du prince, soumis au contrôle rigoureux d'émissaires de celui-ci. L'écrivain Suétone nous rapporte que Tibère répondait aux gouverneurs qui lui conseillaient d'augmenter les impôts de leurs provinces :* boni pastoris esse tondere pecus, non deglubere. *En dépit de révoltes locales sporadiques, l'Empire devient peu à peu une entité politique cohérente, dont Rome constitue le centre administratif. Les textes suivants, toujours de Tacite, sont caractéristiques de cette évolution.*

## Contre la politique d'assimilation

A. Vitellio, L. Vipstano consulibus[1], cum de supplendo senatu agitaretur primoresque Galliae quae Comata[2] appellatur, foedera et civitatem[3] Romanam pridem assecuti, jus adipiscendorum in Urbe honorum expeterent, multus ea super re variusque rumor[4]. Et studiis diversis apud principem certabatur asseverantium[5] non adeo aegram Italiam ut senatum suppeditare urbi suae nequiret : « ... Oppleturos omnia divites illos quorum avi proavique, hostilium nationum duces, exercitus nostros ferro vique ciderint, divum Julium[6] apud Alesiam obsederint. Recentia haec : quid si[7] memoria eorum oriretur qui sub Capitolio et arce Romana manibus eorumdem prostrati sint? Fruentur sane vocabulo civitatis : insignia Patrum, decora magistratuum ne vulgarent! »

Tacite.

1. *En 48 après J.-C.*
2. Gallia Comata : *la Gaule transalpine, à l'exception de la Gaule Narbonnaise, appelée aussi* Gallia Togata, *dont les habitants étaient citoyens romains.*
3. civitatem : *certains notables gaulois avaient reçu le droit de cité, mais sans les droits politiques (vote et éligibilité).*
4. ea super re = de ea re; rumor (fuit).
5. (studiis...) asseverantium : *participe présent substantivé.*
6. divum Julium : *Jules César (divinisé).*
7. quid si... : *que serait-ce si...*

## Pour la politique d'assimilation

His atque talibus haud permotus princeps, et statim contra disseruit et, vocato senatu, ita exorsus est : « Majores mei, quorum antiquissimus Clausus, origine Sabina, simul in civitatem Romanam et in familias patriciorum ascitus est, hortantur ut paribus consiliis rempublicam capessam, transferendo huc quod usquam egregium fuerit. Neque enim ignoro Julios Alba, Coruncanios Camerio, Porcios Tusculo et, ne vetera scrutemur, Etruria Lucaniaque et omni Italia in senatum accitos[1], postremo ipsam[2] ad Alpes promotam, ut non modo singuli viritim sed terrae, gentes in nomen nostrum coalescerent. Tum solida domi quies[3] et adversus externa floruimus, cum Transpadani in civitatem recepti, cum specie deductarum per orbem terrae

1. accitos (esse egregios viros).
2. ipsam (Italiam).
3. quies (fuit).

legionum[4] additis provincialium validissimis fesso imperio subventum est. Num paenitet Balbos ex Hispania nec minus insignes viros e Gallia Narbonensi transivisse? Manent posteri eorum nec amore in hanc patriam nobis concedunt... Jam moribus, artibus, affinitatibus nostris mixti Galli, aurum et opes suas inferant potius quam separati habeant! Omnia, Patres Conscripti, quae nunc vetustissima creduntur, nova fuere : plebis magistratus post patricios, Latini post plebeios, ceterarum Italiae gentium post Latinos. Inveterascet hoc quoque et quod hodie exemplis tuemur[5], inter exempla erit. »

Tacite, *Annales,* XI, 13-14.

4. specie deductarum legionum : *dans l'intention apparente de répartir les forces militaires. Les colonies militaires, établies non loin des frontières de l'Empire, admettaient comme citoyens des habitants du voisinage et constituaient ainsi des foyers de romanisation.*

5. quod exemplis tuemur : *ce que nous justifions par des exemples.*

## *Recherche*

• En quoi les arguments des adversaires de l'assimilation reflètent-ils la conception ancienne de l'Empire?

Sur quelle classe sociale s'appuie en Gaule la politique de Claude? Montrez que, dans son explication historique, Claude décrit assez bien les différentes étapes de l'Empire.

• Montrez que Claude invoque des arguments réalistes, en opposition avec l'hostilité, d'ordre essentiellement psychologique, de ses adversaires.

**D'un Empire à l'autre : cette mosaïque du musée d'Antioche paraît sortir tout droit de l'Exposition Coloniale de 1931 !**

*Du point de vue des peuples colonisés, l'Empire, c'est d'abord une occupation : l'armée romaine et ses garnisons, l'administration romaine et ses magistrats... et, comme pour toute occupation, il y a ceux qui sont « pour » et ceux qui sont « contre ». Dans le cas de l'Empire romain, cela dépend pour beaucoup de la région considérée : dans l'ensemble, les pays méditerranéens s'accommodent du joug des vainqueurs, avec lesquels ils se sentent quelques affinités; après ses longues résistances, la Gaule, et surtout la Narbonnaise, toute honte bue, et n'en déplaise à Astérix, finit par « collaborer » avec les Romains, non sans imprimer une teinte locale à cette civilisation que l'on appellera fort justement « gallo-romaine ». Mais, dès que l'on s'aventure plus au Nord et que l'on s'enfonce plus avant dans le cœur de l'Europe, on rencontre une hostilité bien compréhensible : il n'y a guère de point commun entre les civilisations germaniques et le monde romain...*

## Les moyens de la romanisation

*Peut-être avez-vous traduit, en classe de troisième, le texte de César où celui-ci raconte le débarquement qu'il dirigea en Bretagne, la Grande-Bretagne actuelle. Cette entreprise n'eut pas de suites; ce n'est que sous le règne de Claude que le sud du pays fut envahi et transformé en province romaine. En 61 après J.-C., un soulèvement dirigé par une femme, la reine Boudicca, fut écrasé, et le reste du pays peu à peu conquis, jusqu'à l'Écosse, notamment de 78 à 86 où le gouvernement de la Bretagne fut confié à Julius Agricola, beau-père de Tacite, qui nous a laissé sa biographie. Il y raconte notamment comment Agricola tenta de pacifier et de romaniser le pays.*

Ceterum animorum provinciae prudens simulque doctus per aliena experimenta parum profici[1] armis, si injuriae sequerentur, causas bellorum statuit excidere... Frumenti[2] et tributorum exactionem aequalitate munerum mollire[3], circumcisis quae[4] in quaestum reperta ipso tributo gravius tolerabantur... Ut homines dispersi ac rudes eoque[5] in bella faciles quieti et otio per voluptates assuescerent, hortari privatim[6], adjuvare publice, ut templa, fora, domos exstruerent, laudando promptos et castigando segnes; ita honoris aemulatio pro necessitate erat[7]. Jam vero principum filios liberalibus artibus erudire, et ingenia Britannorum studiis Gallorum anteferre[8], ut, qui modo linguam Romanam abnuebant, eloquentiam concupiscerent. Inde etiam habitus nostri honor et frequens toga; paulatimque discessum ad delenimenta vitiorum, porticus et balnea et conviviorum elegantiam; idque apud imperitos humanitas vocabatur, cum pars servitutis esset.

Tacite, *Vie d'Agricola.*

1. profici : *passif impersonnel.*
2. frumenti : *le blé que les habitants étaient tenus de fournir pour la subsistance des légions;* aequalitate : *par une équitable répartition.*
3. mollire : *l'infinitif de narration est fréquent chez Tacite; vous en trouverez d'autres exemples dans la suite du texte.*
4. quae : *les pratiques qui. On fixait, par exemple, aux habitants un lieu de livraison lointain, et on leur faisait payer soit le transport, soit, de préférence, la désignation d'un lieu plus rapproché de leur domicile.*
5. eoque : *et pour cette raison.*
6. privatim = privatos; publice = civitates.
7. esse... pro : *remplacer.*
8. anteferre : *il préférait (disait-il);* studiis : *les talents acquis (par une longue romanisation).*

## Recherche

• Que laissent entendre les deux premières phrases sur le comportement habituel des gouverneurs de provinces récemment conquises ?

• Quels sont les moyens de la romanisation ? Comparez la politique des représentants du pouvoir central romain avec celle de la France au temps de l'empire colonial.

• Quel jugement Tacite porte-t-il personnellement sur cette politique ?

***Ubi solitudinem faciunt, pacem appellant.*** **Ce bas-relief d'Edimbourg correspond parfaitement au discours anti-impérialiste de Galgacus (texte ci-dessous).**

# Les méfaits de l'impérialisme

*La politique d'Agricola n'empêche pas une nouvelle révolte d'éclater, au nord du pays, aux confins de l'Écosse (la Calédonie). Avec beaucoup de détermination, les Calédoniens défient l'occupant romain. Voici en quels termes, selon Tacite, leur chef Galgacus (son nom celtique était Galgaw) dénonce les méfaits de l'impérialisme pour exhorter ses guerriers à combattre courageusement.*

« Nos, terrarum ac libertatis extremos[1], recessus ipse ac sinus famae[2] in hunc diem defendit. Sed nunc terminus Britanniae patet ; nulla jam gens ultra, nihil nisi fluctus et saxa et infestiores Romani[3], quorum superbiam frustra per obsequium ac modestiam effugeris[4]. Raptores orbis, postquam cuncta vastantibus[5] defuere terrae, jam et mare scrutantur : si locuples hostis est, avari, si pauper, ambitiosi[6], quos non Oriens, non Occidens satiaverit : soli omnium opes atque inopiam pari affectu concupiscunt. Auferre, trucidare, rapere, falsis nominibus, imperium, atque, ubi solitudinem faciunt, pacem

1. terrarum ac libertatis extremos : *avec qui finissent le monde et la liberté.*

2. recessus ac sinus famae : *l'éloignement où nous nous trouvons et le mystère qui nous entoure ;* sinus : *la réputation des Calédoniens était cachée comme dans un « pli », un renfoncement, et personne n'avait entendu parler d'eux à Rome jusqu'à ce jour* (in hunc diem).

3. infestiores (quam ipsi fluctus et saxa). *Les flottes romaines ont fait le tour de la grande île et tiennent la mer.*

4. effugeris : *2ᵉ pers. du sing. du subj. ; exprime l'impersonnel.*

5. vastantibus (eis).

6. ambitiosi : *arrogants.*

7. imperium..., pacem appellant : *ils appellent cela l'empire..., ils appellent cela la paix.*

8. per dilectus : *par des levées de troupes (forcées !) effectuées par les Romains.*

9. annus : *le produit de l'année, la récolte;* in frumentum = in frumenti exactionem.

10. petimur : *on nous recherche;* in excidium : *à rapprocher de* per dilectus, *quelques lignes plus haut.*

11. quo tutius (fuit), eo suspectius (nunc Romanis est).

12. Brigantes : *peuple situé au nord de l'actuel pays de Galles, qui s'était révolté sous la conduite de la reine Boudicca, à qui Galgacus reproche d'avoir capitulé alors que ses premiers succès auraient dû l'inciter à continuer la lutte.*

13. potuere : *le contexte suggère qu'il faut traduire par un indicatif pour les deux premiers verbes* (exurere, expugnare) *et rétablir un conditionnel irréel avec le troisième* (exuere).

14. in libertatem, non in paenitentiam : *pour nous libérer et non pour obéir à de tardifs regrets (de nous être laissé coloniser).*

appellant[7]. Liberos cuique ac propinquos suos natura carissimos esse voluit : hi per dilectus[8] alibi servituri auferuntur; conjuges sororesque, etiamsi hostilem libidinem effugiant, nomine amicorum atque hospitum polluuntur. Bona fortunaeque in tributum, ager atque annus[9] in frumentum, corpora ipsa ac manus silvis ac paludibus emuniendis inter verbera ac contumelias conteruntur... In hoc orbis terrarum vetere famulatu, novi nos et viles in excidium petimur[10] : neque enim arva nobis aut metalla aut portus sunt, quibus exercendis reservemur. Virtus porro ac ferocia subjectorum ingrata imperantibus; et longinquitas ac secretum ipsum quo tutius[11], eo suspectius... Brigantes femina duce[12] exurere coloniam, expugnare castra, ac, nisi felicitas in socordiam vertisset, exuere jugum potuere[13] : nos, integri et indomiti et in libertatem, non in paenitentiam[14] bellaturi, primo statim congressu ostendamus quos sibi Caledonia viros seposuerit! »

Tacite, *Vie d'Agricola.*

## Recherche

• Les Calédoniens, comme vous l'avez compris en étudiant ce texte, n'avaient pas encore été soumis par les Romains : c'est pour conserver leur liberté qu'ils vont se battre, non pour la reprendre, et leur chef Galgacus insiste sur ce point. En quoi ceci modifie-t-il les conditions de la lutte ? Le précédent des *Brigantes* et de leur échec est-il instructif sur ce point ? Pour quelle raison les Calédoniens ont-ils jusque-là été préservés de la conquête romaine ? Expliquez la menace particulièrement grave que souligne Galgacus dans la phrase : *et longinquitas... eo suspectius.*

• Dans ce discours, Galgacus distingue l'attitude générale des Romains vis-à-vis des peuples qu'ils ont soumis, et leur attitude particulière vis-à-vis des peuples pauvres comme ceux qui habitent la Bretagne : soulignez et expliquez cette distinction. Quelle est, selon Galgacus, la seule richesse de son peuple ? Quel usage particulier veulent en faire les Romains ?

• Étudiez l'exploitation que font les Romains des peuples qui leur sont soumis. Montrez en quoi la colonisation a évolué vers l'asservissement. Quelle est l'origine du mot « serf » ?

• La formule « *ubi solitudinem faciunt, pacem appellant* » est demeurée célèbre : elle démystifie l'un des fondements idéologiques de l'impérialisme romain, dont nous avons parlé plus haut : lequel ? Dans quelle mesure l'instauration de la paix intervient-elle comme prétexte dans d'autres politiques impérialistes que vous connaissez ?

• Tacite mérite bien son *cognomen :* que signifie *tacitus ?* Ce n'est pas, cependant, sa redoutable concision qui le lui a valu... Donnez des exemples de cette concision, en puisant dans le texte. Est-il vraisemblable que Galgacus ait tenu un tel discours à ses soldats ? Montrez qu'en imaginant cette harangue Tacite lui prête des arguments et un style trop « romains » pour pouvoir être authentiques...

# MENACES SUR L'EMPIRE : LE COMMENCEMENT DE LA FIN

*On a dit que la Russie des tsars, à la veille de la révolution de 1917, était un colosse, mais un colosse aux pieds d'argile. Faut-il en dire autant de l'Empire romain? Aujourd'hui encore, les historiens se posent la question. « Grandeur et décadence des Romains », la formule célèbre de Montesquieu résume un des plus grands problèmes de l'Histoire et en constitue sans doute l'un des plus puissants fantasmes. Une nation connaît, durant sept siècles, une expansion apparemment irrésistible, conquiert la plus grande partie du monde alors connu et finit par se trouver au centre et à la tête d'un immense Empire, couvrant trois millions de kilomètres carrés, sur lesquels règne, au IIe siècle de notre ère, ce qu'on a coutume d'appeler la* pax romana*; et c'est alors que brusquement, en quelques décennies, cet édifice grandiose bascule dans une crise généralisée, dont la gravité est telle qu'au milieu du IIIe siècle l'Empire semble sur le point de périr corps et biens, et ne devra son salut – au demeurant provisoire – qu'à l'instauration d'un authentique régime totalitaire. Il y a là de quoi faire rêver, et l'on ne s'en est pas privé.*

*Nous commençons tout de même à saisir, grâce aux travaux des historiens modernes, les raisons profondes de cette crise, qui fut tout à la fois militaire, politique, économique et spirituelle. On a vu plus haut que Rome avait pour unique industrie la guerre de conquête, qui, de ce fait, conditionnait sa propre survie : le système impérialiste consistait à s'étaler en cercles concentriques et à drainer vers le centre, lui-même improductif, les richesses de la périphérie; il excluait absolument l'état stationnaire. L'armée, en effet, ne coûtait rien tant qu'elle était conquérante, car elle vivait sur les pays conquis et s'emparait d'un abondant butin tout en procurant à l'Empire, grâce aux prisonniers de guerre, une main-d'œuvre servile aussi nombreuse que peu coûteuse; mais cette armée devenait ruineuse dès que la marche en avant s'arrêtait, autrement dit dès qu'elle ne pouvait plus s'autofinancer par la conquête. Avancer ou reculer : Rome n'avait donc que cette seule alternative.*

*Dès lors, la question qui se pose est celle de savoir pourquoi, après Trajan, la conquête s'est arrêtée et les frontières de l'Empire ont été fixées en un* limes *non seulement improductif mais, avec ses cinq mille kilomètres de long, impossible à défendre. La seule réponse à cette question semble être que, si Rome a cessé d'avancer, c'est parce qu'elle se heurtait à quatre obstacles infranchissables, à savoir : à l'Ouest, l'Océan (le vrai, celui des eaux); au Nord, l'océan des arbres, l'immense forêt germanique, à peu près impénétrable; au Sud, l'océan des sables, c'est-à-dire le Sahara; à l'Est enfin, l'Empire iranien, assez puissant pour tenir en respect les légions romaines.*

*Dès lors, contraint par la force des choses d'arrêter son avancée, l'Empire était à court terme condamné. Et son armée, qui durant sept siècles avait été d'une admirable efficacité dans l'offensive, allait se révéler très largement inapte à la défensive, tout en pesant d'un poids écrasant sur les finances romaines. Et cela d'autant plus que se produisaient au même moment, en Europe orientale et centrale, de vastes mouvements de population en raison desquels les peuples germaniques, poussés par d'autres venus de l'Est, exerçaient une pression croissante sur les frontières du Rhin et du Danube : l'Empire, naguère conquérant, risquait à son tour d'être conquis, et la menace des « Barbares » se faisait de plus en plus pressante.*

## Avant le grand chambardement...

Ce *tubicen* aux joues gonflées sonne-t-il l'alarme à l'arrivée des Barbares? (Sarcophage, Rome, musée national.)

*Pendant deux siècles (le IIIe et le IVe), Rome réussit tant bien que mal, et souvent plutôt mal que bien, à contenir la pression des Barbares, victoires et défaites se succédant et s'annulant les unes les autres. Rome, en tout cas, était sur la défensive, et le temps des conquêtes était bien révolu. Un historien du IVe siècle,* ***Ammien Marcellin*** *(l'un des « quatre grands » de l'historiographie latine, avec Salluste, Tite-Live et Tacite) nous a laissé le récit de ces épisodes militaires qui jalonnent l'histoire de ce temps, où ni les Romains ni les Barbares ne parvenaient à prendre un avantage décisif, mais où l'insécurité se généralisait et entraînait avec elle le développement inquiétant du grand banditisme.*

Julianus Caesar[1], Germanicis undique circumfrementibus minis, Remos[2] properavit; parte alia Barbatio, promotus ad peditum magisterium, ex Italia jussu principis cum XXV milibus armatorum Rauracos[3] venit : cogitatum est enim sollicitque perstructum ut saevientes ultra solitum Alamanni[4] vagantesque fusius, multitudine nostrorum forcipis specie geminata, trusi in angustias caederentur.

1. Caesar *est un titre que se sont donné, en souvenir de Jules César, ses successeurs à la tête de l'Empire; le César = l'empereur.*

2. Remos *(acc. pl.) : les Rèmes : Reims; les noms des peuples gaulois sont devenus aussi ceux*

*de leurs capitales :* Ambianos *(Amiens)*, Bituriges *(Bourges)*, Cadurcos *(Cahors)*, Lemovices *(Limoges)*, Parisios *(Paris), etc., d'où le* s *(d'acc. pl.), aux noms modernes de ces villes.*

3. Rauracos : *Augst, près de Bâle, en Suisse.*

4. Alamanni : *les Alamans, peuple de Germanie.*

5. Laeti : *les Lètes, id.*

6. = ferum et lugubrem ululatum ululantes.

7. doctus : *forme du verbe* doceo.

8. Carnutorum : *les Carnutes, peuple gaulois habitant la région située entre Chartres et Orléans, et, bien entendu, romanisé depuis longtemps au IVe siècle.*

9. brevia = loca ubi aqua minime alta est.

10. virile et muliebre = viros et mulieres.

11. necessitudines : *ne confondez pas avec* necessitates.

Dum tamen haec rite disposita celerantur, Laeti[5] barbari, ad tempestiva furta sollertes, inter utriusque exercitus castra occulte transgressi, invasere Lugdunum incautum, urbemque concremassent ni, clausis aditibus repercussi, quicquid extra oppidum potuit inveniri vastassent. Qua clade cognita, Caesar, missis cuneis tribus equitum expeditorum et fortium, tria observavit itinera, sciens per ea erepturos procul dubio grassatores...

*(Les pillards sont effectivement massacrés sur le chemin du retour.)*

Eisdem diebus, exercituum adventu perterriti, Barbari qui domicilia fixerant cis Rhenum partim difficiles vias clausere sollerter, arboribus immensi roboris caesis; alii, occupatis insulis sparsis crebro per flumen Rhenum, ferum ululantes et lugubre[6], conviciis Romanos incessebant et Caesarem.

Qui, doctus[7] aestate torrida fluvium vado posse transiri, auxiliares velites cum Bainobaude, Carnutorum[8] tribuno, misit; qui, nunc incedendo per brevia[9], aliquotiens nando, scutis in modum alveorum suppositis, ad insulam venere propinquam, egressique promiscue virile et muliebre[10] trucidaverunt ut pecudes; hocque comperto, residui Germani, praesidio insularum ut infido relicto, ad ulteriora necessitudines[11] et fruges opesque barbaricas contulerunt.

Ammien Marcellin, *Res Gestae.*

## Recherche

• Situez sur une carte les villes dont il est question dans le texte. Où s'installent les deux armées romaines? Justifiez l'expression *forcipis specie.*

• Que pensez-vous de la situation de l'Empire romain d'après ce texte? Quel « climat » règne en Gaule? Comment vous représentez-vous la ville de Lyon?

• En quel point de l'Empire pressentez-vous, d'après le texte, que la partie va se jouer?

• Quel caractère présente l'affrontement entre Romains et Barbares? L'expression *virile et muliebre* est-elle exactement la même chose que son équivalent *viros et mulieres?*

• Faites une enquête sur l'empereur Julien. Pour quelle raison surtout est-il célèbre?

### Un peu de grammaire

• Relevez, classez et étudiez les propositions subordonnées du texte.

• Relevez, classez et étudiez les compléments de lieu.

# La chute finale

« Les hommes qui venaient de la mer » : les Normands, ici vus par A. de Neuville (XIXe s.), seront, trois siècles plus tard, les dignes successeurs des Saxons.

*Le relatif équilibre des forces ne devait guère dépasser le IVe siècle. En 395, à la mort de l'empereur Théodose, ses deux fils, Honorius et Arcadius, se partagèrent l'Empire romain, de sorte que l'on eut dès lors deux Empires : l'empire romain d'Orient, où l'on parlait grec, et qui devait se prolonger jusqu'à la fin du Moyen Age sous le nom d'Empire byzantin; et l'empire romain d'Occident, dont la survie allait être beaucoup plus courte. Il se trouve, en effet, sans qu'on sache très bien pourquoi, que c'est sur lui que déferlèrent les Barbares (Francs, Goths, Wisigoths et Ostrogoths, Saxons, Vandales, Lombards) tous d'origine germanique, sans compter les Huns qui venaient de très loin, des confins de l'Empire chinois.*

*Sous leurs assauts répétés, l'empire d'Occident se disloqua; des royaumes barbares se créèrent un peu partout au cours du Ve siècle; Rome fut prise une première fois en 410, une seconde fois en 456; enfin, le dernier empereur d'Occident, qui, par une ironie du sort, portait le même nom que le fondateur de Rome (il s'appelait Romulus Augustulus, « le petit Auguste », en raison de son jeune âge!) fut purement et simplement déposé par un chef barbare nommé Odoacre, qui mit ainsi un point final à l'Empire en 476. Cette date mérite d'être retenue : certains historiens la considèrent, en effet, comme marquant la frontière entre l'Antiquité et le Moyen Age.*

*Inutile de vous dire que ce fut, pour ceux qui la vécurent, une époque à la fois passionnante et angoissante : c'était réellement tout un monde qui s'écroulait; les Barbares « du passé faisaient table rase », et sur les ruines du vieux monde naissait une société nouvelle – la société féodale. C'est là une raison suffisante pour nous intéresser à ce Ve siècle, trop longtemps méprisé par ceux qui ne jugeaient dignes d'attention que les brillantes périodes classiques...*

## Les hommes qui venaient de la mer

***Sidoine Apollinaire,*** *qui a précisément vécu ces événements, nous donne un bon exemple de ce que pouvaient éprouver les Romains de cette époque, ou les Gallo-Romains en l'occurrence, puisque lui-même était lyonnais, et de surcroît évêque de Clermont. Écoutez-le nous parler des Saxons, grands bourlingueurs devant l'Éternel et futurs fondateurs du peuple anglo-saxon...*

Saxonum quot remiges videris, totidem te cernere putes archipiratas! Ita[1] simul omnes imperant, parent, docent, discunt latrocinari[2]. Hostis est[3] omni hoste truculentior : improvisus aggreditur, praevisus elabitur; spernit objectos, sternit incautos. Exercent illos naufragia, non terrent : est enim quaedam cum discriminibus pelagi non notitia tantum, sed familiaritas. Si qua tempestas est, quoniam huc[4] securos efficit occupandos[5], huc prospici vetat occupaturos, in medio fluctuum scopulorumque confragosorum spe superventus[6] laeti periclitantur.

Praeterea priusquam, de continente in patriam[7] vela laxantes, hostico mordaces ancoras vado[8] vellant, mos est eis decimum quemque captorum per aquales et cruciarias poenas superstitioso ritu necare : talibus se ligant votis, talibus victimis vota solvunt; et religiosum putant de capite[9] captivo magis[10] exigere tormenta quam praemia[11]. Quare metuo multa, suspicor varia.

Sidoine Apollinaire, *Lettres.*

1. ita : *tant il est vrai que.*
2. latrocinari : *cet infinitif est complément des quatre verbes qui précèdent; on le traduira par un substantif : brigandage.*
3. hostis est = hic est hostis.
4. huc... huc : *d'une part... d'autre part.*
5. occupandos *(non classique)* = ei qui occupabuntur.
6. superventus, us : *arrivée à l'improviste.*
7. in patriam : *le nord de l'Allemagne actuelle.*
8. vadum, i : *désigne ici le fond de la mer; on pourra traduire par : sol (construire :* hostico vado).
9. capite = homine.
10. magis = potius.
11. praemia, orum, *ici : rançon.*

## Le naufrage de l'Empire romain

*Sidoine Apollinaire, vous l'avez constaté, ressentait devant les Barbares une certaine crainte, mais celle-ci ne semble pas aller jusqu'à l'angoisse. Cela tient sans doute à ce que, écrivant dans la deuxième moitié du Ve siècle, il appartenait à une génération qui commençait*

Au crépuscule de l'Empire, ce légionnaire monte la garde; mais ses yeux grands ouverts voient-ils approcher le désastre?

*à être détachée, depuis cinquante ans déjà que les envahisseurs germains déferlaient sur les provinces occidentales de l'Empire. Les Romains qui assistèrent les premiers, fût-ce de loin, à ce déferlement, ne pouvaient pas le considérer avec le même flegme, et c'est ainsi que nous voyons* ***saint Jérôme*** *exprimer, dans une lettre écrite en 410 (année de la prise de Rome par Alaric), une angoisse et un désarroi qui, pour surprenants qu'ils soient sous la plume d'un homme en principe détaché des choses de ce monde, en disent long sur ce qu'ont pu éprouver ses contemporains plus concernés que lui par les problèmes du siècle.*

Praesentium miseriarum pauca percurram : innumerabiles et ferocissimae nationes universas Gallias[1] occuparunt; quicquid inter Alpes et Pyrenaeum est, quod Oceano Rhenoque includitur, Quadus, Vandalus, Sarmata, Alani, Gepidae, Heruli, Saxones, Burgundii, Alamanni et – o lugenda[2] respublica! – hostes Pannonii vastarunt. Maguntiacus, nobilis quondam civitas, capta atque subversa est, et in ecclesia multa hominum milia trucidata; Vangiones longa obsidione finiti; Remorum urbs praepotens, Ambiani, Atrabates, Tornacus, Argentoratus translatae in Germaniam. Aquitaniae, Lugdunensis et Narbonensis provinciae[3] praeter paucas urbes cuncta populata sunt, quas[4] et ipsas foris gladius, intus vastat fames. Ipsae Hispaniae[5], jam jamque periturae, cotidie contremescunt, recordantes irruptionis Cimbricae[6], et quicquid alii semel passi sunt, illae sempter timore patiuntur. Cetera taceo, ne videar de Dei desperare clementia; quis autem hoc crederet, Romam in gremio suo non pro gloria, sed pro salute pugnare, immo ne pugnare quidem, sed auro vitam redimere? Potentiam Romanae urbis ardens poeta describens ait : « Quid satis est, si Roma parum est[7]? »; quod nos alio mutemus elogio : « Quid salvum est, si Roma perit? »

*Et, dans une autre lettre, écrite la même année :*

Terribilis de Occidente[8] rumor adfertur, obsideri Romam et auro salutem civium redimi spoliatosque rursum circumdari, ut post substantiam[9] vitam quoque amittant! Haeret vox et singultus intercipiunt verba dictantis[10] : capitur urbs quae totum cepit orbem! Immo fame perit antequam gladio, et vix pauci qui caperentur inventi sunt. Ad nefandos cibos[11] erupit esurientium rabies et sua invicem membra laniaverunt.

« ...Quis cladem illius noctis, quis funera fando
explicet, aut possit lacrimis aequare dolorem?
Urbs antiqua ruit, multos dominata per annos;
plurima perque vias[12] sparguntur inertia passim
corpora perque domos, et plurima mortis imago[13]. »

Saint Jérôme, *Lettres.*

1. Gallias : *la Gaule romaine était subdivisée en quatre provinces : la Belgique, la Lyonnaise ou Lugdunaise, l'Aquitaine et la Narbonnaise.*

2. lugenda = quae lugeri debet.

3. provinciae *(mis en facteur commun aux trois noms propres qui précèdent)* = provinciarum.

4. quas (urbes); et : *adverbe.*

5. Hispaniae : *les Espagnes; le territoire correspondant à l'Espagne et au Portugal actuels était subdivisé en trois provinces (la Tarraconaise, la Lusitanie et la Bétique).*

6. irruptionis Cimbricae : *allusion à la fameuse invasion de la Gaule par les Cimbres et les Teutons, entre 120 et 100 avant J.-C., qui avait menacé l'Espagne;* recordor *est construit ici avec le gén., comme* memini.

7. *Citation de Lucain,* Pharsale, *V, 274 : l'interrogation est adressée à César par ses soldats, qui lui demandent pourquoi il ne met pas fin à la guerre alors qu'il est déjà maître de Rome.*

8. de Occidente : *Jérôme se trouve pour sa part en Orient, à Bethléem, où il a fondé un monastère.*

9. substantiam : *leurs biens.*

10. dictantis = mei dictantis.

11. ad nefandos cibos : *allusion aux actes de cannibalisme qui auraient été commis à Rome durant le siège.*

12. perque vias... perque domos = et per vias et per domos.

13. *Citation de* l'Énéide, *II, 361-365 (chute de Troie).*

# La barbarie à visage romain

## Les Barbares ne sont pas des anges, mais les Romains non plus !

*Tous les Romains pourtant, tous les chrétiens surtout, n'avaient pas devant les invasions germaniques la même réaction d'horreur que saint Jérôme; tous ne considéraient pas les Barbares (au sens antique du mot) comme des barbares au sens moderne. Certains d'entre eux allaient même jusqu'à penser qu'après tout, étant donné l'état de corruption de la société romaine, il n'y avait pas de quoi s'affoler à l'idée qu'elle risquait d'être détruite par des peuples qui n'étaient nullement pires que les Romains, en admettant qu'ils ne fussent pas meilleurs. Jadis, dans* La Germanie, *Tacite avait déjà souligné avec complaisance la supériorité morale des Germains sur les classes dirigeantes de Rome; au* V*e* *siècle, c'est un prêtre marseillais, nommé* ***Salvien*** (Salvianus), *qui dit vertement aux Romains leurs quatre vérités et proclame, sans vergogne, qu'après tout les prétendus sauvages valent bien les soi-disant civilisés, une vérité qu'il n'est jamais mauvais de rappeler...*

Vitam barbarorum atque nostrorum studia, mores, vitia comparemus : injusti sunt barbari ? et nos hoc sumus ! avari sunt barbari ? et nos hoc sumus ! infideles sunt barbari ? et nos hoc sumus ! cupidi sunt barbari ? et nos hoc sumus ! impudici sunt barbari ? et nos hoc sumus ! omnium denique improbitatum atque impuritatum sunt barbari ? et nos hoc sumus !

Sed hoc interest quod, si eadem mala agunt barbari quae nos agimus, nos tamen majore offensione[1] peccamus : possunt enim nostra et barbarorum vitia esse paria, sed in his tamen vitiis[2] necesse est peccata nostra esse graviora; nam cum omnes barbari aut pagani sint aut haeretici[3], ut de paganis prius dicam, gens Saxonum fera est, Francorum infidelis, Chunorum[4] impudica, omnium denique gentium barbararum vita vitiositas[5] : sed numquid[6] tam criminosa est Chunorum impudicitia quam nostra ? numquid tam accusabilis Francorum perfidia quam nostra ? aut tam reprehensibilis ebrietas Alamanni quam ebrietas Christiani ? Si fallat Chunus, quid mirum est, qui culpam penitus falsitatis ignorat ? si pejeret Francus, quid novi facit, qui perjurium ipsum sermonis genus putat esse, non criminis[7] ? et quid mirum, si hoc barbari ita credunt, qui Legem et Deum nesciunt, cum major ferme Romani nominis[8] portio ita existimet, quae peccare se novit ?

1. offensione (erga Deum).

2. in his vitiis = cum haec vitia nobis sunt.

3. haeretici : *ceux des Barbares qui étaient christianisés avaient embrassé le christianisme sous la forme de l'arianisme (du nom d'Arius, son fondateur). Cette doctrine considérait que le Christ n'était pas vraiment Dieu, et l'Église l'avait condamnée, au concile de Nicée (325), en tant que doctrine hérétique.*

4. Chuni, orum : *les Huns (en chinois* K'ouen).

5. vitiositas : *un tissu de vices.*

6. numquid = num.

7. crimen, inis : *en latin classique : grief, accusation; ici : crime.*

8. Romani nominis = Romani populi.

9. scelus diversarum impuritatum : *les spectacles étaient souvent de caractère érotique ou sadique.*

10. dies *peut-être du genre féminin.*

*(Salvien rappelle ensuite le plaisir que prennent les Romains aux spectacles, et notamment à ceux du cirque.)*

Quid simile apud barbaros? ubi apud illos circenses, ubi theatra, ubi scelus diversarum impuritatum[9]? Nos ecclesiis Dei ludicra anteponimus! nos altaria spernimus et theatra honoramus! omnia denique amamus, omnia colimus : solus nobis in comparatione omnium Deus vilis est! Non est dubium quin illud magis amemus quod anteponimus : omni enim feralium ludicrorum die, quaelibet[10] Ecclesiae festa fuerit, non solum ad ecclesiam non veniunt qui Christianos se esse dicunt, sed, si qui inscii forte venerunt, dum in ipsa ecclesia sunt, si ludos agi audiunt, ecclesiam derelinquunt! Spernitur Dei templum, ut curratur ad theatrum! ecclesia vacuatur, circus impletur! Christum in altaria dimittimus, ut adulterantes visu impurissimo oculos pascamus!

Salvien, *De Gubernatione Dei.*

***Ubi apud illos circenses?*** **Les jeux du cirque vus par un artiste byzantin. (Détail du diptyque de Flavius Anastasius, consul à Byzance en 517. Cathédrale de Bourges.)**

## *Recherche*

• Faites le relevé des principaux défauts que les Romains reprochent aux Barbares en général. Est-ce que cela ne vous rappelle pas les accusations portées contre certains peuples en d'autres temps? Quel est, en un mot, l'état d'esprit contre lequel s'élève ici Salvien?

D'où vient que les Barbares sont à ses yeux, à égalité de défauts, plus excusables que les Romains?

• Comment caractériseriez-vous littérairement le passage concernant les spectacles? Que nous apprend-il sur l'état du christianisme au Ve siècle? Quel est le style de Salvien dans l'ensemble du texte?

• *Barbarus* a donné en français non seulement « barbare », mais aussi « brave » (et *bravo* en espagnol et en italien). Étudiez l'évolution sémantique du mot.

## « Les prolétaires n'ont pas de patrie »

Ce personnage est sans doute un esclave, mais il évoque assez bien ces hommes du peuple prêts à rejoindre les Barbares, dont nous parle Salvien. (Sculpture antique du musée du Latran.)

*Si certains chrétiens, pour des raisons morales, étaient prêts à faire bon accueil aux envahisseurs, il y avait une autre catégorie de Romains qui n'avaient pas du tout peur des Barbares : c'étaient, tout simplement, ceux qui appartenaient aux classes sociales les plus exploitées et qui, par un réflexe bien naturel, considéraient que leurs véritables ennemis n'étaient pas les Vandales ou les Goths, mais bien plutôt leurs propres exploiteurs... C'est encore Salvien qui nous l'apprend, Salvien qui, par les thèmes authentiquement révolutionnaires et « tiers-mondistes » qu'il développe, constitue décidément une lecture riche d'enseignements.*

Vastantur pauperes, viduae gemunt, orphani proculcantur, in tantum ut [1] multi eorum ad hostes fugiant, quaerentes scilicet apud barbaros Romanam humanitatem, quia apud Romanos barbaram inhumanitatem ferre non possunt. Et quamvis ab his, ad quos confugiunt, discrepent ritu, discrepent lingua, malunt tamen in barbaris [2] pati cultum dissimilem quam in Romanis [3] injustitiam saevientem. Itaque passim vel ad Gothos vel ad Bagaudas [4] vel ad alios ubique dominantes barbaros migrant, et migrasse non paenitet : malunt enim sub specie captivitatis vivere liberi quam sub specie libertatis esse captivi... Ita cum omnibus humilioribus agitur [5] : leniores his hostes quam exactores [6] sunt, et res ipsa hoc indicat : ad hostes fugiunt, ut vim exactionis evadant. Et quidem ipsum hoc, quamvis durum et inhumanum, minus tamen grave atque acerbum erat [7], si omnes aequaliter tolerarent; (at) illud indignius (est), quod omnium onus non omnes sustinent, immo quod pauperculi homines tributa divitum [8] ferunt, et infirmiores sarcinas fortiorum; nec alia causa est, quod sustinere non possunt, nisi quia major est miserorum sarcina quam facultas. Si respicias quod dependunt [9], (eos) abundare arbitreris; si respicias quod habent, (eos) egere reperies : quis aestimare rem hujus iniquitatis potest? Plus multo est quod dicturus sum : adjectiones tributarias [10] ipsi interdum divites faciunt, pro quibus pauperes solvunt! O facinus indignum! Duo aut tres decernunt quod multos necet; a paucis potentibus decernitur quod a multis miseris dependatur!... Ubi aut in quibus sunt nisi in Romanis tantum haec mala? Franci enim hoc scelus nesciunt; Chuni ab his sceleribus immunes sunt; nihil horum est apud Vandalos, nihil horum

1. in tantum ut : *à tel point que.*

2. in barbaris = apud barbaros.

3. in Romanis = apud Romanos.

4. ad Bagaudas : *les Bagaudes n'étaient pas des Barbares, mais des paysans gaulois révoltés qui avaient pris le maquis pour mener la lutte armée contre les classes dirigeantes.*

5. ita... agitur : *voilà le sort des classes inférieures.*

6. exactores : *percepteurs, agents du fisc, gabelous.*

7. erat = esset.

8. tributa divitum : *les impôts que devraient payer les riches.*

9. quod dependunt : *ce qu'ils dépensent, c'est-à-dire le montant de leurs impôts.*

10. adjectiones tributarias... faciunt : *décident des augmentations d'impôts.*

apud Gothos. Et quidem mirari possim, quod non omnes ad eos confugiant tributarii[11], pauperes et egestuosi, nisi quod una tantum causa est, qua non faciunt : transferre illuc habitatiunculas[12] suas familiasque non possunt...

Salvien, *De Gubernatione Dei.*

11. tributarii : *contribuables.*

12. habitatiunculas : *pauvres demeures, chaumières.*

## *Recherche*

• Les citoyens pauvres qui « passaient aux Barbares » étaient des traîtres aux yeux de l'État; quel est le point de vue de Salvien?

• Qu'est-ce qui caractérise selon lui le système fiscal du Bas-Empire? Que pense-t-il de la « liberté » des citoyens pauvres? De quoi s'étonne-t-il en fin de compte, et qu'est-ce qui serait normal à ses yeux?

• Quelles réflexions suggère ce texte sur la chute de l'Empire romain?

# TRIBUNE LIBRE

*En guise de conclusion, nous laisserons la parole à l'historien Jean-Baptiste Duroselle qui, en 1981, publiait un ouvrage largement prémonitoire, intitulé* Tout empire périra, *dans lequel il méditait sur le destin de l'Empire romain... et de quelques autres.*

« Aussi loin que nous remontions, nous trouvons des empires. Le temps, les lieux, leur imposent des structures propres. Mais le phénomène est identique...

De tous les empires de l'histoire, le plus complet, le plus achevé est l'Empire romain. Il a duré des siècles, et surtout il a, pendant de longues périodes, imposé la *Pax Romana* à l'intérieur d'immenses frontières admirablement défendues. *Immensa pacis romanae majestas.* La seule comparaison qui vienne à l'esprit concerne l'empire soviétique d'aujourd'hui, inattaquable, où règne une "paix soviétique" vigoureusement imposée et maintenue. Mais la durée est trop brève, depuis 1917, pour qu'on en tire des conclusions. (...)

Il y a toujours eu des empires; à l'exception de ceux qui existent sous nos yeux – le soviétique en particulier – tous ces empires ont fini par mourir. Même l'Empire romain. A moins que l'idéologie nouvelle ait chargé le système soviétique d'une « essence » particulière, la prédiction est que l'empire soviétique, lui aussi, périra en tant qu'empire. (...)

Dans ces conditions, il y a lieu de rappeler que les empires sont tous morts de la combinaison entre plusieurs types de forces. Le choc avec d'autres empires qui, même en cas de victoire, peut produire un affaiblissement mortel, l'accroissement de la prise de conscience de l'« insupportable » dans les pays dominés par l'empire, et par conséquent l'intensification et la multiplication des soubresauts nationalistes; surtout l'inflexible apparition, au sein même de la population dominante, dans un système rigide, de la conscience que cette rigidité est insupportable. (...)

La constellation politique du monde actuel oppose les pays à changement facile aux pays à changement freiné. Et pendant que se joue le jeu dangereux des pas en avant et des ripostes, la population du monde, et surtout celle du monde pauvre, s'accroît à un rythme qui va, partout, intensifier la rareté des produits. Qu'adviendra-t-il de l'Univers si, un jour, de nouveaux conquérants trouvent le moyen de jeter des forces innombrables et exaspérées à l'assaut des possesseurs, capitalistes ou totalitaires? »

(*Publications de la Sorbonne,* pp. 344 et 347-348.)

*Ainsi s'achevait, sur une interrogation angoissée et angoissante, le livre de J.-B. Duroselle. C'est cette même interrogation qui, sans doute, hantait au IVe siècle l'esprit de « nos ancêtres les Romains ». Il faut savoir tirer les leçons de l'histoire...*

# Problèmes intérieurs et idéologiques

L'histoire de Rome, sur le plan intérieur, se divise en trois grandes périodes : monarchique, républicaine, impériale.

**La période monarchique,** qui s'étend de 753 avant J.-C., date « officielle » de la fondation de Rome, jusqu'en 509 avant J.-C., n'est historique que dans une certaine mesure. Il est à peu près certain que des rois, latins d'abord, étrusques ensuite, ont exercé le pouvoir à Rome entre ces deux dates, mais un savant français, Georges Dumézil, a démontré que bon nombre des événements de cette époque (qui nous sont connus par les écrits des historiens romains, notamment Tite-Live) étaient en réalité de très vieilles légendes appartenant à la mythologie indo-européenne – une mythologie que les Latins ont eu l'originalité d'historiciser, autrement dit de transformer en histoire.

Quoi qu'il en soit, en 509 avant J.-C., le dernier roi de la série, Tarquin le Superbe (c'est-à-dire l'Orgueilleux : en latin *superbus*), est renversé par un complot d'aristocrates qui ne supportent plus les contraintes du pouvoir monarchique. C'est l'acte de naissance de la République romaine, qui va durer jusqu'en 31 avant J.-C.

Ne vous imaginez surtout pas que cette **République** est un régime démocratique, et ne vous laissez pas abuser par les similitudes de vocabulaire ni par les souvenirs de la Révolution française ! Le régime républicain (*libera res publica,* littéralement l' « État libre »), tel qu'il fonctionne à Rome, n'a rien à voir avec l'idée que nous nous faisons aujourd'hui d'une « république ». Pendant deux bons siècles, il n'accorde le pouvoir qu'aux « patriciens », qui sont les chefs de ces grandes familles nobles qu'on appelait en latin *gentes,* et refuse de reconnaître les droits civiques aux autres citoyens, qu'on appelle les « plébéiens ».

Peu à peu, au prix de durs combats politiques, les plébéiens arrachent aux patriciens la reconnaissance de leurs droits civiques et conquièrent finalement l'égalité politique. Mais, même alors, la République romaine demeure aux antipodes d'une démocratie véritable. Certes, tous les hommes libres y ont le droit de vote et, en théorie, tout découle du suffrage universel, puisque ce sont les assemblées populaires *(comitia)* qui votent les lois et élisent les « magistrats » (*magistratus,* 4e déclinaison) exerçant le pouvoir exécutif. Mais le système est organisé de telle sorte que, dans la pratique, seul le vote des riches est pris en compte. En effet on ne vote pas par tête (selon le principe « un homme égale une voix »), mais par classe (les « centuries » et les « tribus »), et les riches sont répartis dans plusieurs classes, tandis que les pauvres ne le sont que dans deux ou trois. Résultat : les classes des riches ont automatiquement la majorité, même si les citoyens riches sont minoritaires... C'est simple : il suffisait d'y penser !

Pour corser le tout, les nombreuses guerres que mène Rome ont pour conséquence que les riches deviennent de plus en plus riches et les pauvres... de plus en plus nombreux (on les appelle les « prolétaires », *proletarii,* parce qu'ils ne possèdent rien d'autre que leurs enfants, leur progéniture, en latin *proles*). Au premier siècle avant notre ère, les choses en sont arrivées à un tel point que la situation est devenue explosive – autrement dit, révolutionnaire. Mais la révolution est impossible, car les masses populaires n'ont ni parti ni syndicats pour les encadrer. Tout ce qu'elles désirent, c'est la fin de ce régime républicain inique, qui n'est en fait qu'une ploutocratie. Et elles sont prêtes, pour cela, à se jeter dans les bras d'un « homme providentiel », capable de parler en leur nom et d'imposer sa volonté aux riches.

Cet homme, ce ne peut être qu'un « seigneur de la guerre », un chef militaire prestigieux et disposant d'une armée prête à lui obéir aveuglément. Vous connaissez tous le nom du plus prestigieux de ces chefs : Jules César. Pendant un temps, à l'issue d'une dure guerre civile, il parvient à régner en maître sur Rome ; mais, soup-

L'assassinat de César vu par le cinéaste Mankiewicz, avec Marlon Brando dans le rôle de Marc-Antoine (*Jules César,* 1953).

çonné de vouloir se faire couronner roi (ce que le peuple accepterait volontiers, mais que la classe dirigeante ne peut tolérer), il est assassiné en 44 avant J.-C., et la guerre civile se rallume.

Finalement, elle sera gagnée en 31 avant J.-C. par son neveu et fils adoptif Octave (plus tard appelé Auguste), qui, avec une extraordinaire habileté, parvient à réaliser un compromis, peut-être même une synthèse, entre la Monarchie, dont l'aristocratie ne veut à aucun prix, et la République, dont le peuple ne veut plus entendre parler. Ce régime, c'est le « Principat » *(principatus),* dans lequel l'essentiel des pouvoirs est concentré entre les mains d'un « chef de l'État » qu'on appelle le Prince (*princeps,* littéralement « le premier ») et aussi l'Empereur *(imperator),* parce qu'il est chef suprême des armées; on le désigne également par le terme de *Caesar* (en souvenir du père adoptif d'Octave), mot dont plus tard les Allemands feront *Kaiser* et les Russes *Csar* ou *Tsar.*

Le **régime impérial** ou **principat** n'est pas officiellement une monarchie, car il laisse en place les institutions républicaines, en leur surajoutant en quelque sorte le *princeps* (qui n'est pas un roi, mais, comme son nom l'indique, « le premier des citoyens », *primus inter pares*). C'est plutôt ce que nous appellerions un régime « présidentiel », étant entendu que le *princeps,* désigné théoriquement par le Sénat, mais souvent imposé par l'armée, exerce un pouvoir à vie. Mais, dans les faits, il fonctionne comme une monarchie : c'est une monarchie qui ne dit pas son nom et ne s'inscrit dans aucune constitution. Rome, avec Octave-Auguste, change bel et bien de régime – mais sans le dire et en feignant de ne pas s'en apercevoir : bel exemple de « restructuration », comme on dirait aujourd'hui !

Ce nouveau régime durera pendant cinq siècles, prenant au cours du temps un caractère de plus en plus absolu : le Principat deviendra alors un « Dominat » *(dominatus),* dans lequel le chef de l'État ne sera plus seulement « le premier des citoyens », mais le « maître » *(dominus)* régnant sur des sujets totalement soumis. Quant à savoir si l'Empire romain fut moins injuste, socialement parlant, que ne l'avait été la République, il est difficile de le dire nettement. Il est sûr que beaucoup d'empereurs ont eu un certain souci des intérêts du peuple, et que certains ont été extrêmement populaires (donc très mal vus de la classe dirigeante) : Néron en est un des meilleurs exemples, et, s'il a laissé le souvenir d'un « monstre », c'est surtout parce que l'aristocratie a fait en sorte d'imposer cette image; mais à la nouvelle de sa mort, on a pleuré dans les « bas quartiers » des villes...

Moralité : autant que des pièges du vocabulaire, méfiez-vous des idées reçues et des images d'Épinal ! A Rome, royaliste ne veut pas dire réactionnaire, républicain ne signifie pas progressiste, et les « mauvais empereurs » ne sont pas, tant s'en faut, les plus détestés du peuple. C'est une des leçons de l'Histoire.

# AUX ORIGINES DE ROME

## Les jeunes loups

*Il était une fois... deux jumeaux, allaités par une louve, qui un beau jour... Vous devez connaître cette histoire! Brûlons les étapes de la légende, et nous voici au grand moment : Romulus et Rémus, qui ont autour d'eux une petite troupe d'hommes d'Albe la Longue, vieille cité du sud du Latium, décident de fonder une ville pour abriter cet embryon de population. Où s'établir? Les deux frères optent pour l'endroit où ils avaient été abandonnés dans leur berceau, sur l'ordre de leur oncle, le roi félon Amulius, puis recueillis par le bon berger Faustulus; mais il faut également choisir un chef, qui fixera l'endroit précis où s'élèvera la ville et lui donnera son nom; c'est là que l'affaire se complique...*

Intervenit deinde his cogitationibus avitum malum, regni cupido, atque inde foedum certamen coortum a satis miti principio.

Quoniam, cum gemini essent, nec aetatis verecundia discrimen facere posset, ut di, quorum tutelae ea loca essent, auguriis legerent qui nomen novae urbi daret[1], qui conditam imperio regeret, Palatium Romulus, Remus Aventinum ad inaugurandum templa[2] capiunt.

Priori Remo augurium venisse fertur, sex vultures jamque nuntiato augurio, cum duplex numerus Romulo se ostendisset, utrumque regem sua multitudo salutaverat : tempore illi praecepto, at hi numero avium regnum trahebant[3]. Inde cum altercatione congressi certamine irarum ad caedem vertuntur; ibi in turba ictus Remus cecidit. Vulgatior fama est ludibrio fratris Remum novos transiluisse muros; inde ab irato Romulo, cum verbis quoque increpitans adjecisset : « sic deinde quicumque alius transiliet moenia mea », interfectum[4]. Ita solus potitus imperio Romulus; condita urbs conditoris nomine appellata.

Tite-Live, *Histoire romaine,* I, 6-7.

1. ut di... legerent qui... : *s.e.* (eum) qui. *Les deux propositions relatives qui suivent sont au subjonctif, pour exprimer une nuance de conséquence. Le mot* deus *a, au nominatif pluriel, trois formes possibles :* dei, dii, di.

2. templa : *attribut des compléments d'objet* Palatium *et* Aventinum; *pour le sens de ce mot, voir « Quelques lumières ».*

3. regnum trahebant : *revendiquaient pour eux la royauté (au nom de...).*

4. interfectum (esse) : *dépend de* fama est. *L'omission des formes de* esse *est fréquente chez Tite-Live (voir* potitus, *et* appellata *à la phrase suivante).*

## *Recherche*

• Tite-Live est un historien; quel que soit son respect pour la tradition légendaire, il s'efforce d'en rendre compte de façon rationnelle, en affectant une stricte objectivité : montrez-le en vous appuyant sur des éléments du texte.

• Des deux traditions concernant le meurtre de Rémus, laquelle, à votre avis, paraît avoir la préférence de Tite-Live? Pourquoi?

• Au début de ce texte, Tite-Live regrette que la fondation de la Ville ait été souillée par un *avitum malum,* la *regni cupido.* Quels autres événements de l'histoire connaissez-vous qui montrent le danger de vouloir « régner » dans la République romaine?

### La vie des mots

Étudiez l'origine étymologique des mots : jumeau < *gemellum*, géminé, gémeaux – vergogne, dévergondé – discrimination – régir, régent, recteur, régisseur – prieur, priorité, a priori – sextuple – duplicata, duplicité, duplex – ostensible, ostensoir – aviculture, avion – verso, version, versatile, anniversaire – mal famé.

**Rémus et Romulus allaités par la louve, vus par G. Césari, peintre italien du XVI$^{e}$ s. (Rome, Musée du Capitole.) Étudiez cette scène; vous paraît-elle réaliste?**

## QUELQUES LUMIÈRES

C'est par un acte religieux que les deux frères sollicitent la décision des dieux : il s'agit d'observer des signes que leur manifesteront les dieux (en l'occurrence, le vol des oiseaux). Ces signes ou augures s'appellent *auguria* ou *auspicia.* L'étymologie de ce dernier terme est claire : on y retrouve *aves* et *spicere* (voir *adspicere*). Le terme d'*augurium* est moins évident : il s'agit de signes permettant de reconnaître la présence d'une approbation mystique venant des dieux; l'adjectif *augustus,* promis à un usage politique éclatant, dérive de la même racine et signifie à peu près « reconnu par les dieux, béni, consacré ».

L'acte de prendre les augures est ici décrit par le verbe *inaugurari.* Nos « inaugurations » modernes sont le plus souvent fort dépouillées de ce contexte religieux!

Dans ce passage, le mot *templum* a un sens technique : il s'agit du point d'observation que choisit celui qui prend les augures. Ainsi est délimité un espace consacré, et nous comprenons comment on a pu en venir au sens de « temple » : les temples primitifs n'étaient que des enclos, des portions de territoire vouées aux dieux. L'édifice lui-même est plus particulièrement désigné, en latin, par le terme *aedes.*

Le crime de Rémus, dans la seconde version de l'anecdote proposée par Tite-Live, est symbolique : il n'y a, bien entendu, point encore de murailles pour entourer la nouvelle cité, mais un simple sillon qui en délimite le territoire. En franchissant par jeu ce sillon, Rémus ne se contente pas de narguer son frère, il commet un sacrilège, puisque c'est sous la volonté des dieux que Romulus a tracé le sillon qui délimite « sa » ville et l'enferme dans une enceinte magique.

# ...Imperium sine fine

*Les dieux ont donc béni la naissance de Rome. Mais à l'origine de tout, il y avait, dit la légende, Énée et ses Troyens, lointains ancêtres chantés par Virgile.*

*En fait, le propos de l'*Énéide *est de montrer que la renaissance de la race troyenne, c'est avant tout la naissance d'un empire sans précédent, qui aura pour destin de gouverner le monde. Jupiter le proclame lui-même à Vénus, fort inquiète sur le sort de son enfant chéri.*

« Parce metu[1], Cytherea, manent[2] immota tuorum
fata tibi; cernes urbem et promissa Lavini
moenia sublimemque[3] feres ad sidera caeli
magnanimum Aenean[4]; neque me sententia vertit.
Hic (tibi fabor enim, quando haec te cura remordet,
longius[5], et volvens fatorum arcana movebo[6])
bellum ingens geret Italia[7] populosque feroces
contundet moresque viris et moenia ponet,
tertia dum Latio regnantem viderit aestas,
ternaque transierint Rutulis[8] hiberna subactis.
At puer Ascanius, cui nunc cognomen Iulo
additur (Ilus erat, dum res stetit Ilia regno[9]),
triginta magnos volvendis mensibus orbes[10]
imperio explebit, regnumque ab sede Lavini
transferet, et longam multa vi muniet Albam.
Hic jam ter centum totos regnabitur annos
gente sub Hectorea, donec regina sacerdos[11]
Marte gravis geminam partu dabit Ilia prolem.
Inde lupae fulvo nutricis tegmine laetus
Romulus excipiet gentem et Mavortia condet
moenia Romanosque suo de nomine dicet.
His ego nec metas rerum nec tempora pono :
imperium sine fine dedi. »

Virgile, *Énéide,* I, 257 sq.

1. metu = metui *(dat. poétique).*

2. manent : *forme de* manere *ou de* manare ?

3. sublimis : *suspendu en l'air;* sublimem ferre : *enlever dans les airs, pour qu'il rejoigne les dieux;* Lavini = Lavinii *(Lavinium est la ville qu'Énée fondera dans le Latium).*

4. Aenean : *acc. grec.*

5. longius : *plus longuement (qu'il ne le devrait !)*

6. volvens : *les secrets du destin sont les fils que tissent les Parques, dans la mythologie gréco-latine; ces fils sont enroulés sur un fuseau : pour révéler les destins, il faut donc mettre en mouvement le fuseau* (movere) *et dérouler les fils* (volvere) *figurant la vie des intéressés.*

7. Italia : *complément de lieu à l'ablatif sans préposition (en poésie).*

8. Rutuli, orum : *les Rutules, farouche nation italiote (il est très naturel qu'Énée et les siens aient été mal accueillis par les autochtones !).*

9. dum res stetit Ilia regno : *tant que, sous ses rois, dura la prospérité de Troie* (res Romana : *la situation des Romains, Rome*).

10. triginta... orbes : *trente fois le long cours formé par le déroulement des mois, trente années.*

11. regina sacerdos : *une prêtresse de sang royal. Ilia, plus connue sous le nom de Rhéa Silvia, mère de Romulus et Rémus, était la fille de Numitor, roi d'Albe la Longue. Prêtresse de Vesta, elle avait fait vœu de chasteté, ce qui ne l'empêcha point d'avoir des jumeaux dont, selon ses dires, Mars était le père* (Marte gravis)...

## *Recherche*

• Pourquoi Jupiter, selon vous, éprouve-t-il le besoin de s'excuser d'une confidence un peu indiscrète (vers 5-6) ? Virgile, en lui prêtant ces paroles, ne désamorce-t-il pas tout « suspense » dans son poème ? En fait, le récit de Virgile s'arrête dans les plaines de Lavinium; mais qu'est-ce que cette révélation anticipée du destin des héros troyens nous indique sur le sens véritable que Virgile a voulu donner à son œuvre ?

• Que pensez-vous des explications que donne Virgile à propos du nom du fils d'Énée ? Compte tenu de l'époque où fut rédigée l'*Énéide,* pourquoi était-il intéressant de signaler qu'Ascagne avait porté le nom de Iulus ? Quant au nom de Ilus, que vient-il souligner ? A ce propos, pourquoi, selon vous, Virgile préfère-t-il, pour la vestale qui enfanta Romulus et Rémus, le nom d'Ilia ?

• Les derniers vers du texte tracent le destin de Rome : quelle est la vocation de la nouvelle cité ? En quoi *dedi* est-il un terme fondamental de la formule finale (n'oubliez pas que c'est Jupiter qui parle) ? Le texte, par le choix de certains mots et leur répétition, insiste sur un trait particulier de cette vocation, dans lequel les Romains se plaisaient à placer, pour une bonne part, le génie de leur race : pouvez-vous éclairer ce point (Mars était dieu de la guerre) ?

Combat entre les Troyens (à gauche, reconnaissables à leur bonnet phrygien) et les Rutules lors de la conquête du Latium par Énée, au chant IX de l'*Énéide.* (Illustration d'un manuscrit du IVe s.).

## ◆ Calamo aut ore

Thème d'imitation :

Énée et ses compagnons, après la destruction de Troie par les Grecs, quittèrent leur patrie et gagnèrent l'Italie, où ils fondèrent la cité de Lavinium. Énée avait un fils, Ascagne, à qui l'on donna le surnom de Iule. Après la mort de son père, Iule quitta Lavinium et fonda Albe la Longue. C'est là que naquit, bien des années plus tard, Ilia, fille du roi Numitor. On dit que, engrossée par le dieu Mars, elle mit au monde *(pario, is, ere, peperi)* des jumeaux, Romulus et Rémus. Ceux-ci décidèrent de fonder une ville ; mais il fallut que les dieux choisissent eux-mêmes celui des deux qui fonderait la ville et lui donnerait son nom : ainsi naquit la ville de Rome, à laquelle Virgile dit que les dieux ont donné un empire illimité.

# QUELQUES LUMIÈRES

Cette légende est bien belle ! Mais tout cela ne nous dit pas pourquoi et comment est née une ville dans le site de Rome... Pour répondre à ces questions, fions-nous plutôt aux découvertes des archéologues !

Le Latium est une plaine inhospitalière, brûlée par le soleil d'été, rendue malsaine par des marais côtiers, peu fertile. Quel attrait pouvait présenter l'installation d'une communauté urbaine dans ces conditions ? Regardez la carte : le Tibre semble tracer une frontière entre le pays étrusque, au nord, et le pays albain, sièges l'un et l'autre d'anciennes civilisations. C'est une nécessité historique : tôt ou tard, il faut que s'établissent des échanges entre voisins. Ces routes de commerce passent naturellement par le Latium...

Or, il est au bord du Tibre, sur sa rive sud, un ensemble de collines bien protégées par leurs escarpements et où souffle une brise salutaire qui, l'été, protège de la malaria. Entre ces collines s'étend une dépression humide, un marécage traversé par un ruisseau. C'est là qu'un jour se tiendra le forum de la Ville...

Les découvertes des archéologues ont permis de se faire une idée plus précise de ce que fut Rome en ses premiers jours. Le plus ancien peuplement se fixa sans doute sur le Palatin, sous la forme de deux villages dont on a pu dégager des vestiges (vases cinéraires en forme de huttes). Cinq autres villages semblent avoir existé sur les collines avoisinantes. C'est vraisemblablement de leur réunion que naquit une ligue politique, bientôt concrétisée par une enceinte commune : n'en déplaise à la légende, Rome n'est pas née en un jour ! Quant à la date avancée par la tradition, elle est certainement fausse : trop tardive si l'on considère l'installation des villages primitifs, trop ancienne si l'on s'en tient à l'avènement d'une collectivité regroupant ces villages en une confédération.

Quant aux sept collines fameuses, comment les dénombrer ? Il s'agit bien plutôt du souvenir de ces sept villages... et nous voyons que la tradition s'appuie sur des faits véritables, dont ne restait plus que le confus souvenir.

Urne cinéraire en forme de cabane, reproduisant le mode d'habitation. (On a retrouvé sur le Palatin des fondations de cabanes à plan ovale.)

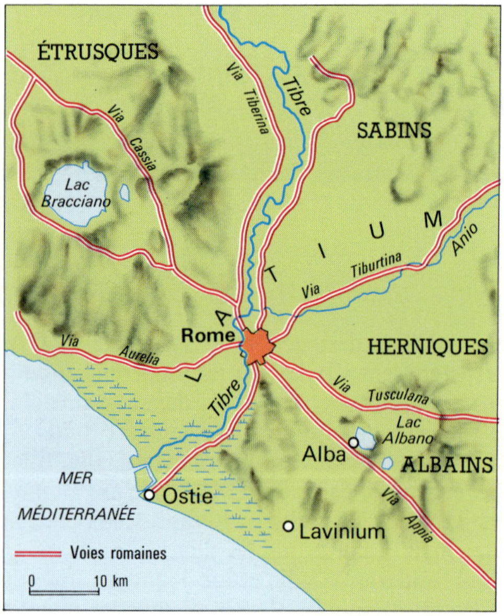

# Un choix judicieux

*Assurément, bien défendue par l'escarpement de ses collines et bordée par le Tibre, Rome s'est installée dans un site exceptionnel. Les Anciens y furent sensibles;* ***Cicéron,*** *dans son traité* De republica, *félicite Romulus d'un choix si judicieux et rend hommage à sa sagesse, tout en proposant une explication rationnelle à la vocation des lieux.*

Qui[1] potuit[2] igitur divinius et utilitates complecti maritimas Romulus et vitia vitare, quam quod[3] urbem perennis amnis et aequabilis et in mare late influentis posuit in ripa, quo posset urbs et accipere ex mari quo egeret et reddere quo redundaret, eodemque ut flumine res ad victum cultumque[4] maxime necessarias, non solum mari absorberet, sed etiam invectas acciperet e terra, qui[5] mihi jam tum divinasse ille videatur hanc urbem sedem aliquando et domum summo esse imperio praebituram. Nam hanc rerum tantam potentiam non ferme facilius alia in parte Italiae posita urbs tenere potuisset. Urbis autem ipsius nativa praesidia, quis est tam neglegens qui non habeat animo notata planeque cognita? Cujus[6] is est tractus ductusque muri, cum Romuli, tum[7] etiam reliquorum regum sapientia definitus ex omni parte arduis praeruptisque montibus, ut unus aditus qui esset inter Esquilinum Quirinalemque montem, maximo aggere objecto, fossa cingeretur vastissima atque ut ita munita arx circumjectu arduo et quasi circumciso saxo niteretur, ut etiam in illa tempestate horribili Gallici adventus[8] incolumis atque intacta permanserit. Locum delegit et fontibus abundantem, et in regione pestilenti salubrem : colles enim sunt qui, cum perflantur ipsi, tum afferunt umbram vallibus.

Cicéron, *De republica,* II, 11.

1. Qui, *adv. interrogatif : comment.*
2. potuit : *le parfait de l'indicatif de verbes comme* posse, debere, *ou de tours impersonnels comme* opus esse *prend souvent la valeur d'un irréel du passé. (Voir « Un peu de grammaire ».)*
3. quam quod... posuit : *que par le fait qu'il installa, qu'en installant.*
4. victus : *ce qui est nécessaire, indispensable à la vie;* cultus : *ce qui sert à embellir la vie.*
5. qui : *Romulus;* divinasse *(voir « Un peu de grammaire »).*
6. cujus : *l'antécédent de ce relatif de liaison est* urbs.
7. *Associez* cum..., tum... *(ici : d'une part..., d'autre part...); cette tournure est employée deux fois dans le texte : désormais vous n'aurez plus le droit de l'ignorer!*
8. Gallici adventus : *allusion à l'attaque que les envahisseurs gaulois tentèrent contre la citadelle, qui seule ne fut pas prise, en 390 avant J.-C.*

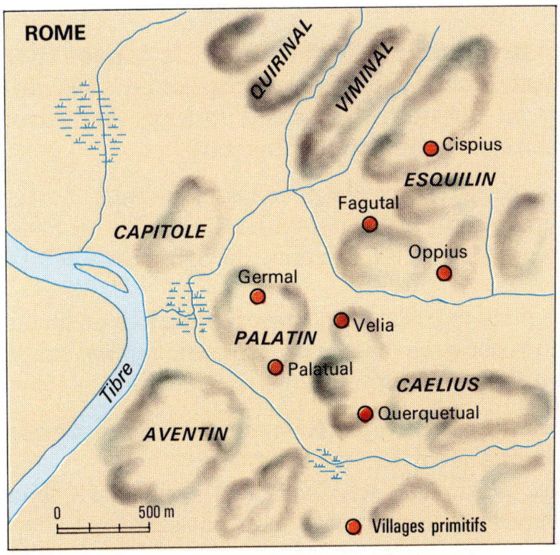


## *Recherche*

• Dans ce texte, où Cicéron examine l'emplacement de Rome, quels sont les avantages qu'il souligne? Quels sont les impératifs dont doit tenir compte une ville, surtout à cette époque-là?

• Relevez les principaux éléments qui, selon Cicéron, confèrent à la ville une position enviable; éclairez le texte, du point de vue de la configuration physique du terrain, en vous aidant du plan.

• Comparez le site de Rome avec celui d'une grande capitale comme Paris, Londres, ou d'une grande ville de l'Antiquité comme Athènes. Quelles sont vos conclusions?

• Expliquez, en vous appuyant sur ce que vous pouvez savoir du climat de l'Italie centrale, l'intérêt des indications données par Cicéron dans la dernière phrase du texte.

Vue aérienne de l'île du Tibre.

## Un peu de grammaire

### • *L'irréel*

*a*) Les verbes marquant **la possibilité, l'obligation, la convenance** *(posse, debere, oportere, decere, licere)* se rencontrent fréquemment **à l'indicatif** présent, imparfait ou parfait avec le sens d'un irréel du présent ou du passé, rendu habituellement par le subjonctif :

*Possum equidem verum dicere; sed propter pudorem tacere malo* → assurément, je pourrais dire la vérité; mais par pudeur je préfère me taire.
*Citius agere debuit consul!* → le consul aurait dû agir plus vite!

*b*) Il en va de même pour les **expressions impersonnelles** de même sens, formées à l'aide du verbe ***esse*** *(necesse est, turpe est, aequum est...)*, et pour l'**adjectif verbal attribut :**

*Aequum est eodem jure uti mulieres atque homines* → il serait juste que les femmes et les hommes aient les mêmes droits.
*Delenda erat Carthago priusquam potentior fieret* → il aurait fallu détruire Carthage avant qu'elle ne devînt trop puissante!
*Mihi laborandum erat* → j'aurais dû travailler.

• ***Les « formes réduites »***

La forme ***divinasse*** est une forme dite « réduite », la forme normale (celle que vous avez d'abord apprise) étant ***divinavisse.*** Il faudra vous habituer peu à peu à ces formes réduites; nous vous les indiquerons parfois pour simplifier votre travail, mais pas toujours, afin de maintenir votre vigilance. Nous vous rappelons qu'aux formes du perfectum actif :

– **-vi-** peut disparaître devant **s :** *amasti* = *amavisti; audissem* = *audivissem; divinasse* = *divinavisse.*
– **-ve-** peut disparaître devant **r :** *amarunt* = *amaverunt; deleram* = *deleveram; amarit* = *amaverit.*
– **-v-** peut disparaître entre deux **i** ou entre **i** et **e :** *audii* = *audivi; audierunt* = *audiverunt; audierit* = *audiverit.*

Quelles sont les formes correspondant à : *audistis, sperasse, nosse, delerunt, audiero, audierant, audiimus, delero, delesse, nosti, norunt, noram, judicarat, judicasset, regnasse, regnarunt, consociasset?*

Ce sont les formes réduites, seules en usage dans le latin impérial (même si la graphie ne reflète pas ce fait), qui sont à l'origine des formes du français : (tu) aimas < *amasti;* (ils) aimèrent < *amarunt.*

Ainsi donc, bénie des dieux, accueillante pour les hommes, Rome avait tout pour devenir une grande cité. Ce destin s'accomplit; mais ce ne fut pas sans difficultés, et nous vous proposons, cette année, d'étudier au prix de quelles crises s'affirma la grandeur politique et historique de Rome et des Romains.

Nous ne quittons pas la légende! Il ne suffit pas, en effet, de rendre compte de la naissance matérielle d'une ville : encore faut-il assigner une origine aux institutions qui ont permis sa croissance et qui ont survécu aux siècles. Plus ces institutions pourront avoir d'ancienneté, plus il sera difficile de les renverser! C'est ce que les conservateurs appellent le poids de la tradition...

C'est ainsi que le Sénat, ce cœur politique de Rome, est l'œuvre de Romulus lui-même; selon Tite-Live :

« *Centum creat senatores, sive quia is numerus satis erat, sive quia soli centum erant qui creari patres possent. "Patres" certe ab honore, patriciique progenies eorum appellati.* »

Ces quatre lignes engagent l'avenir de la Rome républicaine; la société est coupée en deux classes : ces cent sénateurs originels (et leur descendance, sur qui rejaillit le prestige de cette dignité), et le reste de la population, exclue de la noblesse ainsi créée. Le pouvoir politique sera-t-il le fief d'une caste, un bien héréditaire et exclusif? Tel sera l'enjeu de luttes politiques incessantes, que vous étudierez bientôt.

Pour le moment, contentons-nous d'observer que, à en croire la légende, la création politique de Rome, comme sa fondation, s'est opérée *a nihilo,* grâce à Romulus, homme providentiel, un demi-dieu!

Voici un bel exemple de la façon dont la légende se substitue à l'Histoire lorsque celle-ci s'avère incapable de reconstituer un passé trop lointain et dont ne subsistent que de vagues souvenirs. Les historiens et archéologues modernes ont pu établir qu'à une certaine époque, dans ses commencements, Rome fut colonisée par les Étrusques. La légende en rend compte : après Romulus, trois rois sabins se succèdent sur le trône, Numa Pompilius, Tullus Hostilius, Ancus Martius; puis le pouvoir va passer à une dynastie étrusque, inaugurée par Tarquin l'Ancien. Or, voici comment la légende décrit cette passation de pouvoirs, non sans imagination!

# L'irrésistible ascension de Lucumon, alias Tarquin

*Fils d'un exilé de la cité grecque de Corinthe venu s'établir en Étrurie dans la ville de Tarquinies, Lucumon (tel était le nom étrusque du futur roi), riche et ambitieux, avait épousé une femme de tête, Tanaquil, de haut parage, qui voulut l'aider à s'élever à un poste important malgré ses origines étrangères.*

Spernentibus Etruscis Lucumonem exsule advena ortum, ferre indignitatem non potuit[1] oblitaque ingenitae erga patriam caritatis, dummodo virum honoratum videret, consilium migrandi ab Tarquiniis cepit. Roma est ad id potissima visa : « In[2] novo populo, ubi omnis repentina atque ex virtute nobilitas sit, futurum (esse) locum forti ac strenuo viro; regnasse Tatium Sabinum[3], arcessitum in regnum Numam a Curibus et Ancum Sabina matre ortum nobilemque una imagine Numae[3] esse. » Facile persuadet ut[4] cupido honorum et cui Tarquinii materna tantum patria esset. Sublatis itaque rebus, amigrant Romam.

Ad Janiculum [5] forte ventum erat. Ibi ei carpento sedenti cum uxore aquila suspensis demissa leniter alis pileum aufert superque carpentum cum magno clangore volitans rursus, velut ministerio divinitus missa, capiti apte reponit; inde sublimis abit. Accepisse id augurium[6] laeta dicitur Tanaquil, perita (ut vulgo Etrusci[7]) caelestium prodigiorum mulier. Excelsa et alta sperare complexa virum jubet : « Eam alitem ea regione caeli et ejus dei[8] nuntiam venisse, circa summum culmen hominis auspicium fecisse, levasse humano superpositum capiti decus, ut divinitus eidem redderet. » Has spes cogitationesque secum portantes urbem ingressi sunt domicilioque ibi comparato L. Tarquinium Priscum edidere nomen. Romanis conspicuum eum novitas divitiaeque faciebant; et ipse fortunam benigno adloquio, comitate invitandi beneficiisque quos poterat sibi conciliando adjuvabat, donec in regiam quoque de eo fama perlata est. Notitiamque eam brevi, apud regem liberaliter dextereque obeundo officia, in familiaris amicitiae adduxerat jura[9], ut publicis pariter ac privatis consiliis bello domique[10] interesset et per omnia expertus postremo tutor etiam liberis regis testamento institueretur.

Tite-Live, *Histoire romaine,* I, 34.

1. potuit (Tanaquil).
2. *Ici commence un discours indirect libre; sous-entendez : « Tanaquil se dit que... ».*
3. *Tatius, roi des Sabins, avait été associé au trône par Romulus après que la paix eut été faite avec les Sabins; Ancus était le petit-fils de Numa.*
4. ut cupido honorum et cui... : ut *introduit une comparaison explicative; lisez :* Facile persuadet (Lucumoni), ut (facile erat persuadere homini) cupido honorum et cui...
5. Janiculum : *le Janicule, colline située sur la rive droite du Tibre aux portes de Rome, et d'où l'on aperçoit toute la ville.*
6. augurium : *attribut de* id, *c.o.d.* (Libertatem maximum beneficium accipimus : *nous voyons dans la liberté le plus grand des bienfaits).*
7. *Les Étrusques étaient particulièrement versés dans l'art de la divination, et faisaient figure de spécialistes pour l'interprétation des signes et des prodiges.*
8. *De quel dieu l'aigle est-il l'oiseau ?*
9. notitiam eam in amicitiae adduxerat jura : *cette notoriété, il l'avait conduite au point d'obtenir les droits de l'amitié.*
10. bello domique : *en temps de paix et en temps de guerre;* domi *est un locatif.*

## *Recherche*

• Observez comment, dans ce passage, Tite-Live souligne à la fois le rôle déterminant et les initiatives de Tanaquil, et les qualités propres de Lucumon Tarquin. Que pensez-vous de l'épisode du présage, et de l'interprétation qu'en donne Tanaquil?

• Tanaquil est une femme de tête : elle le montrera encore par la suite, après la mort de son époux, en faisant monter sur le trône son gendre, Servius Tullius. Est-il habituel, à Rome, de voir la gent féminine se montrer aussi active dans des affaires familiales et politiques ? Quelle indication cela peut-il vous suggérer sur le rôle de la femme dans la société étrusque ? Pouvez-vous citer d'autres sociétés dites « matriarcales » ?

Portrait de femme étrusque, qui fait songer à Tanaquil. (Nécropole de Tarquinia.)

A la mort d'Ancus Martius, Tarquin éloigne habilement les enfants du roi défunt et se fait attribuer le trône. Des années plus tard, ces princes évincés du pouvoir se vengent en faisant assassiner Tarquin. Mais, nous l'avons vu, Tanaquil veillait, et, grâce à elle, son gendre, Servius Tullius, prit le pouvoir. Celui-ci, fils d'une esclave, se révéla un grand roi ; Rome lui doit l'organisation censitaire de la société : selon leur fortune, les citoyens seront désormais classés en « centuries » correspondant aux différents emplois de l'armée :

« *Censum enim instituit, rem saluberrimam tanto futuro imperio, ex quo belli pacisque munia non viritim, ut ante, sed pro habitu pecuniarum fierent; tum classes centuriasque et hunc ordinem ex censu descripsit, vel paci decorum vel bello.* »

Comme le souligne Tite-Live, cette réforme donna assurément à la société romaine une organisation plus équilibrée. Mais les conséquences en seront graves : l'organisation des suffrages reflétait cette hiérarchie et privilégiait les citoyens les plus riches, au point que le vote des classes les moins favorisées était non seulement inopérant, mais bel et bien inutile ! Et, de fait, à Rome, le pouvoir ne fut jamais distinct de la fortune.

Le règne de Servius Tullius s'achève tragiquement : après une succession de crimes odieux, son gendre, descendant de Tarquin, le chasse du trône et se fait proclamer roi. Bientôt, ses insolents méfaits lui vaudront le surnom de *Superbus :* Tarquin l'Orgueilleux sera le dernier roi de Rome. Pour venger sa femme Lucrèce, dont le fils du roi avait odieusement abusé, Collatinus, aidé par Junius Brutus, chasse de Rome Tarquin et sa famille.

Selon la tradition, nous sommes en 509 avant J.-C. La monarchie, après avoir veillé sur les premiers jours de la Ville, est devenue odieuse aux Romains : l'expulsion des rois *(exactio regum)* purge la cité d'un fléau, et le souvenir de la *superbia regum* habitera longtemps les Romains, hypersensibilisés à la menace d'une monarchie.

*D'un texte à l'autre*

# Montesquieu et l'histoire romaine

*A propos de l'*exactio regum, *voici ce que note Montesquieu dans ses* Considérations sur les causes de la grandeur des Romains et de leur décadence :

« Un peuple peut aisément souffrir qu'on exige de lui de nouveaux tributs : il ne sait pas s'il n'en retirera point quelque utilité de l'emploi qu'on fera de l'argent qu'on lui demande; mais, quand on lui fait un affront, il ne sent que son malheur et il y ajoute l'idée de tous les maux qui sont possibles.

Il est pourtant vrai que la mort de Lucrèce ne fut que l'occasion de la révolution qui arriva : car un peuple fier, entreprenant, hardi et renfermé dans ses murailles doit nécessairement secouer le joug ou adoucir ses mœurs. Il devait arriver de deux choses l'une : ou que Rome changerait son gouvernement; ou qu'elle resterait une petite et pauvre monarchie. L'histoire moderne nous fournit un exemple de ce qui arriva pour lors à Rome : car, comme les hommes ont eu dans tous les temps les mêmes passions, les occasions qui produisent les grands changements sont différentes, mais les causes sont toujours les mêmes. Comme Henri VII, roi d'Angleterre, augmenta le pouvoir des Communes pour avilir les Grands, Servius Tullius, avant lui, avait étendu les privilèges du peuple pour abaisser le Sénat; mais le peuple, devenu d'abord plus hardi, renversa l'une et l'autre monarchie. »

*Que pensez-vous de ce jugement de Montesquieu? Essayez d'aller plus loin que lui, en vous demandant quelle est la valeur de la tradition légendaire qui nous conte la monarchie romaine et sa fin. Souvenez-vous, en particulier, de l'origine étrusque des Tarquins : qu'est-ce que cela peut recouvrir? Notez aussi que Collatinus et Brutus appartenaient à de grandes familles patriciennes.*

**« Grandeur et décadence... » Statues antiques éparses dans les jardins de la villa Médicis.**

# LA PLÈBE A L'ASSAUT DES MAGISTRATURES

A la monarchie va succéder un système de magistrature collégiale et annuelle. Ce sont désormais deux magistrats qui exercent le pouvoir jadis détenu par le roi : les consuls, qui appartiennent à l'ordre sénatorial. Le Sénat lui-même a été reconstitué dans toute son importance après les épurations sanglantes du dernier roi : au patriciat primitif est venu s'ajouter un certain nombre de notables, choisis dans la classe la plus riche des citoyens. Il y a donc désormais trois cents *patres,* parmi lesquels la plupart ont acquis cette dignité par la « nouvelle liste » dont nous venons de parler : on les appelle les *conscripti,* et le souvenir de cette différence d'origine se maintiendra dans l'expression *patres conscripti (= patres et conscripti)* par laquelle on s'adresse aux sénateurs et où sont juxtaposés les patriciens d'ancienne souche et leurs récents collègues.

Les cent conseillers de Romulus se sont multipliés par trois et composent maintenant le corps politique de la cité, fief d'une aristocratie qui ne se fonde plus exclusivement sur la naissance, mais a recruté certains de ses membres parmi les plus riches; c'est de cette assemblée qu'émanent les consuls, chefs du pouvoir exécutif; un nombre restreint de familles a ainsi la haute main sur la vie politique de Rome comme sur les richesses de la ville.

La masse plébéienne est soumise à ses lois et n'a pas accès aux magistratures; c'est pourtant elle qui assure la prospérité de la cité, dont elle est la force vive en tant que classe productrice : tandis que l'aristocratie s'appuie sur la grande propriété foncière et l'exploitation de ses domaines, les plébéiens, artisans, commerçants et petits agriculteurs, donnent à Rome une force économique. Très vite, une lutte violente va s'engager entre la plèbe et le patriciat, gardien jaloux de ses privilèges : la plèbe réclame l'accès aux magistratures. Ce n'est point, à proprement parler, une lutte de classes : au demeurant, c'est la couche supérieure de la plèbe, une sorte de haute bourgeoisie plébéienne, enrichie et puissante, qui brigue le pouvoir et le dispute à une aristocratie terrienne de grands éleveurs qui bride son expansion en contrôlant l'État; nous sommes plus près de la Révolution française que d'octobre 1917...

## La plèbe se rebiffe

*Le premier assaut sérieux contre la toute-puissance des* patres *est porté en 494 avant J.-C. Depuis quelques années, Rome est sans cesse en guerre contre ses voisins, et le Sénat accorde toute son attention à cette politique belliqueuse qui accroît le territoire romain, et les propriétés des* patres. *Les plébéiens, citoyens-soldats, mais soldats sans solde, passent le plus clair de leur vie au front ou dans les camps; pendant ce temps, leur patrimoine périclite : force leur est de s'endetter, et comment rembourser ces dettes à des usuriers intraitables, au retour des campagnes? Chaque fois que les affaires militaires permettent une accalmie, les troubles éclatent dans Rome, et vont se multipliant. Comme remède à cette agitation, les sénateurs demandent aux consuls d'enrôler le plus de plébéiens possible : « C'est l'inaction, disent-ils, qui engendre les troubles! Une bonne guerre, voilà ce qu'il leur faudrait!* » *Mais la paix finit par revenir, et le patriciat, pour défendre ses positions, décide de recourir à la manière forte et menace d'une répression. Alors surviennent des incidents avec un peuple voisin, les Eques : ordre est donné à l'armée de partir en campagne, et, par là, les sénateurs espèrent retrouver le calme. Mais la plèbe refuse : l'armée cesse d'obéir aux consuls et se retire sur le mont Sacré, au nord-est de Rome...*

Patriciens romains. (Bas-relief du forum de Trajan... certes très postérieur à Tite-Live, et plus encore à l'épisode qu'il relate.)

## Inquiétude à Rome

Pavor ingens in urbe, metuque mutuo suspensa erant omnia. Timere relicta ab suis plebes[1] violentiam patrum; timere patres residem in urbe plebem, incerti[2] manere eam an abire mallent. Quamdiu autem tranquillam, quae secesserit, multitudinem fore?[3] Quid futurum deinde, si quod externum interim bellum exsistat? Nullam profecto nisi in concordia civium spem reliquam ducere[4]; eam per aequa, per iniqua reconciliandam civitati esse.

## Ménénius Agrippa intervient

Placuit igitur oratorem ad plebem mitti Menenium Agrippam, facundum virum et, quod inde[5] oriundus erat, plebi carum. Is intromissus in castra prisco illo dicendi et horrido modo[6] nihil aliud quam hoc narrasse fertur[7] : « Tempore quo in homine non, ut nunc, omnia in unum consentientia, sed singulis membris suum cuique consilium, suus sermo[8] fuerit, indignatas[9] reliquas partes sua cura, suo labore ac ministerio ventri omnia quaeri, ventrem in medio quietum nihil aliud quam

1. relicta ab suis plebes : *il s'agit des familles des soldats plébéiens en sécession et des plébéiens qui n'avaient pas été enrôlés;* timere : *infinitif de narration... (Prouvez-le!)*

2. incerti : *construit avec une proposition interrogative indirecte (se demandant si...);* an *lie les deux membres d'une interrogation double :* te rogo (utrum) venias an maneas → *je te demande si tu viens ou si tu restes.*

3. fore : *jusqu'à la fin du paragraphe, discours indirect libre, rapportant les pensées des* patres.

4. ducere, *ici :* putare.

5. inde = ex plebe. *Ménénius Agrippa est sans doute un sénateur* « conscriptus ».

6. *Construisez :* illo prisco et horrido dicendi modo.

7. *Attention au discours indirect après* fertur!

datis voluptatibus frui; conspirasse inde ne manus ad os cibum ferrent, nec os acciperet datum, nec dentes conficerent. Hac ira dum ventrem fame domare vellent[10], ipsa una[11] membra totumque corpus ad extremam tabem venisse. Inde apparuisse ventris quoque haud segne ministerium esse, nec magis ali quam alere eum, reddentem in omnes corporis partes hunc, quo vivimus vigemusque, divisum pariter in venas, maturum confecto cibo sanguinem. » Comparando hinc quam intestina corporis seditio similis esset irae plebis in patres, flexisse mentes hominum[12].

8. consilium : *son opinion;* sermo : *son langage.*

9. indignatas (esse) : *verbe principal de cette longue phrase;* sua *est rapproché à dessein de* partes, *auquel il renvoie.*

10. dum... vellent : *en voulant...*

11. una : *adverbe.*

12. quam : *adverbe;* flexisse (Menenius Agrippa fertur).

13. coeptum, concessum (est) : *passif impersonnel;* agere de concordia : *négocier une réconciliation.*

14. cui : *de l'indéfini* quis (ne quis vestrum exeat ! : *que personne d'entre vous ne sorte !*).

### Le règlement de la crise

Agi deinde de concordia coeptum concessumque[13] in condiciones, ut plebi sui magistratus essent sacrosancti, quibus auxilii latio adversus consules esset, neve cui[14] patrum capere eum magistratum liceret. Ita tribuni plebis creati duo, C. Licinius et L. Albinus. Hi tres collegas sibi creaverunt; in his Sicinium fuisse constat, seditionis auctorem; de duobus, qui fuerint, minus convenit.

Tite-Live, *Histoire romaine,* II, 32-33.

## QUELQUES LUMIÈRES

Les tribuns de la plèbe ne sont pas de véritables magistrats, même si, dans le texte, le tribunat est appelé *magistratus :* en effet, les tribuns ne disposent pas du pouvoir d'initiative, ni d'un quelconque pouvoir exécutif. Leur fonction est de défendre les intérêts des plébéiens contre les décisions publiques ou privées qui les léseraient : ce sont, en quelque sorte, des « médiateurs » disposant du *jus auxilii,* ou *auxilium,* c'est-à-dire d'un « droit de défense », qui les amène à s'opposer directement à l'action des consuls. Pour ce faire, ils peuvent user d'un droit de veto *(intercessio),* qui ne peut intervenir que dans des affaires mettant en jeu les plébéiens, et dans des limites qui feront l'objet de longues contestations. Seul un plébéien peut devenir tribun de la plèbe, et les tribuns sont officiellement protégés : ils sont *sacrosancti,* inviolables, et quiconque porterait atteinte à leur personne se rendrait coupable d'un crime, voire d'un sacrilège. Malgré cette reconnaissance quasi religieuse, les tribuns ne sont investis d'aucun pouvoir religieux : or, à Rome, le pouvoir politique s'appuie sur le *jus auspicii* (le droit de prendre les auspices, privilège des magistrats) et la pratique d'actes religieux. La notion d'État laïque est étrangère à l'esprit romain.

Nés dans la tourmente d'une sédition, les tribuns auront pour vocation d'être des trublions dans la vie politique telle que la souhaiteraient les *patres* et, de façon générale, les partisans d'un gouvernement conservateur ou réactionnaire. En revanche, le tribunat devint rapidement un tremplin pour entrer avec fracas dans la vie politique, et l'on vit même des patriciens revenir à la plèbe (par adoption, par exemple) pour pouvoir briguer cette charge... détonante !

# La puissance des « gentes »

*Un épisode demeuré célèbre nous permet de prendre conscience de la puissance des grandes familles patriciennes, en l'occurrence la* gens Fabia. *Par* gens, *il faut entendre non seulement le « cercle de famille » au sens moderne du mot, mais l'ensemble des personnes qui gravitent autour de cette famille, et qui lui sont attachées par les rapports de* clientela : *des citoyens lient leur personne par contrat privé aux intérêts d'un* patronus *qui les aide dans leur vie matérielle et assure leur défense en justice (*patronus *prend ainsi le sens d'« avocat »); en échange, le* cliens *rend des services à son patron, lui fait escorte, défend ses intérêts politiques, surtout en période d'élections. Sous une forme moins juridique, la chose existe encore, surtout dans les pays méditerranéens, autour de personnalités politiques ou de notables influents : c'est le système des « clans ».*

*Rome est engagée avec Véies, sa voisine étrusque, dans une guerre interminable; d'autres dangers menacent la Ville, et il n'est pas possible d'en finir avec Véies ni de s'en détourner définitivement pour lutter sur d'autres fronts...*

### Confiez-nous cette guerre

Tum Fabia gens senatum adiit. Consul[1] pro gente loquitur : « Adsiduo magis quam magno praesidio, ut scitis, patres conscripti, bellum Veiens eget. Vos alia bella curate, Fabios hostes Veientibus date! Auctores sumus[2] tutam ibi majestatem Romani nominis fore. Nostrum id nobis velut familiare[3] bellum privato sumptu gerere in animo est; res publica et milite illic et pecunia vacet. » Gratiae ingentes actae. Consul, e curia egressus comitante Fabiorum agmine, qui in vestibulo curiae senatus consultum exspectantes steterant, domum redit. Jussi[4] armati postero die ad limen consulis adesse; domos inde discedunt.

### L'armée du clan des Fabii

Manat tota urbe rumor; Fabios ad caelum laudibus ferunt[5] : « Familiam unam subisse civitatis onus, Veiens bellum in privatam curam, in privata arma versum. Si sint duae roboris ejusdem in urbe gentes, deposcant haec Volscos sibi, illa Aequos, populo Romano tranquillam pacem agente omnes finitimos subigi populos posse. » Fabii postero die arma capiunt; quo jussi erant, conveniunt. Consul paludatus[6] egrediens in vestibulo gentem omnem suam instructo agmine videt; acceptus in medium signa ferri jubet. Numquam exercitus neque minor numero neque clarior fama et admiratione hominum per urbem incessit : sex et trecenti milites, omnes patricii, omnes unius gentis, quorum neminem ducem sperneret egregius quibuslibet temporibus senatus[7],

1. consul : Kaeso Fabius, *consul pour l'année 475 avant J.-C.*

2. auctores sumus : *nous nous portons garants que (+ prop. inf.).*

3. nostrum... velut familiare : *comme une affaire de famille (pour nous).*

4. jussi (sunt) : *le verbe* jubere *est employé au passif personnel;* jubeor : *je reçois l'ordre de...*

5. ad caelum laudibus ferunt : *on porte aux nues. Le style indirect qui suit rapporte les paroles des Romains.*

6. paludatus : *revêtu du* paludamentum, *manteau que portaient les généraux en campagne (en grand uniforme).*

7. quorum neminem... senatus : *dont aucun ne paraîtrait au sénat, dans tout son éclat, en toute circonstance, indigne d'être chef de guerre...*

ibant, unius familiae viribus Veienti populo pestem minitantes. Sequebatur turba, propria alia cognatorum sodaliumque, nihil medium[8], nec spem nec curam, sed immensa omnia volventium animo, alia publica sollicitudine excitata, favore et admiratione stupens. Ire fortes, ire felices jubent[9], inceptis eventus pares reddere; consulatus inde ac triumphos, omnia praemia, omnes honores sperare.

Tite-Live, *op. cit.*, II, 48-49.

8. nihil medium (volventium animo) : *s'oppose à* omnia immensa, *et se trouve développé par* nec spem nec curam.

9. jubent : *sujet au pluriel* (homines), *à tirer de* turba; jubent : *on veut que, on leur dit de.*

## Recherche

• Trois cent six Fabii... Tite-Live exagère-t-il? En fait, pour autant que l'épisode soit historique, cette troupe devait contenir bon nombre de clients de la *gens Fabia,* mais c'est encore plus beau, encore plus émouvant, raconté de la sorte! D'autant plus que, victimes de leur fol orgueil, ces ardents soldats se firent massacrer jusqu'au dernier par les Véiens...

• Relevez dans le texte tout ce qui donne à penser que les Fabii ne manquaient pas de présomption dans leurs manières.

• Le consul et la sémantique : si nous reprenons toute la phrase prononcée par Fabius au début du texte, nous pouvons, par une analyse traditionnelle, montrer par quels procédés oratoires Fabius s'efforce de convaincre son auditoire. Mais l'analyse structurale, plus précise, va d'abord délimiter à l'extérieur de cet acte de parole ce qui pousse le locuteur à parler, le *stimulus :* quel est-il, selon vous? Puis la *réaction* du destinataire, le Sénat : comment est-elle exprimée ici? Ensuite, on détermine l'*intention* du locuteur, qui se définit par rapport à la réaction espérée : en quoi consiste ici cette intention? Du côté du destinataire, avant la réaction proprement dite, il y aura l'*interprétation :* le Sénat, s'appuyant sur ce qu'il connaît de Fabius, cherche à comprendre et à apprécier ses motivations et ses propositions.
Ainsi, prenez le premier énoncé : « *Adsiduo magis quam magno praesidio, ut scitis, patres conscripti, bellum Veiens eget.* » Comme tout énoncé, il a la fonction de susciter une réaction : par quels mots, surtout? Et il donne aussi des informations, d'où il tire son *sens.* Ici, l'information prend la forme d'une *présupposition :* à quoi renvoie implicitement l'expression – le *présupposé* – « *adsiduo praesidio* »*?* En quoi est-ce habile?

**Portraits de patriciens. (Musée des Conservateurs.)**

# L'affaire Canuléius

*Nous sommes maintenant en 445 avant J.-C. La politique extérieure de Rome n'a guère varié : la guerre, toujours la guerre... A l'intérieur, les dernières années ont été fort troublées : le Sénat a remis le pouvoir à dix magistrats, les* decemviri, *avec mission de rédiger un code juridique pour la cité; Rome, en effet, ne possédait pas encore, à cette époque, de droit écrit. Les* decemviri *établirent donc une sorte de « code civil », dont les lois furent gravées sur douze tables de bronze. Les Lois des Douze Tables resteront le fondement du droit romain. Elles sont aussi – soit dit en passant – une de nos meilleures sources pour la connaissance du latin archaïque. Mais les décemvirs prirent goût au pouvoir, et les dernières années de leur mission furent marquées par quelques graves scandales, qui firent voir clairement les risques de l'oligarchie. Les dernières lois qu'ils rédigèrent, inscrites sur la onzième et la douzième table, en portent la trace : l'une d'entre elles était ainsi formulée :* Ne conubium esto, *ce qui signifie : « Qu'il n'y ait point de mariage commun », c'est-à-dire de mariage « mixte » entre plébéiens et patriciens. On renvoya les décemvirs, mais on garda les textes; les* patres *s'accommodaient fort bien de lois de ce type!*

*Quelques années plus tard, un tribun particulièrement dynamique et éloquent, Caïus Canuléius, fait éclater le scandale en déposant deux projets de loi : le premier demande l'abrogation de la loi interdisant le* conubium *et le second que, désormais, l'un des deux consuls soit plébéien. C'est un véritable coup de tonnerre dans la cité romaine : par ces deux revendications, Canuléius entreprend de saper les bases de la puissance patricienne... En attaquant simultanément sur ces deux fronts, il « mobilise » la plèbe en enflammant ses passions contre une loi de ségrégation, et canalise cette énergie pour soutenir le second projet, qui, politiquement, introduirait une révolution dans la vie de la cité.*

*Les* patres *sont donc sur la défensive, et prennent peur : en est-ce fait de leurs privilèges? Heureusement, la guerre est là sur les frontières, la guerre providentielle, qui peut tout arranger.*

### Le chantage à la guerre

Laeti ergo audiere patres Ardeatium[1] populum ob injuriam agri abjudicati descisse, et Veientes depopulatos extrema agri Romani et Volscos Aequosque ob communitam Verruginem[2] fremere; adeo vel infelix bellum ignominiosae paci[3] praeferebant. His[4] itaque in majus etiam acceptis, ut inter strepitum tot bellorum conticescerent actiones[5] tribuniciae, dilectus haberi, bellum armaque vi summa apparari jubent. Tum C. Canuleius, pauca in senatu vociferatus[6], nequicquam territando consules

1. audiere = audiverunt; Ardeatium : *la ville d'Ardée se trouvait au sud du Latium;* ob injuriam agri abjudicati : *les villes que Rome avait soumises à son pouvoir voyaient d'un mauvais œil la mise en lotissement de leur territoire au profit de colons romains.*

2. ob communitam Verruginem = quod Verrugo communita (nuper) erat. *La ville de Verrugo était à la limite du territoire des Volsques. Les Romains s'en étaient emparés et en avaient fait un bastion avancé.*

3. ignominiosae paci : *une paix qui leur vaudrait une honteuse déchéance;* vel = etiam.

4. his : *ces nouvelles;* in majus etiam acceptis : *exagérées encore.*

5. actiones : *ici, discours (virulents!). Quel mot du texte vous indique le choix de ce sens?*

6. vociferatus *introduit les deux proportions infinitives qui suivent.*

avertere plebem a cura novarum legum, numquam eos se vivo dilectum habituros antequam ea, quae promulgata ab se collegisque essent, plebes scivisset, confestim ad contionem[7] advocavit.

Tite-Live, *op. cit.*, IV, 1.

7. contio *désigne une assemblée du peuple convoquée par un magistrat : celui-ci y prononce un discours, mais la réunion ne s'accompagne d'aucune décision par vote.*

## *Recherche*

• Montrez, en vous appuyant sur le texte, de quelle façon Tite-Live fait ressortir la mauvaise foi coupable des *patres.* Que pensez-vous de cette attitude ?

• Appréciez la façon dont Canuléius prend position devant les sénateurs *(pauca vociferatus !).* Se sent-il, selon vous, en position de force ? Les paroles que lui prête Tite-Live, et le ton de cette intervention font-ils pressentir chez Canuléius l'étoffe d'un chef ?

### **Citoyens, on vous méprise !**

La lutte des plébéiens contre les patriciens fut, pour les révolutionnaires de 1789 nourris de Tite-Live, une référence constante (*Motion au jardin du Palais-Royal,* par les frères Lesueur, Paris, Musée Carnavalet).

*Canuléius a réuni le peuple et le harangue en des termes d'une extrême violence : splendide morceau d'éloquence, dû sans doute à l'imagination de Tite-Live, mais qui nous restitue admirablement l'intensité dramatique que, de tout temps, peut revêtir la lutte d'un peuple pour la liberté et le pouvoir...*

Quantopere vos, Quirites, contemnerent patres, quam indignos ducerent[1] qui una secum urbe intra eadem moenia viveretis, saepe equidem videor[2] animadvertisse, nunc tamen maxime, quod adeo atroces in has rogationes nostras coorti sunt, quibus quid aliud[3] quam admonemus cives nos eorum esse et,

1. ducerent = haberent = aestimarent ; dignus est qui imperet ! : *il est digne de commander !*

2. videor : *passif personnel.* Videor hoc jam tibi dixisse : *il me semble que je t'ai déjà dit cela.*

3. quid aliud (facimus) ; civis : *concitoyen.*

4. si non easdem opes habere : *l'infinitif* habere *est, par attraction, employé pour* habemus. *Ne vous permettez pas cela en thème!*

5. altera..., altera... : *développe* has rogationes.

6. Quid est cur dubites? : *Quelle raison as-tu d'hésiter?*

7. valere : *ici, signifie « vouloir dire ».* Amare perinde quam vivere valet : *aimer et vivre, c'est la même chose. Ici, les deux membres de la comparaison sont une interrogative indirecte (qui développe* hoc*) et une hypothétique* (tamquam = quam si *pour le sens*).

si non easdem opes habere[4], eamdem tamen patriam incolere? Altera[5] conubium petimus, quod finitimis externisque dari solet – nos quidem civitatem, quae plus quam conubium est, hostibus etiam victis dedimus; altera[5] novi nihil ferimus, sed id quod populi est repetimus atque usurpamus, ut quibus velit populus Romanus honores mandet. Quid tandem est, cur[6] caelum ac terras misceant, cur in me impetus modo paene in senatu sit factus, negent se manibus temperaturos violaturosque denuntient sacrosanctam potestatem? Si populo Romano liberum suffragium datur, ut quibus velit consulatum mandet, et non praeciditur spes plebeio quoque, si dignus summo honore erit, apiscendi summi honoris, stare urbs haec non poterit? De imperio actum est? Et perinde hoc valet[7], plebeiusne consul fiat, tamquam servum aut libertinum aliquis consulem futurum dicat? Ecquid sentitis in quanto contemptu vivatis?

Tite-Live, *op. cit.*, IV, 3.

*Et Canuléius de rappeler que Rome n'a pas fait cas des origines de ses rois : Tarquin l'Ancien, fils d'un étranger, étranger lui-même; Numa Pompilius, un Sabin; Servius Tullius, fils d'une esclave; et le Sabin Titus Tatius que Romulus lui-même n'a pas hésité à associer au gouvernement royal!*

## Des consuls plébéiens? Pourquoi pas?

« Mais, dira-t-on, depuis la chute de la royauté, il n'y a eu aucun consul plébéien. Et alors? Est-il interdit d'innover, et ce qui ne s'est jamais fait (que de choses sont dans ce cas chez un peuple neuf!) doit-il ne l'être jamais, même si c'est utile? Sous le règne de Romulus il n'y avait ni pontifes ni augures : ils ont été institués par Numa Pompilius. Le recensement et la répartition des citoyens en centuries et en classes n'existaient pas : c'est Servius Tullius qui les a établis. Il n'y avait jamais eu de consuls : ils ont été créés à la chute de la royauté. On ne connaissait ni les pouvoirs ni le nom de la dictature : elle date du temps de nos pères. Il n'y avait ni tribun de la plèbe, ni édile, ni questeur : il a fallu instituer ces fonctions. Nous avons créé les décemvirs pour rédiger nos lois, puis, au bout de dix ans, nous les avons supprimés. Qui doute que dans notre ville éternelle, dont l'accroissement est sans limites, on ne doive établir de nouveaux pouvoirs, de nouveaux sacerdoces, une nouvelle législation? »

*La réaction des consuls est très vive, et ne se fait pas attendre : c'en est assez des séditions, mal héréditaire de cette ville! Le* conubium? *Un sacrilège! Une infamie! Des consuls plébéiens? C'en est fait de Rome! Quoi! Un Canuléius pourrait devenir consul? Et puis quoi encore? Ils refusent la mobilisation? Trahison! Bref, au Sénat, on agite la menace de la guerre civile...*

## Vers un véritable « apartheid » ?

*Puis Canuléius assimile le refus des mariages mixtes à un refus de citoyenneté.*

Hoc ipsum[1], ne conubium patribus cum plebe esset, non decemviri tulerunt paucis his annis pessimo publico[2] cum summa injuria plebis? An[3] esse ulla major aut insignior contumelia potest, quam partem civitatis, velut contaminatam, indignam conubio haberi?[4] Quid est aliud quam exsilium intra eadem moenia, quam relegationem pati? Ne adfinitatibus, ne propinquitatibus immisceamur cavent, ne societur sanguis. Quid? hoc si polluit nobilitatem istam vestram, quam plerique, oriundi ex Albanis et Sabinis, non genere nec sanguine, sed per cooptationem in patres habetis, aut ab regibus lecti aut post reges exactos jussu populi, sinceram servare privatis consiliis non poteratis, nec ducendo[5] ex plebe neque vestras filias sororesque enubere sinendo e patribus[6]? Nemo plebeius patriciae virgini vim adferret; patriciorum ista libido est[7]; nemo invitum pactionem nuptialem quemquam facere coegisset. Verum enimvero lege id prohiberi et conubium tolli patrum ac plebis, id demum contumeliosum plebi est. Cur enim non fertis ne sit conubium divitibus ac pauperibus?

(...) Cur non sancitis ne vicinus patricio sit plebeius, ne eodem itinere eat, ne idem convivium ineat, ne in foro eodem consistat? Quid enim in re est aliud[8], si plebeiam patricius duxerit, si patriciam plebeius? Quid juris tandem mutatur? Nempe patrem sequuntur[9] liberi. Nec, quod nos ex conubio vestro petamus, quicquam est[10], praeterquam ut hominum, ut civium numero simus.

Tite-Live, *Histoire romaine,* IV, 4.

1. hoc ipsum : *cette interdiction contre laquelle je lutte* (ne... esset *développe* hoc). *L'interdiction du* conubium *est une mesure récente, due aux décemvirs, et décrétée* (tulerunt) *peu avant qu'on ait décidé de les démettre...*

2. pessimo publico *(datif) : pour le plus grand mal de tous.*

3. an, *interrogation ironique : à moins que... ?*

4. *Retenez ce sens de* habeo : *considérer comme, tenir pour, juger.*

5. nec ducendo..., neque... sinendo : *exemples de* consilia privata *(décisions d'ordre privé) auxquels les patriciens auraient pu recourir, plutôt que d'imposer une loi (qui engage l'État tout entier);* ducere : *emmener une femme chez soi, l'épouser.*

6. enubere e patribus : *prendre des époux en dehors des patriciens.*

7. patriciorum ista libido est : *allusion (venimeuse!) à la conduite odieuse d'un des décemvirs, Appius Claudius, qui voulut abuser de la chaste Virginie, au nom prédestiné. Rassurez-vous : la vertu de cette dernière fut en définitive préservée... grâce à l'initiative de son père, qui la mit à mort d'un coup de couteau!*

8. quid enim in re est aliud? : *quelle différence y a-t-il, en fait (entre les libertés qui viennent d'être énoncées et celle de se marier entre plébéiens et patriciens)?*

9. sequuntur : *suivent, conservent la condition.*

10. nec... quicquam est praeterquam ut... = (atque) nihil aliud... nisi ut.

**Matrone romaine avec sa fille : toutes deux portent la *stola,* la longue robe des dames dans la bonne société romaine.**

## Une transaction bizarre

*Les patriciens, ne voyant pas d'autre moyen d'apaiser la plèbe, commencèrent par céder sur la première revendication : ils accordèrent le* jus conubii, *en pensant que la plèbe s'en contenterait et différerait la question des consuls plébéiens. Il n'en fut rien; forts de ce premier succès, Canuléius et ses collègues n'en devinrent que plus intransigeants! Et le menace de guerre était réelle : les patriciens durent céder à nouveau, du moins en apparence...*

... Eo deducta est res, ut tribunos militum consulari potestate promisce ex patribus et plebe creari sinerent, de consulibus creandis nihil mutaretur; eoque contenti tribuni, contenta plebs fuit. Comitia tribunis consulari potestate tribus creandis indicuntur. Quibus indictis, extemplo quicumque aliquid seditiose dixerat aut fecerat umquam, maxime tribunicii, et prensare homines et concursare toto foro candidati coepere, ut patricios desperatio primo inritata plebe apiscendi honoris[1], deinde indignatio, si cum his gerendus esset honos, deterreret. Postremo tamen petiere. Eventus eorum comitiorum docuit alios animos in contentione libertatis dignitatisque, alios secundum deposita certamina incorrupto judicio esse; tribunos enim militum omnes patricios creavit populus, contentus eo quod ratio habita plebeiorum esset...

Tite-Live, *op. cit.*, IV, 6.

1. apiscendi honoris : *compl. de* desperatio.

## *Recherche*

• Si l'on en croit Tite-Live, le vote de la plèbe est tout à son honneur; il fait ainsi l'éloge de ce désintéressement, bien oublié selon lui, à l'époque où il écrit :

> « *Hanc modestiam aequitatemque et altitudinem animi ubi nunc in uno inveneris, quae tum populi universi fuit?* »

Quel est votre avis personnel sur ce point? Le vote de la plèbe vous paraît-il l'indice d'une conscience politique supérieure ou d'une incohérence grave? Est-ce qu'à votre avis une mobilisation spontanée suffit à donner une éducation politique?

• Tite-Live accuse les tribuns d'avoir pris appui sur la plèbe pour satisfaire leurs ambitions personnelles : la chose vous paraît-elle invraisemblable?

# QUELQUES LUMIÈRES

Le droit de cité *(civitas)* était l'ensemble des droits dont disposait chaque citoyen ; accorder la *civitas,* c'était accorder à quelqu'un (un ennemi vaincu par exemple) la citoyenneté romaine, et le plein exercice des droits politiques du citoyen. Est citoyen romain tout homme libre né d'un père citoyen ; mais ce statut peut être accordé collectivement à des cités « naturalisées » par Rome, par conquête ou traité. Il ne faut cependant pas croire que tous les hommes libres de l'Empire recevaient ce titre : par exemple, ce n'est qu'en 49 avant J.-C. que tous les hommes libres d'Italie acquirent la citoyenneté, et encore certains n'étaient pas des citoyens « complets » *(cives optimo jure)* : ils n'étaient que *cives minuto jure,* et ne disposaient pas de tous les droits, dont voici les principaux :

- **droits politiques** *(jura publica)* :
  - droit de vote *(jus suffragii)*
  - droit d'être élu *(jus honorum)*
  - droit d'accéder aux sacerdoces *(jus sacrorum)*
  - droit de faire appel au peuple dans les procès criminels *(jus provocationis)*
- **droits civils** *(jura privata)* :
  - droit de propriété *(jus commercii)*
  - droit de mariage *(jus conubii)*
  - droit d'intenter une action judiciaire *(jus legis actionis)*
- en contrepartie, **devoirs du citoyen** *(munera)* :
  - être recensé *(census)*
  - servir aux armées *(militia)*

Montrez comment l'argumentation de Canuléius s'appuie sur cette définition de la citoyenneté romaine ; quels sont les droits mis en cause par les patriciens, et qui seront arrachés par la plèbe ? En fait, à Rome, le droit de citoyenneté devint le même pour patriciens et plébéiens. La lutte de ces derniers est, vous le voyez, assez comparable à celle que mènent aujourd'hui les militants noirs d'Afrique du Sud pour obtenir la fin du système de l' « apartheid ».

Aux familles plébéiennes étaient refusés certains privilèges religieux, sur lesquels les patriciens fondaient solidement leur pouvoir. Les patriciens revendiquent le droit exclusif de pratiquer certains actes religieux, comme la prise des augures (nécessaire avant toute décision politique) ou l'exercice d'un sacerdoce supérieur (les pontifes furent tous patriciens jusqu'en 300 av. J.-C.). Dans d'autres civilisations indo-européennes, comme l'Inde, on retrouve ce lien étroit entre pouvoir religieux et pouvoir politique : ce que le *conubium* met en péril, ce sont les privilèges d'une caste ; et les patriciens s'insurgent contre l'éventualité d'un consul plébéien en clamant que seul un patricien peut faire les consultations augurales nécessaires à l'exercice du consulat.

Les deux revendications de la plèbe sont donc intimement liées : elles cherchent à détruire une caste qui fonde sa domination politique sur des privilèges religieux. Du reste, les rencontres entre religion et politique ou économie ne sont pas rares : Henri IV s'est converti pour régner, et les catholiques irlandais sont en quête d'une égalité de droits qui leur est, en pratique, refusée.

**Monnaie républicaine représentant une scène de vote. (Paris, Bibliothèque nationale.)**

## Une tentative révolutionnaire : C. Manlius Capitolinus

Franchissant allégrement les années, nous voici en 385 avant J.-C. Rome vient de subir une épreuve terrible : l'invasion de tribus gauloises venues du Nord. De 390 à 386, celles-ci déferlent sur l'Italie, et la Ville même est prise d'assaut : les Gaulois campent au pied du Capitole, où s'est réfugiée, dans la citadelle sacrée, toute la population de la ville en état de porter les armes. Mais, une fois ces envahisseurs péniblement repoussés, Rome se trouve face à des problèmes d'une extrême gravité. En premier lieu, il faut reconstruire la ville, saccagée au point que l'on a pu envisager d'abandonner son site prestigieux! Bien entendu, ce sont surtout les classes populaires qui pâtissent dans de telles situations : il leur faut s'endetter, s'endetter encore, accepter des taux usuraires impitoyables, sans beaucoup d'espoir de parvenir à s'acquitter de ces dettes; leur seul but est de parvenir à éviter la contrainte par corps, le *nexum,* qui leur vaudrait l'esclavage pour dettes. Ajoutez à cela que la vie est très chère, l'approvisionnement de la Ville souvent insuffisant, la famine toujours menaçante... C'est dans cette atmosphère d'inquiétude et de mécontentement qu'un homme, M. Manlius Capitolinus, va essayer d'entraîner la plèbe dans une révolution.

Ce personnage inquiétant semble être un Gaulois.

### UN NOBLE AU SERVICE DU PEUPLE

Jusque-là, nous avons vu que les initiatives de la plèbe étaient dues, le plus souvent, à l'action des tribuns, ou en tout cas de plébéiens. Manlius n'est ni tribun ni plébéien; il appartient à une puissante *gens* patricienne, et il n'est pas exclu qu'il ait été lui-même consul en 393 avant J.-C. C'est donc un privilégié qui prend en main la cause de la plèbe, non sans viser, plus ou moins ouvertement, à la royauté : car c'est contre l'organisation de l'État romain qu'il s'insurge, contre les magistratures, à la différence des tribuns qui luttaient pour des réformes; le projet de Manlius est révolutionnaire. Par deux fois déjà, des nobles avaient tenté pareille aventure : Spurius Cassius, peu après la chute des rois, Spurius Maelius vers 440. Tous deux avaient connu une fin tragique : accusés d'aspirer à la royauté, ils avaient été mis à mort... comme cela devait arriver, plus tard, à Jules César. Ne soyons pas surpris par des situations de ce type : dans un régime aristocratique, ce sont les nobles qui sont le plus hostiles au pouvoir personnel, où ils voient un danger pour leurs privilèges; on peut dire qu'en ce sens le « césarisme » est « de gauche ».

Lorsqu'il se lance dans son entreprise révolutionnaire, Manlius dispose déjà d'un assez grand prestige à Rome : il est un héros de la guerre contre les Gaulois; il s'est illustré dans la défense du Capitole, repoussant par son seul courage une importante attaque ennemie. Les patriciens ont cependant peu d'estime pour lui : ce noble gaspille son patrimoine, il a été traduit en justice pour dettes, il s'en prend ouvertement à des personnalités comme le dictateur Camille, héros de la tradition romaine, dont il jalouse la gloire. C'est un caractère fougueux, emporté, arrogant; furieux de ne pas se voir reconnaître par ses pairs la valeur qu'il s'attribue, outré de l'ingratitude des sénateurs, il se tourne vers la plèbe, et lance contre le Sénat de très graves accusations, entre autres celle d'avoir détourné la somme qui aurait dû être versée aux Gaulois pour racheter la Ville, et qui suffirait à rembourser les dettes plébéiennes... Tout ceci lui vaut d'être jeté en prison par le nouveau dictateur, A. Cornélius Cossus. Cette décision scandalise la plèbe, qui arrache la mise en liberté de son héros : l'outrage qu'il vient de subir ne fait que déterminer Manlius, chez qui aspirations généreuses et rancune personnelle sont intimement mêlées, à provoquer un soulèvement armé de la plèbe.

# « De l'audace, encore de l'audace! »

Quousque tandem ignorabitis vires vestras, quas natura ne beluas quidem ignorare voluit? Numerate saltem quot ipsi sitis, quot adversarios habeatis. Si singuli singulos adgressuri essetis, tamen acrius crederem vos pro libertate quam illos pro dominatione certaturos. Quot enim clientes circa singulos fuistis patronos, tot nunc adversus unum hostem eritis. Ostendite modo bellum; pacem habebitis. Videant vos paratos ad vim; jus ipsi remittent [1]. Audendum est aliquid universis, aut omnia singulis patienda. Quousque me circumspectabitis! Ego quidem nulli vestrum deero; ne fortuna mea desit, videte. Ipse vindex vester [2], ubi visum inimicis est [3], nullus repente fui; et vidistis in vincula duci universi eum, qui a singulis vobis vincula depuleram [4]. Quid sperem, si plus in me audeant inimici? An exitum Cassi Maelique exspectem? Bene facitis, quod abominamini [5] : « di prohibebunt haec »; sed numquam propter me de caelo descendent; vobis dent [6] eam mentem oportet ut prohibeatis, sicut mihi dederunt armato togatoque ut vos a barbaris hostibus, a superbis defenderem civibus. Tam parvus animus tanti populi est, ut semper vobis auxilium [7] adversum inimicos satis sit, nec ullum, nisi quatenus [8] imperari vobis sinatis, certamen adversus patres noritis? Nec hoc natura insitum vobis est, sed usu possidemini. Cur enim adversus externos tantum animorum geritis, ut imperare illis aequum censeatis? quia consuestis cum eis [9] pro imperio certare, adversus hos temptare magis quam tueri libertatem. Tamen, qualescumque duces habuistis, qualescumque ipsi fuistis, omnia adhuc, quantacumque petistis, obtinuistis seu vi seu fortuna vestra. Tempus est jam majora conari. Experimini [10] modo et vestram felicitatem et me, ut spero, feliciter expertum; minore negotio qui imperet patribus imponetis quam qui resisterent imperantibus imposuistis. Solo aequandae [11] sunt dictaturae consulatusque, ut caput attollere Romana plebes possit! Ego me patronum profiteor plebis, quod [12] mihi cura mea et fides nomen indidit; vos si quo insigni magis imperii honorisve nomine vestrum appellabitis ducem, eo utemini potentiore ad obtinenda ea quae vultis.

Tite-Live, *op. cit.*, VI, 18.

1. jus ipsi remittent : *d'eux-mêmes, ils relâcheront le droit (ils adouciront les prescriptions draconiennes des lois des Douze Tables concernant le règlement des dettes).*
2. vindex vester : *votre libérateur, le garant de votre liberté.*
3. visum est, *emploi impersonnel de* videor; mihi videtur hoc facere : *il me semble bon de faire cela;* nullus : *réduit à néant.*
4. *Manlius a payé les dettes de quelques plébéiens, leur évitant ainsi la prison et l'esclavage pour dettes.*
5. bene facitis, quod abominamini : *c'est fort bien à vous d'en conjurer la menace, en disant...*
6. dent : *dépend de* oportet; eam mentem ut : *la résolution, la volonté de...*
7. auxilium : *la protection des tribuns* (jus auxilii); *attention à la différence de sens entre* inimici *et* hostes!
8. quatenus *introduit une proposition interrogative indirecte dépendant, pour le sens, de* certamen (certamen erat uter imperaret : *l'enjeu du combat était de savoir lequel des deux commanderait*); imperari : *passif impersonnel;* noritis = noveritis.
9. eis = hostibus, externis; hos = patres.
10. experimini : *impératif.*
11. solo aequandae = tollendae.
12. quod nomen = nomen quod.

## *Recherche*

• Relevez et classez les différents points de l'argumentation de Manlius. Par quels procédés rhétoriques les renforce-t-il?

• Quel rôle Manlius entend-il jouer dans cette aventure? Quelle image de lui-même s'efforce-t-il d'offrir? Quel est cet *insignius nomen* que les plébéiens pourraient bien lui donner ? Dans quelle mesure, en prêtant à Manlius de telles déclarations, Tite-Live porte-t-il un grave jugement sur les desseins du personnage ?

### TRISTE FIN D'UN AGITATEUR

Tandis que la plèbe s'enflamme pour Manlius, les sénateurs s'alarment ; ils prônent des mesures d'urgence ; et l'on trouve à leurs côtés des alliés quelque peu inattendus : les tribuns de la plèbe M. Ménénius et Q. Publilius... Union sacrée contre un nihiliste ? En vérité, dès cette époque, les intérêts des patriciens et des grandes familles plébéiennes, qui constituent ensemble ce qu'on appelle la *nobilitas,* sont étroitement liés, et l'attitude de ces tribuns nous montre bien que le tribunat n'a plus grand-chose de commun avec la plèbe... Admirez leur analyse politique :

« Pourquoi transformons-nous en lutte entre plèbe et patriciat ce qui ne doit être qu'une lutte de la cité tout entière contre un citoyen pernicieux ? Pourquoi attaquer à travers lui la plèbe, quand il est plus sûr de se servir de la plèbe pour l'attaquer, si bien qu'il s'effondre accablé par ses propres forces ? Nous avons l'intention de le citer en justice. Rien n'est plus odieux au peuple que la royauté : dès que cette foule verra qu'on ne lutte pas contre elle, dès qu'ils cesseront d'assister l'accusé pour devenir ses juges, qu'ils auront sous les yeux un patricien pour accusé et des plébéiens comme accusateurs, et comme accusation le dessein de rétablir la royauté, alors ils auront par-dessus tout souci de leur propre liberté. »

### UN PROCÈS PATHÉTIQUE

Devant ses juges, Manlius défend dramatiquement sa vie : il rappelle ses exploits guerriers, les distinctions militaires qu'ils lui ont values ; il exhibe ses cicatrices ; il fait défiler à la barre près de quatre cents personnes à qui il a prêté de l'argent sans intérêt, ou dont il a empêché la saisie judiciaire ; il demande aux citoyens d'avoir un dernier regard pour le Capitole, qu'il a défendu au péril de sa vie et dont il tire son *cognomen,* avant de se prononcer sur son sort... Va-t-il triompher ?

Les tribuns mettent alors tout en œuvre pour assurer la condamnation de Manlius. Ils vont jusqu'à fixer le lieu où l'on votera la sentence, de telle sorte qu'on n'en puisse point apercevoir le Capitole... C'est ainsi que Manlius est condamné, et exécuté à l'endroit même où il avait tenu les Gaulois en respect par sa seule bravoure.

« *Tribuni de saxo Tarpeio dejecerunt, locusque idem in uno homine et eximiae gloriae monumentum et poenae ultimae fuit...* »

### AMÈRE VICTOIRE DE L'ORDRE...

Manlius est mort, condamné par les tribuns... On a tué un héros en exécutant ce révolutionnaire...

Cette sentence laissera un souvenir sinistre aux plébéiens. Quelque temps plus tard, une épidémie désastreuse se déclara sans raison apparente : était-ce une punition des dieux ?

En vérité, l'épisode de Manlius marque clairement quelle est la réalité politique de la Ville : la collusion des tribuns étale au grand jour la communauté d'intérêts qui existe entre les riches familles plébéiennes et le patriciat. La conquête des magistratures par la plèbe se poursuivra, et bientôt plébéiens et patriciens pourront exercer les mêmes charges, à l'exception de quelques fonctions de caractère religieux.

### UN AVENIR ARISTOCRATIQUE

Ainsi la République romaine trouve peu à peu sa vraie définition : les patriciens auraient souhaité y exercer la totalité des pouvoirs, en tant que caste ; ce pouvoir, ils ont été contraints de le partager avec la haute bourgeoisie plébéienne. Et le peuple, que devient-il dans tout cela ? Il se sent lésé, il gronde sourdement après l'affaire Manlius... Mais, bientôt, le calme reviendra, non sans quelques crises ; la dernière sécession de la plèbe aura lieu en 287 : le peuple obtient que ses décrets *(plebiscita)* aient force de loi. Peut-on croire alors à une évolution démocratique de l'État romain ? Les guerres Puniques, qui commencent en 265, mettront au second plan ces problèmes intérieurs.

Le destin de Rome était décidément d'être une démocratie où le pouvoir serait aux mains d'une aristocratie.

# L'IMPOSSIBLE RÉVOLUTION

*De 264 à 146 avant J.-C., sur terre et sur mer, Rome et Carthage s'affrontent. L'enjeu de cette lutte interminable? Il ne s'agit point d'une simple rivalité entre deux villes, voire entre deux peuples. Le bassin méditerranéen est trop étroit pour que deux puissances politiques et économiques puissent s'y maintenir côte à côte, dans une illusoire coexistence pacifique. L'enjeu des guerres Puniques, c'est l'hégémonie totale sur le monde occidental, et Caton avait bien raison d'exiger la destruction de Carthage : ce n'est que sur les ruines de la cité rivale que Rome pouvait bâtir son avenir. Plus de cent ans de guerre avant que ne s'écroule définitivement, en 146, la puissance carthaginoise...*

*On ne guerroie pas aussi longtemps impunément. Les guerres Puniques ont bouleversé la vie romaine : désormais la péninsule italique ne saurait suffire au peuple romain; la Sicile, l'Espagne, la Macédoine, la Grèce sont devenues provinces romaines, et c'est vers ces terres nouvelles que s'oriente la vie économique. Et sur place, en Italie, que reste-t-il? De grandes familles qui ont solidement établi leur domination politique et économique en monopolisant les commandements fructueux, en remplissant leurs caisses grâce aux butins et aux gouvernements de provinces, et un peuple romain saigné à blanc par la guerre, soumis plus que jamais à une classe possédante qui a racheté ses terres et qui le tient à sa merci par les dettes inévitables qu'il a fallu contracter pour survivre à la victoire... Le temps de la guerre avait imposé une paix sociale factice : celle de l'« union sacrée » contre l'ennemi punique; une tourmente aussi violente que celle qui a permis l'accès de la plèbe aux magistratures va renaître, mais dans un monde qui désormais est aux mains d'une oligarchie trop puissante pour être sérieusement ébranlée.*

Les ruines de Carthage, aux environs de Tunis.

# Après les conquêtes

*Voici l'analyse que donne Salluste de cette situation politique au lendemain des guerres Puniques et des conquêtes du second siècle.*

Ceterum mos partium et factionum, ac deinde omnium malarum artium paucis ante annis Romae ortus est otio atque abundantia earum rerum quae prima mortales ducunt. Nam ante Carthaginem deletam populus et senatus Romanus placide modesteque inter se rem publicam tractabant; neque gloriae neque dominationis certamen inter cives erat : metus hostilis in bonis artibus civitatem retinebat. Sed ubi illa formido mentibus decessit, scilicet ea quae res secundae amant, lascivia atque superbia, incessere[1]. Ita quod in adversis rebus optaverant, otium, postquam adepti sunt, asperius acerbiusque fuit. Namque coepere nobilitas dignitatem, populus libertatem in libidinem vertere; sibi quisque ducere, trahere, rapere[2]. Ita omnia in duas partes abstracta sunt, res publica, quae media[3] fuerat, dilacerata. Ceterum nobilitas factione magis pollebat; plebis vis soluta atque dispersa in multitudine minus poterat. Paucorum arbitrio belli domique[4] agitabatur; penes eosdem aerarium, provinciae, magistratus, gloriae triumphique erant; populus militia atque inopia urgebatur; praedas bellicas imperatores cum paucis diripiebant. Interea parentes aut parvi liberi militum, uti quisque[5] potentiori confinis erat, sedibus pellebantur. Ita cum potentia avaritia sine modo modestiaque invadere, polluere et vastare omnia, nihil pensi[6] neque sancti habere, quoad semet ipsa praecipitavit. Nam ubi primum ex nobilitate reperti sunt, qui[7] veram gloriam injustae potentiae anteponerent, moveri civitas et dissensio civilis quasi permixtio terrae oriri coepit.

Salluste, *De bello jugurthino,* 41.

1. incessere : *cette terminaison de la 3ᵉ personne du pluriel du parfait est fréquente chez Salluste. Elle comporte un* e *long* (-ēre), *qui la distingue des infinitifs en* -ĕre. *On ne pouvait donc confondre* legēre *et* legere (= legerunt).
2. *Infinitifs de narration. Vous en trouverez d'autres à la fin du texte.*
3. media : *au milieu, à personne.*
4. belli domique, *formule archaïque au locatif : en temps de guerre et en temps de paix.*
5. uti quisque.. : *dans la mesure où chacun..., pour peu qu'ils fussent...*
6. nihil pensi habere : *ne rien considérer comme ayant quelque poids, n'avoir d'égard pour rien.*
7. reperti sunt qui, *voir* sunt qui + *subjonctif : il y a des gens pour, il y en a qui. Ces hommes issus de la noblesse, qui entreprennent de lutter contre leur propre classe, sont Tibérius et Caïus Gracchus.*

## Recherche

• Au début de ce texte, *partes* (au pluriel, ce mot signifie : parti politique) désigne spécifiquement le parti populaire, et s'oppose à *factio,* qui désigne la coalition de la noblesse. Montrez comment Salluste, dans son analyse, met en relief l'opposition irréductible qui donne naissance à cette lutte de partis.

• Que pensez-vous de la façon dont Salluste fait l'éloge de l'« union sacrée » qui, pendant la guerre, a assuré une paix sociale au nom de la défense de la patrie ? Son analyse politique vous paraît-elle suffisamment profonde sur ce point ?

• Étudiez ce texte du point de vue rhétorique : relevez les oppositions, les effets d'accumulation, le jeu sur les temps, les changements de rythme.

• Relevez tous les noms abstraits féminins (ils sont nombreux, pourquoi ?). Décomposez-les, classez-les selon leurs suffixes. Expliquez leur formation et leur sens.

• Vous avez sans doute étudié l'année dernière quelques textes de Salluste : pouvez-vous retrouver dans ce passage les traits fondamentaux de sa pensée historique (perspectives morales de l'histoire, pessimisme, sensibilité à la décadence, etc.)?

### La vie des mots

Étudiez l'origine étymologique des mots : faction – rétention – formidable – adverse – opter – âpre – acerbe – traire, traction, distraire, extraire, tracteur – solvable, dissoudre – urgent – prédateur – confins – invasion – polluer – répertoire.

## L'aventure des Gracques

« Les bêtes sauvages elles-mêmes qui errent en Italie ont leurs trous et leurs tanières où se réfugier; et ceux qui combattent pour l'Italie et lui sacrifient leurs vies n'ont en propriété que l'air qu'ils respirent et la lumière; sans maisons ni foyers, ils errent, accompagnés de leurs femmes et de leurs enfants. Ils leur mentent, en vérité, les généraux qui haranguent les soldats dans les combats, lorsqu'ils leur disent qu'ils combattent l'ennemi pour défendre les tombeaux de leurs ancêtres et leurs pénates, car la foule du peuple romain ne possède plus ni tombeau paternel, ni foyer. C'est pour le luxe d'autrui, pour sa richesse qu'ils combattent et meurent, et eux, que l'on appelle les maîtres du monde, ils ne possèdent même pas une motte de terre. »

Vous venez de lire un fragment d'un discours authentique de Tibérius Gracchus, que Plutarque nous a conservé, traduit en grec. Vous avez pu mesurer ce qu'il y a de révolutionnaire dans l'entreprise de ce jeune tribun de la plèbe, issu de la *gens Cornelia*, une des plus glorieuses familles de la noblesse. Car, ce qui fait la force des paroles de Tibérius, c'est qu'il dit la vérité : à qui profitent les conquêtes de Rome, pour lesquelles les citoyens passent de longues années sous les armes? Si le soldat n'a pas laissé sa vie sur un quelconque champ de bataille, que trouve-t-il en rentrant chez lui? Une noblesse insolente qui possède toute la terre, qui a peut-être racheté son bien, qui ne lui laisse pour survivre que deux solutions : s'endetter à vie, ou venir à Rome grossir la foule d'une plèbe urbaine proprement asservie par les riches, dont elle attend chaque jour le pain quotidien...

Que faire? Tibérius dépose un projet de loi agraire : il faut redistribuer au peuple romain toutes ces terres d'Italie qui lui permettront de vivre. L'*ager publicus,* ce bien collectif du peuple romain, est tombé entre les mains des nobles : qu'on le partage! Des triumvirs sont nommés pour faire cette répartition. La plèbe urbaine s'enthousiasme pour le projet de Tibérius; les nobles s'alarment; au cours d'une émeute fomentée par les sénateurs, Tibérius est assassiné; on l'accusait, comme d'habitude, d'aspirer à la monarchie... Nous sommes en 133 avant J.-C.

Quelques années plus tard, en 124, Caïus Gracchus se fait élire au tribunat : il s'efforce de reprendre l'œuvre avortée de son frère Tibérius. Mais il va plus loin que lui : nouveau projet de loi agraire, vote de la première loi frumentaire (distribution de blé à prix modique, mesure qui ébranlait la domination alimentaire que les riches exerçaient sur la plèbe), instauration de tribunaux de chevaliers romains pour juger les abus de pouvoir des gouvernements sénatoriaux, et un vaste projet de réforme des magistratures, qui faisait éclater la république oligarchique...

Comme son frère, il fut assassiné. La puissance ne s'accommode pas facilement de la justice.

# Le temps des séditions

*Dans cette synthèse sur les tentatives des Gracques, l'historien Florus reflète admirablement l'idéologie sénatoriale : sous l'apparence d'un combat pour la justice, les projets des tribuns cherchaient à saper l'ordre établi de la République, c'est-à-dire cette belle oligarchie qui détenait la gloire, la tradition, le bien, le passé, l'avenir du peuple romain...*

Seditionum omnium causas tribunicia potestas excitavit, quae specie quidem plebis tuendae, cujus in auxilium comparata est, re autem dominationem sibi adquirens, studium populi ac favorem agrariis, frumentariis, judiciariis legibus aucupabatur. Inerat omnibus species aequitatis. Quid tam justum enim quam recipere plebem sua a patribus, ne populus gentium victor orbisque possessor extorris aris ac focis ageret[1]? Quid tam aequum quam inopem populum vivere ex aerario suo? Quid ad jus libertatis aequandae magis efficax quam ut, senatu regente provincias, ordinis equestris[2] auctoritas saltem judiciorum regno niteretur? Sed haec ipsa in perniciem redibant. Nam et a senatu in equitem translata judiciorum potestas vectigalia, id est imperii patrimonium, supprimebat[3]; et emptio frumenti ipsos rei publicae nervos exhauriebat, aerarium[4]; et reduci plebs in agros[5] unde poterat sine possidentium eversione, qui ipsi pars populi erant et tum relictas sibi a majoribus sedes aetate, quasi jure hereditario, possidebant?

Florus, *Epitome de gestis Romanorum.*

1. ageret (vitam) = viveret.

2. *Les chevaliers composaient la classe censitaire des riches (à l'origine les gens capables de servir dans la cavalerie en fournissant le cheval et l'équipement). Ils jouaient un grand rôle économique en remplissant des fonctions interdites en principe aux sénateurs : grand commerce, banque...*

3. *Les chevaliers, exerçant souvent des charges de fermiers généraux, faisaient rentrer les impôts de l'État et les tributs* (vectigalia); *Florus suggère que les tribunaux de chevaliers, par indulgence pour leurs congénères, auraient laissé impunies les fraudes sur les impôts, pour le plus grand détriment de l'État.*

4. aerarium : *apposition à* rei publicae nervos.

5. reduci plebs in agros : *la distribution des terres aurait permis de réduire le nombre des plébéiens ruinés et misérables qui avaient envahi Rome, après avoir été dépouillés de leurs terres.*

## *Recherche*

• Point n'est besoin d'un questionnaire en bonne forme pour apprécier ce texte : à vous d'en mesurer le sens et la portée (vous pouvez relire, plus haut, le texte de Tibérius Gracchus). Quelle est, en fin de compte, la différence entre la *species aequitatis* que Florus accorde aux revendications des Gracques, et la justice?

• Certains juristes, tel A. Bouché-Leclercq, dans son *Manuel des institutions romaines,* restent cependant sévères envers les tribuns de la plèbe : « Le tribunat est devenu une magistrature ayant action sur le peuple entier; mais il ne se réconcilie pas pour cela avec la constitution. Son histoire est dans toutes les crises politiques déterminées par son initiative. Les Romains auraient pu l'abolir après la législation décemvirale; ils auraient dû le faire après l'admission des plébéiens au consulat en 367... Le tribunat, révolutionnaire de par son origine, est resté jusqu'au bout un ferment malsain et comme un corps étranger dans la constitution. Plus tard, l'Empire lui prendra son autorité et se plaira à avilir le nom qu'il lui laissera. La "puissance tribunitienne", détachée de la fonction officielle et adjugée aux empereurs, deviendra le plus sûr appui légal du despotisme césarien. »

# La propriété privée

Ce tableau d'A. Lanfredini (XIXe s.) représente les Gracques, dans leur enfance, auprès de leur mère Cornélia, fille de Scipion l'Africain. (Sienne, palais Chigi alla Posterierla.)

*C'est en fin de compte au nom du droit de propriété que l'opposition sénatoriale flétrit tout projet de loi agraire! Il est injuste que tous les citoyens romains ne puissent disposer d'un lopin de terre; mais il serait criminel d'attenter aux biens des possédants, en niant en son principe la sacro-sainte institution de la propriété privée : de deux maux, il faut choisir le moindre, et laisser leurs hectares à ceux qui les possèdent... Admirable argumentation, que* **Cicéron** *reprend avec éclat, en la parant du prestige de la Philosophie.*

Imprimis autem videndum erit ei, qui rem publicam administrabit, ut suum quisque teneat neque de bonis privatorum publice diminutio fiat. Perniciose[1] enim Philippus, in tribunatu, cum legem agrariam ferret (quam tamen antiquari facile passus est et in eo vehementer se moderatum praebuit), sed cum in agendo multa populariter[2], tum illud male : « Non esse in civitate duo milia hominum qui rem haberent. » Capitalis[3] oratio, ad aequationem bonorum pertinens : qua peste quae potest esse major? Hanc enim ob causam maxime, ut sua[4] tenerentur, res publicae civitatesque constituae sunt. Nam, etsi duce natura[5] congregabantur homines, tamen spe custodiae rerum suarum urbium praesidia quaerebant...

*Proposer des lois agraires n'est donc qu'une scandaleuse démagogie, une pente pernicieuse pour l'État, qui va contre toute morale.*

1. perniciose : *s.e.* fecit. *Philippus, tribun en 104 avant J.-C., avait, lui aussi, proposé un projet de réforme agraire. Il finit par mettre l'éteignoir sur ce projet, sensible sans doute aux pressions des sénateurs, et, rentrant dans le rang du parti de l'ordre, il réussit une assez jolie carrière politique, qui le conduisit jusqu'au consulat en 91 avant J.-C.*

2. populariter : *démagogiquement;* illud male (dixit).

3. capitalis : *digne de la peine de mort.*

4. sua : *les biens de chacun.*

5. duce natura : *ablatif absolu* = natura ducente.

Qui vero se populares volunt ob eamque causam aut agrariam rem temptant ut possessores pellantur suis sedibus, aut pecunias creditas debitoribus condonandas putant, labefactant fundamenta reipublicae, concordiam primum quae esse non potest cum aliis adimuntur, aliis condonantur pecuniae, deinde aequitatem quae tollitur omnis, si habere suum cuique non licet. Id enim est proprium, ut supra dixi, civitatis et urbis, ut sit libera et non sollicita suae rei cujusque custodia. Atque in hac pernicie rei publicae ne illam quidem consequuntur quam putant gratiam : nam cui res erepta est, est inimicus; cui data est, etiam dissimulat se accipere voluisse et maxime in pecuniis creditis occultat suum gaudium, ne videatur non fuisse solvendo[6]; at vero ille qui accipit injuriam, et meminit et prae se fert dolorem suum; nec, si plures sunt ii quibus improbe datum est quam illi quibus injuste ademptum est, idcirco plus etiam valeant : non enim numero haec judicantur sed pondere. Quam autem habet aequitatem, ut[7] agrum multis annis aut etiam saeculis ante possessum, qui nullum habuit, habeat, qui autem habuit, amittat?

Cicéron, *De officiis,* II, 73 sq.

6. solvendo non esse : *ne pas être solvable.*

7. quam autem habet aequitatem, ut... : *quelle équité y a-t-il dans le fait de vouloir que...*

## Recherche

• Analysez les arguments de Cicéron dans ce passage, et classez-les. Quel rapport établit-il entre civilisation et propriété?
Comparez avec le célèbre *Discours sur l'origine de l'inégalité,* de Rousseau.

• Cicéron ne se contente pas de condamner moralement et philosophiquement la politique des défenseurs de la réforme agraire et de la rémission des dettes : il entreprend de démontrer que ces tentatives démagogiques ne profitent pas à leurs auteurs. Que suggère-t-il par là sur les intentions profondes de ces hommes politiques?

## D'un texte à l'autre

*Philippus aurait déclaré qu'il n'y avait pas deux mille hommes qui possédassent une propriété. Dans son discours* « Sur la banqueroute » *(1789), Mirabeau reprend, pour la France, ce chiffre... révolutionnaire :*

« Mes amis, écoutez un mot, un seul mot. Deux siècles de déprédations et de brigandages ont creusé le gouffre où le royaume est près de s'engloutir. Il faut le combler, ce gouffre effroyable! Eh bien, voici la liste des propriétaires français. Choisissez parmi les plus riches, afin de sacrifier moins de citoyens; mais choisissez; car ne faut-il pas qu'un petit nombre périsse pour sauver la masse du peuple? Allons, ces deux mille notables possèdent de quoi combler le déficit. Ramenez l'ordre dans vos finances, la paix et la prospérité dans le royaume... Frappez, immolez sans pitié ces tristes victimes! précipitez-les dans l'abîme! Il va se refermer... Vous reculez d'horreur... Hommes inconséquents! hommes pusillanimes! Eh! ne voyez-vous donc pas qu'en décrétant la banqueroute ou, ce qui est plus odieux encore, en la rendant inévitable sans la décréter, vous vous souillez d'un acte mille fois plus criminel, et, chose inconcevable, gratuitement criminel; car enfin cet horrible sacrifice ferait du moins disparaître le déficit. Mais croyez-vous, parce que vous n'avez pas payé, que vous ne devrez plus rien ? Croyez-vous que les milliers, les millions d'hommes qui perdront en un instant, par l'explosion terrible ou par ses contrecoups, tout ce qui faisait la consolation de leur vie, et peut-être leur unique moyen de la sustenter, vous laisseront paisiblement jouir de votre crime ? »

## QUELQUES LUMIÈRES

Qu'est-ce que la *nobilitas ?* C'est l'ensemble des familles dont un membre a exercé une magistrature supérieure, c'est-à-dire, en pratique, le consulat. Il est théoriquement possible à des hommes n'appartenant pas à une telle famille de briguer et d'obtenir le consulat : on les appelle des *homines novi.* Mais l'entreprise est difficile, et les grandes familles de Rome « trustent » pratiquement les magistratures. On assiste en particulier, dans la première moitié du IIe siècle, à une mainmise quasi exclusive de la *nobilitas* sur le consulat : de 200 à 146, sur cent huit consuls, quatre seulement sont des *homines novi !*

Tandis que cette noblesse sénatoriale règne sur la propriété foncière et jette les bases d'une exploitation agricole de type capitaliste, une classe dynamique se développe, s'enrichit, prend un poids de plus en plus grand avec le retour de la paix, et revendique un rôle politique : ce sont les *chevaliers,* auxquels le grand négoce, la banque, la ferme des impôts procurent une puissance économique redoutable. Il existe, bien sûr, une solidarité de classe entre sénateurs et riches chevaliers : mais la politique du parti populaire, par exemple en créant des jurys de chevaliers pour juger les gouverneurs de provinces, qui étaient nobles, va conduire ces deux courants de la classe possédante à s'affronter ; s'appuyant sur les masses populaires dont ils défendent les revendications, les chevaliers vont ébranler l'oligarchie sénatoriale.

Apothéose de la *gens Julia.*
(Bas-relief du Ier s. ap. J.-C.)

# Marius, « homo novus »

*C. Marius est un chevalier originaire de la petite ville d'Arpinum, où naîtra plus tard un autre chevalier promis à la célébrité, un certain Marcus Tullius Cicéron. Il s'est voué à la carrière militaire, dans la clientèle d'une famille noble, les Mételli. Tribun de la plèbe en 119, préteur en 116, il ambitionne le consulat : c'est alors qu'il se brouille avec les Mételli, et que, devenu champion des* populares *et des chevaliers, il est élu triomphalement au consulat en 108. Cet* homo novus, *général glorieux, va devenir chef de parti. Réélu illégalement consul en 104, il détient cette magistrature pendant cinq ans sans interruption, grâce au soutien de son armée et de la plèbe urbaine : en sa personne, le parti populaire exerça une dictature de fait sur la politique romaine.*

*Le succès de Marius est bâti autour de sa personnalité : son surgissement sur la scène politique, c'est comme un sang nouveau dans la République romaine qui retrouve en lui ses vertus passées, bien oubliées par une noblesse sans gloire ni mérite, ne songeant qu'à se perpétuer au pouvoir et à maintenir ses privilèges. Salluste, homme du parti populaire, y a été sensible, et nous vous proposons d'étudier un large extrait du discours qu'il prête à Marius, au moment où, devant le peuple, le consul annonce une levée de troupes pour faire la guerre contre le roi Jugurtha, en Numidie.*

## Un consul « populaire »

At Marius, ut supra diximus, cupientissima plebe consul factus, postquam ei provinciam Numidiam populus jussit, antea jam infestus nobilitati, tum vero multus atque ferox instare; singulos[1] modo, modo universos laedere; dictitare sese consulatum ex victis illis[2] spolia cepisse; alia praeterea, magnifica pro se et illis dolentia. Interim quae bello opus erant prima habere[3] : postulare legionibus supplementum, auxilia a populis et regibus sociisque arcessere; praeterea ex Latio fortissimum quemque, plerosque militiae[4], paucos fama cognitos, accire, et ambiundo[5] cogere homines emeritis stipendiis secum proficisci. Neque illi senatus, quamquam adversus erat, de ullo negotio abnuere audebat; ceterum supplementum etiam laetus decreverat, quia neque plebi militia volenti putabatur et Marius aut belli usum[6] aut studia vulgi amissurus. Sed ea res frustra sperata : tanta libido cum Mario eundi plerosque invaserat! Sese quisque praeda locupletem fore, victorem domum rediturum, alia hujuscemodi animis trahebant[7], et eos non paulum oratione sua Marius arrexerat. Nam postquam, omnibus quae postulaverat decretis, milites scribere vult, hortandi causa, simul et nobilitatem, uti consueverat, exagitandi[8], contionem populi advocavit.

Salluste, *De bello jugurthino*, 84.

1. singulos (nobiles).
2. illis : *les nobles;* spolia : *attribut de* consulatum.
3. prima habere : *il considérait comme les plus importantes, il mettait au premier rang de ses préoccupations.*
4. fortissimum quemque, *voir* optimus quisque : *tous les meilleurs;* militiae *(locatif) : à l'armée, pour avoir été en campagne sous ses ordres.*
5. ambiundo : *gérondif de* ambio.
6. neque... putabatur : *on pensait que les plébéiens n'avaient pas envie de s'enrôler;* usum belli : *les moyens nécessaires pour faire la guerre.*
7. animis trahebant : *ils retournaient dans leur esprit cette idée que...*
8. exagitare : *malmener (verbalement !).*

## Une profession de foi

Deinde hoc modo disseruit :

« Scio ego, Quirites, plerosque non eisdem artibus imperium a vobis petere et, postquam adepti sunt, gerere : primo industrios, supplices, modicos esse, dein per ignaviam et superbiam aetatem agere. Sed mihi contra ea videtur; nam, quo pluris est universa res publica[1] quam consulatus aut praetura, eo majore cura illam administrari quam haec peti debere[2]. Neque me fallit quantum cum maximo vestro beneficio negotii[3] sustineam. Bellum parare simul et aerario parcere, cogere ad militiam eos quos nolis[4] offendere, domi forisque omnia curare, et ea agere inter invidos, occursantes, factiosos, opinione, Quirites, asperius est[5]. Ad hoc, alii si deliquere, vetus nobilitas, majorum fortia facta, cognatorum et adfinium opes, multae clientelae, omnia haec praesidio adsunt; mihi spes omnes in memet sitae, quas necesse est virtute et innocentia[6] tutari; nam alia infirma sunt. Et illud intellego, Quirites, omnium ora in me conversa esse, aequos bonosque favere, quippe mea bene facta rei publicae procedunt, nobilitatem locum invadendi[7] quaerere. Quo[8] mihi acrius adnitendum est, uti neque vos capiamini et illi frustra sint. Ita ad hoc aetatis[9] a pueritia fui, uti omnes labores et pericula consueta[10] habeam. Quae ante vestra beneficia gratuito faciebam, ea uti accepta mercede[11] deseram non est consilium, Quirites. Illis difficile est in potestatibus temperare, qui per ambitionem sese probos simulavere; mihi, qui omnem aetatem in optimis artibus egi, bene facere jam ex consuetudine in naturam vertit[12]. »

Salluste, *op. cit.*, 85, 1-9.

1. pluris : *gén. de prix.* Pluris est libertas quam divitiae : *la liberté a plus de prix que la richesse;* eo... quo : *voir « Un peu de grammaire », p. 150;* haec *(pl. neutre) : les magistratures.*
2. debere : *la proposition infinitive dépend de* mihi videtur, *d'où vous pouvez extraire un verbe comme* puto.
3. negotii : *complément de* quantum.
4. nolis, *2ᵉ pers. du sing. du subj., à valeur indéfinie : on ne veut pas.*
5. opinione asperius est : *c'est une tâche plus rude qu'on ne l'imagine.*
6. innocentia : *une conduite irréprochable.*
7. locum invadendi : *une occasion de fondre sur moi.*
8. quo, *relatif de liaison : c'est la raison pour laquelle.*
9. hoc aetatis = hanc aetatem : *l'âge où je suis.*
10. consueta : *attribut de* omnes labores et pericula.
11. mercede : *le consulat, salaire de ses efforts;* consilium mihi est : *j'ai l'intention de.*
12. in naturam vertit : *est devenu pour moi une seconde nature.*

Buste de Marius.

## Une grande naissance ne fait pas un grand général

« Bellum me gerere cum Jugurtha jussistis : quam rem nobilitas aegerrime tulit. Quaeso, reputate cum animis vestris num id mutare melius sit, si[1] quem ex illo globo nobilitatis ad hoc aut aliud tale negotium mittatis, hominem veteris prosapiae ac multarum imaginum[2] et nullius stipendii; scilicet ut in tanta re ignarus omnium trepidet, festinet, sumat aliquem ex populo monitorem officii sui. Ita plerumque evenit ut, quem vos imperare jussistis, is sibi imperatorem alium quaerat. Atque ego scio, Quirites, qui, postquam consules facti sunt, et acta majorum et Graecorum militaria praecepta legere coeperint; praeposteri[3] homines : nam gerere quam fieri tempore posterius, re atque usu prius est[4]. Comparate nunc, Quirites, cum illorum superbia me, hominem novum. Quae illi audire aut legere solent, eorum partem vidi, alia[5] egomet gessi; quae illi litteris, ea ego militando didici. Nunc vos existimate, facta an dicta pluris sint[6]. »

Salluste, *op. cit.*, 85, 10-14.

1. num id mutare melius sit, si... mittatis : *si l'on gagnerait au change, en envoyant...* (si *développe* id).

2. multarum imaginum : *le droit de posséder et d'exhiber, particulièrement à l'occasion de funérailles, les portraits en cire de ses ancêtres* (jus imaginum) *était un privilège des familles nobles. L'expression est au génitif qualificatif : un homme riche en portraits de familles et pauvre en états de service* (stipendii).

3. praeposteri homines : *ce sont des gens qui agissent à rebours.*

4. *Cette phrase est un petit chef-d'œuvre stylistique : vous admirerez en Salluste le génie de l'ellipse ! En effet, si l'on veut rendre la pensée dans toute sa densité, on est obligé de gloser en disant :* nam ut gerere consulatum posterius est tempore quam fieri consulem, ita prius est si rem ipsam atque usum spectaveris : *car s'il est vrai que, pour exercer le consulat, il faut d'abord avoir été nommé consul, du point de vue de l'expérience et de la pratique de ce pouvoir, il faut être capable d'exercer le consulat avant d'être nommé consul.*

5. partem..., alia... : *les unes... les autres...*

6. pluris : *gén. de prix.* Aurum pluris est quam argentum : *l'or a plus de valeur que l'argent.*

## La vraie noblesse

« Contemnunt novitatem meam, ego illorum ignaviam; mihi fortuna, illis probra objectantur. Quamquam[1] ego naturam unam et communem omnium existimo, sed fortissimum quemque generosissimum[2]. Quod si jure me despiciunt, faciant item majoribus suis, quibus, uti mihi, ex virtute nobilitas coepit. Invident honori meo; ergo invideant labori, innocentiae[3], periculis etiam meis, quoniam per haec illum cepi ! Verum homines corrupti superbia ita aetatem agunt, quasi vestros honores contemnant; ita hos petunt, quasi honeste vixerint. Ne[4] illi falsi sunt, qui diversissimas res pariter exspectant, ignaviae voluptatem et praemia virtutis. Atque etiam, cum apud vos aut in senatu verba faciunt, pleraque oratione majores suos extollunt; eorum fortia facta memorando clariores sese putant. Quod contra est; nam, quanto vita illorum praeclarior, tanto horum socordia flagitiosior. Et profecto ita se res habet : majorum gloria posteris quasi lumen est; neque bona neque mala eorum in occulto patitur. Hujusce rei ego inopiam fateor, Quirites; verum, id quod multo praeclarius est, meamet[5] facta mihi dicere licet. Nunc videte quam iniqui sint : quod ex aliena virtute sibi arrogant, id mihi ex mea non concedunt, scilicet, quia imagines non habeo, et quia mihi nova nobilitas est; quam certe peperisse melius est quam acceptam corrupisse. »

Salluste, *op. cit.*, 85, 14-25.

1. quamquam, *ici, adv. : mais, du reste, d'ailleurs.*

2. fortissimum quemque : *voir « Un peu de grammaire », p. 150.*

3. innocentia : *intégrité, conduite irréprochable.*

4. ne, *attention ! il s'agit ici d'une particule d'affirmation : assurément, certes. On peut, dans les textes, repérer ce* ne *déroutant : le contexte (sens et mode des verbes) doit éveiller votre soupçon. De plus, cette particule d'affirmation s'emploie devant un pronom, qu'elle vient souligner : assurément ce sont eux qui...*

5. meamet : *forme de* meusmet.

## *D'un texte à l'autre*

Ce thème de la « vraie noblesse » est vite devenu un lieu commun. Déjà, Juvénal écrira : « Qui donnerait en effet le nom de noble à un homme indigne de sa naissance et ne brillant que de l'éclat de son nom? » et ajoutera, menaçant le jeune noble dégénéré : « *Incipit ipsorum contra te stare parentum/nobilitas, claramque facem praeferre pudendis.* »

Plus tard, vous trouverez tel passage similaire chez Boileau *(Satire V)*, Molière *(Dom Juan)*... ou Beaumarchais : « Parce que vous êtes un Grand Seigneur, vous vous croyez un grand génie!... Noblesse, fortune, un rang, des places : tout cela rend si fier! Qu'avez-vous fait pour tant de biens? Vous vous êtes donné la peine de naître, et rien de plus; du reste, homme assez ordinaire! » *(Le Mariage de Figaro.)*

### La vraie vertu

« Equidem ego non ignoro, si jam mihi respondere velint, abunde illis facundam et compositam orationem fore; sed in[1] maximo vestro beneficio, cum omnibus locis meque vosque maledictis lacerent, non placuit reticere, ne quis modestiam in conscientiam duceret[2]. Nam me quidem, ex animi mei sententia, nulla oratio laedere potest; quippe vera[3], necesse est bene praedicent, falsa, vita moresque mei superant; sed, quoniam vestra consilia accusantur, qui mihi summum honorem et maximum negotium imposuistis, etiam atque etiam reputate num eorum paenitendum sit. Non possum fidei causa[4] imagines neque triumphos aut consulatus majorum meorum ostentare, at, si res postulet, hastas, vexillum, phaleras, alia militaria dona, praeterea cicatrices adverso corpore[5]. Hae sunt meae imagines[6], haec nobilitas, non hereditate relicta, ut illa illis, sed quae ego meis plurimis laboribus et periculis quaesivi. Non sunt composita verba mea : parvi id facio[7]. Ipsa se virtus satis ostendit; illis artificio opus est, ut turpia facta oratione tegant. Neque litteras Graecas didici : parum placebat eas discere, quippe quae ad virtutem doctoribus nihil[8] profuerint. At illa multo optima rei publicae doctus sum[9] : hostem ferire, praesidia agitare, nihil metuere nisi turpem famam, hiemem et aestatem juxta pati, humi requiescere, eodem tempore inopiam et laborem tolerare. His ego praeceptis milites hortabor, neque illos arte[10] colam, me opulenter, neque gloriam meam, laborem illorum faciam. Hoc est utile, hoc civile imperium; namque, cum tute per mollitiam agas, exercitum supplicio cogere, id est dominum, non imperatorem esse. »

Salluste, *op. cit.*, 85, 26-35.

1. in : *à l'occasion de;* vestro beneficio : *l'élection au consulat.*
2. ne quis modestiam in conscientiam duceret : *pour qu'on n'aille point interpréter ma réserve comme un aveu.*
3. vera = (si oratio) vera (est); necesse est : *voir « Un peu de grammaire », p. 150; falsa : mensonger;* superant (eam orationem falsam).
4. fidei causa : *pour inspirer confiance.*
5. hastas, vexillum, phaleras : *récompenses militaires;* adverso corpore : *(blessures) reçues par-devant, de face. En quoi ce détail est-il une surenchère?*
6. Hae sunt meae imagines : *le démonstratif, qu'on attendrait au neutre, s'accorde en genre et en nombre avec l'attribut (à retenir).*
7. parvi : *gén. de prix;* parvi id facio : *peu m'importe.*
8. nihil : *en rien, nullement.*
9. doctus sum : *parfait passif de* docere *(verbe qui se construit avec un double accusatif). Pour traduire, étudiez la transformation passive de cet exemple :* Magister pueros Latinum sermonem docet → Pueri a magistro Latinum sermonem docentur.
10. arte : *adverbe.*

*Plutarque, dans sa* Vie de Marius, *ne dit pas autre chose : « Il criait partout que son consulat était une dépouille qu'il enlevait à la mollesse des patriciens et des riches; que lui, auprès du peuple, il se glorifiait plus de ses propres blessures que des tombeaux de ses aïeux et d'images étrangères. »*

*Hastas, vexillum, phaleres, alia militaria dona :* base de la colonne Trajane.

**Place au courage, place au mérite!**

« Haec atque talia majores vestri faciendo seque remque publicam celebravere. Quis[1] nobilitas freta, ipsa dissimilis moribus, nos, illorum aemulos, contemnit, et omnes honores non ex merito, sed quasi debitos a vobis repetit. Ceterum homines superbissimi procul errant. Majores eorum omnia, quae licebat, illis reliquere : divitias, imagines, memoriam sui praeclaram; virtutem non reliquere, neque poterant : ea sola neque datur dono, neque accipitur. Sordidum me et incultis moribus aiunt, quia parum scite[2] convivium exorno, neque histrionem ullum, neque pluris pretii coquum quam vilicum habeo. Quae mihi libet confiteri, Quirites. Nam ex parente meo et ex aliis sanctis viris ita accepi : munditias mulieribus, viris laborem convenire, omnibusque bonis oportere plus gloriae quam divitiarum esse; arma, non supellectilem decori esse[3]. Quin ergo[4], quod juvat, quod carum aestimant, id semper faciant : ament, potent! Ubi adulescentiam habuere, ibi senectutem agant, in conviviis, dediti ventri et turpissimae parti corporis! Sudorem, pulverem et alia talia relinquant nobis, quibus illa epulis jucundiora sunt! Verum non ita est. Nam ubi se flagitiis dedecoravere turpissimi viri, bonorum praemia ereptum[5] eunt. Ita injustissime luxuria et ignavia, pessimae artes, illis qui coluere eas nihil[6] officiunt, rei publicae innoxiae cladi sunt[7]. »

Salluste, *op. cit.*, 85, 36-43.

1. quis = quibus *(forme archaïque).*
2. scite : *adverbe.*
3. decori esse : *être un titre de gloire.*
4. quin ergo : *eh bien, soit!*
5. ereptum : *supin.*
6. nihil : *en rien, nullement (emploi adverbial de* nihil, *à retenir).*
7. cladi sunt : *sont cause d'un désastre, causent la perte.*

## *Recherche d'ensemble*

• Le récit de la page 144 peut s'analyser selon les rôles, ou fonctions, des personnages. Vous connaissez les termes de *sujet, objet, destinateur, destinataire, adjuvant, opposant.* A qui ou à quoi pouvez-vous les appliquer?

• Étudiez l'« image de marque » que Marius donne de lui dans son discours : dans quelle mesure pensez-vous que cette image de marque puisse lui concilier ses auditeurs? Au demeurant, un tel discours vous paraît-il s'adresser à un public hostile, ou chercher à exciter l'enthousiasme de partisans déjà convaincus? Justifiez votre réponse en vous appuyant sur le texte, le ton de l'orateur, le choix des arguments.

• A en croire Marius, l'éloquence n'est pas son fort : il laisse ce talent et les *compositae orationes* aux nobles. Qu'en pensez-vous? Les paroles que lui prête Salluste sont-elles dépourvues de toute éloquence? Essayez de caractériser cette éloquence, et de montrer comment elle s'adapte au personnage et à sa position politique.

• Salluste, dans l'histoire littéraire de l'Antiquité, est un écrivain dont le talent a été maintes fois critiqué : on lui reproche la sécheresse de son style, dépouillé et abrupt, aux antipodes d'une certaine idée de la rhétorique, celle par exemple qu'enseignait Quintilien, qui prescrit à ses élèves :

« *Vitanda est... illa Sallustiana (quamquam in ipso virtutis obtinet locum) brevitas et abruptum sermonis genus.* »

Comme vous le voyez, l'éloge se mêle à cette critique et, ailleurs, Quintilien rend hommage à l'*immortalis Sallustii velocitas.* Jugez à votre tour du style de notre auteur, en recherchant dans le texte des exemples caractéristiques de ces traits principaux :

– *brevitas :* concision de l'expression et raccourci de pensée;
– *inconcinnitas :* art de briser les constructions, de rompre les parallélismes, d'introduire de façon différente des compléments de même ordre ou des propositions de même sens; ex. : *eorum partem vidi, alia egomet gessi* (on attendrait : *alia..., alia...*);
– art des *sententiae,* formules bien frappées qui, en quelques mots, résument avec force ce qui vient d'être dit et en tirent les conclusions morales;
– emploi fréquent de l'allitération expressive.

Quelle est votre impression personnelle? Approuvez-vous ce jugement de A. Ernout, éditeur de Salluste : « Cette recherche systématique de la variété ne va pas sans produire une impression de fatigue, et le renouvellement abusif des mêmes tournures détruit vite l'effet de surprise cherché et amène parfois cette monotonie à laquelle voulait justement échapper l'auteur... »?

• Comparez, du point de vue du style, le texte de Salluste et les passages de Cicéron que vous avez étudiés : vers quel auteur vont vos préférences? Certes, ils sont opposés politiquement : cela se ressent-il dans l'opposition de leurs styles? Existe-t-il, selon vous, un rapport entre style et politique? Étayez votre jugement en examinant la littérature politique contemporaine : articles de journaux, essais, pamphlets émanant des différentes tendances politiques.

## La vie des mots

Étudiez l'origine étymologique des mots : pétition, appétit, compétition – industrieux – faillir, il s'en faut, défaillance – négoce – offenser – délinquant – affinité – mercenaire – probité.

## Un peu de grammaire

### Le pronom-adjectif *quisque, quaeque, quidque*

Ce pronom-adjectif, dont le sens est « chacun, chacune, chaque chose/chaque », s'emploie, en latin, dans un nombre très délimité de cas :

• **après un relatif :**
*Quam quisque noverit artem, in ea se exerceat.*
→ Dans l'art que chacun connaît, qu'il s'exerce.
→ Que chacun s'exerce dans l'art qu'il connaît.

• **après *ut* suivi de l'indicatif,** au sens de « dans la mesure où » :
*Ut quisque potentiori confinis erat, a sedibus pellebatur.*
→ Dans la mesure où chacun avait pour voisin un plus puissant que lui, il était chassé de sa propriété.
→ Pour peu qu'il habitât près d'un plus puissant que lui, on le chassait de chez lui.

• **après un pronom ou un adjectif réfléchi *(se, suus) :***
*Suum cuique tribuere, haec est justitia.*
→ Attribuer à chacun son bien, voilà ce qu'est la justice.

• **après un superlatif :** cette construction appelle des traductions parfois délicates à élaborer; choisissez toujours une solution conforme à la syntaxe française!
*Puto fortissimum quemque esse generosissimum.*
→ J'estime que les hommes les plus courageux sont (chacun) les plus nobles.

Dans ce cas, le singulier avec *quisque* équivaut à un pluriel : l'indéfini a pour fonction de généraliser le sens :
*Optimum quidque rarissimum est.*
→ Le meilleur est, dans tous les cas, le plus rare.
→ Toutes les meilleures choses sont les plus rares.
*Fortissimus quisque periit.*
→ Tous les plus braves périrent.

• **avec des adjectifs ordinaux :** retenez les expressions :
*decimus quisque* → (chaque dixième) un sur dix
*primus quisque* → tous les plus éminents, les premiers
→ chacun à son tour.

• En dehors de ce dernier cas, là où nous employons « chacun », le latin utilise de préférence l'indéfini ***unusquisque, unaquaeque, unumquidque :***
*Unusquisque beatam vitam agere cupit.*
→ Chacun souhaite vivre heureux.

### Absence de *ut*

Un certain nombre de verbes, exprimant la volonté ou l'opportunité, peuvent être complétés par une proposition au subjonctif, sans conjonction de subordination. Cette construction est peut-être la survivance d'un état ancien de la langue latine, où les membres de phrase ayant un verbe pour centre ne se trouvaient pas encore hiérarchisés.

Exemples :
*Volo venias.*
→ Je le veux, puisses-tu venir!
→ Je veux que tu viennes.
*Necesse est omnes veniant.*
→ Il faut que tout le monde vienne.
*Rideamus licet.*
→ Nous pouvons rire.

*Ut,* avant de devenir une conjonction de subordination, était sans doute un adverbe indéfini signifiant « de quelque manière ». La construction (rare) *fac ut venias* signifiait à l'origine : que tu viennes, de quelque manière, fais-le → agis de manière à venir → fais en sorte de venir.

### Corrélatifs

***Eo... quo..., hoc... quo..., tanto... quanto...*** signifient : d'autant plus... que, plus... plus. Dans chaque membre de la corrélation se trouve un comparatif.
*Eo (tanto) modestior fit quo (quanto) doctior.*
→ Il devient d'autant plus modeste qu'il devient plus savant.
→ Plus il devient savant, plus il devient modeste.

Quand il n'y a pas de comparatif dans le deuxième membre de la corrélation, on trouve ***eo... quod*** ou ***eo... quia :***
*Eo modestior est quod doctus est.*
→ Il est d'autant plus modeste qu'il est savant.

Retenez les expressions ***eo magis... quod :*** d'autant plus que, et ***eo minus... quod :*** d'autant moins que.

### ◆ Calamo aut ore

Traduisez :

Ut quisque fortissimus est, ita maxime est obnoxius periculo. – Plus on est riche, plus on est orgueilleux. – Adversus hostem, suam quisque salutem primum tueri debet. – Que chacun s'occupe de ses affaires ! – Quinto quoque anno censores Romae creabantur. – Au cours de la dernière guerre, un soldat sur dix a été tué. – Tantum quisque laudat quantum se posse sperat imitari. – Ut quisque est vir optimus, ita difficillime malum suspicatur. – Imperator cum expeditis militibus, acerrimo quoque viro, ad hostem celeriter iter fecit. – Optimo cuique credendum est. – Optimum quemque equum emi. – Quod quisque habet defendit.

Quid agatis fac plane sciam – Veux-tu que je dise la vérité? – Pecuniae oportet non servias. – Je voudrais que tu m'écrives. – Qui bene imperat, aliquando paruerit necesse est.

Eo crassior est aer quo terris propior. – Quanto erat in dies gravior oppugnatio, tanto crebriores litteras legati ad Caesarem mittebant. – Quanto in animo hanc rem magis voluto, tanto mihi aegritudo major est.

## Vers un consensus

Pendant cinq années, le parti populaire exerce une domination sans précédent sur la vie politique romaine. Mais la réaction sénatoriale va trouver un défenseur de choc en L. Cornélius Sylla, ancien questeur de Marius. Au moment où la gloire de Marius commence à décliner, la très forte personnalité de Sylla l'impose au premier plan de la scène politique; les aristocrates, par une habile surenchère démagogique, font gronder la colère contre le parti marianiste. Les alliés italiens, mécontents de la domination économique exercée par les chevaliers sur toute la péninsule, se soulèvent, et cette Guerre sociale (de *socii*) ravagea l'Italie pendant quatre ans. La puissance romaine allait-elle s'effondrer? La victoire finale de Rome, dans la Guerre sociale, ne changeait rien aux données profondes de la crise : il fallait remanier la notion même d'État romain, et la *Lex Plautia,* qui accorda, en 89, le droit de cité à tous les alliés italiens qui en feraient la demande, sanctionna cette nécessité.

Sylla, promu au consulat en 88, se trouve donc face à une situation qui appelle de graves décisions. Celles-ci ne se font point attendre : le consul fait entrer ses légions dans la Ville (acte sacrilège!) et fait massacrer les marianistes... Puis il part pour l'Orient avec son armée. Il revient sept ans plus tard, fort des trésors amassés en Asie et d'une armée aussi puissante que dévouée, et se fait nommer dictateur sans limitation de pouvoir. Une terreur organisée lui permet d'assurer une tyrannie sans équivoque : on dresse des listes de proscriptions, on élimine méthodiquement tout opposant. Parmi les victimes, 1 660 chevaliers romains! Sylla entreprend alors de réformer l'État, la constitution romaine, les magistratures, la législation : œuvre immense, soudainement interrompue par son abdication, en 79... Cette abdication était celle d'un roi, qui frappait monnaie à son image, qui menait le Sénat à sa guise, qui décidait, d'un geste, de la vie de ses sujets; quant à ses raisons profondes, l'histoire reste muette. Tyran redoutable, monarque de génie, Sylla est un des personnages les plus déroutants de l'histoire romaine.

Au terme de l'aventure syllanienne, le parti de la noblesse sénatoriale semble avoir recouvré toute sa force. Mais les problèmes n'ont pas disparu pour autant : nécessité d'une réforme agraire, d'un règlement de la question des dettes... L'ordre équestre, décapité, se relève péniblement de la tourmente. Quel est l'avenir de Rome? Marquée à jamais par l'expérience d'une monarchie, la République ne peut que survivre.

Tandis que se profilent en Pompée et César deux *imperatores* susceptibles de renouveler la domination qu'avaient exercée Sylla et Marius, dont ils se réclament respectivement (plus ou moins ouvertement, selon les circonstances), un *homo novus,* chevalier romain, après avoir longuement hésité entre les deux partis, s'efforce de bâtir un programme politique original : il s'agit de réconcilier les deux ordres de la classe possédante.

Cet homme, c'est Cicéron, et ce programme, c'est le *consensus omnium bonorum,* dont il fait l'apologie, en 56, dans son plaidoyer *Pro Sestio.*

# Optimates et populares

Duo genera semper in hac civitate fuerunt eorum qui versari in re publica atque in ea se excellentius gerere studuerunt; quibus ex generibus alteri se populares, alteri optimates et haberi et esse voluerunt. Qui ea quae faciebant quaeque dicebant multitudini jucunda volebant esse, populares, qui autem ita se gerebant ut sua consilia optimo cuique probarent, optimates habebantur. « Quis ergo iste[1] optimus quisque? » – Numero, si quaeris, innumerabiles (neque enim aliter stare possemus); sunt principes consilii publici[2], sunt qui eorum sectam sequuntur, sunt maximorum ordinum homines, quibus patet curia[3], sunt municipales rusticique Romani, sunt negotia gerentes, sunt etiam libertini optimates. Numerus, ut dixi, hujus generis late et varie diffusus est, sed genus universum – ut tollatur error[4] – brevi circumscribi et definiri potest. Omnes optimates sunt qui neque nocentes sunt, nec natura improbi aut furiosi, nec malis domesticis impediti. Est igitur ut[5] ii sint... qui et integri sunt et sani et bene de rebus domesticis constituti. Horum qui voluntati, commodis, opinionibus in gubernanda re publica serviunt, defensores optimatium ipsique optimates, gravissimi et clarissimi cives numerantur et principes civitatis. Quid est igitur propositum his rei publicae gubernatoribus quod intueri et quo cursum suum derigere debeant? Id quod est praestantissimum maximeque optabile omnibus sanis et bonis et beatis : cum dignitate otium.

Cicéron, *Pro Sestio,* 96-98.

1. iste, *ici, nullement péjoratif : dont tu parles. Il s'agit, bien entendu, d'une question fictive, artifice rhétorique pour amorcer le développement qui suit.*
2. principes consilii publici : *les premiers à donner leur avis sur les affaires publiques (au Sénat).*
3. curia : *métaphore pour désigner le Sénat.*
4. ut tollatur error : *pour lever toute équivoque.*
5. est ut : *c'est un fait que.*

*Qui, dans ces conditions, ne se mettrait pas au nombre des* optimates ?

## QUELQUES LUMIÈRES

Comment traduire *optimates?* En vérité, tout est là : il paraît impossible de trouver une traduction pour ce mot, pour la bonne raison qu'il est impossible de fixer son contenu, quoi qu'en dise Cicéron. Cicéron a inventé un mot, un mot qu'il n'emploie qu'au pluriel, qui désigne une collectivité dont les limites sont impossibles à préciser, qui n'est finalement qu'une notion creuse. Si *popularis* peut être rendu par « démocrate » ou « démagogue », selon l'agressivité que l'on prête à Cicéron, on ne peut rien dire de plus pour *optimates,* si ce n'est qu'il désigne le contraire de *populares.* Usons donc, car il faut bien parler français, du terme d'« aristocrate », et appelons « honnêtes gens » ce qu'il désigne par cette autre expression, tout aussi vague, d'*optimus quisque...*

On peut en dire autant de l'expression finale, dont le sens a donné lieu à bien des pages de controverses dans les ouvrages savants! *Cum dignitate otium...* qu'est-ce que cela peut bien signifier? *Otium,* c'est à la fois la paix publique, l'ordre, la tranquillité privée, le refus de la vie publique; quant à la *dignitas,* est-ce le sens de l'honneur, les honneurs eux-mêmes, le respect de son rang? Optons pour « la tranquillité et des honneurs », mais avec mauvaise conscience!

# MAÎTRES ET ESCLAVES

Lampe décorée de masques de théâtre. (Musée du Louvre.)

L'antagonisme entre maîtres et esclaves a été un des conflits majeurs de la période antique. On a pourtant souvent tendance à le passer sous silence, sinon à l'oublier, et cela pour deux raisons : d'abord parce que les esclaves, n'ayant aucun droit politique et aucune possibilité de s'exprimer, ne nous ont laissé aucun texte, quel qu'il soit, exposant leur point de vue, leur idéologie, leurs revendications; tout ce que nous savons sur eux, nous le savons par les écrits d'hommes qui étaient des hommes libres, et ceux-ci, pour la plupart, n'imaginaient même pas qu'on pût s'intéresser à ce qui se passait dans la tête d'un esclave. Ensuite parce que, la grande révolte de Spartacus mise à part, la lutte des esclaves antiques – tout comme plus tard celle des esclaves noirs en Amérique – ne put presque jamais prendre des formes spectaculaires : le système était trop bien au point pour qu'une lutte au grand jour fût possible en dehors de circonstances exceptionnelles.

C'est pourquoi la lutte des esclaves contre leurs maîtres s'est en général développée de façon souterraine, prenant très souvent la forme du « marronnage » (la fuite, l'évasion), et, très souvent aussi, la forme du sabotage conscient de l'économie, sabotage appuyé sur un refus délibéré des valeurs morales définies par la classe dirigeante. C'est ainsi que, dans une pièce de Plaute, la *Comédie des Anes* (voir *supra,* p. 154), nous voyons deux esclaves, Libanus et Léonida, qui se complimentent l'un l'autre en parodiant les éloges réciproques que s'adressaient les consuls à l'occasion d'un triomphe; ce faisant, ils élaborent une véritable « contre-morale » (au sens où l'on parle parfois aujourd'hui de « contre-culture »), et définissent admirablement leur conception de l'esclavage.

# La parole est aux esclaves, ou : deux rudes gaillards!

LEONIDA

Ne[1] illa edepol pro merito tuo memorari multa possunt;
ubi verbis conceptis[2] sciens libenter perjuraris,
ubi parietes perfoderis, in furto ubi sis deprehensus,
ubi saepe causam dixeris pendens[3], adversus octo
artutos audaces viros, valentes virgatores!

LIBANUS

Fateor profecto ut praedicas, Leonida, esse vera[4];
verum edepol ne[1] etiam tua quoque malefacta iterari multa
et vera possunt : ubi sciens fideli infidus fueris,
ubi prensus[5] in furto sies[6] manifesto et verberatus,
ubi perjuraris, ubi sacro[7] manus sis admolitus,
ubi eris[8] damno et molestiae et dedecori saepe fueris,
ubi creditum quod sit tibi datum esse pernegaris[9],
ubi amicae quam amico tuo fueris magis fidelis,
ubi saepe ad languorem tua duritia dederis[10] octo
validos lictores, ulmeis adfectos lentis virgis!

Plaute, *Asinaria,* acte IV, scène 1.

1. ne : *particule affirmative grecque : assurément (les comédies de Plaute sont, en fait, des adaptations de pièces grecques; d'où la présence de nombreux hellénismes).*

2. verbis conceptis : *en termes solennels.*

3. pendens : *suspendu (à une poutre) : position de l'esclave condamné à la flagellation.*

4. *Comprendre comme s'il y avait :* fateor ea quae praedicas esse vera.

5. prensus = prehensus.

6. sies = sis *(forme archaïque).*

7. sacro : *un objet du culte.*

8. eris : *attention à ce mot! Ce n'est pas une forme du verbe* sum...; *la proposition comporte un double datif.*

9. ubi creditum... pernegaris : *lorsque tu as nié l'existence d'un dépôt qu'on t'avait confié.*

10. ad languorem dare : *épuiser, mettre sur le flanc.*

## *Recherche*

• Regroupez, en les classant, les différents points sur lesquels insistent les deux esclaves en se couvrant réciproquement d'éloges.
Comment les deux esclaves se voient-ils eux-mêmes? Quel sentiment en retirent-ils? Exprimez en quelques phrases leur code moral. Comment apparaît leur échelle des valeurs par rapport à celle de la morale traditionnelle?

• Dans la tirade de Libanus, que pensez-vous plus particulièrement du 5e, du 6e et du 8e vers? Commentez brièvement chacun d'entre eux.

• Plaute connaissait bien le milieu servile, puisque, si l'on en croit l'histoire (ou la légende), il avait lui-même été esclave durant une partie de sa vie; l'attitude qu'il prête à ses personnages (à la suite, peut-être, de son modèle grec) vous paraît-elle psychologiquement vraisemblable?

# Une sacoche qu'il faut payer en nature

*Vous n'aurez pas de peine à comprendre qu'un des grands plaisirs des esclaves était de placer leurs maîtres dans la situation la plus humiliante possible. C'est ce que vont faire, dans la suite de la pièce de Plaute, nos deux joyeux compères Libanus et Léonida : ils ont réussi à s'emparer, frauduleusement, bien entendu, d'une sacoche pleine d'or dont leur jeune maître a un urgent besoin; le jeune homme, Argyrippe* (Argyrippus), *est en effet follement amoureux de la belle Philénie* (Philaenium); *mais celle-ci a une mère qui possède un solide sens des affaires. Les deux tourtereaux ont beau être liés par un amour réciproque, rien à faire : sans argent, pas de Philénie! Heureusement les esclaves sont là... avec leur sacoche. Mais ils vont se faire longtemps prier avant de la donner, et se permettront de formuler des exigences passablement osées!*

LEONIDA

Ere, salve! Sed num fumus est haec mulier quam amplexare?

ARGYRIPPUS

Quidum?

LEONIDA

Quia oculi sunt tibi lacrimantes[1], eo rogavi.

LIBANUS

Philaenium, salve!

PHILAENIUM

Dabunt di[2] quae velitis vobis!

LIBANUS

Noctem tuam[3] et vini cadum velim, si optata fiant...

*Dès le début de la scène, le ton est donné, on le voit, par l'insolence calculée des deux esclaves. Puis ces derniers exhibent la précieuse sacoche, mais en se gardant bien de la lâcher. Philénie aussitôt, n'y tenant plus, n'hésite pas à se faire câline.*

PHILAENIUM

Da, meus ocellus[4], mea rosa, mi anime, mea voluptas,
Leonida, argentum mihi; ne nos disjunge[5] amantes!

LEONIDA

Dic me igitur tuum passerculum, gallinam, coturnicem!
Agnellum, haedillum me tuum dic esse, vel vitellum!
Prehende me auriculis, compara labella cum labellis...

ARGYRIPPUS

Tene osculetur, verbero[6]!

1. *Argyrippe pleure parce qu'il croit que Philénie et lui vont être séparés;* eo : *pour cette raison.*

2. deus *a trois formes possibles de nominatif pluriel :* dei, dii, di.

3. noctem tuam = noctem tecum.

4. meus ocellus : *nominatif en fonction de vocatif.*

5. ne disjunge : *tournure de la langue parlée; que faudrait-il dire en latin classique?*

6. osculetur : *subjonctif de protestation, proche du potentiel;* tene osculetur : *pourrait-elle t'embrasser? Elle, t'embrasser!*

LEONIDA

Quam vero indignum visum est[7]?

PHILAENIUM

Age, mi Leonida, obsecro, fer amanti ero salutem!

LEONIDA

Nimis bella es atque amabilis, et, si hoc meum esset, hodie
numquam me orares quin darem. Illum te orare meliust[8] :
ille hanc mihi servandam dedit[9]; i sane, bella, belle!
Cape hoc sis, Libane[10]!

ARGYRIPPUS

Furcifer, etiam me delusisti!

LIBANUS

Inambulandum est : nunc mihi vicissim supplicabunt.

ARGYRIPPUS

Quaeso hercle, Libane, sis erum tuis factis sospitari,
da mihi istas viginti minas : vides me amantem egere.

PHILAENIUM

Amandone[11] exorarier[12] vis te, an osculando?

LIBANUS

Enimvero utrumque!

PHILAENIUM

Ergo, obsecro, et tu[13] utrumque nostrum [serva.
Mi Libane, ocellus aureus, donum decusque amoris,
amabo, faciam quod voles! Da istud argentum nobis!

LIBANUS

Dic igitur me anaticulam, columbulum, catellum,
Hirundinem, monedulam, passerculum pusillum;
circumda torquem bracchiis, meum collum circumplecte!

ARGYRIPPUS

Tene complectetur, carnifex?!

LIBANUS

Quam vero indignus videor?
Ne istud nequicquam dixeris in me tam indignum dictum,
vehes pol hodie me, si quidem hoc argentum ferre speras!

ARGYRIPPUS

Tene ego veham!

LIBANUS

Tune hoc feras argentum aliter a me?

ARGYRIPPUS

Perii hercle! Vero si quidemst[14] decorum erum vehere servum,
inscende[15].

7. Quam... visum est? : *Cela te semble à ce point intolérable?*

8. meliust = melius est. *L'esclave montre du doigt son camarade Libanus, désigné par* ille. *Remarquez l'asyndète ayant valeur d'opposition.*

9. *Voir « Recherche »;* hanc = hanc crumenam.

10. cape hoc sis : *jeu de scène; Léonida lance la sacoche à Libanus.*

11. amando : *en me montrant aimable.*

12. exorarier : *forme archaïque* = exorari.

13. et tu = tu quoque.

14. quidemst = quidem est.

15. inscende : *jeu de scène; Argyrippe plie l'échine et fait signe à l'esclave de monter sur son dos.*

LIBANUS

Sic isti solent superbi subdomari!
Adsta igitur ut consuetus es puer olim : scin[16] ut dicam?

ARGYRIPPUS

Inscende actutum!

LIBANUS

Ego fecero[17]. Hem, quid istud est? Ut tu [incedis?
Demam hercle jam de hordeo, tolutim ni badizas!

ARGYRIPPUS

Amabo, Libane, jam sat est!

Plaute, *op. cit.*, acte IV, scène 2.

16. scin = scisne? *Libanus veut dire à quatre pattes.*

17. fecero = faciam.

*Libanus ne pourra tout de même pas pousser trop loin son petit jeu; il finira par se laisser fléchir et remettra la sacoche à son maître.*

Théâtre d'Aphrodisias (Turquie).

## Recherche

• Caractérisez brièvement l'attitude de chacun des quatre personnages.

Quelle exigence est commune aux deux esclaves? Comment expliquez-vous qu'ils puissent oser la formuler?

Que pensez-vous de la seconde exigence de Libanus? Quelle est la phrase la plus significative que celui-ci prononce? Que traduit cette phrase?

Imaginez une transposition moderne de la scène. Comment serait-elle accueillie par la critique ? Que pouvaient penser de Plaute les propriétaires d'esclaves qui assistaient à une scène comme celle-ci ? Comment expliquez-vous que le jeune maître tolère une telle conduite de la part de ses esclaves ?

• Étudiez de près ce passage de l'*Asinaria* et les jeux de scène qu'il implique. Répartissez les rôles et jouez la scène, soit en français (en utilisant la traduction que vous aurez élaborée avec votre professeur), soit en latin, ce qui serait encore mieux. Elle peut très bien se jouer en costumes modernes, dans le premier cas surtout. Mais tâchez de donner à chaque personnage la tenue qui lui convient.

## Un peu de grammaire

• En étudiant les exemples suivants, rappelez les différents emplois de l'adjectif verbal : Hic liber legendus est. – Hic liber mihi legendus est. – Nunc est bibendum ! – Nobis pugnandum erat. – Tempus est bibendi vini. – Urbe capienda imperator victoriam tulit. – Ad oratores audiendos cives in forum venerunt.

• L'adjectif verbal peut se rencontrer aussi, plus rarement, comme attribut du complément d'objet direct, avec des verbes comme : *dare, tradere* (livrer, remettre), *suscipere* (se charger de)... Il prend dans cette construction un sens d'intention.

Exemples :

*Pater magistro dat pueros educandos* → Le père confie ses enfants à un professeur pour qu'ils soient éduqués → confie l'éducation de ses enfants à un professeur.

*Crassus bellum gerendum suscipit* → Crassus se charge de la guerre pour qu'elle soit faite → se charge de faire la guerre.

• Traduisez :

Diripiendam urbem militibus dedit. – Captivos custodiendos militibus dedit. – Ille hanc crumenam mihi servandam dedit.

*Chapardage et sabotage, mensonges et insolences, évasion aussi, chaque fois que c'était possible, et la peau arrachée à coups de fouet quand on se faisait prendre ou reprendre, c'est de tout cela qu'était faite la vie quotidienne des esclaves – qui, à défaut d'une idéologie véritable, étaient tout de même parvenus à élaborer une sorte de code moral prenant le contre-pied de la morale des maîtres (celle que nous confondons un peu trop vite avec la morale tout court). Mais les choses allaient parfois plus loin, jusqu'à la révolte armée...*

**Cette scène cruelle évoque l'épilogue de la grande révolte servile. (Bologne, Musée archéologique.)**

# Les damnés de la terre

*Les révoltes serviles éclatèrent surtout aux alentours de l'année 100 avant J.-C., sur les grands domaines de Sicile ou de Campanie où travaillait une énorme population d'esclaves de fraîche date qui avaient encore aux lèvres le goût de la liberté. La plus célèbre est celle dont le chef fut Spartacus (73-71 av. J.-C.); l'écrivain Florus nous la résume dans cette page.*

Bellum Spartaco duce concitatum quo nomine[1] appellem, nescio; quippe cum servi militaverint, gladiatores[2] imperaverint, illi infimae sortis homines, hi pessimae, auxere ludibrio calamitatem. Spartacus, Crixus, Oenomaus, effracto ludo, cum triginta (haud amplius) ejusdem fortunae viris eruperunt Capua; servisque ad vexillum et pileum[3] vocatis, cum statim decem amplius milia coissent hominum, non modo effugisse contenti, jam vindicari volebant. Prima velut ara[4] viris mons Vesuvius placuit. Ibi cum obsiderentur a Clodio Glabro, per fauces montis vitigineis delapsi vinculis, ad imas ejus descendere[5] radices et exitu invio, nihil tale opinantis ducis subito impetu castra rapuere. Inde alia castra. Deinceps totam pervagantur Campaniam... Affluentibus in diem[6] copiis, cum jam esset justus exercitus, e viminibus pecudumque tegumentis inconditos sibi clipeos, e ferro ergastulorum recocto gladios ac tela fecerunt. Ac ne quod decus justo deesset exercitui, domitis obviis gregibus paratur equitatus; captaque e praetoribus[7] insignia et fasces ad ducem detulere. Nec abnuit ille de[8] stipendiario Thrace miles, de milite desertor, inde latro, deinde in honore virium gladiator. Qui defunctorum quoque proelio ducum funera imperatoriis celebravit exsequiis captivosque circa rogum jussit armis depugnare, quasi, plane expiaturus omne praeteritum dedecus, de gladiatore munerator fuisset. Inde jam consulares[9] quoque aggressus, in Apennino Lentuli exercitus percecidit, apud Mutinam Gaii Cassii castra delevit. Tandem etiam totis viribus imperii contra mirmillonem consurgitur pudoremque Romanum Licinius Crassus[10] asseruit; a quo pulsi fugatique, pudet dicere, hostes in extrema Italiae refugerunt. Ibi circa Bruttium angulum clusi, tandem eruptione facta, dignam viris obiere mortem et, quod sub gladiatore duce oportuit, sine missione pugnatum est. Spartacus ipse, in primo agmine fortissime dimicans quasi imperator, occisus est.

Florus, *Epitome de gestis Romanorum*, II, 8.

1. *Florus vient de parler des guerres contre les esclaves de Sicile* (bella servilia).
2. *Les gladiateurs étaient le plus souvent des esclaves que leurs maîtres voulaient punir; on verra plus bas le crime commis par Spartacus. Ils étaient entraînés au combat dans des écoles* (ludi) *spéciales.*
3. *Le* pileus *est un bonnet porté par les affranchis;* vocare ad pileum : *appeler à la liberté.*
4. prima velut ara : *comme premier asile.*
5. descendere = descenderunt.
6. in diem : *tous les jours, de jour en jour.*
7. praetoribus : *Spartacus vainquit plusieurs petites armées levées et commandées par des préteurs. Les grosses armées romaines combattaient alors en Espagne et en Orient.*
8. de : *à la sortie de, après avoir été.*
9. consulares (exercitus).
10. Crassus : *grand propriétaire terrien et homme politique, il sera l'un des trois hommes du premier triumvirat, avec César et Pompée.*

## *Recherche*

• Relevez les expressions par lesquelles Florus montre qu'il partage l'opinion de la classe des propriétaires esclavagistes.

• En quoi l'évasion de l'école des gladiateurs de Capoue manifeste-t-elle un début de prise de conscience de la réalité sociale (Crixus et Oenomaus sont des Gaulois, Spartacus un Thrace)?

• Montrez comment, de chef de bande, Spartacus devient peu à peu le chef d'une véritable armée. Relevez les actes symboliques par lesquels il proclame qu'il n'est pas un brigand de grand chemin, mais le champion lucide d'une juste cause.

Situez Modène sur une carte. Les historiens s'interrogent sur les intentions de Spartacus. Peut-être espérait-il soulever sur son passage l'ensemble de l'Italie contre Rome. On le retrouve, en tout cas, dans le Bruttium. Qu'est-ce que cela signifie?

• Quel est le mouvement révolutionnaire moderne qui prit le nom de « spartakisme? »

# Les esclaves sont des hommes

*La révolte de Spartacus fut le plus grand mouvement d'esclaves, mais, pour ainsi dire, le dernier. L'accoutumance à la condition d'esclave, une répression mieux organisée et confiée à une armée qui est devenue permanente expliquent le fait. L'évolution des mentalités a sans doute aussi joué son rôle. On accorda peu à peu à l'esclave certains droits : celui de constituer un pécule pour racheter sa liberté, celui de contracter une forme de mariage; l'empereur Hadrien retira au maître le droit de vie et de mort. Les idées des philosophes stoïciens, en particulier, sont à l'origine de cette évolution. Le texte suivant, dû à* ***Sénèque,*** *développe ces idées tout en montrant à quelles résistances elles se heurtaient. Sénèque écrit à son ami Lucilius pour lui donner des préceptes de conduite.*

Vis tu cogitare istum, quem servum tuum vocas, ex isdem seminibus ortum[1], eodem frui caelo, aeque spirare, aeque vivere, aeque mori? Vive cum servo clementer, comiter quoque : et in sermonem illum admitte et in consilium et in convictum. Hoc loco acclamabit mihi tota manus delicatorum[2] : « Nihil hac re humilius, nihil turpius! » Hos ego eosdem deprehendam alienorum servorum osculantes manum...[3] « Quid ergo? Omnes servos admovebo mensae meae? » Non magis quam omnes liberos. Erras si existimas me quosdam quasi[4] sordidioris operae

1. ortum (esse).

2. delicatorum : *les élégants, les gens du monde.*

3. osculantes manum : *pour obtenir, par l'intermédiaire des esclaves, des faveurs de leurs maîtres.*

4. quasi : *comme si, dans la pensée qu'ils sont.*

Les esclaves étaient-ils des hommes... pour les planteurs américains du XIXe siècle? Cette image d'époque montre une scène qui pourrait être antique; remarquez que les tortionnaires sont eux-mêmes des esclaves : il en était de même à Rome, où l'esclave fouetteur s'appelait le *lorarius*.

rejecturum, ut puta[5] illum mulionem et illum bubulcum : non ministeriis illos aestimabo sed moribus. Sibi quisque dat mores, ministeria casus adsignat. Quidam cenent tecum quia digni sunt, quidam, ut sint : si quid enim in illis ex sordida conversatione servile est, honestiorum convictus excutiet. Non est, mi Lucili, quod amicum tantum in foro et in curia quaeras : si diligenter adtenderis, et[6] domi invenies. Saepe bona materia cessat sine artifice : tempta et experire. Quemadmodum stultus est qui equum empturus non ipsum inspicit sed stratum ejus ac frenos, sic stultissimus est qui hominem aut ex veste aut ex condicione, quae vestis modo[7] nobis circumdata est, aestimat. « Servus est! »[8] Sed fortasse liber animo. « Servus est! » Ostende quis non sit : alius libidini servit, alius avaritiae, alius ambitioni, omnes spei, omnes timori. Dabo consularem aniculae[9] servientem, dabo ancillulae divitem; nulla servitus turpior est quam voluntaria.

Sénèque, *Lettres à Lucilius,* VII, 1.

5. rejecturum (esse); ut puta : *comme, par exemple.*

6. et = etiam.

7. modo : *à la manière de.*

8. « Servus est » : *intervention prêtée par Sénèque à Lucilius, comme s'il n'était pas encore convaincu.*

9. dabo : *je donnerai pour exemple;* aniculae : *pour obtenir son héritage.*

## *Recherche*

• Résumez les arguments de Sénèque et étudiez comment ils se rattachent à ces deux idées de base de la philosophie stoïcienne :

*a*) la vie est un enchaînement fatal de causes et d'effets;

*b*) la sagesse consiste en un effort volontaire de libération, par le mépris à l'égard des choses qui ne dépendent pas de nous.

• Montrez que Sénèque est conscient du caractère scandaleux de ses propositions et que ses idées heurtent l'opinion moyenne des Romains.

• De quel texte de Columelle, étudié en classe de Seconde, pouvez-vous rapprocher celui-ci? Originaire d'Espagne comme Sénèque, Columelle était un ami personnel du philosophe.

• Étudiez le style de Sénèque : longueur des phrases, sens de la formule frappante, vivacité...

# CONTESTATION CHRÉTIENNE ET RÉPRESSION PAÏENNE

Vous avez tous entendu parler des persécutions exercées par les pouvoirs publics païens, dans les derniers siècles de Rome, à l'encontre des chrétiens. Peinture, littérature et cinéma ont popularisé l'image des martyrs livrés aux bêtes dans l'arène, ou soumis aux tortures les plus atroces : saint Sébastien percé de flèches, sainte Blandine tuée à coups de cornes par un taureau furieux, après avoir été assise sur une chaise de fer chauffée au rouge...

Une question d'abord : sur quel verbe est formé le substantif *persecutio,* que nous traduisons (si l'on peut dire!) par « persécution » ? Que signifie donc proprement ce substantif? Le sens qu'il a pris chez les auteurs chrétiens, et qu'il a conservé en français, est un sens dérivé : quel serait son meilleur équivalent moderne?

Et maintenant, un autre problème essentiel : pourquoi ces persécutions? Pourquoi cette répression, puisque c'est bien de cela qu'il s'agit? Pourquoi les païens de l'ancienne Rome en voulaient-ils à ce point aux chrétiens?

Les adeptes du paganisme étaient des hommes comme tout le monde : ce n'étaient pas des monstres sanguinaires, et, en matière religieuse, ils étaient même particulièrement tolérants; à leurs yeux, toutes les religions étaient valables et tous les dieux méritaient d'être adorés : un homme tel qu'Apulée s'était fait initier à plusieurs cultes et était adepte de plusieurs religions à la fois; il aurait sans doute applaudi à la réponse que fit un jour le poète Gérard de Nerval à quelqu'un qui lui reprochait de n'avoir pas de religion : « Pas de religion, moi? J'en ai dix-huit, Monsieur! »

Les païens pensaient d'ailleurs que plus il y aurait de dieux pour protéger Rome et son empire, mieux cela vaudrait : aussi n'hésitaient-ils pas à importer des cultes étrangers, orientaux en général, comme le culte d'Isis et d'Osiris, celui de Cybèle et d'Attis, celui de Mithra. Comment se fait-il, dès lors, qu'ils aient si durement réprimé le christianisme, et lui seul? C'est ce que nous allons voir ensemble, à travers quelques textes.

L'attitude des chrétiens se différenciait de celle des païens sur un point essentiel : ces derniers, quelle que fût la divinité qui avait leur préférence, considéraient que tous les autres dieux méritaient aussi d'être priés; le dévôt d'Isis ne voyait aucun inconvénient à ce que son voisin fût un dévôt de Cybèle, et tous deux s'accordaient à reconnaître Jupiter comme protecteur de Rome, sans oublier, bien sûr, de rendre un culte à l'empereur; tous, en somme, se pliaient à la religion officielle, celle des grands dieux gréco-romains. Quant aux autres cultes, plus personnels (les cultes orientaux surtout), ils étaient rivaux en un sens, chacun cherchant à recruter le plus grand nombre de « clients », mais non pas ennemis. Bref, c'était la coexistence pacifique des dieux et des déesses. Mais les chrétiens ne l'entendaient pas de cette oreille : selon eux, leur religion était la seule valable; tous les autres dieux étaient de faux dieux, voire des démons. Conséquence : pour devenir disciple du Christ, il fallait renoncer à tous les autres cultes, y compris à celui de l'empereur; c'était, au sens étymologique, de l'« intégrisme ».

Or les païens ne séparaient pas religion et politique : pour eux, les dieux auxquels ils rendaient un culte ne les protégeaient pas seulement eux-mêmes; ils protégeaient aussi l'État tout entier, ils garantissaient la grandeur et la prospérité de Rome. Et voilà que les chrétiens, par leur intransigeance, qui apparaissait aux non-chrétiens comme un fanatisme sectaire et borné, risquaient de provoquer la colère des dieux, ce dont tout le monde pouvait avoir à souffrir.

Vous voyez que le conflit avait une dimension politique essentielle. Cela ressort bien du texte que vous allez lire maintenant. Il est dû au poète chrétien **Prudence,** qui a consacré un de ses ouvrages à célébrer plusieurs martyrs. Il s'agit ici de sainte Eulalie, martyre espagnole : c'est à peine une jeune fille (elle a quatorze ans), mais c'est une chrétienne passionnée et une redoutable « contestataire ». Aussi ses parents l'ont-ils cachée et enfermée dans leur *villa* pour l'empêcher de commettre des imprudences par excès de zèle, à un moment où la répression est particulièrement sévère. Un soir, pourtant, Eulalie parvient à s'échapper; elle marche toute la nuit à travers champs, et, au matin, elle arrive à la ville où siège le juge *(praetor)* chargé des procès contre les chrétiens, entouré de sa garde de licteurs.

# Une sacrée gamine

**Sainte Blandine, martyrisée à Lyon en 177. Peinture du XVIIe s. (Lyon, Musée historique de la ville.)**

Mane, superba, tribunal adit,
fascibus adstat et in mediis[1],

vociferans : « Rogo : quis furor est,
perdere praecipites animas
et male prodiga corda sui[2]
sternere rasilibus scopulis[2]
omnipatremque negare Deum?

Quaeritis, o miseranda manus,
christicolum genus? En ego sum!
Daemonicis inimica sacris,
idola protero sub pedibus :
pectore et ore Deum fateor.

Isis, Apollo, Venus, nihil est!
Maximianus[3] et ipse nihil!
Illa[4] nihil, quia facta manu,
hic, manuum[4] quia facta colit :
frivola utraque et utraque nihil!

Maximianus, opum dominus
(et tamen ipse cliens lapidum),
prostituat voveatque suis
numinibus caput ipse suum!
Pectora cur generosa quatit?

Dux bonus, arbiter egregius,
sanguine pascitur innocuo;
corporibusque piis inhians,
viscera sobria[5] dilacerat,
gaudet et excruciare fidem :

ergo age, tortor, adure, seca,
divide membra coacta luto[6]!
Solvere rem fragilem facile est;
non penetrabitur interior
exagitante dolore, animus. »

Prudence, *Peristephanon*, 3.

1. = et adstat in mediis fascibus.

2. corda sternere : *on attendrait plutôt* corpora sternere, *mais* corda *est plus expressif;* prodiga sui : *prodigues d'eux-mêmes, gaspillant leur valeur;* scopulis : *allusion aux statues des dieux païens.*

3. Maximianus : *l'empereur (vers 300).*

4. illa (idola); manuum = manibus.

5. viscera sobria : *entrailles chastes, par opposition à celles des païens, qu'Eulalie imagine tous adonnés à la goinfrerie et à l'érotisme.*

6. coacta luto : *allusion à l'idée selon laquelle le corps humain a été façonné par Dieu à partir d'un peu de boue, et n'est qu'une chose méprisable.*

## *Recherche*

• Quelle est l'attitude de la jeune chrétienne? Quels mots dans le texte la dépeignent particulièrement bien?

Que reproche-t-elle surtout aux païens sur le plan proprement religieux? Ce reproche ne peut-il pas nous paraître surprenant? Comment s'explique-t-il?

Quelles sont les divinités païennes attaquées plus particulièrement par Eulalie? Voyez-vous pourquoi elle les prend pour cible?

A quel moment s'opère le passage du religieux au politique? Que pouvait penser un citoyen romain respectueux de l'ordre établi en entendant de tels propos? Sous quel jour les chrétiens lui apparaissaient-ils?

Le texte contient deux exemples d'asyndète (absence de liaison), marquant une opposition forte. Relevez-les aux vers 21-22 et 30-31.

• Le vers employé ici par Prudence s'appelle le trimètre dactylique hypercatalectique (c'est-à-dire « plus que complet »); il se compose, en effet, de trois dactyles suivis d'une syllabe indifférente, sans aucune possibilité de substitution. Il est donc aussi facile que possible à scander, mais vous imaginez aisément que, ne laissant à l'écrivain aucune liberté, il était extrêmement difficile à utiliser : il fallait être un véritable virtuose pour s'y risquer. C'est pourtant ce qu'a fait Prudence, et cela ne l'a pas empêché de faire parler Eulalie dans un style simple et naturel, ce qui représente un tour de force. Et maintenant, scandez rapidement le passage, ou mieux, puisque cela ne présente aucune difficulté, essayez d'en donner directement une lecture rythmée.

### Un peu de grammaire

Transposez au style indirect les paroles d'Eulalie : d'abord en concordance présente, ensuite en concordance passée : *vociferat se rogare..., vociferavit se rogare...*

### ◆ Calamo aut ore

Thème d'imitation :

Connaissant le caractère farouche et orgueilleux de leur fille, les parents d'Eulalie souhaitaient qu'elle restât cachée dans leur maison de campagne, car ils craignaient qu'en ville elle ne prononçât des paroles imprudentes, qui provoqueraient la colère des pouvoirs publics *(rei publicae moderatores);* mais Eulalie ne supporta pas de rester à la maison alors que beaucoup de chrétiens étaient jetés en prison et souvent mouraient dans les supplices.

# Le refus du bonheur « bourgeois »

*Mais revenons au tribunal. Le discours enflammé de la jeune contestataire a dû produire un effet certain sur l'assistance, et aussi sur le juge. Quelle va être sa réaction ? Et que va-t-il advenir de la jeune fille ?*

**Des chrétiens, mais aussi d'autres condamnés (bandits de grand chemin par exemple), subirent parfois ce sort atroce. Remarquez la tenue protectrice du bourreau. (Mosaïque d'El Djem, musée d'art romain.)**

Talibus[1] excitus in furias,
praetor ait : « Rape praecipitem,
lictor, et obrue suppliciis !
Sentiat esse deos patrios,
nec leve principis imperium !

Quam cuperem tamen ante necem,
si potis est, revocare tuam,
torva puellula, nequitiam !
Respice gaudia quanta metas,
quae tibi fert genialis honor.

Te lacrimis labefacta domus[2]
prosequitur, generisque tui
ingemit anxia nobilitas,
flore quod occidis in tenero[3],
proxima dotibus et thalamis...

Aut gladio feriere caput[4],
aut laniabere membra feris,
aut, facibus data fumificis,
flebiliterque ululanda[5] tuis,
in cineres resoluta flues.

Haec, rogo, quis labor est fugere ?
Si modicum salis eminulis
turis et exiguum digitis
tangere[6], virgo, benigna velis,
poena gravis procul afuerit. »

Martyr ad ista nihil, sed enim
infremit, inque tyranni oculos
sputa jacit, simulacra dehinc
dissipat, impositamque molam[7]
turibulis pede prosubigit.

Prudence, *op. cit.*

1. Talibus (verbis).

2. domus = familia.

3. = quod occidis in tenero flore ; *au vers 15,* dotibus *et* thalamis *sont des pluriels poétiques.*

4. caput : *accusatif de relation (tu seras frappée quant à la tête = tu auras la tête frappée, ta tête sera frappée) ;* feriere = ferieris.

5. ululanda = ululata *(emploi non classique de l'adjectif verbal).*

6. *Construire :* modicum salis et exiguum turis eminulis digitis tangere *(Prudence semble avoir eu ici quelques ennuis avec les exigences de la métrique ; mais on peut trouver que sa construction embarrassée traduit assez bien l'embarras du juge !).*

7. molam : *il s'agit de la farine sacrée dont on saupoudrait la tête des victimes dans les sacrifices ; d'où le sens pris par le verbe* immolare.

## *Recherche*

• Combien de parties distinguez-vous dans la réponse du juge? A quels sentiments fait-il successivement appel chez la jeune fille?

• Les critiques ont parfois reproché à Prudence de présenter tous les païens, sans nuances, comme des brutes sanguinaires. Ce reproche, d'après ce passage, vous paraît-il fondé?

• Comment Eulalie apparaît-elle aux yeux du juge? Quels sont les mots les plus significatifs à cet égard? Ne fait-elle pas songer à certaines héroïnes du dramaturge français Jean Anouilh?

• Quels renseignements nous donne le texte sur la classe sociale à laquelle appartient Eulalie? Par quelle expression pourrait-on désigner Eulalie elle-même? De quel avenir ses parents rêvent-ils pour elle?

• Le discours du juge vous paraît-il habile? Que pensez-vous de la solution qu'il propose à Eulalie pour échapper au supplice? Et de son énumération des supplices?
Comment la jeune fille réagit-elle à ce discours? Quel est le genre de vie (et la conception de la vie) qu'elle refuse? Son attitude vous paraît-elle conforme à la morale chrétienne?

# Par le fer et par le feu

*La réaction d'Eulalie va naturellement lui être fatale, et la jeune fille périra dans d'atroces tortures, sur lesquelles Prudence ne craint pas d'insister, inaugurant ainsi un genre qui sera abondamment exploité par les artistes du Moyen Age.*

Nec mora : carnifices gemini
juncea pectora dilacerant;
et latus ungula virgineum
pulsat utrumque et ad ossa secat,
Eulalia numerante notas.

« Scriberis ecce mihi[1], Domine :
quam juvat hos apices legere,
qui tua, Christe, tropaea notant!
Nomen et ipsa sacrum loquitur
purpura[2] sanguinis eliciti. »

Haec sine fletibus et gemitu
laeta canebat et intrepida;
dirus abest dolor ex animo,
membraque picta cruore novo
fonte cutem recalente lavant[3].

1. mihi = in me. *Le sang versé par Eulalie proclame son attachement au Seigneur; ici,* apices : *jambages.*

2. *Construire :* et ipsa purpura sanguinis eliciti nomen sacrum loquitur (= dicit).

3. *Comprendre comme s'il y avait :* novus cruor qui membra pingit cutem lavat fonte recalente.

*Carnifices gemini / juncea pectora dilacerant* :
le martyre de sainte Eulalie vu par un artiste médiéval.
(Palma de Majorque, Musée de la Cathédrale.)
L'artiste connaissait certainement le texte de
Prudence, qu'il illustre très exactement.

Ultima carnificina dehinc :
non laceratio vulnifica
crate tenus[4] nec arata cutis,
flamma sed undique lampadibus
in latera stomachumque furit...

Flamma crepans volat in faciem,
perque comas vegetata caput
occupat exsuperatque apicem.
Virgo, citum cupiens obitum,
appetit et bibit ore rogum.

Emicat inde columba repens[5];
martyris os, nive candidior,
visa[6] relinquere et astra sequi :
spiritus hic erat Eulaliae,
lacteolus, celer, innocuus.

Colla[7] fluunt, abeunte anima,
et rogus igneus emoritur;
pax datur artubus[8] exanimis,
flatus in aethere plaudit ovans,
templaque celsa petit volucer.

Vidit et ipse satelles avem
feminae[9] ab ore meare palam :
obstupefactus et attonitus,
prosilit et sua gesta[10] fugit;
lictor et ipse fugit pavidus.

Ecce nivem glacialis hiems
ingerit et tegit omne forum :
membra tegit simul Eulaliae
axe jacentia sub gelido,
pallioli vice linteoli...

Prudence, *op. cit.*

4. crate tenus : *jusqu'à la cage (que forment les côtes), jusqu'aux côtes;* tenus *est une préposition postposée.*

5. repens = repente.

6. visa = visa est.

7. colla : *pluriel poétique* = collum.

8. *Voir « Recherche ».*

9. feminae = puellae.

10. sua gesta = sua facta, *ou* suum factum, *ou* quod fecit.

## Recherche

• Les griffes ou ongles métalliques, au moyen desquels on labourait littéralement la chair des suppliciés, étaient, avec les torches et les fers rouges, les instruments de torture les plus fréquemment utilisés dans l'ancienne Rome. En principe, on n'avait pas le droit d'infliger la torture aux citoyens romains, seuls les esclaves pouvant être mis à la question. Pourtant Eulalie est de condition libre, et même de naissance noble, vous vous en souvenez : comment expliquez-vous, dès lors, qu'elle soit torturée, comme l'ont été beaucoup d'autres chrétiens, eux aussi citoyens romains?

On s'est parfois demandé si Prudence, qui a souvent dépeint des scènes de ce genre (et de bien plus horribles encore !), n'avait pas une petite tendance au sadisme. Que signifie exactement ce mot ? Pensez-vous qu'on puisse effectivement l'appliquer à Prudence ?

L'insensibilité apparente d'Eulalie a quelque chose de surhumain. N'y a-t-il pas, tout de même, dans la cinquième strophe, une notation qui donne à penser que, malgré les apparences, Eulalie ressent la souffrance ?

• Quel caractère donne à la poésie de Prudence le miracle qu'il décrit ? Et de quelle façon ce miracle devient-il une arme dans la polémique antipaïenne ? (A l'époque où écrit Prudence, les persécutions ont cessé depuis un siècle, ou, plus exactement, ce sont maintenant les chrétiens, devenus majoritaires et puissants, qui persécutent les païens, d'une manière il est vrai beaucoup moins cruelle ; mais la polémique, elle, continue, et les païens, dont le chef se nomme Symmaque, sont loin d'avoir désarmé.)

• Que nous apprend la dernière strophe sur l'époque de l'année où eut lieu le martyre de sainte Eulalie ? Que pensez-vous de cette strophe au point de vue de la poésie ? Étudiez notamment les sonorités du dernier vers.

## Un peu de grammaire

Quelques noms de la quatrième déclinaison ont le datif/ablatif puriel en *-ubus*. Certains ont seulement cette forme en *-ubus : arcus, us :* arc *(arcubus); quercus, us :* chêne *(quercubus); tribus, us :* tribu *(tribubus).* D'autres ont concurremment la forme en *ubus* et (plus rarement) celle en *-ibus : artus, us :* membre *(artubus); lacus, us :* lac *(lacubus); veru, us :* broche *(verubus). Arcubus* et *artubus* se distinguent de *arcibus* et *artibus,* datif/ablatif pluriel de *arx, arcis :* citadelle, et *ars, artis :* technique, art.

## La vie des mots

Étudiez l'origine étymologique des mots : lacérer – Plessis-lez-Tours, latéral, équilatéral, quadrilatère – ongle – scier, sécateur, section, segment, sécable, disséquer – cutané, couenne, cuticule – araire – végétal – nivôse – célérité – ovation – satellite – impavide – linceul.

L'épitaphe d'un jeune chrétien, Reparatus, mort, est-il précisé, à cinq ans et trois mois. (Musée d'Enfida, Tunisie.)

# Les chrétiens? des ennemis publics!

*La mort, atroce et courageuse, de la petite Eulalie nous a fait un peu perdre de vue le point capital d'où nous étions partis, à savoir la dimension politique prise par le conflit entre le mouvement chrétien et les pouvoirs publics. C'est encore à Prudence que nous allons demander de le mettre en lumière.*

*Le prêtre chrétien Romanus (saint Romain) vient de prononcer, devant le tribunal qui doit le juger, un violent réquisitoire contre le paganisme et la religion officielle; le juge, qui l'a laissé parler longtemps, n'en croyant pas ses oreilles, finit par « craquer ».*

Mosaïque funéraire chrétienne : on y lit le « chrisme » (ΧΡΙΣΤΟΣ) accompagné de l'*alpha* et de l'*oméga*. (Musée d'Enfida, Tunis.)

« Pro Juppiter! Quid est quod ex hoc audio?
Stat inter aras et deorum imagines
et (quod fateri cogor) in medio foro,
tacente memet, ac perorat perditus,
quicquid sacrorum est ore foedans impio!

O fas priorum! moris o prisci status!
Inventa regum pro salute publica
Pompiliorum nostra carpunt saecula[1] :
quis hos sophistas error invexit novus,
qui non colendos esse divos disputent?

Nunc dogma nobis christianum nascitur,
post evolutos mille demum[2] consules...
Ubi iste vester tunc erat summus Deus,
divum favore cum puer Mavortius[3]
fundaret arcem septicollem Romulus?
Quod Roma pollet, auspicato condita,
Jovi Statori debet et dis[4] ceteris.

Hoc sanctum ab aevo est, hoc ab atavis traditum :
placanda nobis pro triumphis principis
delubra, faustus ut secundet gloriam
procinctus utque, subjugatis hostibus,
ductor quietum frenet orbem legibus.
Accingere[5] ergo, quisquis es, nequissime,
pro principali rite nobiscum deos
orare vita[6]; vel, quod hostem publicum
pati necesse est, solve poenam sanguine :
sprevisse templa respuisse[7] est principem! »

Prudence, *Peristephanon,* 10.

1. *Construire :* nostra saecula (= nostrum saeculum) carpunt inventa regum Pompiliorum pro salute publica (= quae reges Pompilii pro salute publica invenerunt); regum Pompiliorum *est un pluriel poétique : il s'agit en fait de Numa Pompilius, deuxième roi de Rome (717-673 av. J.-C.), qui avait été l'organisateur de la vie religieuse romaine.*

2. *Construire :* nunc demum.

3. divum, *gén. plur. archaïque :* deorum; Mavortius, *forme archaïque encore : fils de Mars; Romulus était, selon la légende, un demi-dieu.*

4. dis = deis; quod : *le fait que.*

5. accingere : *impératif passif (passif à valeur réfléchie) = prépare-toi.*

6. *Construire :* pro principali vita = pro principis vita.

7. *Traduire* sprevisse *et* respuisse *comme des infinitifs présents.*

## *Recherche*

• Par rapport au paganisme, comment le christianisme apparaît-il au juge? Quelle est la raison d'être des formes archaïques qu'emploie celui-ci?

Quelle est la psychologie politique et religieuse du juge? Quel est, à ses yeux, le rôle le plus important de Jupiter? Quel est, selon lui, le but principal des prières et des cérémonies religieuses? Quelle différence fondamentale voyez-vous entre cette attitude et l'attitude chrétienne? Cette dernière n'a-t-elle pas néanmoins bien changé dans les siècles ultérieurs?

Qu'implique l'emploi du terme *hostis* appliqué à un chrétien? Cet emploi est-il justifié, dans la perspective où se place le juge? L'attitude de celui-ci est-elle propre au paganisme, ou est-elle liée indissolublement à l'absence de séparation entre la religion et l'État? Cherchez des exemples d'attitudes analogues dans l'histoire, voire dans le monde contemporain.

Savez-vous à partir de quel moment le christianisme a pris la relève du paganisme comme religion d'État? Cherchez dans un dictionnaire, ou mieux dans un manuel d'histoire romaine, les noms des empereurs Constantin et Théodose. Jusqu'à quelle date le catholicisme (l'une des formes prises par le christianisme) est-il resté religion officielle en France? Quelle est la situation actuelle?

Qu'est-ce qu'un sophiste? Pourquoi ce terme est-il ici appliqué aux chrétiens? L'est-il à bon escient?

Justifiez l'expression : *post evolutos mille consules.*

• Voici encore des vers très faciles à scander! Ce sont des sénaires iambiques, composés de six pieds, dont les pieds pairs (le deuxième, le quatrième et le dernier) sont obligatoirement des iambes (˘ –); les autres pieds sont indifférents, seul le trochée (– ˘) étant exclu, mais ce sont, en général, soit des iambes, soit des spondées (– –). Et maintenant allez-y : scandez le poème et donnez-en une lecture rythmée.

### Un peu de grammaire

Relevez les propositions subordonnées du texte; classez-les selon leur nature et analysez-les.

### ◆ Calamo aut ore

Thème d'imitation :

Rome ne sera plus puissante, si les chrétiens provoquent la colère des dieux; elle ne pourra plus résister aux nations barbares, et, un jour, l'Empire romain mourra, bien que l'éternité lui ait été promise. Telle était l'opinion de ceux qui, au IIIe siècle après Jésus-Christ, adoraient encore les anciens dieux. C'est pourquoi ils persécutaient les chrétiens, qu'ils considéraient comme des ennemis publics.

## De la modération à la répression

Vous êtes maintenant à même de comprendre la phrase suivante de Jean Bayet, qui fut un des plus éminents historiens de la religion romaine : « Le christianisme apparaissait en la plénitude de son scandale : adversaire du polythéisme officiel, négateur du culte impérial sur lequel reposait la cohésion de l'État ; et donc justiciable des mesures d'exception qu'appelle l'anarchie. » (*Histoire politique et psychologique de la religion romaine*, Paris, Payot, 1969, pp. 243-244.)

Une répression policière de l'anarchisme (répression souvent sauvage, digne du nazisme), telles nous apparaissent donc, en leur signification profonde, les fameuses persécutions contre les chrétiens dans les derniers siècles de l'Empire romain. Mais il ne faudrait pas s'imaginer que cette répression, avec son cortège d'atrocités, sévit sans discontinuer durant plusieurs siècles : pendant longtemps, au contraire (si l'on excepte le règne de Néron où ils furent accusés, dans des conditions qui demeurent d'ailleurs assez obscures, d'avoir provoqué le célèbre incendie de Rome), les chrétiens ne furent inquiétés que dans une certaine mesure et avec une certaine modération. Lisez ce que prescrivait l'empereur Trajan à Pline le Jeune, alors gouverneur de la province de Bithynie, en l'année 111 :

« *Christiani conquirendi non sunt; si deferantur et arguantur, puniendi sunt, ita tamen ut, qui negaverit se christianum esse idque re ipsa manifestum fecerit (id est supplicando diis nostris), veniam ex paenitentia impetret.* »

- Quel point commun trouvez-vous entre ces recommandations de Trajan et les textes que vous avez déjà vus concernant les chrétiens ?
- Reportez-vous maintenant au premier des trois textes consacrés à Eulalie : en le confrontant avec la lettre de Trajan, vous découvrirez cette fois une différence capitale entre l'attitude de ce dernier et celle d'empereurs postérieurs à lui, comme Maximien ; quelle est-elle ?
- Vous voyez que Trajan fait preuve d'une relative modération ; mais n'y a-t-il pas dans son attitude une contradiction interne ? Un Maximien n'est-il pas plus logique avec lui-même ? Réfléchissez, et donnez votre point de vue.

Quoi qu'il en soit, la politique de Trajan a été, dans les faits, la plus couramment pratiquée par les pouvoirs publics romains, et on peut dire que, jusqu'au milieu du IIIe siècle, les chrétiens ont vécu relativement tranquilles ; bien sûr, ils étaient toujours à la merci d'une dénonciation, ils ne pouvaient jamais dormir vraiment sur leurs deux oreilles, et l'arrivée de la police dans leur quartier devait chaque fois leur donner un petit frisson dans le dos. Mais enfin on les tolérait plus ou moins, et cela pour une raison bien simple : c'est que, dans l'ensemble, la situation de l'Empire était assez bonne, ce qui montrait que les dieux n'étaient pas trop irrités.

Mais voici que, dans les premières décennies du IIIe siècle, éclata l'une des crises les plus graves qu'ait connues l'Empire romain : les Barbares attaquèrent sur toutes les frontières, et souvent victorieusement. Il y eut une série de mauvaises récoltes entraînant des famines ; les prix montèrent en flèche, la monnaie s'effondra ; les impôts ne rentraient plus... Bref, la situation était catastrophique dans tous les domaines !

Sur les causes de cette crise, les historiens s'interrogent encore. Mais, pour les païens qui la vivaient, aucun doute n'était possible : c'était « la faute aux chrétiens » ! Ce qu'on pouvait craindre était arrivé : les dieux en avaient assez de voir leurs ennemis devenir sans cesse plus nombreux, et ils avaient décidé de punir les Romains...

Dès lors, la tolérance, l'indulgence n'étaient plus possibles : il fallait, pour apaiser la colère des dieux, éliminer par tous les moyens ces maudits chrétiens, responsables du malheur général ! Et, dès l'année 250, la grande répression se déchaîna ; il y eut certes des hauts et des bas, mais, pendant plus de cinquante ans, les chrétiens, dans l'ensemble, furent considérés comme des hors-la-loi.

Ils n'étaient pas d'accord, bien entendu, avec les accusations que l'on portait contre eux, et n'acceptaient pas d'être rendus responsables du malheur des temps. Voici sous la plume de l'un d'eux, **Arnobe**, une réponse à ces accusations.

# Rien de nouveau sous le soleil !

*"Quando est humanum genus aquarum diluviis interemptum?"* (séisme suivi d'inondation, relief romain, Berlin).

Quoniam comperi nonnullos insanire et, velut quiddam promptum ex oraculo, dicere « postquam esse in mundo christiana gens coepit, terrarum orbem periisse, multiformibus malis affectum esse genus humanum, ipsos etiam caelites terrarum ab regionibus exterminatos[1] », statui calumniosas dissolvere criminationes, ne illi sibi videantur magnum aliquid dicere...

« Pestilentias, inquiunt, et siccitates, bella, frugum inopiam, locustas, mures et grandines resque alias noxias, quibus negotia incursantur humana, dii nobis important, injuriis vestris atque offensionibus exasperati. » – Si in rebus perspicuis non stoliditatis esset[2] diutius immorari, ostenderem profecto, replicatis prioribus saeculis, mala ista quae dicitis non esse incognita, non repentinas irrupisse has labes et infestare coepisse mortalia[3] : si enim nos sumus in causa, et in nostri criminis meritum excogitatae sunt hae pestes, unde novit antiquitas miseriarum haec nomina[4]? Si novella[5] sunt haec mala et ab recentibus ducunt offensionibus causas, qui potuit fieri[6] ut eis rebus verba formaret ?...

« Penuria, inquiunt, frugum et angustiae frumentariae artius nos habent. » – Antiqua enim[7] saecula necessitatis istius aliquando fuerunt expertia ? Nonne ipsa nomina, quibus censentur haec mala, testificantur et clamant nullum ab his umquam abisse mortalium ?

1. *Allusion au fait que, dans plusieurs régions de l'Empire (essentiellement dans les provinces orientales), le christianisme avait fait de tels progrès que les cultes païens avaient été pratiquement abandonnés.*

2. stoliditatis est : *c'est un signe de stupidité, c'est faire preuve de stupidité.*

3. mortalia = res humanas.

4. miseriarum haec nomina = harum miseriarum nomina.

5. novella = nova *(les auteurs de l'époque impériale, et plus encore les auteurs tardifs, affectionnent les diminutifs, qu'ils emploient fréquemment sans leur donner de valeur particulière).*

6. qui potuit fieri : *comment a-t-il pu se faire que;* qui : *adverbe.*

7. *Ici, et dans la suite du passage,* enim *a pratiquement la valeur de* ergo.

« Casus frequentissimi grandinis accidunt atque adterunt cuncta. » – In litteris enim priscis non videmus etiam imbres saxeos totas saepe comminuisse regiones ?

« Difficiles pluviae sata faciunt emori[8] et sterilitatem indicunt terris. » – Immunis enim antiquitas malis ab his fuit, cum etiam flumina cognoverimus ingentia limis inhorruisse siccatis ?

« Pestilentiae contagia[9] urunt genus humanum. » – Annalium scripta percurrite, linguarum diversitatibus[10] scripta : universas discetis gentes saepenumero desolatas esse et viduatas terras suis cultoribus.

« Ab locustis, a muribus genus omne acciditur atque adroditur frugum. » – Historias ite per vestras, et ab istis pestibus instruemini quotiens prior aetas adfecta sit et paupertatis ad miserias venerit.

« Terrarum validissimis motibus tremefactae, nutant usque ad periculum civitates. » – Quid ? Hiatibus maximis interceptas urbes superiora tempora non viderunt ?

Quando est humanum genus aquarum diluviis interemptum ? Non ante nos ?

Quando urbes amplissimae marinis coopertae sunt fluctibus ? Non ante nos ?

Quando cum feris bella et proelia cum leonibus gesta sunt ? Non ante nos ?...

Arnobe, *Adversus nationes,* I.

8. faciunt emori : *font mourir (construction « tardive », qui se continuera dans les langues romanes).*

9. pestilentiae contagia : *des épidémies.*

10. linguarum diversitatibus = linguis diversis *(les écrivains tardifs emploient volontiers des tournures abstraites là où les classiques employaient des tournures concrètes).*

## *Recherche*

• Nous avons mis entre guillemets les arguments des païens que cite Arnobe ; il est vraisemblable que ces citations sont extraites d'un ouvrage de polémique antichrétienne que nous n'avons pas conservé : tous les ouvrages de ce genre ont disparu, car, à partir du Ve siècle et pendant la plus grande partie du Moyen Age, les copistes étant des clercs ou des moines, toute l'édition a été pratiquement contrôlée par l'Église, qui naturellement n'a pas jugé utile de transmettre à la postérité les ouvrages attaquant le christianisme. Regroupez ces arguments en les écrivant les uns à la suite des autres comme s'il s'agissait d'un texte continu (y compris la phrase au style indirect du premier paragraphe, et vous en profiterez pour la transposer au style direct !). C'est en procédant ainsi que les chercheurs en histoire littéraire parviennent, dans une certaine mesure, à reconstituer les œuvres dont nous n'avons conservé, comme c'est le cas ici, que de minces fragments.

• Donnez la liste des diverses calamités qui semblent, à en croire ce texte, s'être abattues sur l'Empire romain au IIIe siècle (Arnobe écrit vers 280). Elles peuvent être regroupées en plusieurs catégories : lesquelles ?

• Résumez la réponse que fait Arnobe aux arguments du parti païen. Combien d'arguments utilise-t-il lui-même ? Sur quel procédé fondamental son argumentation repose-t-elle ? Ce procédé ne se retrouve-t-il pas dans son style même ? Quel est l'autre procédé stylistique qui caractérise ce passage ? Au style de quel écrivain latin celui d'Arnobe vous fait-il penser ? Où apprenait-on à écrire ainsi ?

• L'argumentation d'Arnobe vous paraît-elle convaincante ? Essayez de vous mettre à la place de son interlocuteur païen : que répondriez-vous ?

En fait, malgré les efforts d'Arnobe pour démontrer que les malheurs de l'Empire n'avaient rien d'extraordinaire et ne faisaient que reproduire ce qui avait toujours existé depuis que le monde est monde, les témoignages des contemporains sont trop nombreux et trop concordants pour que les historiens modernes mettent en doute la réalité de la crise du IIIe siècle. Faut-il y voir, avec les marxistes, une conséquence de la crise du système esclavagiste, voire de la lutte (prenant la forme du sabotage) menée par les esclaves contre leurs maîtres ? Sans être certaine, l'explication mérite d'être retenue à titre d'hypothèse de travail ; elle permettrait de comprendre pourquoi les calamités naturelles, qui certes ont toujours existé (Arnobe a raison sur ce point), ont pu avoir à cette époque de si graves conséquences : quand les récoltes sont bien surveillées, les souris ne les consomment pas, et la sécheresse est moins catastrophique quand les travaux d'irrigation sont correctement effectués...

### La vie des mots

Étudiez l'origine étymologique des mots : orbite – récrimination – musaraigne – séculaire – angoisse – immunité – limon, limace – siccatif – corrosif, érosion – hiatus – diluvien – fluctuation.

## Si les Barbares attaquent, les chrétiens n'y sont pour rien

*Mais la crise n'était pas seulement économique et alimentaire. Elle était aussi militaire, les armées romaines parvenant de plus en plus difficilement à contenir les assauts des Barbares. Sur ce point aussi Arnobe va répondre aux païens, mais vous allez voir que, ce faisant, il va tenir des propos... singulièrement subversifs !*

Quod nobis objectare consuevistis « Germanorum et Scythicas irruptiones », quale sit istud quod dicitur[1] non videtis ? Ut[2] inter Assyrios et Bactrianos, Nino quondam Zoroastreque ductoribus, dimicaretur, nos fuimus causa ? Ut Helena, diis ducibus atque impulsoribus rapta, et suis esset dirum et venturis temporibus fatum[3], religioni nostrae attributum est crimini ? Ut ille immanis Xerxes gressibus maria transiret, nostri nominis effectum est ira[4] ? Ut ex Macedoniae finibus unus exortus adolescens

1. quod : *quant au fait que ;* istud quod dicitur = istud quod dicitis.

2. *Ici,* ut : *le fait que ; dans la dernière interrogation, on pourra le traduire, pour des raisons de commodité, par « lorsque ».*

3. *Construire :* suis et futuris temporibus dirum fatum esset.

4. *Allusion au fait que Xerxès avait, pour envahir la Grèce, fait franchir l'Hellespont à son armée sur un pont de bateaux. Une tempête d'ailleurs la détruisit, à la suite de quoi le souverain perse ordonna que la mer fût battue de 300 coups de fouet !;* ira + *gén. : colère contre.*

Orientis regna et populos captivitate ac servitio subjugaret, nos fecimus atque excitavimus causas? Ut modo[5] Romani, velut aliquod flumen torrens, cunctas submergerent atque obruerent nationes, nos videlicet numina praecipitavimus in furorem?... Quemadmodum possimus miseriarum esse praesentium causae, cum novi fiat nihil, sed sint omnia vetera et nullis antiquitatibus[6] inaudita?

Arnobe, *op. cit.*

5. modo *(sens temporel) : récemment.*

6. nullis antiquitatibus = nulli antiquitati = nulli antiquo tempori.

# Christianisme et objection de conscience

*Nous venons donc de voir un chrétien, Arnobe, mettre sur le même plan la conquête romaine et les invasions barbares, qui ne sont à ses yeux que deux aspects interchangeables d'un même phénomène, celui de la guerre. De là à refuser toute participation au maintien de l'impérialisme romain, de là à devenir, comme nous dirions, « objecteur de conscience », il n'y avait qu'un pas. Arnobe ne le franchit pas. Mais d'autres le franchissaient allégrement; insoumission, désertion et refus de servir dans l'armée étaient des attitudes que bien des chrétiens jugeaient normales et plus conformes que la vie militaire au précepte évangélique : « Tu ne tueras point. »*

*Un excellent exemple nous en est fourni par Prudence, encore lui, qui nous raconte l'histoire de deux soldats, Émétérius et Chélidonius, lesquels, convertis au christianisme, s'aperçoivent un beau jour qu'ils ne peuvent plus, moralement, rester dans l'armée...*

Scripta sunt caelo duorum martyrum vocabula[1],
aureis quae Christus illic adnotavit litteris.
Non rudem crudi laboris ante vitam duxerant
milites, quos ad perenne cingulum[2] Christus vocat;
sueta virtus bello et armis militat sacrariis.
Caesaris vexilla linquunt, eligunt signum crucis,
proque ventosis draconum quos gerebant palliis[3],
praeferunt insigne lignum, quod Draconem subdidit.
Vile censent expeditis ferre dextris spicula,
machinis murum ferire, castra fossis cingere,
impias manus[4] cruentis inquinare stragibus :
« Nosne, Christo procreati, Mammonae[5] dicabimur?
Et, Dei formam gerentes, serviemus saeculo[6]?
Absit ut caelestis ignis se tenebris misceat!
Sit satis, quod capta primo vita sub chirographo[7]
debitum persolvit omne, functa rebus Caesaris :
tempus est Deo reddendi quicquid est proprium Dei[8].

1. vocabula = nomina.

2. cingulum : *ceinturon, d'où : service militaire, armée, milice.*

3. ventosis draconum palliis : *les étendards, flottant au vent et représentant des serpents (ce type d'étendards, emprunté aux Parthes, avait été introduit dans l'armée romaine par l'empereur Trajan). Au vers suivant, le serpent est le symbole du mal.*

4. impias manus : *leurs mains (rendues) criminelles (par de telles actions).*

5. mammona, ae (*ou* mammo, onis), *terme biblique : l'appât du gain, le goût de la richesse, la cupidité; on traduit souvent tout simplement par « Mammon », ce nom étant celui d'un dieu syriaque de la richesse.*

6. saeculum : *le siècle, le monde, au sens chrétien, c'est-à-dire « la cité des hommes », par opposition à « la cité de Dieu ».*

7. sit satis quod : *qu'il suffise que..., c'est assez que...;* capta sub chirographo : *prisonnière de notre engagement; dans l'armée, le* chirographum *(terme grec, de* cheir, *désignant la main, et* graphein, *signifiant « écrire ») était proprement la signature que l'on apposait au bas du formulaire.*

8. *Allusion à la célèbre parole du Christ : « Rendez à César ce qui est à César, et à Dieu ce qui est à Dieu. »*

Ite, signorum magistri! Et vos, tribuni, absistite!
Aureos auferte torques, sauciorum praemia[9]!
Clara nos hinc angelorum jam vocant stipendia;
Christus illic candidatis praesidet cohortibus,
et throno regnans ab alto damnat infames deos
vosque, qui ridenda[10] vobis monstra divos fingitis. »
Haec loquentes obruuntur mille poenis martyres...

Prudence, *Peristephanon,* 1.

9. *Les colliers d'or (ainsi que des bracelets et des couronnes) étaient, dans l'armée romaine, l'équivalent de nos décorations : médaille militaire, croix de guerre et Légion d'honneur; les deux insoumis rendent leurs décorations, en signe de mépris pour les exploits militaires; c'est l'acte antimilitariste par excellence.*

10. ridenda : *risibles.*

## Recherche

• Précisez les raisons pour lesquelles les deux soldats estiment ne plus pouvoir rester dans l'armée; de quel ordre sont ces raisons? Comment expliquez-vous l'allusion à Mammon qui lie l'argent et la guerre? Qu'implique l'adjectif *impias?*

• Qui sont les *tribuni?* Que peut désigner l'expression *signorum magistri?* Caractérisez l'attitude des deux soldats à l'égard de leurs officiers? Si vous comparez leurs propos avec le couplet du chant révolutionnaire *L'Internationale :* « S'ils s'obstinent, ces cannibales / à faire de nous des héros / ils sauront bientôt que nos balles / sont pour nos propres généraux », quelles similitudes mais aussi quelle différence fondamentale trouvez-vous entre les deux textes?

• Relevez dans le texte les mots appartenant au vocabulaire militaire. Ils sont employés à propos de deux camps adverses. Lesquels?

• Les philosophes parlent d'évolution dialectique lorsqu'à deux étapes opposées – la thèse et l'antithèse – succède une synthèse qui englobe en quelque sorte les deux étapes précédentes tout en les dépassant : ne peut-on pas dire que l'attitude des deux hommes à l'égard de la *militia* constitue un parfait exemple d'évolution dialectique?

• Quelle image du Christ le poète présente-t-il dans la première et surtout dans la dernière strophe? Et quelle image des dieux du paganisme? Ces derniers sont-ils à proprement parler niés?

• Qu'appelle-t-on le clergé « séculier »? D'où vient ce terme? Par quelle expression désigne-t-on l'autre partie du clergé? Voyez-vous pourquoi?

### Un peu de grammaire

Transposez au style indirect les paroles des soldats.

Analysez, au point de vue de la syntaxe, les participes (présents et passés) du texte. Certains d'entre eux équivalent à des propositions subordonnées : opérez, dans ce cas, la transposition.

### La vie des mots

Étudiez l'origine des mots : crudité – pérennité – crucifier – insigne (adjectif) – ambidextre – férir – s'immiscer, promiscuité, mixte, mixture – prime – stipendié – feindre, fictif.

### ◆ Calamo aut ore

Déclinez le plus rapidement possible les groupes de mots suivants : *duo martyres; ventosus draco; impia manus; cruenta strages; infamis deus.*

Thème :

Traduisez en latin ce célèbre dialogue de Pascal :

« Pourquoi me tuez-vous? A votre avantage[1] : je n'ai point d'armes.
– Eh quoi? Ne demeurez-vous pas de l'autre côté de l'eau? Mon ami, si vous demeuriez de ce côté, je serais un assassin et cela serait injuste de vous tuer de la sorte; mais puisque vous demeurez de l'autre côté, je suis un brave, et cela est juste. »

1. A votre avantage (c'est facile) : *tibi commode.*

Quel rapport voyez-vous entre ce texte de Pascal et celui de Prudence?

*Clara nos angelorum vocant stipendia* : la milice céleste, vue par Ridolfo Guariento, XIVe s. (Padoue, Musée de la Cité.)

*Refusant de reconnaître les dieux officiels, méprisant le pouvoir impérial et les dignités en général, faisant fi de la grandeur romaine, dénonçant l'armée et se moquant de l'héroïsme militaire, les chrétiens devaient nécessairement scandaliser les milieux bien-pensants et conservateurs. Se montraient-ils aussi contestataires dans le domaine social? En réalité, non : certes, ils prêchaient la bonté à l'égard des esclaves et affirmaient que ces derniers n'étaient pas des choses, mais des êtres humains à part entière (traduisez cette phrase de saint Augustin :* non christianum oportet sic possidere servum sicut equum et argentum; nam hominem homo tamquam se ipsum diligere debet); *mais leur attitude sur ce point n'allait pas au-delà de ce que les Stoïciens avaient déjà préconisé avant eux. Il est vrai que c'était sans doute déjà beaucoup trop aux yeux de certains propriétaires esclavagistes, peu enclins à aimer leurs esclaves autant qu'eux-mêmes! Mais il faut reconnaître que les chrétiens n'ont jamais condamné l'esclavage en tant que tel; ils recommandaient même volontiers aux esclaves de se montrer obéissants et respectueux envers leurs maîtres, y compris envers ceux qui les traitaient durement (voir les lettres de saint Paul et de saint Pierre).*

## Abominations des chrétiens

*Mais, à une époque où l'Empire était menacé de tous côtés par les Barbares, pacifisme, antimilitarisme et refus de la religion d'État étaient déjà bien assez, aux yeux des autorités, pour justifier que l'on infligeât aux chrétiens les pires traitements. On les accusait d'ailleurs de bien d'autres crimes, comme vous allez le voir d'après ce passage de l'écrivain chrétien* ***Minucius Felix*** *(IIᵉ-IIIᵉ s.), qui met en scène, dans un dialogue intitulé* Octavius, *un adversaire et un partisan du christianisme, discutant courtoisement, mais âprement du problème religieux.*

*C'est le païen, nommé Caecilius Natalis, qui a la parole : il va exposer les calomnies couramment exprimées de son temps contre les chrétiens.*

Eruenda prorsus haec et exsecranda consensio[1]! Occultis se notis et insignibus noscunt[2] et amant mutuo paene antequam noverint, ac se promiscue[3] appellant « fratres » et « sorores », ut etiam non insolens stuprum fiat incestum[4]. Audio eos turpissimae pecudis caput, asini, consecratum venerari : digna religio talibus moribus! Et qui fabulatur[5] hominem summo supplicio pro facinore punitum et crucis ligna feralia[6] eis esse caerimonias, is congruentia perditis sceleratisque tribuit altaria, ut id colant quod merentur. Jam[7] de initiandis tirunculis fabula tam detestanda[8] quam nota est : infans, farre[9] contectus ut decipiat incautos, adponitur ei qui sacris imbuatur[10]; is infans a tirunculo caecis vulneribus occiditur; hujus (pro nefas!) sitienter sanguinem lambunt, hujus certatim membra dispertiunt, hac foederantur hostia[11]... Cur occultare et abscondere quicquid colunt[12] magnopere nituntur, cum honesta semper publico gaudeant, scelera semper secreta sint? Cur nullas aras habent, templa nulla, nulla nota simulacra? Cur numquam palam loqui[13], numquam libere congregari, nisi illud quod colunt aut puniendum est aut pudendum?

Minucius Felix, *Octavius,* 9.

1. consensio : *conspiration, conjuration; société secrète.*
2. se noscunt = se agnoscunt.
3. promiscue : *indistinctement.*
4. ut... incestum : *pour donner le caractère d'un inceste, même aux relations amoureuses normales.*
5. fabulatur = dicit.
6. ligna feralia = lignum ferale.
7. jam, *ici, valeur logique : en outre, d'autre part.*
8. tirunculis : *littéralement, « les jeunes recrues »; terme de la langue militaire, très usité dans les religions initiatiques, où il désigne les nouveaux convertis, ceux qui n'ont pas encore été initiés aux mystères du culte; on peut le traduire par « novices »;* detestanda = detestabilis.
9. farre = farina.
10. imbuatur = initiatur.
11. hac foederantur hostia : *ils scellent leur union par cette victime,* i.e. *par ce sacrifice.*
12. quicquid colunt : *leur culte, leurs cérémonies.*
13. *Infinitif de narration.*

## *Recherche*

• Il n'y a pas de fumée sans feu, si l'on en croit le proverbe. Même si tous les païens n'ajoutaient pas foi aux accusations que vous venez de lire, beaucoup d'entre eux devaient tout de même penser que ces calomnies contenaient une part de vérité... et ils n'avaient pas tort, en ce sens qu'elles reposaient sur des faits réels, mais mal interprétés. En ce qui concerne l'accusation d'adorer un âne, elle avait été, en fait, portée contre les Hébreux avant de l'être contre les chrétiens : les Égyptiens croyaient en effet que le mauvais génie, qui était chez eux l'équivalent du diable, présentait l'aspect d'un âne roux; et comme les Israélites étaient (déjà!) leurs ennemis, ils les considéraient comme des adorateurs du diable, donc de l'âne; par la suite, les chrétiens, dans la mesure où leur Dieu était le même que celui des Israélites, avaient hérité en quelque sorte de cette calomnie.

• Pour ce qui est des autres médisances, il vous sera plus facile d'en trouver l'origine avec un peu de perspicacité! Demandez-vous donc :
– pourquoi les chrétiens avaient la réputation de se reconnaître à des signes secrets;
– quel sens les païens donnaient au verbe *amare*, lorsqu'ils entendaient dire que les chrétiens avaient pour devise : « Aimez-vous les uns les autres »;
– comment le Christ apparaissait inévitablement aux yeux d'un citoyen romain respectueux des lois (voir *hominem... punitum*);
– d'où pouvait venir l'idée que les chrétiens avaient coutume de se réunir pour boire le sang d'un enfant; qui peut être ce petit enfant, et que buvaient, en réalité, les chrétiens?

• Le reproche adressé aux chrétiens de ne pas se réunir au grand jour n'est-il pas tout de même un peu injuste? Que pourrait-on y répondre? Les chrétiens, dit Natalis, n'ont « ni temples, ni autels, ni statues » : que pensez-vous de ce reproche? N'est-il pas surprenant aux yeux d'un moderne? Comment s'explique-t-il? Que s'est-il passé dans les siècles ultérieurs? Quelle est l'évolution actuelle?

• Les chrétiens ne sont pas les seuls contre qui des accusations graves aient été portées à Rome : rappelez-vous la conjuration de Catilina, et le texte intitulé « Vampirisme et conjuration » (manuel de Seconde, p. 210) : n'y trouvait-on pas une calomnie analogue, portée contre les partisans de Catilina?

• Qu'est-ce qu'une hostie? D'où vient ce mot? Quelle a été son évolution sémantique?

### Un peu de grammaire

Relevez les subjonctifs du texte et justifiez leur emploi.

**Une vision romantique des *Martyrs aux Catacombes*. (Détail d'un tableau de 1855, par Jules Lenepveu, Musée d'Orsay.)**

# « C'est le sort le plus beau, le plus digne d'envie... »

*Vous avez vu, dans le dernier texte de Prudence, que les chrétiens se considéraient eux-mêmes comme des soldats du Christ,* milites Christi. *Dans cette optique, ils avaient l'habitude de considérer le martyre comme un combat, mené par eux contre les forces du mal, et ils assimilaient ceux d'entre eux qui mouraient dans les tortures, plutôt que de renier leur foi, à des soldats tombés au champ d'honneur. C'est bien dans cet esprit que* ***saint Cyprien,*** *évêque de Carthage, qui faisait alors partie de l'Empire romain, prononce l'éloge d'un groupe de martyrs.*

Quibus vos laudibus praedicem, fortissimi fratres? Tolerastis usque ad consummationem gloriae[1] durissimam quaestionem : vidit admirans praesentium multitudo caeleste certamen Dei et proelium Christi; vidit stetisse servos[2] ejus virtute divina, telis quidem saecularibus nudos[3], sed armis fidei armatos. Steterunt torti tortoribus fortiores, et laniantes ungulas laniata membra vicerunt : inexpugnabilem fidem superare non potuit saeviens plaga diu repetita, quamvis torquerentur[4] in servis Dei non jam membra, sed vulnera. O quale fuit illud spectaculum, quam sublime, quam magnum! Pretiosa mors haec est, quae emit immortalitatem pretio sanguinis, quae accipit coronam de consummatione virtutis[5]. Quam laetus illic Christus fuit, quam libens in talibus servis suis et pugnavit et vicit! O beatam Ecclesiam nostram, quam temporibus nostris gloriosus martyrum sanguis illustrat! Erat ante, in operibus fratrum[6], candida; nunc facta est, in martyrum cruore, purpurea : floribus ejus nec lilia nec rosae desunt; in caelestibus castris et pax et acies[7] habent flores suos.

Saint Cyprien, *Lettre 10.*

1. ad consummationem gloriae = ad summam gloriam.
2. servos : *à traduire ici, et dans tout le texte, par « serviteurs ».*
3. nudos + *abl. : dépourvus de.*
4. quamvis torquerentur = quamquam torquebantur.
5. de consummatione virtutis = de summa virtute.
6. in operibus fratrum = ob opera fratrum *(les « œuvres » sont ici les « bonnes œuvres », la bonne conduite, irréprochable sur le plan moral et religieux); de même, plus loin :* in martyrum cruore = ob martyrum cruorem.
7. acies = bellum.

## *Recherche*

• Relevez dans le texte tous les mots et expressions qui montrent que les martyrs sont assimilés à des soldats ayant une conduite héroïque.

• Relevez les expressions qui soulignent le caractère atroce des tortures subies par les martyrs. De quel texte déjà étudié celui-ci peut-il être rapproché?

• Quelle attitude l'orateur prête-t-il à Dieu et au Christ? A quelle sorte de personnages sont-ils implicitement assimilés? Les païens se moquaient souvent des martyrs en disant que, si leur Dieu existait vraiment, il ne les laisserait pas souffrir ainsi : que pensez-vous, d'après ce texte, qu'auraient répondu les martyrs eux-mêmes?

Daniel dans la fosse aux lions. Mosaïque funéraire de Bordj-el-Youdi. (Musée du Bardo, Tunis.)

• Au risque d'effrayer les fidèles qui l'écoutent, et qui peuvent à tout moment être arrêtés et mis à la question, Cyprien n'hésite pas à souligner ce que les tortures peuvent avoir d'épouvantable; mais, dans la dernière partie du texte, il sublime en quelque sorte les souffrances des martyrs en transfigurant les images sanglantes qu'il a évoquées : comment s'y prend-il? Quel rôle la pourpre joue-t-elle encore dans l'Église d'aujourd'hui?

• On explique généralement le sens pris par le mot *paganus,* qui, à l'origine, signifiait « villageois », en disant que, dans les campagnes, le christianisme avait dû se répandre plus lentement que dans les villes : d'où l'emploi du mot « villageois » pour désigner les adeptes des anciennes religions, et son passage au sens de « païen ». Mais nous savons par ailleurs que, dans l'argot des casernes, le mot *paganus* désignait les « civils »; on a donc proposé aussi une autre explication (fort plausible) de son passage au sens de « païen » : voyez-vous laquelle, d'après ce texte?

• L'engagement politique, tout comme l'engagement religieux, a souvent été comparé à un engagement militaire, à une *militia,* comme disaient les Latins; quels mots français nous le rappellent?

• Que signifie à l'origine le mot *quaestio?* Comment est-on passé au sens qu'il a dans le texte? Quels sens du mot latin le français « question » a-t-il conservés?

• Quelle est l'origine du mot *Ecclesia?* Quel est son sens propre? Les mots empruntés au grec sont-ils nombreux dans le vocabulaire chrétien? Comment cela s'explique-t-il?

• Sur quel verbe est formé *consummatio?* Quel est son sens? Quel est donc le sens exact de *consummatio?* Étudiez le sens du verbe français « consommer », à partir de son étymologie.

• Que signifie proprement le mot *fides?* Le français « foi » a-t-il conservé ce sens? Qu'est-ce donc, dans une perspective chrétienne, qu'avoir la foi?

Le premier concile de Lyon, en 1250. L'hérésie cathare a été réprimée. L'église établie est au sommet de sa puissance...
(Document de la Bibliothèque nationale.)

*Bien entendu, tous les chrétiens n'étaient pas semblables à Eulalie de Mérida et d'aucuns, par crainte de la torture ou de la mort, acceptaient de sacrifier aux dieux des païens. Certains, ceux qui en avaient les moyens, parvenaient à se tirer d'affaire en soudoyant les juges, qui leur octroyaient un certificat de complaisance* (libellus) *attestant qu'ils avaient sacrifié alors qu'il n'en était rien. Les uns et les autres posaient un difficile problème à l'Église : fallait-il les excommunier définitivement ou temporairement? A quelles conditions pouvait-on les réintégrer dans la communauté? Fallait-il se montrer plus sévère à l'égard des premiers qu'à l'égard des seconds, qui n'avaient pas réellement renié leur foi, mais laissaient croire tout de même qu'ils l'avaient fait, ou fallait-il mettre les deux catégories « dans le même sac »? Sur ces différents points, les responsables de l'Église et les simples fidèles eux-mêmes étaient fort divisés et bien embarrassés pour résoudre ce problème, qu'on appelle le problème des* lapsi *(du verbe* labor, labi, lapsus sum*), littéralement « ceux qui avaient trébuché, qui étaient tombés, qui avaient flanché ».*

# Vivre et mourir

## Primum philosophari

La vie a-t-elle un sens? Vaut-elle la peine d'être vécue?

Qu'est-ce que le bonheur? Et comment faire pour être heureux?

Qu'est-ce que le bien, qu'est-ce que le mal? Comment les distinguer, et ne pas prendre l'un pour l'autre?

On peut, bien sûr, ne pas se poser ces questions, encore que ce soit un aveuglement difficile à maintenir tout au long d'une vie.

On peut aussi choisir d'y répondre dans le cadre d'une religion « de salut », comme le christianisme ou, dans l'Antiquité, les autres religions orientales : culte d'Isis, de Mithra. Dans une telle perspective, les choses sont relativement simples : ce qui compte, ce n'est pas la vie terrestre, mais l'autre, celle que nous vivrons après la mort; c'est alors qu'il nous sera donné d'être éternellement heureux ou malheureux, sauvés ou damnés; il s'agit donc, non de rechercher le bonheur ici-bas, mais de travailler à son salut en observant la loi divine – ce qui suffit largement à occuper une vie, et à lui donner un sens.

Mais tout le monde ne partage pas ce point de vue, qui est loin d'être, de nos jours, comme il l'a été pendant des siècles, celui de la majorité des gens, dans les sociétés occidentales tout au moins. D'ailleurs, dans l'Antiquité, il est apparu fort tard, et n'a commencé à se répandre qu'aux débuts, justement, de l'ère chrétienne. Jusque-là, ces questions et leurs réponses constituaient le fondement même de la « philosophie », ou amour de la sagesse : *philo-sophia.*

La sagesse – *sophia* en grec, *sapientia* en latin – c'était le fait de connaître les réponses, ou des réponses, à ces questions; c'était aussi, évidemment, le fait de mener une vie – ou le cas échéant de choisir une mort – qui fût conforme à ces réponses. Ce que les philosophes voulaient trouver, ou ce qu'ils disaient avoir trouvé, c'était donc essentiellement le secret du bonheur : toutes les philosophies antiques sont des doctrines du bonheur. Non pas du bonheur dans un autre monde. Non pas davantage du bonheur collectif, celui des peuples ou des nations, mais du bonheur individuel, celui de chaque homme.

Toutes les philosophies antiques s'accordent aussi pour considérer que le bonheur peut être défini comme un état de pleine satisfaction intérieure, le malheur se caractérisant donc, quant à lui, par un sentiment de plus ou moins grande insatisfaction. Être heureux, c'est estimer qu'on ne manque de rien, c'est ne pas éprouver le désir d'autre chose que ce que l'on a.

Il s'agit donc, pour chaque homme, de parvenir à la possession de quelque chose qui suffise à combler tous ses désirs, qui ait assez de valeur pour rendre méprisable et sans intérêt tout ce qu'il ne possède pas, qui puisse être obtenu dans n'importe quelle situation sociale, qui soit à l'abri des vicissitudes du sort.

Dans cette perspective, la richesse, le pouvoir, la santé, la beauté, etc., ne sont pas de véritables biens : ils sont, en effet, fragiles, périssables et, en ce qui concerne les deux premiers surtout, ne valent que pour une faible minorité des hommes. Il faut, par conséquent, trouver mieux.

C'est là le troisième – mais aussi le dernier! – point d'accord entre les philosophies antiques. Ce « quelque chose » que chacune prétend avoir trouvé, ce trésor précieux entre tous, condition à la fois nécessaire et suffisante de la vie heureuse, c'est ce que les Grecs appellent *télos* et les Latins *finis,* ou encore *summum bonum :* le *summum bonum,* le bien suprême, c'est ce sans quoi il n'y a pas de bonheur possible, et ce avec quoi il n'y a pas de malheur possible; c'est bel et bien le secret du bonheur, et, pour le trouver, point n'est besoin d'une grâce divine : il est à la portée de l'homme, qui peut l'atteindre par ses seules forces.

Là où les choses se gâtent, bien entendu, c'est quand il s'agit de dire en quoi consiste ce fameux souverain bien : car chaque philosophie a sa définition et considère que celle des autres ne vaut rien. Après tant d'accords parfaits, qui ne sont d'ailleurs pas négligeables, voilà que d'horribles dissonances éclatent dans le chœur des philosophes!

Pour simplifier les choses, en évitant d'entrer dans le détail des sectes et des groupuscules, disons qu'on peut, en gros, distinguer trois écoles.

Il y a celle pour qui le souverain bien est le *plaisir.*

Il y a celle pour qui c'est la recherche et la contemplation de la *vérité.*

Il y a celle pour qui c'est la pratique de la *vertu,* c'est-à-dire du courage au service de la justice.

Et il y a enfin, naturellement, les doctrines mixtes ou éclectiques, qui combinent dans des proportions variées ces différents ingrédients.

Il n'y a pas lieu de considérer ces thèses comme surannées. Finalement, l'attitude chrétienne mise à part, nous en sommes toujours là. L'homme, jeune ou vieux, qui choisit, ou bien de militer et de se battre pour une cause, ou bien, au contraire, de jouir de l'existence, à l'écart des luttes et des dangers, ou encore de consacrer sa vie à la recherche et à la science, choisit toujours entre les trois attitudes fondamentales et les trois *summa bona* qu'avaient dégagés les philosophes de l'Antiquité.

Leurs doctrines, bien sûr, sont dépassées sur bien des points et n'ont plus alors qu'un intérêt historique. Mais, en ce qui touche aux choix essentiels, aux options fondamentales, elles nous concernent toujours : à moins, évidemment, que le bonheur ne nous intéresse pas. Mais cela est une autre histoire!

La première des trois écoles en question est le *Jardin,* autrement dit l'épicurisme; Épicure enseignait, en effet, dans le jardin de sa modeste maison de banlieue, à Athènes.

La seconde est l'*Académie,* ou école platonicienne; les disciples de Platon se réunissaient dans les jardins d'Académos.

La troisième est le *Portique,* par allusion, ici encore, au lieu d'enseignement; portique se disant, en grec, *stoa,* c'est l'école stoïcienne.

A Rome, ce sont la première et la troisième école qui ont joué le plus grand rôle.

Socrate, « père de la philosophie » : son nom est écrit en grec (ΣΩΚΡΑΤΗΣ) sur cette fresque du Musée archéologique d'Éphèse.

# PROLÉGOMÈNES

*A vrai dire, les Romains n'aimaient pas beaucoup la philosophie, à tel point que le Sénat avait fait promptement expulser les premiers philosophes grecs qui, au IIe siècle avant J.-C., s'étaient permis de venir prêcher la bonne parole à Rome.*

*C'est que l'État romain, incarné par le Sénat, était fondamentalement conservateur; et, de tout temps, les conservateurs et les partisans de « l'ordre » se sont méfiés des philosophes et de la philosophie : à partir du moment où l'on commence à s'interroger sur le sens de la vie, le fondement des valeurs morales, bref, le pourquoi des choses, on risque, en effet, d'aller loin! On risque de s'apercevoir que la société n'est pas si bien faite, que l'ordre et la justice ne font pas toujours bon ménage, bref, on est guetté par le démon de la contestation, et, quand on se met à penser, on a vite fait de devenir mal-pensant!*

*Cela explique sans doute, en partie, qu'à Rome, même après qu'elle eut reçu droit de cité, la philosophie soit restée longtemps assez mal vue : les connotations du verbe* philosophari *étaient nettement péjoratives; il désignait, au fond, une activité bonne pour ces coupeurs de cheveux en quatre qu'étaient les Grecs, mais bien inutile à qui a les pieds sur terre. Au premier siècle encore, on voit Cicéron un peu gêné lorsqu'il entreprend d'écrire un traité sur la notion de « devoir » (*De officiis*), et éprouvant le besoin de se justifier dans sa préface.*

## Du forum à la bibliothèque

Quamquam libri nostri complures non modo ad legendi, sed etiam ad scribendi studium excitaverunt, tamen interdum vereor ne quibusdam bonis viris philosophiae nomen sit invisum, mirenturque in ea me tantum operae et temporis ponere.

Ego autem, quamdiu res publica per eos gerebatur quibus se ipsa commiserat, omnes meas curas cogitationesque in eam conferebam; cum autem dominatu unius omnia tenerentur neque esset usquam consilio aut auctoritati locus, nec me angoribus dedidi – quibus essem confectus, nisi his restitissem – nec rursum indignis homine docto voluptatibus.

Atque utinam res publica stetisset quo coeperat statu[1], nec in homines non tam commutandarum quam evertendarum rerum cupidos incidisset! Primum enim in agendo plus quam in scribendo operae poneremus; deinde ipsis scriptis non ea quae nunc[2], sed actiones nostras mandaremus, ut saepe fecimus. Cum autem res publica, in qua omnis mea cura, cogitatio, opera poni solebat, nulla esset omnino, illae scilicet litterae conticuerunt forenses et senatoriae; nihil agere autem cum animus non posset, existimavi honestissime molestias posse deponi, si me ad philosophiam rettulissem.

Cicéron, *De officiis,* II, 1.

1. quo coeperat statu = (in) statu quo coeperat.

2. ea quae nunc (mando).

## *Recherche*

• Résumez ce passage en soulignant bien les idées essentielles et leur enchaînement. A quels événements politiques Cicéron fait-il allusion? Que reproche-t-il surtout à ceux qui ont pris le pouvoir?

Quelle est, à ses yeux, l'activité la plus noble et la plus digne d'un homme libre? Pourquoi a-t-il cessé de l'exercer? Quels sont les deux écueils qu'il a réussi à éviter, après sa retraite forcée?
Qu'est donc pour lui l'activité philosophique?

• Relevez et analysez les subjonctifs du texte.

# Plaidoyer pour la philosophie

*Ayant ainsi justifié son projet, Cicéron va plus loin et n'hésite pas à « provoquer » l'opinion en prononçant un vibrant éloge de la philosophie. Cet éloge vous paraîtra peut-être banal et conventionnel; en fait, pour l'apprécier, il faut vous replacer dans le contexte historique et bien voir que Cicéron s'adresse à des gens qui considèrent les philosophes comme des êtres ou bien dangereux ou bien farfelus, et aux yeux desquels un ancien consul qui « fait de la philo » est aussi ridicule, ou peu s'en faut, que s'il se mettait à jouer aux billes...*

Quid est, per deos, optabilius sapientia, quid praestantius, quid homini melius, quid homine dignius? Hanc igitur qui expetunt philosophi nominantur, nec quicquam aliud est philo-sophia, si interpretari velis, praeter studium sapientiae.

Sapientia autem est, ut a veteribus philosophis definitum est, rerum divinarum et humanarum causarumque, quibus eae res continentur, scientia; cujus studium qui vituperat, haud sane intellego quidnam sit quod laudandum putet!

Nam si oblectatio quaeritur animi requiesque curarum, quid conferri cum eorum studiis potest, qui semper aliquid anquirunt quod spectet et valeat ad bene beateque vivendum? Sive[1] ratio constantiae virtutisque ducitur[2], aut haec ars est, aut nulla omnino, per quam eas adsequamur.

Nullam dicere maximarum rerum artem esse, cum minimarum sine arte nulla[3] sit, hominum est[4] parum considerate loquentium atque de maximis rebus errantium...

Cicéron, *op. cit.* II, 2.

1. si ... sive = *si ... ou si.*
2. ratio (+ *gén.*) ducitur : *on cherche à atteindre méthodiquement.*
3. minimarum (rerum) nulla.
4. est + *gén. : c'est le propre de.*

## *Recherche*

• Justifiez la définition que Cicéron donne de *philo-sophia.*

• Que pensez-vous de la définition qu'il donne de la *sapientia* dans le deuxième paragraphe? Qu'englobe cette notion pour lui? Que laisse-t-elle de côté? Définiriez-vous ainsi la « sagesse »?

• Mais la sagesse n'est pas une fin en soi : elle a pour but d'orienter la vie dans un sens ou dans un autre. A cet égard, Cicéron distingue, dans le troisième paragraphe, deux orientations essentielles : lesquelles? Voyez-vous d'ores et déjà quels sont les deux grands courants philosophiques auxquels il songe? Quel but assignez-vous personnellement à la sagesse?

• Commentez le dernier paragraphe : que veulent dire ceux à qui Cicéron répond ici? Qu'implique la réponse de Cicéron?

# DANS LE JARDIN D'ÉPICURE

## UNE PHILOSOPHIE SCANDALEUSE?

L'épicurisme et son interprétation ont donné lieu, dès l'Antiquité, à des débats passionnés : il s'agit en effet de la seule école philosophique qui s'écarte de l'enseignement socratique et des valeurs éthiques et métaphysiques sur lesquelles, dans une large mesure, reposent les sociétés antiques. D'où polémiques, condamnations et rejets systématiques. Plus tard, le christianisme s'est accommodé de l'héritage des philosophies antiques, mais n'a jamais pu s'accommoder de la pensée d'Épicure et de Lucrèce...

La divergence de principe est évidente : l'épicurisme refuse toute-puissance ou pensée transcendante qui régirait et ordonnerait le monde et les hommes. La démarche est matérialiste en ce sens que le monde est, pour Épicure, un état de fait : on peut y lire des lois *(foedera naturae)* qui assurent son équilibre et sa durée, on ne peut pas y reconnaître une providence, ni une finalité. Le moyen de déchiffrer le monde est la physique, qui fournit des explications nécessaires et suffisantes. Ainsi est-il nécessaire de « penser » l'atome, défini comme une unité minimale, indivisible, première : s'il n'y avait pas de corps simples, comment pourrait-il y avoir des corps composés? Et les attributs de l'atome (forme, poids, chute dans le vide) se déduisent, par analogie, de ce qui s'observe dans la nature. Tombant infiniment et parallèlement dans le vide, les atomes doivent pourtant se rencontrer, s'entrechoquer : il est donc nécessaire de penser une déviation, la plus petite que l'on puisse concevoir, qui autorise le choc initial, et permette ainsi la genèse du monde.

En dépit de la lecture qui en a été faite au XIX^e^ siècle, l'épicurisme n'est pas un matérialisme « pur », scientifique : c'est un effort de la pensée pour substituer, à l'histoire « mythologique » du monde, une analyse « physiologique » (c'est-à-dire analysant la nature, *phusis*), avec pour seuls intervenants la matière et le vide.

Ce n'est pas un monde sans dieux, c'est un monde que les dieux ne régissent pas. Épicure ne nie pas l'existence des dieux (puisqu'on peut les voir en rêve, c'est qu'ils sont réels), mais il les confine dans des « intermondes » où, existant pour leur propre compte, ils ne s'occupent en rien des affaires du monde. L'existence humaine, précaire, accidentelle, n'est donc pas gouvernée par quelque fatalité que ce soit. Sujet libre, l'homme va du néant qui précède sa naissance au néant qui suivra sa mort : les notions d'« au-delà » et d'« immortalité de l'âme » ne sont que chimères pour adoucir ce que cet état de fait peut avoir d'inquiétant.

Dans une certaine mesure, Épicure prolonge ce qu'avait dit son maître Démocrite : le monde est le produit du hasard et de la nécessité. Mais en déduisant de cet état de fait une conception élevée de la liberté humaine, il trouve la voie d'une véritable modernité. L'épicurisme n'est pas « moderne » seulement parce qu'il parle d'atomes (les atomes d'Épicure ou de Lucrèce n'ont pas grand-chose à voir avec ceux de nos physiciens), mais parce qu'il dispose l'homme comme *sujet* face à l'absurdité du monde, et révise en conséquence les fondements mêmes de l'éthique individuelle.

## DU DÉSESPOIR À L'ART DE VIVRE

Il peut paraître désespérant de vivre dans un monde où rien n'a de sens transcendant. Il n'en reste pas moins qu'Épicure voit la source de tout le malheur des hommes dans deux peurs fondamentales : la peur des dieux et la peur de la mort. En fait, il n'y a pas lieu de craindre les dieux, puisqu'ils ne s'occupent pas de nous, ni la mort, puisqu'elle est pur néant. Seule est redoutable la douleur, et, en conséquence, l'art de vivre épicurien consiste à rechercher le plaisir, défini non comme une complaisance ou une dissipation, mais comme l'absence de douleur.

Ainsi peut-on parvenir à l'ataraxie (en grec *ataraxia* signifie « absence de trouble »), donc au bonheur. Indifférent à la perspective de sa mort (sur les tombes des épicuriens romains, on lisait : *F NS NC*, initiales de *Fui, Non Sum, Non Curo,* « J'ai existé, je n'existe plus, ça m'est égal »), le sage épicurien met tout son soin à vivre heureux. Cela ne consiste pas à se laisser glisser au gré des plaisirs qui passent, comme l'ont malignement affirmé les ennemis de l'épicurisme (Cicéron le premier), mais à gérer sa vie avec une conscience aiguë du tri à faire entre le nécessaire et le superflu, entre l'illusoire et l'utile.

En fait, on est loin d'une « ivresse du plaisir » que, peut-être, préconisaient les hédonistes (du grec *hédonè,* qui signifie plaisir), école philosophique quelque peu extrémiste. L'enseignement d'Épicure et de Lucrèce insiste plutôt sur la maîtrise de soi, le discernement, et, loin d'être des bambocheurs, les épicuriens prêchaient d'aimer la vie... sagement. Du reste, même les adversaires d'Épicure ont su lui reconnaître une vie pleine de mesure, pour ne pas dire austère.

DES MARGINAUX?

Le véritable problème que pose l'épicurisme pour la société romaine, c'est qu'il s'oppose dangereusement à des principes bien établis de l'« idéologie officielle ». Très détachés vis-à-vis des récompenses de la vie publique, les épicuriens ne voient pas la nécessité, pour l'individu, de prendre en charge la gestion de la collectivité. D'où leur choix de l'*otium,* la tranquillité, face au *negotium,* l'activité publique. A quoi bon acquérir une vaine gloire sur le forum quand la vie, si courte, ne conduit qu'au néant? De telles considérations inspireront, au-delà des philosophes, des poètes comme Horace ou les élégiaques. Et aux travaux de Mars, Lucrèce préfère les douceurs de Vénus : le dieu de la guerre porte en lui la mort, la déesse de l'amour porte en elle la vie.

En outre, il faut bien concevoir que l'esprit civique romain supposait une morale de l'endurance aux douleurs, du sacrifice héroïque, de l'abnégation. Un platonicien, par souci de perfectibilité, ou un stoïcien, par conscience aiguë de l'ordre du monde, en sont capables. L'épicurien pensera : très peu pour moi ...

En fait, toutes les philosophies antiques (et peut-être les autres) ont pour but une sagesse faite de sérénité. La voie prêchée par les épicuriens a incontestablement choqué la mentalité romaine, ce *mos majorum* qui instituait une morale collective fondée sur les devoirs. Il n'est toutefois pas certain que l'individualisme épicurien, qui substituait à une définition civique de la liberté la première approche véritablement philosophique de l'infinie liberté du sujet humain, méritait à ce point d'être voué aux gémonies. Le monde peut cesser d'être une gigantesque caserne sans devenir pour autant scandaleusement invivable!

Marginal donc, et encore marginalisé par l'idéologie romaine, l'épicurisme n'est pas pour autant un anti-humanisme, voire un nihilisme. Lucrèce, avec qui nous allons maintenant faire connaissance, en montre bien la cohérence, la force, et sans doute la grandeur.

Buste d'Épicure. (Rome, Musée du Capitole.)

# La science contre l'obscurantisme

***Lucrèce,*** *dans son poème en six livres* De rerum natura *(traduction du grec* Péri phuséos : « *Traité de physique* »*), se veut le propagateur, le missionnaire et l'apôtre de ce qu'on peut, sans abus de langage, appeler l'évangile épicurien. Car c'est bien d'une « bonne nouvelle » qu'il s'agit : avant Épicure, pense Lucrèce, les hommes étaient plongés dans le malheur et la misère morale, esclaves qu'ils étaient de la religion qui les maintenait dans ce que nous appelle-*

*rions un état d'aliénation; mais Épicure est arrivé, chevalier valeureux prêt à occire l'horrible monstre et à délivrer les hommes de cette servitude. « Misère de l'homme sans Dieu », dira Pascal; « misère de l'homme avant Épicure », dit, en quelque sorte, Lucrèce, et bonheur (ou du moins possibilité de bonheur) après et grâce à Épicure, qui est réellement à ses yeux le sauveur, celui qui a su renvoyer, pour reprendre une formule d'André Breton, « à la niche les aboyeurs de Dieu » — ou « des dieux », en l'occurrence.*

*Mais il ne suffit pas à Lucrèce de dénoncer l'aliénation globale qu'entraîne la croyance religieuse. A ses yeux, la religion est en outre condamnable dans la mesure où elle rend les hommes criminels au sens le plus strict du terme : il le montre en rappelant le tragique épisode du sacrifice d'Iphigénie, immolée par son propre père pour apaiser la colère divine. De nos jours, il évoquerait sans doute les bûchers de l'Inquisition, les guerres de religion ou les très modernes et parfois spectaculaires manifestations du fanatisme religieux et de ce qu'on appelle l'« intégrisme ».*

### L'homme révolté

Humana ante oculos foede cum vita jaceret
in terris, oppressa gravi sub religione
quae caput a caeli regionibus ostendebat,
horribili super aspectu mortalibus instans,
primum Graius homo[1] mortales tollere contra
est oculos ausus primusque obsistere contra.
Quem neque fama deum[2] nec fulmina minitanti
murmure compressit caelum, sed eo magis acrem
irritat[3] animi virtutem, effringere ut arta
naturae primus portarum claustra cupiret[4].
Ergo vivida vis animi pervicit, et extra
processit longe flammantia moenia mundi,
atque omne immensum[5] peragravit mente animoque,
unde refert nobis, victor, quid possit oriri,
quid nequeat[6]...
Quare religio, pedibus subjecta, vicissim
obteritur : nos exaequat victoria caelo.
Illud in his rebus vereor, ne te forte rearis
impia te rationis inire elementa viamque
indugredi[7] sceleris. Quod contra, saepius illa
religio peperit scelerosa atque impia facta!
Aulide quo pacto[8] Triviai[9] virginis aram
Iphianassai[10] turparunt sanguine foede
ductores Danaum[11] delecti, prima virorum[12].
Cui simul[13] infula virgineos circumdata comptus
ex utraque pari[14] malarum parte profusa est,
et maestum simul ante aras adstare parentem

1. Graius *(forme poétique pour* Graecus) homo : *il s'agit d'Épicure.*

2. fama deum = fama de deis = omnia quae de deis narrantur; deum *est un génitif de relation; morphologiquement, c'est une forme archaïque :* deorum.

3. irritat, *forme contractée* = irritavit *(très rare).*

4. cupiret = cuperet.

5. omne immensum : *le tout immense, l'univers immense.*

6. quid possit oriri, quid nequeat : *ce qui peut naître et ce qui ne le peut pas, ce qui est possible et ce qui est impossible. Lucrèce veut dire que les lois de la physique, mises en lumière par Épicure, interdisent de croire à un certain nombre de choses, telles que les prodiges, les miracles, les interventions divines.*

7. indugredi : *forme archaïque pour* ingredi. *Le latin de Lucrèce se caractérise par l'usage fréquent de termes ou de formes qui appartenaient à la « vieille langue » et ne s'employaient plus dans le langage courant de son époque. Ces archaïsmes ont pour fonction d'anoblir son discours en lui donnant une coloration épique et en conférant par là même à l'épicurisme ses « lettres de noblesse ».*

8. quo pacto = quo modo : *c'est ainsi que.*

9. Triviai : *génitif féminin singulier archaïque.*

10. Iphianassai : *idem. Le nom ici donné à Iphigénie est lui-même une forme grecque archaïque.*

11. Danaum : *terme et forme archaïques de gén. plur.* = Graecorum.

12. prima virorum : *l'élite des guerriers.*

13. simul : *ici et deux vers plus loin* = simul ac *ou* simul atque.

14. pari = pariter.

sensit[15] et hunc propter[16] ferrum celare ministros
aspectuque suo lacrimas effundere cives,
muta metu, terram genibus summissa petebat[17].
Nec miserae prodesse in tali tempore quibat[18]
quod patrio princeps donarat nomine regem[19].
Nam, sublata virum[20] manibus tremibundaque, ad aras
deducta est, non ut, sollemni more sacrorum
perfecto, posset claro comitari Hymenaeo[21],
sed casta inceste, nubendi tempore in ipso,
hostia concideret mactatu maesta parentis,
exitus ut[22] classi felix faustusque daretur.
Tantum religio potuit suadere malorum!

Lucrèce, *De rerum Natura,* I, 62-76 et 78-101.

15. sensit = vidit.

16. hunc propter = propter hunc.

17. terram... petebat : *elle se laissait (ou : se laissa) tomber par terre.*

18. quibat : *forme archaïque* = poterat.

19. quod... regem : *le fait d'avoir la première gratifié (appelé) le roi (Agamemnon) du nom de père; autrement dit : sa qualité de fille du roi.*

20. virum : *gén. plur. archaïque* = virorum.

21. Hymenaeo : *le « chant d'Hyménée » était celui que l'on chantait lors des mariages, l'équivalent de notre « marche nuptiale ».*

22. ut : *introduit en fait la proposition dans laquelle il est inclus. Tour fréquent en poésie, pour toutes les conjonctions; à retenir.*

***Sublata virum manibus tremibundaque...*** **La plus célèbre reproduction antique du sacrifice d'Iphigénie; à gauche, Agamemnon, qui pleure en se voilant la face; à droite, le prêtre Calchas. (Fresque de Pompéi, Musée archéologique de Naples.)**

## Recherche

• Comment apparaît Épicure dans l'évocation que fait Lucrèce de son œuvre et de son action? Comment Lucrèce présente-t-il la religion? Voyez-vous des rapprochements possibles avec tel ou tel auteur moderne? De quelles images se sert Lucrèce pour évoquer la démarche intellectuelle d'Épicure? Quel mot pourrait servir à résumer l'attitude épicurienne exprimée dans les vers 16-17?

• Par quels procédés Lucrèce fait-il ressortir le pathétique de la scène qu'il décrit dans la seconde partie du texte? Pouvez-vous citer d'autres œuvres littéraires consacrées au mythe d'Iphigénie?

### ◆ Calamo aut ore

Thème :

Vous avez sans doute remarqué que nous avons donné à cet extrait le titre d'un livre célèbre d'Albert Camus. Celui-ci en donne, en effet, dans *L'Homme révolté,* un commentaire très personnel, considérant que Lucrèce est le premier véritable penseur « moderne », dans la mesure où il transforme en révolte ce qui, chez Épicure, n'était que sagesse. Essayez de traduire en latin ce passage de Camus :

« Épicure lui-même, dans l'épopée de Lucrèce, deviendra le rebelle magnifique qu'il n'était pas [ici Camus place une citation du passage que vous venez de traduire]. On sent ici la différence qu'il peut y avoir entre ce blasphème nouveau et la malédiction antique. Les héros grecs pouvaient désirer devenir des dieux, mais en même temps que les dieux déjà existants. Il s'agissait alors d'une promotion. L'homme de Lucrèce, au contraire, procède à une révolution. En niant les dieux indignes et criminels, il prend lui-même leur place. Il sort du camp retranché et commence les premières attaques contre la divinité, au nom de la douleur humaine. »

## La théorie de la matière

*Après avoir proclamé la fausseté de toutes les religions et leur malfaisance, que démontre, à ses yeux, le sacrifice d'Iphigénie, Lucrèce se met en devoir d'exposer, en des vers trapus et fortement charpentés, les grands principes de la physique épicurienne, ou, si l'on préfère, du matérialisme épicurien. Son but est très exactement celui qu'assigne à la physique moderne un grand physicien du XXe siècle : « Sous du visible compliqué, chercher de l'invisible simple. » Voici quelques vers empruntés à l'un de ces longs développements.*

Omnis, ut est, igitur per se natura duabus
constitit in rebus : nam corpora sunt et inane,
haec in quo sita sunt et qua diversa moventur...
Corpora sunt porro partim primordia rerum,
partim concilio quae constant principiorum;
sed quae sunt rerum primordia, nulla potest vis
stinguere : nam solido vincunt ea corpore demum...
Sunt igitur solida primordia simplicitate,
unde neque avelli quicquam neque deminui jam
concedit natura, reservans semina rebus.

***Traduction :***

Toute la nature, telle qu'elle existe, se compose donc essentiellement de deux choses : les corps, et le vide dans lequel les corps prennent place et se meuvent en tous sens... Poursuivons : dans les corps, on distingue les éléments premiers des choses, et les objets formés par la réunion de ces principes. Pour les éléments premiers, aucune force n'est capable de les détruire, car leur solidité triomphe finalement de toute atteinte... Les corps premiers sont donc d'une simplicité impénétrable, dont la nature ne permet pas qu'on puisse encore rien retrancher ni soustraire, les réservant pour être les semences des choses.

Lucrèce, *op. cit.*, I, 419 sq. (Traduction A. Ernout.)

# Deuxième obstacle sur la route du bonheur

*Vous avez vu que, pour Lucrèce, la religion est un obstacle fondamental sur le chemin du bonheur, dans la mesure où elle est facteur d'angoisse et d'oppression. Un autre grand obstacle, c'est, à ses yeux, la peur de la mort. On a pu dire que la grande différence entre l'animal et l'homme, c'est que le premier ne sait pas qu'il mourra, et que le second le sait. N'est-ce pas précisément cette connaissance de sa condition mortelle qui empêche l'homme de jouir sans arrière-pensée de la vie, comme peut le faire le chat ou le chien, à qui il suffit, pour être heureux, d'être bien traité et bien nourri? C'est, en tout cas, ce que pense Lucrèce, qui va s'attacher à démontrer que la mort n'a rien d'effrayant, puisqu'elle n'est rien d'autre qu'un néant : avant de naître, nous n'existions pas; après notre mort, nous n'existerons plus, c'est la même chose; ce deuxième non-être est identique au premier, et il n'a rien de plus terrible!*

Nil igitur mors est ad nos neque pertinet hilum[1],
quandoquidem natura animi mortalis habetur.
Et, velut anteacto nil tempore sensimus aegri[2],
ad confligendum venientibus undique Poenis,
omnia cum[3], belli trepido concussa tumultu,
horrida contremuere sub altis aetheris oris,
sic, ubi non erimus, cum corporis atque animai[4]
discidium fuerit, quibus e[5] sumus uniter apti,
scilicet haud nobis quicquam[6], qui non erimus tum,
accidere omnino poterit sensumque movere,
non si[7] terra mari miscebitur et mare caelo...
Scire licet nobis nil esse in morte timendum,
nec miserum fieri qui non est posse...
Denique si vocem rerum Natura repente
mittat et hoc alicui nostrum sic increpet illa :
« Quid tibi tanto operest[8], mortalis, quod nimis aegris
luctibus indulges? Quid mortem congemis ac fles?
Nam si grata fuit tibi vita anteacta priorque
et non[9] omnia pertusum congesta quasi in vas
commoda confluxere atque ingrata interiere,
cur non ut plenus vita conviva recedis
aequo animoque capis securam, stulte, quietem?
Sin ea quae fructus cumque es periere[10] profusa
vitaque in offensust[11], cur amplius addere quaeris
rursum quod pereat male et ingratum occidat omne,
non[12] potius vitae finem facis atque laboris?
Nam tibi praetera quod machinem inveniamque
quod placeat, nil est : eadem sunt omnia semper.

1. neque hilum = nec quicquam.

2. aegri : *complément de* nil (= nihil).

3. omnia cum : *construire* cum omnia... contremuere.

4. animai *(génitif archaïque)* = animae.

5. quibus e = e quibus.

6. haud quicquam = nihil.

7. non si = etiam si.

8. Quid... operest (quod) : *qu'est-ce qui te tient tant à cœur (pour que)...*

9. et non = neque *(à ne pas imiter en thème!)*

10. Sin... periere : *construire :* Sin ea, quaecumque fructus es, profusa periere. *Lucrèce n'a pas encore l'aisance des poètes de la génération suivante : il se bat avec la langue, et ce n'est pas toujours sans mal qu'il adapte au latin cette forme métrique grecque qu'était l'hexamètre dactylique; aussi son style et sa syntaxe sont-ils parfois un peu rudes, mais c'est également ce qui en fait la saveur.*

11. vitaque inoffensust (= in offensum est) : *si la vie te pèse, si tu ne l'apprécies pas.*

12. non = cur non.

Si tibi non[13] annis corpus jam arcet et artus
confecti languent, eadem tamen omnia restant,
omnia si pergas vivendo vincere saecla,
atque etiam potius si numquam sis moriturus! »
Quid respondemus, nisi justam intendere litem
Naturam et veram verbis exponere causam?
Grandior hic vero si jam seniorque queratur
atque obitum lamentetur miser amplius aequo,
non merito inclamet magis et voce increpet acri?
« Aufer abhinc lacrimas, balatro, et compesce querelas!
Omnia perfunctus vitai[14] praemia marces.
Sed quia semper aves quod abest, praesentia temnis[15],
imperfecta tibi elapsa est ingrataque vita
et nec opinanti mors ad caput adstitit ante
quam satur ac plenus possis discedere rerum.
Nunc aliena tua tamen aetate omnia mitte,
aequo animoque, agedum, dignis[16] concede! Necesse est. »
Jure, ut opinor, agat, jure increpet inciletque.

Lucrèce, *op. cit.,* III, 830-842 et 931-963.

13. non : *porte à la fois sur* marcet *et sur* languent.

14. vitai : *voir plus haut* animai.

15. temnis = contemnis. *Ce vers résume à lui seul la « morale épicurienne », qui consiste à limiter ses désirs de manière à éviter la souffrance qu'entraîne la frustration, et à jouir aussi intensément que possible de l'instant présent et des plus humbles plaisirs de la vie.*

16. dignis : *ceux qui en sont dignes (c'est-à-dire les jeunes). En fait les deux manuscrits qui nous ont transmis le texte de Lucrèce ont ici* magnis, *qui est incompréhensible;* dignis *est donc une correction (parmi d'autres), et le texte n'est pas sûr.*

# Le secret du bonheur

*Lucrèce, ayant démontré que la crainte des dieux et celle de la mort sont aussi absurdes l'une que l'autre, peut proposer en exemple la vie du sage épicurien. Il commence par l'opposer à la « folie des hommes », de ceux du moins qui ne connaissent pas la doctrine du Maître.*

*Mari magno turbantibus aequora ventis :* marins luttant contre les vagues. (Marbre du IIe s. ap. J.-C., Glyptothèque Ny-Carlsberg, Copenhague.)

## Sérénité du sage épicurien

Suave, mari magno turbantibus aequora ventis,
e terra magnum alterius spectare laborem,
non quia vexari quemquam est jucunda voluptas,
sed quibus ipse malis[1] careas quia cernere suavest.
Suave etiam belli certamina magna tueri
per campos instructa, tua sine parte pericli[2].
Sed nil dulcius est bene quam munita tenere
edita doctrina sapientum templa serena[3],
despicere unde queas alios passimque videre
errare atque viam palantis quaerere vitae,
certare ingenio, contendere nobilitate,
noctes atque dies niti praestante labore
ad summas emergere opes rerumque potiri.
O miseras hominum mentes, o pectora caeca!
Qualibus in tenebris vitae quantisque periclis
degitur hoc aevi[4] quodcumquest! Nonne videtis
nil aliud sibi naturam latrare, nisi utqui[5]
corpore sejunctus dolor absit, mensque fruatur
jucundo sensu, cura semota metuque?

Lucrèce, *op. cit.*, II, 1-19.

1. *Voir « Un peu de grammaire »;* suavest *(même vers)* = suave est.

2. per campos... : *scandez ce vers; à quel cas est* tua? *Pourquoi* pericli *au lieu de* periculi?

3. edita... : *scandez ce vers. Que pouvez-vous dire des quatre mots se terminant par un* a? *Que pensez-vous de la forme* sapientum?

4. hoc aevi : *notre durée de vie; construction à rapprocher de* nihil novi.

5. utqui = ut (qui *est une particule indéfinie signifiant « en quelque manière »,* qui *renforce* ut, *mais sans en modifier réellement le sens).*

## *Recherche*

• Comment pourrait se définir l'attitude du sage selon Lucrèce? Que pourrait-on lui reprocher? Quels sont les adjectifs clefs de ce passage? Quel reproche fondamental Lucrèce adresse-t-il à l'ensemble des hommes? Quel guide leur recommande-t-il de suivre?

• Ce développement sert d'introduction au deuxième livre (ou chant) du poème. Quelle en est la structure?

• Les deux premiers vers de ce texte comptent parmi les plus célèbres de Lucrèce, et souvent même les trois premiers mots suffisent (surtout quand on n'est pas très sûr de la suite!) à suggérer l'essentiel de la sagesse épicurienne. Atticus, grand ami de Cicéron, mais épicurien convaincu et abstentionniste décidé durant la période des guerres civiles, s'en souvenait certainement, lorsqu'il expliquait son attitude de neutralité; voici ce que dit de lui son biographe, Cornélius Népos :

« *In re publica ita est versatus, ut semper optimarum partium et esset et existimaretur, neque tamen se civilibus fluctibus committeret, quod non magis eos in sua potestate* existimabat esse qui se his dedissent, quam qui maritimis jactarentur.* »

* *in sua potestate esse :* n'appartenir qu'à soi-même, conserver son indépendance.

Atticus vous paraît-il néanmoins, d'après cette phrase, avoir été réellement neutre?

## Un peu de grammaire

En latin, le nom que l'on appelle, faute de mieux, « l'antécédent » du pronom relatif (mais que l'on pourrait plus valablement appeler « le nom dont le pronom relatif est le substitut ») peut se trouver dans la proposition relative. Il est alors au même cas que le pronom/adjectif relatif. Il est souvent repris, dans la principale, par le pronom de rappel, *is,* ou par un démonstratif.

Exemples :

– *Quas scripsisti litteras, (eae) mihi jucundae fuerunt = Litterae quas scripsisti mihi jucundae fuerunt :* la lettre que tu m'as écrite m'a fait plaisir.
– *Quam quisque novit artem, in hac se exerceat = In arte quam quisque novit se exerceat :* que chacun s'exerce dans l'art qu'il connaît.
– *Quibus ipse malis careas cernere suavest = Mala quibus ipse careas cernere suave est :* il est agréable de contempler les malheurs dont on est soi-même exempt.

Cas particulier : on trouve souvent, en latin, l'antécédent dans la relative quand celui-ci est une apposition.

Exemple :

*Galli, quae gens maximam habet virtutis opinionem, a Romanis victi sunt :* les Gaulois, peuple qui (lequel peuple) a une très grande réputation de courage, furent vaincus par les Romains.

Ce tour apparaît en français dans les textes juridiques :
Les gendarmes ont arrêté le bedeau, lequel individu (individu qui) a dû être relâché, faute de preuves.

## ◆ Calamo aut ore

**Traduisez :**

Quas regiones nulla vox notas fecerat, has noster imperator peragravit. – Sapiens, quos labores propter suam voluptatem susciperet, eosdem suscipiet propter amici voluptatem. – Agrippina carpento Capitolium ingreditur, qui honos, sacerdotibus concessus, venerationem feminae augebat. – Quae mihi signa misisti, ea nondum vidi. – Santones non longe a Tolosatium finibus absunt, quae civitas est in Provincia. – Qui libertus prima luce domo exire solebat ad patronum salutandum, cibum ei tribui mos erat. – Quem mihi commodavisti equum, is mihi utilissimus fuit. – Quem quisque ceperat locum, in eo ciciderat.

Squelette avec l'inscription grecque ΓΝΩΘΙ ΣΑΥΤΟΝ (γνῶθι σαυτὸν) : « Connais-toi toi-même. » (Rome, Musée des Thermes.)

*Et voici maintenant l'idéal de vie des épicuriens :*

### La douceur de vivre

...Corpoream ad naturam pauca videmus
esse opus[1] omnino...
Gratius interdum neque natura ipsa requirit,
si non aurea sunt juvenum simulacra per aedes
lampadas igniferas manibus retinentia dextris,
lumina nocturnis epulis ut suppeditentur,
nec domus argento fulget auroque renitet
nec citharae reboant laqueata aurataque templa,
cum tamen inter se prostrati in gramine molli,
propter aquae rivum, sub ramis arboris altae,
non[2] magnis opibus jucunde corpora curant,
praesertim cum tempestas adridet, et anni
tempora conspergunt viridantes floribus herbas.

Lucrèce, *op. cit.*, II, 20-33 *(avec une coupure).*

1. esse opus : *sont nécessaires.*
2. non *porte sur* magnis (homines) curant.

***Propter aquae rivum, sub ramis arboris altae.*** **Cette image du jardin des Hespérides pourrait illustrer la douceur de vivre épicurienne. (Fresque de Pompéi.)**

## *Recherche*

• Résumez en quelques mots l'idéal de vie épicurien tel que le définit Lucrèce. A quoi s'oppose-t-il essentiellement ? N'implique-t-il pas cependant, au moins dans une certaine mesure, l'appartenance à une certaine classe sociale ?

• Atticus – encore lui – était l'un des Romains les plus riches de son temps. Mais Cornélius Népos nous explique que son train de vie n'en était pas moins modeste (très relativement, comme vous allez le voir !), et conforme en cela aux principes de l'épicurisme :

« *Cum tanta pecuniae facta esset accessio**, *nihil de cotidiano cultu mutavit, nihil de vitae consuetudine... Nullos habuit hortos, nullam suburbanam aut maritimam sumptuosam villam neque in Italia, praeter Aretinum et Nomentanum, rusticum praedium, omnisque ejus pecuniae reditus constabat in Epiroticis et urbanis possessionibus.* »

* *pecuniae accessio* : accroissement de fortune. Allusion au fait qu'Atticus avait un « oncle à héritage », qui lui laissa, à sa mort, une somme fort considérable !

## La doctrine du plaisir

*Dès lors qu'ils considéraient le plaisir, la* voluptas, *comme le souverain bien, les épicuriens devaient inévitablement être accusés par les profanes d'être avant tout des jouisseurs, des voluptueux, partageant leur vie entre les délices de la table et celles de l'amour. Aussi parlait-on volontiers des « pourceaux du troupeau d'Épicure » (c'est d'ailleurs ainsi qu'Horace, l'un d'entre eux, se désigne plaisamment), en considérant que si « chaque homme a dans son cœur un cochon qui sommeille », ledit animal avait, chez les épicuriens, le sommeil particulièrement léger...*

*En fait, vous allez voir que les épicuriens orthodoxes avaient du plaisir une conception bien à eux, et fort éloignée de ce qu'un vain peuple pouvait penser. L'un d'entre eux, mis en scène par Cicéron dans son dialogue* De finibus *(consacré à une présentation et à une discussion des principaux courants philosophiques), s'explique clairement sur ce point.*

Extremum et ultimum bonorum Epicurus in voluptate ponit, quod summum bonum esse vult, summumque malum dolorem; idque instituit docere sic : omne animal, simul atque natum sit, voluptatem appetere eaque gaudere ut summo bono, dolorem aspernari ut summum malum et, quantum possit, a se repellere, idque facere nondum depravatum, ipsa natura incorrupte atque integre judicante...

Nunc autem explicabo voluptas ipsa quae qualisque sit, ut tollatur error omnis imperitorum intellegaturque ea quae voluptaria, delicata, mollis habeatur disciplina, quam gravis, quam continens, quam severa sit.

Non enim hanc solam[1] sequimur quae suavitate aliqua naturam ipsam movet et cum jucunditate quadam percipitur sensibus, sed maximam voluptatem illam habemus quae percipitur omni dolore detracto... Non placuit Epicuro medium esse quiddam inter dolorem et voluptatem : illud enim ipsum, quod quibusdam medium videretur, cum omni dolore careres[2], non modo voluptatem esse (voluit), verum etiam summam voluptatem. Omnis privatione doloris putat Epicurus terminari summam voluptatem : quod dolore caret, id in voluptate est.

Cicéron, *De finibus,* I, 37.

1. hanc solam : *sous-entendu* voluptatem.

2. *Emploi de la 2ᵉ personne du singulier du subjonctif équivalent au français « on ».*

## Recherche

• Comment Épicure démontrait-il que le plaisir constituait le bien suprême, et la douleur le mal suprême ? Que faut-il entendre par l'expression *nondum depravatum ?* A quel philosophe du XVIIIe siècle vous fait-elle songer ?

• Précisez l'opposition, terme à terme, des adjectifs qui, dans le deuxième paragraphe, qualifient l'épicurisme, d'une part, tel que le voient les profanes *(imperiti),* d'autre part, tel qu'il est en réalité.

• En fin de compte, ce texte vous l'a montré, le vrai plaisir, pour les épicuriens, ce n'était pas la jouissance, c'était *l'absence de souffrance,* la non-souffrance. De cette définition négative, ils tiraient deux conclusions : la première était que nous devons le plus possible *limiter nos désirs,* car tout désir inassouvi provoque une souffrance, donc moins on désire, moins on risque de souffrir (l'épicurisme devenait ainsi, à la limite, un véritable ascétisme : voir *infra,* pp. 202-203); la seconde était que nous devons apprendre à savourer l'absence de souffrance (qui d'ordinaire nous paraît toute naturelle et allant de soi) *exactement comme nous savourons l'arrêt d'une souffrance.* Ne rien sentir, c'est finalement le summum du plaisir (moral aussi bien que physique) : après tout, pourquoi pas ?...

# La douceur de vivre (bis)

*Vous avez vu plus haut l'idéal de vie des épicuriens tel que le présentait Lucrèce; le voici maintenant exposé par le porte-parole de l'École, dans le dialogue cicéronien.*

O praeclaram beate vivendi et apertam et simplicem et directam viam ! Cum enim certe nihil homini possit melius esse quam vacare omni dolore et molestia, perfruique maximis et animi et corporis voluptatibus, videtisne quam[1] nihil (apud nos) praetermittatur quod vitam adjuvet ? Clamat Epicurus non posse jucunde vivi nisi sapienter, honeste justeque vivatur, nec sapienter, honeste, juste nisi jucunde...

Quodsi corporis gravioribus morbis vitae jucunditas impeditur, quanto magis animi morbis impediri necesse est ! Animi autem morbi sunt cupiditates immensae et inanes divitiarum, gloriae, dominationis, libidinosarum etiam voluptatum; accedunt aegritudines, molestiae, maerores, qui exedunt animos hominum non intellegentium nihil dolendum esse animo quod sit a dolore corporis sejunctum; accedit etiam mors, quae quasi saxum Tantalo semper impendet, tum superstitio, qua qui est imbutus, quietus esse numquam potest. Praeterea bona praeterita non meminerunt, praesentibus non fruuntur, futura modo exspectant : quae quia certa esse non possunt, conficiuntur et angore et metu, maximeque cruciantur cum sero sentiunt frustra se aut pecuniae studuisse

1. quam : *à quel point.*

aut imperiis aut opibus aut gloriae. Nullas enim consequuntur voluptates quarum potiendi spe inflammati[2] multos labores magnosque susceperant. Ecce autem alii minuti et angusti, aut omnia semper desperantes, aut malevoli, invidi, difficiles, lucifugi, maledici, morosi, alii autem amatoriis levitatibus dediti[3], alii petulantes, alii audaces, protervi, iidem intemperantes et ignavi, numquam in sententia permanentes, quas ob causas in eorum vita nulla est intercapedo molestiae. Igitur neque stultorum[4] quisquam beatus neque sapientium non beatus.

Sic ab Epicuro sapiens semper beatus inducitur : finitas habet cupiditates, neglegit mortem, de diis immortalibus sine ullo metu vera sentit, non dubitat, si ita melius sit, migrare de vita. His rebus instructus, semper est in voluptate : neque enim tempus est ullum quo non plus voluptatum habeat quam dolorum; nam et praeterita grate meminit neque pendet ex futuris, sed fruitur praesentibus, et, cum stultorum vitam cum sua comparat, magna afficitur voluptate; dolores autem si qui incurrunt, numquam vim tantam habent ut non plus habeat sapiens quod gaudeat quam quo angatur.

Cicéron, *De finibus,* I, 60-61.

2. quarum... inflammati : *attention à la construction!* quarum *est complément de* potiendi, *lui-même complément de* spe, *lui-même complément de* inflammati; *littéralement : par l'espoir de l'obtention desquels enflammés...*

3. amatoriis levitatibus : *les frivolités de l'amour. Les épicuriens ne condamnaient pas le plaisir sexuel, qui faisait partie à leurs yeux des plaisirs « à la fois naturels et nécessaires » (les seuls que le sage devait se permettre, tous les autres étant à rejeter); en revanche, ils condamnaient le « sentiment amoureux », et plus encore la passion, considérant que le besoin sexuel peut être satisfait avec n'importe qui. « Éviter l'amour, écrit ainsi Lucrèce, ne veut pas dire renoncer au plaisir »* (nec Veneris fructu caret is qui vitat amorem).

4. stultorum : *les profanes, ceux qui n'ont pas la sagesse. Dans le vocabulaire philosophique latin,* stultus *(au sens propre, « le sot, l'imbécile ») a le plus souvent ce sens particulier. (A retenir.)*

## Recherche

• Explicitez la pensée d'Épicure exprimée par la dernière phrase du premier paragraphe : quelles notions, souvent opposées, réconcilie-t-elle? Par quel adjectif pourrait-on qualifier cette pensée?

• Quels sont les sentiments que le sage épicurien se refuse à éprouver? Quelle attitude adopte-t-il à l'égard des trois grandes divisions du temps : le passé, le présent et l'avenir?

• Expliquez, en vous reportant au texte précédent, la phrase : *neque tempus est ullum quo non plus voluptatum habeat quam dolorum.* De quel texte de Lucrèce pouvez-vous rapprocher la phrase : *cum stultorum vitam cum sua comparat, magna afficitur voluptate?*

### Hymne à Vénus

*Finissons par le commencement : la préface que Lucrèce lui-même a donnée à son traité. Il s'agit – chose étonnante sous sa plume – d'une prière fervente, qu'il adresse à Vénus, la déesse de l'amour et du plaisir, et l'ancêtre des « descendants d'Énée », c'est-à-dire des Romains. Bien sûr, dans une perspective épicurienne, rien n'est plus absurde qu'une prière, puisque les dieux ne s'occupent en aucune façon des affaires humaines, mais il s'agit ici d'un artifice littéraire, Vénus n'étant autre que le symbole de la* Voluptas, *le* summum bonum *épicurien, sous le signe de laquelle le poète entend ainsi placer son œuvre.*

Aeneadum genetrix, hominum divumque Voluptas,
alma Venus, caeli subter labentia signa[1]
quae mare navigerum, quae terras frugiferentes
concelebras, per te quoniam[2] genus omne animantum
concipitur visitque[3] exortum lumina solis,
te, dea, te fugiunt venti, te nubila caeli
adventumque tuum[4], tibi suaves daedala tellus[5]
submittit flores, tibi rident aequora ponti[6]
placatumque nitet diffuso lumine caelum.
Nam, simul ac species patefactast verna diei
et reserata viget genitabilis aura favoni[7],
aeriae primum volucres, te, diva, tuumque
significant initum, perculsae corda[8] tua vi.
Inde ferae pecudes persultant pabula laeta
et rapidos tranant amnes : ita capta lepore
te sequitur[9] cupide quo quamque inducere pergis.
Denique, per maria ac montes fluviosque rapaces
frondiferasque domos avium camposque virentes,
omnibus incutiens blandum per pectora amorem[10],
efficis ut cupide generatim saecla propagent.
Quae quoniam[11] rerum naturam sola gubernas,
nec sine te quicquam dias in luminis oras
exoritur neque fit laetum neque amabile quicquam,
te sociam studeo scribendis versibus esse[12],
quos ego de rerum natura pangere conor.

Lucrèce, *De rerum natura,* I, 1-25.

1. caeli... signa : *inclure cette expression dans la proposition relative qui suit;* divum = deorum.

2. per te quoniam : *construire* quoniam per te.

3. visit = videt.

4. *Construire :* te adventumque tuum nubila caeli (fugiunt).

5. daedala tellus : *la terre industrieuse.*

6. tibi rident aequora ponti : *souvenir d'un poème grec évoquant « le sourire innombrable de la mer »; nous sommes dans un univers méditerranéen!*

7. genitabilis aura favoni : *le* favonius *est le vent d'ouest, ou zéphyr, le vent doux et tiède par excellence; il est dit, ici, « fécondant », parce qu'il est, en Italie, le vent dominant au printemps, saison où renaît la végétation.*

8. corda, *accusatif de relation : quant à leurs cœurs, dans leurs cœurs.*

9. *Construire :* te sequitur quaeque pecus quo (eam) inducere pergis.

10. *Ici Vénus est considérée essentiellement comme personnification de l'instinct sexuel, qui pousse les êtres vivants à s'unir et à se reproduire. Ce passage explique, dans une large mesure, la légende, complaisamment rapportée par saint Jérôme, selon laquelle Lucrèce aurait été frappé de folie et d'obsession sexuelle après avoir bu un philtre d'amour...*

11. quae : *relatif de liaison* = tu igitur; *sujet de* gubernas, *introduit par* quoniam.

12. sociam scribendis versibus = sociam mihi qui versus scribo.

***Tibi rident aequora ponti :*** **Vénus voyageant sur la mer. (Fresque de la maison de Vénus à Pompéi.)**

## Recherche

• Cette invocation à Vénus est imprégnée d'une poésie du printemps : quels en sont les principaux thèmes? Quel est le mot clef du texte (il revient trois fois)? A un premier niveau de lecture, Lucrèce chante le printemps dominé par la puissance de Vénus (le mois d'avril était, à Rome, le mois de Vénus), mais ne peut-on pas faire aussi une lecture philosophique de ce texte? Laquelle?

## D'un texte à l'autre

*Cette magnifique prière, d'une poésie intense, devait être traduite en alexandrins par Du Bellay lui-même : nous vous donnons cette traduction à la suite du texte latin, dont elle est parfois, il faut le dire, assez éloignée; à vous de confronter les deux textes, et de donner de ce passage une traduction probablement moins belle, mais plus précise.*

Ô la mère d'Énée, ancestre des Romains,
La seule volupté des Dieux et des humains,
Qui peuples l'air, la terre et la mer navigable,
Et tout cela qui est sous le ciel habitable,
Saincte et grande Vénus, d'autant que ton amour
Faict que tous animaux viennent en ce beau jour,
Les nues et les vents, ô Déesse, te fuient,
La campaigne en florist et les ondes en rient,
Et la mer qui par toy doulce et calme se rend
Luyt dessous ta clarté qui sur elle s'estend.
    Car sitost que le ciel le printemps nous rameine
Et que le doux Zéphir, d'une amoureuse haleine,
Regaillardist le corps, les oiseaux tout premier
Annoncent, ô Vénus, ton retour coutumier
Et sentent ta vertu qui leur poingt les courages;
Les animaux aussi parmy les gras herbages
Bondissent à grands sauts et, d'amour furieux,
Passent les fiers torrents pour te suyvre en tous lieux.
Bref, par fleuves, par mers et par haultes montaignes,
Par les boys ombrageux, par les vertes campaignes,
Poussant dedans les cœurs un amoureux désir,
Tu maintiens toute espèce en éternel plaisir.
    Et pour ce que toy seule entretiens la nature
Et que sans toy ne sort aucune créature
Aux rayons du beau jour, et que rien entre nous
Ne peut estre sans toy, qui soit aymable et doux :
Pour ce ta déité maintenant je désire
Estre compaigne aux vers que je prétends d'escrire.

Du Bellay.

• Que signifie le vers 15? Quels seraient en français moderne les mots correspondant à ceux qu'emploient Du Bellay et Lucrèce?

• Vers 17 : « d'amour furieux » : qu'est-ce à dire? Est-ce ce que disait Lucrèce?

• Vers 18 : Du Bellay a-t-il raison d'employer ici le mot « torrent »?

• Vers 22 : voilà un vers qui n'a pas grand-chose à voir avec le vers latin correspondant! Quelle idée Du Bellay a-t-il effacée? Par quoi l'a-t-il remplacée? Pourquoi, selon vous?

• Vers 25 : « Aux rayons du beau jour » : que dit le texte latin? Laquelle des deux expressions vous paraît la plus belle ou la plus forte?

## Retour à la source

*L'œuvre d'Épicure était immense; son biographe,* ***Diogène Laërce,*** *affirme qu'« il a dépassé tous les autres philosophes par le nombre de ses ouvrages ». Malheureusement, elle a entièrement péri, à l'exception de trois lettres écrites par lui à des disciples. Nous en extrayons ici quelques citations, que vous confronterez avec les textes latins que vous avez étudiés.*

Les dieux existent, nous en avons une connaissance évidente. Mais leur nature n'est pas ce qu'un vain peuple pense. Celui qui nie les dieux de la foule n'est pas impie; l'impie est celui qui attribue aux dieux les caractères que leur prête la foule.

Habitue-toi à penser que la mort n'est rien pour nous, puisque le bien et le mal n'existent que dans la sensation... Il n'y a rien de redoutable dans la vie pour qui a compris qu'il n'y a rien de redoutable dans le fait de ne plus vivre.

Parmi les désirs, les uns sont naturels et les autres vains, et parmi les désirs naturels, les uns sont nécessaires, et les autres seulement naturels... Nous recherchons le plaisir seulement quand son absence nous cause une souffrance... Par conséquent, lorsque nous disons que le plaisir est le souverain bien, nous ne parlons pas du plaisir des débauchés ni des jouissances sensuelles : nous parlons de l'absence de souffrance physique et de l'absence de trouble moral.

Ce ne sont ni les beuveries, ni les banquets continuels, ni la jouissance que l'on tire de la fréquentation des mignons et des femmes, ni la joie que donnent les poissons et les viandes dont on charge les tables somptueuses qui procurent une vie heureuse, mais des habitudes raisonnables et sobres, une raison recherchant sans cesse des causes légitimes de choix ou d'aversion, et rejetant les opinions susceptibles d'apporter à l'âme le plus grand trouble.

Épicure (traduction Robert Genaille).

## *Recherche*

• Diogène Laërce précise ainsi quelle était la hiérarchie des désirs selon Épicure :

– naturels et nécessaires : par exemple le désir de boire quand on a soif;

– naturels, mais non nécessaires : par exemple le désir de boire une boisson particulière, telle que du vin;

– ni naturels ni nécessaires : par exemple le désir de gloire.

A vous de chercher d'autres exemples!

*Épicure était fidèle à ses principes : il se nourrissait, rapporte son biographe, exclusivement de pain grossier et d'eau (satisfaction des désirs naturels et nécessaires – nous dirions des besoins); un jour qu'il était pris de frénésie gastronomique, il se fit envoyer par un ami un fromage de chèvre!*

# A L'OMBRE DU PORTIQUE

### UNE PHYSIQUE DE L'ÉNERGIE

Tout comme l'épicurisme, le stoïcisme est une philosophie matérialiste, qui refuse (à la différence du platonisme et de la pensée chrétienne) d'admettre l'existence d'une réalité spirituelle différente de la réalité matérielle. Mais ce matérialisme est en fait sans aucun rapport avec celui d'Épicure, en ce sens que, pour les stoïciens, la matière n'est pas inerte, mais au contraire animée par un dynamisme interne qui est en quelque sorte l'âme du monde, et auquel les stoïciens donnent le nom de dieu (*théos* en grec, *deus* en latin).

L'univers apparaît donc, dans cette perspective, comme une sorte de vaste organisme vivant et structuré, dans lequel chaque élément est adapté à l'ensemble en fonction d'un ordre général, tout comme le sont, par exemple, les divers organes du corps humain : tout ce qui existe est littéralement imprégné par cette force diffuse qu'est l'âme du monde, donc par dieu, et c'est en ce sens qu'on peut définir le stoïcisme comme un matérialisme panthéiste.

La matière n'étant pas inerte, tout, dans le monde, est tension, effort, dynamisme. On pourrait, en quelque sorte, poser la triple équivalence : être = matière = énergie, et l'on pourrait dire qu'il y a dans le stoïcisme comme un pressentiment génial de la théorie d'Einstein, tout comme il y a dans l'épicurisme un pressentiment génial de la physique atomiste moderne : la science contemporaine a, en somme, redécouvert les intuitions fondamentales d'Épicure et des stoïciens, en les démontrant et en en opérant la synthèse.

**Zénon de Kition, fondateur du stoïcisme. (Musée national de Naples.) Comparez son visage à celui d'Épicure, p. 188.**

### UNE MORALE DE LA VERTU

Toute la philosophie stoïcienne repose donc, en dernière analyse, au même titre que la philosophie épicurienne, sur une physique, et cela entraîne évidemment des conséquences importantes sur le plan de la morale : la morale stoïcienne consiste, en effet, à obéir à l'effort du *logos* universel (le *logos* est ce par quoi s'exprime et se manifeste l'âme du monde), le symbole de celui-ci étant le feu, en raison de son mouvement ascendant. Il s'agit bien, comme pour les épicuriens, d'obéir à la nature, mais il ne s'agit pas de la même nature : il s'agit d'une nature où le hasard ne joue aucun rôle, mais où chaque être et chaque chose ont, pour ainsi dire, une fonction ou une mission à remplir. La morale consiste précisément à remplir cette fonction, qui est différente pour chaque être, et découle de ce qui est sa capacité propre : pour un arbre, c'est la fertilité, et l'arbre remplira donc sa fonction en portant des fruits beaux et abondants; pour tel animal, le cheval par exemple, c'est la vitesse, et il remplira donc sa fonction en courant le plus vite possible; pour l'homme, c'est la raison, et il remplira donc sa fonction en réalisant le plein exercice de sa raison, qui constitue sa « vertu » (en latin *virtus*), tout comme la « vertu » du cheval est la vitesse.

Pratiquer la vertu, et par conséquent la sagesse (qui consiste à « suivre la nature »), c'est donc agir constamment et uniquement selon la raison, ce qui exige que l'on sache dominer les puissances inférieures que sont les passions, quelles qu'elles soient, y compris celles qui peuvent à première vue apparaître comme bonnes (par exemple l'indignation devant l'injustice). Le stoïcisme, sur le plan moral, est à la fois un intellectualisme et un volontarisme : il constitue une morale de l'effort, de la tension intérieure; il refuse tout relâchement, tout laisser-aller; la rigidité et l'austérité sont ses caractéristiques dominantes. Lorsque Gide écrivait : « Il faut suivre sa pente, mais en la remontant », il en donnait, au fond, un assez bon résumé.

### UNE HISTOIRE EN TROIS ÉTAPES

En ce qui concerne son histoire, le stoïcisme est très différent de l'épicurisme : celui-ci était, en quelque sorte, sorti tout armé du cerveau d'Épicure, qui en avait été le seul fondateur et l'unique théoricien; on ne peut donc percevoir aucune évolution de l'épicurisme dans l'Antiquité : Lucrèce ne fait que reprendre, sous une forme poétique, ce qu'Épicure avait écrit en prose, sans rien lui ajouter ni rien en retrancher. Il n'en est pas de même pour le stoïcisme, qui ne remonte pas à un seul penseur, mais à trois, et dont l'histoire peut se diviser en trois grandes périodes, selon le tableau ci-contre.

De tous ces auteurs, **Sénèque** est le seul qui ait écrit en latin; c'est donc essentiellement à travers lui (comme, pour l'épicurisme, à travers Lucrèce) que vous allez faire connaissance avec le Portique.

### AUJOURD'HUI

A bien des égards, le conflit théorique entre épicurisme et stoïcisme demeure d'actualité. Dans les années soixante, la théorie « à la mode » était celle de Jacques Monod (l'auteur du livre *Le Hasard et la Nécessité*), selon lequel « l'homme est perdu dans l'immensité indifférente de l'Univers, où il a émergé par hasard »; tel était déjà, vous vous en souvenez, le point de vue épicurien. Dans les années quatre-vingt, certains savants et non des moindres (tel l'astrophysicien américain Trinh Xuan Thuan) ont émis l'idée que l'apparition de l'homme était « programmée » dès le « big bang », car l'Univers aurait « un dessein » et aurait été « réglé très précisément pour l'émergence de la vie et de la conscience » (voir son ouvrage *La Mélodie secrète*) : c'est ce qu'on appelle « le principe anthropique », qui fait de l'homme la finalité de l'Univers et qui pourrait faire songer au point de vue des stoïciens. En fait, cette « théorie » n'a rien de scientifique, bien qu'elle ait été formulée par des scientifiques professionnels : ce n'est qu'une variation de plus sur le thème « D'où venons-nous, où sommes-nous, où allons-nous? », sans aucune autre garantie de véracité que l'autorité intellectuelle que l'on veut bien conférer à ses promoteurs; la « Gnose de Princeton » – ainsi a-t-on pu appeler telle variante de ce mouvement – exprime une inquiétude, elle ne constitue pas un savoir.

La grande question du sens ou du non-sens du monde reste posée : elle est de nature philosophique, et, comme il y a vingt siècles, les réponses qu'on est tenté de lui donner dépendent largement du spectacle quotidien que nous offre le monde. Tantôt désespérant, tantôt rassurant, il fait notre culture, et notre culture le façonne. Les stoïciens, comme, à leur manière, les épicuriens, n'avaient pas d'autre outil pour élaborer leurs systèmes...

| Les trois périodes du stoïcisme | | |
|---|---|---|
| ANCIEN STOÏCISME : très théorique ; peu d'intérêt pour les problèmes de morale pratique. | 300-150 avant J.-C. | **Zénon de Kition** (335-264) (une vingtaine d'ouvrages) **Cléanthe** (330-230), disciple de Zénon **Chrysippe** (280-210), élève de Cléanthe (705 ouvrages !), « le pilier du Portique » |
| MOYEN STOÏCISME : accent mis sur la morale pratique ; impulsion à la fois vers la religion et la science. | 150-fin du Ier siècle avant J.-C. | **Panaïtios** (Panétius), 185-112, maître à penser de plusieurs hommes d'État romains **Poseïdonios** (Posidonius), 135-51, disciple de Panétius, ami de Cicéron et de Pompée |
| NOUVEAU (ou NÉO-)STOÏCISME : accentuation des préoccupations morales ; le philosophe devient avant tout un directeur de conscience. | Début du Ier siècle-200 après J.-C. | **Sénèque** (4 av. J.-C. – 65) **Épictète** (50-130), ancien esclave **Marc-Aurèle** (120-180), empereur romain |

# Sénèque contre Lucrèce

## L'éthique stoïcienne

*A vrai dire, il y a des points communs entre la morale stoïcienne et la morale épicurienne : toutes les deux s'accordent à condamner les passions et à recommander une vie simple et frugale, rejetant honneurs et richesses. Mais il n'en reste pas moins que le fondement de la vie morale est, aux yeux des stoïciens, radicalement différent de ce qu'il est pour les épicuriens ; la « douceur de vivre », si chère à ces derniers, apparaît à **Sénèque** comme le comble de l'égoïsme, et il n'envoie pas dire à ses adversaires du « Jardin » qu'il considère leur attitude comme proprement scandaleuse.*

Vobis voluptas est otii facere compos corpusculum[1] et securitatem sopitis simillimam appetere et sub densa umbra latitare tenerisque cogitationibus, quas tranquillitatem vocatis, animi marcentis oblectare torporem et cibis potionibusque intra hortorum latebram corpora ignavia pallentia saginare.

Nobis voluptas est dare beneficia vel laboriosa, dum aliorum labores levent, vel periculosa, dum alios periculis extrahant, vel rationes nostras[2] adgravatura, dum aliorum necessitates et angustias laxent.

Non lucrum ex beneficio capto, non voluptatem, non gloriam ; nam cum interrogaveris quid reddat beneficium, respondebo : bonam conscientiam. Adeo beneficium utilitatis causa dandum non est, ut saepe cum damno ac periculo dandum sit : latronibus circumventum defendo – at tuto transire permittitur ; reum laborantem tueor, et hominum potentium factionem in me converto,

1. corpusculum = corpus *(mais avec une nuance de mépris).*

2. rationes nostras : *nos comptes, notre budget.*

cum abire in partem alteram possim et securus spectare aliena certamina; ut possim servare proscriptum, ipse proscriptionis periculum adeo. Non est beneficium, quod in quaestum mittitur; « hoc dabo et hoc recipiam », auctio est!

Sénèque, *De beneficiis,* IV, 13.

## Recherche

• Que pensez-vous de la peinture que fait Sénèque du mode de vie épicurien? Ne peut-on y déceler une sérieuse dose de mauvaise foi?

• Comment apparaît le sage stoïcien dans le deuxième paragraphe? Les Pères de l'Église ont souvent considéré la morale de Sénèque comme très proche de la morale chrétienne (*Seneca saepe noster,* écrivait Tertullien), et ont même imaginé une sorte de « roman » selon lequel le philosophe stoïcien aurait été, sinon converti, du moins influencé par saint Paul : voyez-vous pourquoi, à la lecture de ce texte?

*Alexander, victor tot regum atque populorum...* Sur ce bas-relief de Pierre Puget, sculpteur français du XVIII^e s., Diogène — comme ici Sénèque — fait la morale à Alexandre le Grand. (Musée du Louvre.)

• Dans le troisième paragraphe, Sénèque définit ce qu'est à ses yeux le « bienfait », ou la « bonne action » (*beneficium :* la première de ces traductions est traditionnelle; mais la seconde est peut-être préférable) : quelle en est la caractéristique essentielle? Expliquez la dernière phrase. Dans la phrase qui commence par *reum laborantem tueor,* Sénèque a glissé une formule qui constitue une attaque implicite contre l'épicurisme : voyez-vous laquelle? A quel texte de Lucrèce fait-elle allusion?

• Il ne faut évidemment pas traduire *beneficium* par bénéfice; que pensez-vous de ce dernier mot? Pensez-vous, d'autre part, que l'on puisse traduire *bona conscientia* par bonne conscience? Justifiez votre réponse.

• Étudiez, au point de vue du style, les deux premiers paragraphes.

### Les vertus cardinales du sage stoïcien

*Comme à toutes les époques, les spécialistes de la philosophie avaient entre eux des discussions techniques que les profanes jugeaient passablement oiseuses! Ainsi débattait-on volontiers, dans les milieux stoïciens orthodoxes, la question de savoir si les vertus sont ou non des êtres vivants* (animalia)... *Ces discussions irritaient fortement Sénèque, qui estimait que ces exercices d'école pour intellectuels étaient du temps perdu, et affirmait que les problèmes moraux étaient les seuls vraiment importants. C'est ce qu'il explique dans une lettre à son disciple Lucilius (qui est pour lui ce que Memmius était pour Lucrèce).*

Doce me non an fortitudo animal sit, sed nullum animal felix esse sine fortitudine! Quid est fortitudo? Munimentum humanae imbecillitatis inexpugnabile; quod si circumdedit[1] sibi, securus in hac vitae obsidione perdurat : utitur enim suis viribus, suis telis.

Hoc loco tibi Posidonii[2] nostri referre sententiam volo : « Non est quod[3] umquam Fortunae armis putes esse te tutum : tuis pugna! Contra ipsam Fortuna non armat; itaque contra hostes instructi, contra ipsam inermes sunt. »

Alexander[4] Persas quidem et Indos, et quicquid gentium[5] usque in Oceanum extendit Oriens, vastabat fugabatque; sed ipse, amico amisso, jacebat in tenebris, desiderium suum maerens – victor tot regum atque populorum, tristitiae succumbens! Id enim egerat ut omnia potius haberet in potestate quam affectus.

O quam magnis homines tenentur erroribus, qui jus dominandi trans maria cupiunt permittere, felicissimosque se judicant si multas per milites provincias obtinent et novas veteribus adjungunt, ignari quod sit illud ingens parque caelis regnum! Imperare sibi maximum imperium est.

Doce me autem quam sacra res sit justitia, alienum bonum spectans, nihil ex se petens nisi usum sui; nihil sit illi cum ambitione famaque : sibi placeat! Hoc ante omnia sibi quisque persuadeat : me justum esse gratis oportet. Parum est; adhuc illud persuadeat sibi : tota cogitatio a privatis commodis quam longissime aversa sit! Non est quod spectes quod sit justae rei praemium : majus injustae est.

Illud adhuc tibi adfige, nihil ad rem pertinere[6] quam multi aequitatem tuam noverint : qui virtutem suam publicari vult, non virtuti laborat, sed gloriae. Non vis esse justus sine gloria? At, mehercules! saepe justus esse debebis cum infamia! Et tunc, si sapis, mala opinio bene parta delectet.

Sénèque, *Lettres à Lucilius,* 113, 27-32.

1. *Sujet à tirer de* humanae : homo.

2. Posidonius : *forme latinisée de* Poseïdonios (*voir* tableau, p. 205).

3. non est quod + *subj. : il n'y a pas de raison que (à retenir).*

4. Alexander : *Alexandre le Grand, dont Sénèque présente souvent la conduite comme l'exemple même de ce qu'il ne faut pas faire.*

5. quicquid gentium = omnes gentes quas.

6. nihil ad rem pertinet : *(cela) n'a pas d'importance.*

## Recherche

• Quelles sont, d'après ce texte, les vertus cardinales du sage stoïcien?

• Quelles métaphores emploie Sénèque dans les deux premiers paragraphes? Quelle conception de la vie traduisent-elles?

• Sur quel phénomène politique Sénèque porte-t-il une condamnation radicale dans les paragraphes 3 et 4?

## Providence divine et morale sociale

*Cette morale stoïcienne découle bien entendu de la conception du monde qui était celle du Portique, et au centre de laquelle se trouvait la notion de Providence (*Pro-videntia, *ce qui signifie littéralement « Prévoyance ») : c'est le nom que donnaient les stoïciens à ce « plan » ou ce « dessein » qui selon eux régirait l'Univers, un Univers dans lequel rien n'est dû ni au hasard ni à une nécessité aveugle, mais où tout résulte au contraire d'une Volonté supérieure, qui est en quelque sorte le grand Programmateur du monde. C'est ce qu'explique, dans le* De finibus *de Cicéron, le porte-parole du stoïcisme, Caton d'Utique.*

Mundum Stoici censent regi numine deorum eumque esse quasi communem urbem et civitatem hominum et deorum, et unumquemque nostrum ejus mundi esse partem; ex quo illud natura consequi, ut communem utilitatem nostrae anteponamus.

Ut enim leges omnium salutem singulorum saluti anteponunt, sic vir bonus et sapiens et legibus parens et civilis officii non ignarus utilitati omnium plus quam unius alicujus aut suae consulit. Nec magis est vituperandus proditor patriae quam communis utilitatis aut salutis desertor propter suam utilitatem aut salutem. Ex quo fit ut laudandus is sit qui mortem oppetat pro re publica, quod deceat cariorem nobis esse patriam quam nosmet ipsos... Cumque nemo in summa solitudine vitam agere velit ne cum infinita quidem voluptatum abundantia, facile intelligitur nos ad conjunctionem congregationemque hominum et ad naturalem communitatem esse natos (...)

Atque ut tauris natura datum est ut pro vitulis contra leones summa vi impetuque contendant, sic ii qui valent opibus atque id facere possunt, ut de Hercule accepimus[1], ad servandum genus hominum natura incitantur (...) Quemadmodum igitur membris utimur prius quam didicimus cujus utilitatis causa ea habeamus, sic inter nos natura ad civilem communitatatem conjuncti et consociati sumus. Quod nisi ita se haberet, nec justitiae ullus esset nec bonitati locus (...) Cum autem ad tuendos conservandosque homines hominem natum esse videamus, consentaneum est huic naturae ut sapiens velit gerere et administrare rem publicam.

Cicéron, *De finibus,* III, 65.

1. ut de Hercule accepimus : *comme nous l'avons entendu dire d'Hercule. Hercule, le héros combattant les monstres pour le bien de l'humanité, était pour les stoïciens le modèle par excellence, leur « saint patron » en quelque sorte.*

*Ce texte vous montre l'abîme qui sépare l'attitude stoïcienne de celle des épicuriens. Pour Épicure, nulle Providence, nul plan divin, mais un monde vide de sens, dans lequel l'homme n'est qu'un animal perfectionné, apparu par hasard et dépourvu de toute mission. Pour les stoïciens, l'homme est né et se trouve sur terre dans le cadre d'un plan divin lui assignant une mission précise, qui apparaît comme un véritable impératif catégorique et d'où découle toute la morale, en particulier sociale : une morale de l'entraide et de l'engagement, y compris politique; car, dans cette perspective, les hommes ne sont pas, comme pour Épicure, des individus indépendants les uns des autres, ils sont tous citoyens (donc concitoyens) du monde, leur commune patrie, et, de ce point de vue, le détachement individualiste et le refus de s'engager qui caractérisaient l'épicurisme apparaissent comme un manque de civisme, et même comme une trahison.*

*De cette conception du monde découle ce que l'on peut appeler l'internationalisme stoïcien, qui s'exprime avec force dans un texte de Sénèque que nous vous proposons comme version.*

## VERSION

### Il faut supprimer les frontières

O quam ridiculi sunt mortalium termini! Ultra Istrum Dacos nostrum arceat imperium? Danuvius Sarmatica ac Romana disterminet? Rhenus Germaniae modum faciat? Pyrenaeus medium inter Gallias et Hispanias jugum extollat?... Si qui formicis det intellectum hominis, nonne et illae unam aream in multas provincias dividant? Cum te in illa[1] vere magna sustuleris, quotiens videbis exercitus subrectis ire vexillis et, quasi magnum aliquid agatur, equitem[2] modo ulteriora explorantem, modo a lateribus effusum, licebit tibi dicere : « It nigrum campis agmen! »[3]. Formicarum iste discursus est in angusto laborantium : quid illis et nobis interest, nisi exigui mensura corpusculi?

Sénèque, *Questions naturelles.*

1. illa : *ces pensées, cette attitude (celle du philosophe).*
2. equitem = equitatum.
3. *Citation des* Géorgiques. *La « noire colonne » est celle des fourmis;* campis = in campis = in agris.

**Héraklès (Hercule), le héros préféré des stoïciens. (Vase grec, Musée du Louvre.)**

# Quelques idées paradoxales

*Dans la terminologie des stoïciens, la pratique totalement désintéressée de la vertu prenait un nom particulier : elle constituait ce qu'ils appelaient l'*honestum, *terme que l'on traduit parfois par l'« honnêteté » – mais à tort; le sens premier de l'adjectif* honestus *est en effet (comme ne vous l'indiquent pas les dictionnaires!) celui de « beau » : une* facies honesta, *chez Térence, c'est un « beau visage », et le verbe* honestare *veut dire « embellir ». Aussi les stoïciens latins employèrent-ils le terme* honestum *pour traduire le grec* to kalon, *qui signifie « la beauté », en l'occurrence « la beauté morale ». Une action vraiment bonne est donc aussi, dans la perspective stoïcienne, une belle action, et c'est justement son caractère désintéressé qui en fait la beauté : si je sauve quelqu'un en espérant qu'il m'en récompensera, j'accomplis sans doute une bonne action, au sens banal du terme, mais pas une belle action; si, en revanche, je le sauve sans que personne ne le sache et qu'après l'avoir sauvé je disparais, sans lui faire savoir qui je suis, mon action est plus que bonne; elle devient belle,* honesta, *parce qu'elle est faite pour elle-même, sans l'espoir d'aucune récompense. Telle est, en tout cas, l'essence même de la morale stoïcienne : le* summum bonum *se confond avec l'*honestum.

*Partant de ce principe, les stoïciens n'hésitaient pas à affirmer qu'on pouvait être au comble du bonheur, même au milieu des pires tortures ou des deuils les plus affligeants, à partir du moment où l'on avait une conduite conforme à l'*honestum. *Et ils ne se privaient pas non plus d'énoncer toute une série de paradoxes qui les faisaient passer pour de joyeux plaisantins. Cicéron, très en verve, consacre à ces paradoxes un passage d'un de ses plaidoyers, où il s'étonne de voir son ami Caton (d'Utique) se rallier à une doctrine aussi farfelue.*

*Homo ingeniosissimus, M. Cato.* Cette statue moderne, due au sculpteur Rude (XIX^e^ s.), montre Caton sur le point de se donner la mort, après la défaite du parti pompéien. (Musée du Louvre.)

## Divagations sous le Portique

Fuit quidam summo ingenio vir, Zeno, cujus inventorum aemuli Stoici nominantur. Hujus sententiae sunt et praecepta ejus modi : sapientem gratia[1] numquam moveri, numquam cujusquam delicto ignoscere; neminem misericordem esse nisi stultum et levem; viri non esse neque exorari neque placari; solos sapientes esse, si[2] distortissimi sint, formosos; si mendicissimi, divites; si servitutem serviant, reges; nos autem – qui sapientes non sumus – fugitivos, exsules, hostes, insanos denique esse dicunt; omnia peccata esse paria; omne delictum scelus esse nefarium, nec minus delinquere eum qui gallum gallinaceum[3], cum opus non fuerit, quam eum qui patrem suffocaverit; sapientem nihil opinari[4], nullius rei paenitere, nulla in re falli, sententiam mutare numquam.

Hoc homo ingeniosissimus, M. Cato, auctoribus eruditissimis inductus, arripuit, neque disputandi causa, ut magna pars, sed ita vivendi!... Nostri autem (magistri) – fatebor enim, Cato, me quoque in adulescentia, diffisum ingenio meo, quaesisse adjumenta doctrinae –, nostri, inquam, illi a Platone et Aristotele[5], moderati homines et temperati, aiunt apud sapientem valere aliquando gratiam; viri boni esse misereri; distincta esse genera delictorum et dispares poenas; esse apud hominem constantem ignoscendi locum; ipsum sapientem saepe aliquid opinari quod nesciat, irasci nonnumquam, exorari eumdem et placari, quod dixerit interdum, si ita rectius sit, mutare, de sententia decedere aliquando; omnes virtutes mediocritate[6] quadam esse moderatas.

Hos ad magistros si qua te fortuna, Cato, cum ista[7] natura, detulisset, non tu quidem vir melior esses, nec fortior, nec temperantior, nec justior – neque enim esse potes! –, sed paulo ad lenitatem propensior.

Cicéron, *Pro Murena,* 61.

1. gratia : *une recommandation.*
2. si *(les trois fois)* = etsi, etiamsi.
3. gallum gallinaceum : *un coq. Pourquoi cette expression?*
4. opinari : *hasarder une opinion, dire quelque chose dont on n'est pas absolument sûr.*
5. illi a Platone et Aristotele : *eux qui sont disciples de Platon et d'Aristote.*
6. mediocritas : *un juste milieu, une juste mesure.*
7. cum ista natura : *attention! Comme très souvent, le démonstratif* iste *exprime ici la 2e personne.*

## *Recherche*

- Disposez sur deux colonnes en regard les paradoxes stoïciens et les propositions correspondantes des philosophes « académiques », dont se réclame Cicéron.

- Comme tout paradoxe (au fait, quelle est l'étymologie de ce terme?), ceux des stoïciens sont, à première vue, absurdes, et Cicéron a beau jeu d'en faire des gorges chaudes. Mais essayez de dépasser cette attitude superficielle de dérision, et demandez-vous, en tâchant d'apporter la réponse, comment les stoïciens pouvaient justifier leurs affirmations.

- Transposez au style direct toutes les citations faites par Cicéron au style indirect.

## Un stoïcien à la rescousse

*Voici un autre texte sorti de la plume fertile de Cicéron; mais cette fois ce n'est plus l'avocat, c'est le philosophe qui s'exprime, ou plutôt qui, dans le* De finibus, *donne la parole à un authentique stoïcien : celui-ci va énoncer et expliquer quelques-uns des fameux paradoxes.*

Quam gravis, quam magnifica, quam constans conficitur persona sapientis! Qui, cum ratio docuerit QUOD HONESTUM ESSET ID ESSE SOLUM BONUM, semper sit necesse est beatus[1], vereque omnia ista nomina possideat quae irrideri ab imperitis solent : rectius enim appellabitur rex quam Tarquinius[2], qui nec se nec suos regere potuit; rectius magister populi quam Sulla[3], qui trium pestiferorum vitiorum – luxuriae, avaritiae, crudelitatis – magister fuit; rectius dives quam Crassus[4] qui, nisi eguisset, numquam Euphraten transire voluisset... Recte etiam pulcher appellabitur – animi enim lineamenta pulchriora sunt quam corporis –; recte solus liber, nec dominationi cujusquam parens nec oboediens cupiditati; recte invictus, cujus, etiam si corpus constrigatur, animo tamen vincula injici nulla possint.

Cicéron, *De finibus.*

1. semper sit necesse est beatus = necesse est (sapiens) semper beatus sit.

2. Tarquinius : *Tarquin le Superbe.*

3. Sulla : *L. Cornelius Sylla, célèbre dictateur romain.*

4. Crassus : *M. Licinius Crassus; il avait la réputation d'être l'homme le plus riche de Rome, et aurait encore accru sa richesse à l'occasion d'une expédition contre les Parthes (au-delà de l'Euphrate).*

## Où les paradoxes se réalisent...

*Il arrive d'ailleurs que les paradoxes se réalisent : en témoigne ce personnage nommé Cratès, dont* ***Apulée*** *nous conte l'histoire. Disciple du philosophe cynique Diogène (les cyniques, comme leur nom l'indique en grec, faisaient profession de vivre comme des chiens), et ayant lui-même pour disciple Zénon – le stoïcisme dérive du cynisme, sur le plan moral, tout au moins – il décida un jour de se dépouiller radicalement de tous ses biens, afin de vivre dans la pauvreté la plus totale; en outre, il était laid et difforme. Ce qui n'empêcha pas qu'un jour... Mais lisez plutôt le récit d'Apulée.*

Haec atque hoc genus alia[1] cum audiret a Diogene Crates, denique in forum exsilit, rem familiarem abjicit velut onus stercoris, dein, coetu facto maximo, exclamat : « Crates Cratem manu mittit![2] » Et exinde, liber omnium, quoad vixit beate vixit.

Adeoque ejus cupiebatur vita, ut virgo nobilis, spretis junioribus ac ditioribus procis, ultronea eum sibi optaverit; cumque interscapulum[3] Crates detexisset quod erat auctum gibbere, peramque cum baculo et pallium humi posuisset, eamque supellectilem sibi esse puellae profiteretur eamque formam, respondit illa neque ditiorem maritum neque formosiorem uspiam

1. hoc genus alia = hujus generis alia.

2. manu mittere : *affranchir.*

3. interscapulum, *littéralement : l'entre-deux des épaules, donc le dos.*

gentium[4] se posse invenire; proinde duceret quo liberet! Duxit Crates in porticum; ibidem, in loco celebri, coram luce clarissima ei accubuit, coramque virginitatem imminuisset[5], nisi Zeno, procinctu pallii, circumstantis coronae obtutu magistrum suum defendisset...

4. neque uspiam gentium : *nulle part au monde.*

5. imminuisset : *forme de* imminuo, *non de* immineo.

Apulée, *Florides,* 14.

### Un peu de grammaire

Mettez au style direct le dialogue entre Cratès et son admiratrice.

*Épicure, vous vous en souvenez, enseignait à ses disciples que seuls les besoins élémentaires de la vie méritaient d'être satisfaits, et que la sérénité du sage vient précisément de ce qu'il sait éliminer en lui tout désir du superflu et se contenter du strict nécessaire, c'est-à-dire de très peu : aussi est-il riche et heureux, puisqu'il ne désire rien qui ne soit facile à se procurer.*

*Sénèque, bien entendu, va aller beaucoup plus loin, en faisant observer qu'après tout il est bien dangereux de faire dépendre le bonheur et la sérénité de la possession du seul nécessaire : car il peut fort bien arriver qu'on ne possède même pas cela. Et, alors que, plus tard, Voltaire, dans son poème* Le Mondain, *devait – par provocation anti-rousseauiste! – définir le superflu comme cette « chose si nécessaire », Sénèque prend, par avance, le contrepied de cette formule célèbre :*

## Le nécessaire... cette chose si superflue!

*Quicquid est hoc quod circa nos fulget... amplia atria :* pièce richement décorée de fresques, dans la villa des Mystères à Pompéi.

Quid te nunc hortor ut facias? Nihil novi, sed hoc primum, ut tecum ipse dispicias quid sit necessarium, quid supervacuum. Necessaria tibi ubique occurrent; supervacua semper quaerenda sunt.

Non est autem quod te nimis laudes, si contempseris aureos lectos et gemmeam supellectilem : quae est enim virtus, supervacua contemnere? Tunc te admirare, cum contempseris necessaria! Non magnam rem facis, quod vivere sine regio apparatu potes, quod non desideras milliarios apros nec linguas phoenicopterorum et alia portenta luxuriae : tunc te admirabor, si contempseris etiam sordidum panem, si tibi persuaseris herbam, ubi necesse est, non pecori tantum sed homini nasci...

Sine fastidio venter implendus est : quid ad rem pertinet quid accipiat [1], perditurus quicquid acceperit? Vis ciborum voluptatem contemnere? Exitum specta!... Disce parvo esse contentus, et illam vocem, magnus atque animosus, exclama : « Habeamus aquam, habeamus polentam [2], Jovi ipsi controversiam de felicitate faciemus! »

Faciamus, oro te, etiam si ista defuerint : turpe est beatam vitam in auro et argento reponere; aeque turpe in aqua et polenta. Haec enim ipsa aqua et polenta in alienum arbitrium cadit; liber est autem non in quem parum licet Fortunae, sed in quem nihil. Ita est : nihil desideres oportet, si vis Jovem provocare nihil desiderantem.

Sénèque, *Lettres à Lucilius,* 110, 11 sq.

1. quid ad rem pertinet quid accipiat : *qu'importe ce qu'il reçoit.*

2. polenta : *polente, bouillie de farine d'orge. C'était la nourriture commune des pauvres, comparable à ce qu'est aujourd'hui le bol de riz en Extrême-Orient. Le mot* polenta *existe toujours en italien et en corse : il désigne, dans le premier cas, de la bouillie de maïs, dans le second, de la bouillie de châtaignes.*

## *Recherche*

- Quelles sont les trois attitudes successivement présentées par Sénèque? Quelle est à ses yeux la seule attitude vraiment conforme à la sagesse? Pourquoi?
- Sénèque fait, par deux fois, allusion à Jupiter : que pensez-vous de l'emploi de ce nom? S'agit-il du même Jupiter que dans les récits mythologiques?
- La morale stoïcienne et la morale épicurienne vous paraissent-elles dangereuses pour l'ordre établi?
- Caractérisez le style de Sénèque dans tout ce passage.

### « Rien n'est jamais acquis à l'homme »

*La sagesse stoïcienne repose donc sur le mépris absolu non seulement des richesses et des plaisirs, mais aussi de tous les biens extérieurs, fussent-ils réduits à leur plus simple expression. Capable de se passer même du nécessaire, le sage ne redoute ni les privations, ni les souffrances, ni la mort; du moment qu'il a sa conscience pour lui, il est pleinement heureux et satisfait, et accueille les coups du sort avec la plus totale indifférence.*

*Aussi les stoïciens distinguaient-ils soigneusement deux sortes de réalités : celles qui dépendent de nous (à savoir nos sentiments, nos pensées, notre attitude intérieure), et celles qui ne dépendent pas de nous (à savoir tout le reste, tout ce qui est extérieur) : il dépend de nous d'être sereins ou indignés, gais ou tristes, mais il ne dépend pas de nous d'être beaux, en bonne santé, intelligents, etc. Et ils considéraient que seul a de l'importance ce qui dépend de nous; le reste, agréable ou désagréable, doit être accueilli comme il se présente, avec une égale sérénité : si tout va bien, tant mieux; si tout va mal, tant pis; il n'y a pas de quoi en faire toute une histoire, ni dans un cas ni dans l'autre! Rien d'ailleurs ne nous est dû, tout ce que nous possédons peut nous être enlevé à tout instant (il suffit d'un accident stupide), c'est ce que Sénèque veut que l'on se mette bien dans la tête.*

Quicquid est hoc quod circa nos fulget – liberi, honores, opes, ampla atria, nomen, nobilis aut formosa conjux, ceteraque ex incerta et mobili sorte pendentia –, alieni commodatique apparatus sunt : nihil horum dono datur. Collaticiis et ad dominos[1] redituris instrumentis scaena adornatur : alia ex his primo die, alia secundo referentur, pauca usque ad finem perseverabunt. Itaque non est quod nos suspiciamus, tamquam inter nostra positi : mutua accepimus. Usus fructusque noster est, cujus tempus ille[2], arbiter muneris sui, temperat : nos oportet in promptu habere quae in incertum diem data sunt, et appellatos sine querela reddere. Pessimi debitoris est creditori facere convicium.

Omnes ergo nostros, et quos superstites lege nascendi optamus[3], et quos praecedere justissimum ipsorum votum est, sic amare debemus tamquam nihil de diuturnitate eorum promissum sit. Saepe admonendus est animus omnia amet[4] ut recessura, immo tamquam jam recedentia. Rapite ex liberis voluptates, fruendos vos in vicem liberis date, et sine dilatione omne gaudium haurite : nihil de hodierna nocte promittitur[5]. Nimis magnam advocationem dedi : nihil de hac hora! Festinandum est : instatur a tergo. Jam disceditur iste[6] comitatus, jam contubernia ista, sublato clamore, solventur. Rapina rerum omnium est.

Si mortuum tibi filium doles[7], ejus temporis quo natus est crimen est : mors enim illi denuntiata nascenti est. In hanc legem erat natus, hoc illum fatum ab utero statim prosequebatur. In regnum fortunae[8] et quidem durum atque invictum pervenimus, illius arbitrio digna atque indigna passuri. Corporibus nostris impotenter, contumeliose, crudeliter abutetur : alios ignibus peruret, vel in poenam admotis vel in remedium; alios vinciet : id nunc hosti licebit, nunc civi; alios per incerta nudos maria jactabit et luctatos cum fluctibus ne in harenam quidem aut litus explodet, sed in alicujus immensae ventrem beluae decondet; alios, morborum variis generibus emaceratos, diu inter vitam mortemque

1. dominos : *les propriétaires (qui louaient aux metteurs en scène le matériel et les décors des représentations théâtrales).*

2. ille : *le propriétaire (c'est-à-dire, en l'occurrence, le sort, le destin).*

3. *Cette périphrase désigne les êtres plus jeunes que nous, et la suivante les plus âgés.*

4. admonendus est... amet = admonendus est ut amet *(construction « paratactique »).*

5. *Le discours de Sénèque a ici une tonalité épicurienne. Mais Sénèque a souvent dit que l'épicurisme, dans la mesure où il enseignait la limitation des désirs et le refus des passions, était une « propédeutique » du stoïcisme, de sorte qu'on pouvait passer par lui à condition de le dépasser.*

6. iste : *a ici, comme très fréquemment, une valeur de deuxième personne (à retenir).*

7. *Sénèque s'adresse, dans ce texte, à une mère qui a perdu son fils.*

8. fortunae : *la fortune, le sort. Elle apparaît souvent chez Sénèque comme une sorte de force maléfique qui s'acharne sur les humains, et contre les coups de laquelle il faut constamment se prémunir – le sage étant celui qu'aucun de ces coups ne peut moralement atteindre.*

medios detinebit. Ut varia et libidinosa mancipiorumque suorum neglegens domina, et poenis et muneribus errabit. Quid opus est partes deflere? Tota flebilis vita est!

Sénèque, *Ad Marciam de consolatione*, 10.

***Jovi ipsi controversiam de felicitate faciemus.***
**(Buste de Zeus, époque hellénistique ou romaine, Musée de Pergame.)**

*On peut se demander comment les stoïciens conciliaient cette notion d'une « fortune » cruelle et acharnée à faire le malheur des hommes avec celle d'une Providence divine, organisatrice et responsable de tout ce qui arrive dans le monde. A cette question (qui n'est autre que le problème du mal, et qui se posera dans les mêmes termes aux chrétiens), Sénèque répond, dans son traité intitulé* De providentia, *que souffrances, deuils et malheurs de toutes sortes font précisément partie du plan de la Providence, car ils permettent à l'homme de donner sa pleine mesure. La souffrance, dit-il, est à l'homme ce qu'est son adversaire à un sportif : il n'y a aucun mérite à en venir à bout si ce n'est pas un rival de taille. C'est donc dans la souffrance et le malheur que l'homme affirme pleinement sa dignité. Et Sénèque de comparer Dieu à un père qui élève ses enfants à la dure pour en faire des hommes dignes de ce nom. Moralité : le mal apparent est en réalité un bien, et il faut non seulement se résigner, mais encore applaudir à tout ce que veut la Providence. D'où la formule fameuse :* « Deo non pareo, sed assentior » *(« Je ne me borne pas à obéir à Dieu : je suis d'accord avec lui »). Voici, à titre de version, un passage de ce traité.*

## VERSION

### Dieu est un père pour nous

Marcet sine adversario virtus; tunc[1] apparet quanta sit quantumque polleat, cum quid possit patientia ostendit... Non vides quanto aliter patres, aliter matres indulgeant[2]? Illi excitari jubent liberos ad studia obeunda mature, feriatis quoque diebus non patiuntur esse otiosos et sudorem illis et interdum lacrimas excutiunt; at matres fovere in sinu, continere in umbra volunt, numquam contristari, numquam flere, numquam laborare.

1. tunc : *à construire en corrélation avec* cum.

2. indulgeant = ament (liberos).

Patrium deus habet adversus bonos viros animum, et illos fortiter amat et : « Operibus, inquit, doloribus, damnis exagitentur, ut verum colligant robur ! » Languent per inertiam saginata[3], nec labore tantum sed motu et ipso sui onere deficiunt. Non fert ullum ictum illaesa felicitas... Miraris tu si deus, ille bonorum amantissimus, qui illos quam optimos esse atque excellentissimos vult, fortunam illis cum qua exerceantur assignat ? Ego vero non miror si aliquando impetum capit[4] spectandi magnos viros colluctantes cum aliqua calamitate.

Sénèque, *De providentia.*

3. saginata : *sous-entendre* animalia *(allusion aux animaux mis à l'engrais).*

4. impetum capit : *prend envie.*

---

# De la colère

*Pour les stoïciens, la première qualité du sage est le parfait empire sur soi-même ; or, l'homme en colère est par excellence un homme qui ne se maîtrise pas, qui se laisse emporter par un sentiment violent, et risque de perdre le contrôle de ses réactions. D'où sa définition célèbre :* ira brevis furor, *la colère est une folie momentanée. Pourtant, lui objectait-on, il y a des colères justes : il est normal d'être révolté par l'injustice. Voici la réponse de Sénèque.*

## La lutte contre le mal n'implique pas la colère

« Non potest fieri ut non vir bonus irascatur malis ! » – Isto modo, quo melior quisque, hoc[1] iracundior erit. Peccantes vero quid habet cur oderit, cum error illos in ejusmodi delicta compellat ? Errantem per agros ignorantia viae melius est[2] ad rectum iter admovere quam expellere. Corrigendus est itaque qui peccat et admonitione et vi, et molliter et aspere, meliorque tam sibi quam aliis faciendus non sine castigatione, sed sine ira : quis enim cui medetur irascitur ?

« At corrigi nequeunt, nihilque in illis spei bonae capax est ! » – Tollantur e coetu mortalium facturi pejora, sed hoc sine odio. Rabidos effligimus canes et trucem atque immansuetum bovem occidimus et morbidis pecoribus, ne gregem polluant, ferrum demittimus ; portentosos fetus exstinguimus, liberos quoque, si debiles monstruosique editi sunt, mergimus ; nec ira, sed ratio est a sanis inutilia secernere.

« Quid ergo ? Non irascar latroni ? Quid ergo ? Non irascar veneficio ? » – Non ; omne poenae genus remedii loco[3] admoveo ; bonus judex damnat improbanda, non odit.

Sénèque, *De ira,* I, 15.

1. hoc... quo : *plus... plus.*

2. melius est : *il serait mieux, il vaudrait mieux. Voir « Un peu de grammaire ».*

3. remedii loco : *comme un remède.*

## Recherche

• Sur quelle conception du mal (et de la méchanceté) repose l'argumentation de Sénèque? A qui compare-t-il le mauvais sujet? Et celui qui le punit?

• Que vous apprend le deuxième paragraphe sur certaines mœurs en vigueur à Rome?

• Les traités philosophiques de Sénèque portent le titre général de *Dialogues* : voyez-vous pourquoi d'après ce texte? Connaissez-vous d'autres dialogues philosophiques dans la littérature antique (grecque notamment)? Sont-ils du même type?

La Roue de Fortune, allégorie des vicissitudes du sort : un thème familier tant à la philosophie stoïcienne qu'aux moralistes médiévaux. (Manuscrit du XIVe siècle, Bibliothèque municipale de Rouen.)

### ♦ Calamo aut ore

Traduisez, en vous référant à « Un peu de grammaire », p. 80.

Possum persequi permulta oblectamenta rerum rusticarum. – Longe utilius fuit angustias occupare. – Omnibus eum contumeliis oneras quem patris loco colere debes. – Tunc flevisse decuit cum adempta sunt nobis arma. – Hanc mecum poteras requiescere noctem. – Quanto non nasci melius fuit quam malam agere vitam! – Licuit Alexandro paternis opibus contento intra Macedoniae terminos per otium exspectare obscuram et ignobilem vitam. – Ad mortem te, Catilina, duci jussu consulis jampridem oportebat. – Longum est virtutes ejus omnes enumerare. – Isti, cum in acie stare et pugnare decuerat, tum in castra refugerunt; cum pro vallo pugnandum erat, castra tradiderunt. – Imago avi tui te a tanto scelere revocare debuit. – Non suscipi bellum oportuit.

*Coeperat servus verberari...* Maître battant son esclave... sur la scène du théâtre! (Musée national de Naples.)

## Le philosophe et son esclave

*Les idées développées par Sénèque dans son traité devaient être reprises, au siècle suivant, par le philosophe grec Plutarque, qui écrivit, lui aussi, un ouvrage sur la colère. Un de ses esclaves pensa un jour le prendre en flagrant délit de contradiction avec lui-même; et* ***Aulu-Gelle*** *raconte à ce propos l'anecdote suivante.*

Plutarchus servo suo, nequam homini et contumaci, sed libris disputationibusque philosophiae aures imbutas habenti, tunicam detrahi ob nescio quod delictum jussit, caedique eum loro. Coeperat servus verberari et obloquebatur non meruisse ut vapularet, nihil mali, nihil sceleris admisisse. Postremo vociferari incipit, neque jam querimonias aut gemitus ejulatusque facere, sed verba seria et objurgatoria : non ita esse Plutarchum ut philosophum deceret; irasci turpe esse; saepe eum de malo irae dissertavisse, librum quoque de ira pulcherrimum conscripsisse; his omnibus quae in eo libro scripta sint nequaquam convenire quod, provolutus in iram, plurimis se plagis multaret! Tum Plutarchus, lente et leniter : « Quid autem, inquit, verbero[1]! Nunc ego tibi irasci videor? Ex vultune meo, an ex voce, an ex colore, an etiam ex verbis correptum esse me ira intellegis? Mihi quidem neque oculi, opinor, truces sunt neque os turbidum; non immaniter clamo neque in spumam effervesco neque pudenda[2] dico neque trepido aut gestio. Haec enim omnia, si ignoras, signa esse irarum solent. » Et simul ad eum qui caedebat conversus : « Interim, inquit, dum ego atque hic disputamus, tu hoc age[3]! »

Aulu-Gelle, *Nuits attiques,* I, 26.

1. verbero : *ce mot n'est pas un verbe.*
2. pudenda : *des paroles honteuses, des injures.*
3. hoc age : *vas-y!*

### Un peu de grammaire

Transposez au style direct les paroles de l'esclave... et au style indirect la réponse de Plutarque!

# Sénèque face à la mort

*La lettre de Sénèque à Lucilius qui porte le numéro 124 est pour nous le dernier en date des textes de Sénèque; écrite très peu de temps avant sa mort, elle constitue donc en quelque sorte son testament philosophique, et il se trouve qu'il y donne deux définitions essentielles : celle de l'homme et celle du bonheur.*

## Les dernières lignes de Sénèque : définition du bonheur

Quid vires corporis alis et exerces? Pecudibus istas majores natura concessit. Quid excolis formam? Cum omnia feceris, a mutis animalibus decore vinceris. Quid capillum ingenti diligentia comis? In quolibet equo densior jactabitur juba, horrebit in leonum cervice formosior. Cum te ad velocitatem paraveris, par lepusculo non eris.

Rationale animal es : quod ergo in te bonum est? perfecta ratio. Tunc beatum esse te judica, cum tibi ex ea gaudium omne nascetur, cum in eis quae homines eripiunt, optant, custodiunt, nihil inveneris quod velis. Tunc habebis bonum tuum, cum intelleges infelicissimos esse felices.

Sénèque, *Lettres à Lucilius,* 124, 22-24.

## L'étuve sanglante

*Sénèque devait encourir la disgrâce de l'empereur Néron, dont il avait pourtant été le précepteur et le conseiller. Les goûts personnels de Néron, grand amateur de femmes et de jeunes garçons et friand de débauches en tout genre, ne l'inclinaient pas précisément vers le stoïcisme, et il s'était assez rapidement débarrassé de son trop vertueux professeur de morale. Sénèque, dès lors, amèrement déçu, alors qu'il avait espéré porter, à travers son élève, le stoïcisme au pouvoir, s'était réfugié dans une opposition boudeuse et avait fini par être plus ou moins mêlé à un complot contre l'empereur (beaucoup de stoïciens luttaient activement, dans la clandestinité, contre le régime). Néron l'ayant appris, le philosophe reçut de son ancien élève, très coutumier du fait, l'ordre de se suicider. Tacite nous a laissé le récit de sa mort.*

Senecae cum Paulina uxore et amicis duobus epulanti Gavius Silvanus, tribunus praetoriae cohortis, mandata imperatoris edidit... Ille, interritus, poscit testamenti tabulas; ac, denegante centurione, conversus ad amicos, « quando[1] meritis eorum referre gratiam prohiberetur, quod unum jam et tamen pulcherrimum habeat, imaginem vitae suae, relinquere[2] » testatur. Simul lacrimas eorum ad firmitudinem revocat[3], rogitans ubi praecepta sapientiae, ubi tot per annos meditata ratio adversum

1. quando : *puisque, dès lors que.*

2. relinquere : *a pour sujet* se *sous-entendu (omission fréquente chez Tacite, mais à ne pas imiter en thème!)*

3. lacrimas eorum... revocat : *traduire comme s'il y avait :* eos lacrimantes...

imminentia... Ubi haec atque talia disseruit, complectitur uxorem et rogat oratque temperaret dolori neve aeternum susciperet[4], sed in contemplatione vitae per virtutem actae desiderium mariti toleraret.

Illa sibi quoque mortem destinatam adseverat, manumque percussoris exposcit; tum Seneca, gloriae ejus non adversus : « Vitae, inquit, delenimenta monstraveram tibi; tu mortis decus mavis : non invidebo exemplo. » Post quae eodem ictu bracchia ferro exsolvunt. Seneca, quoniam[5] senile corpus et parco victu tenuatum lenta effugia sanguini praebebat, crurum quoque et poplitum venas abrumpit; saevisque cruciatibus defessus, ne dolore suo animum uxoris infringeret atque ipse visendo ejus tormenta ad impatientiam[6] delaberetur, suadet in aliud cubiculum abscedere[7]. (...)

Postremo Seneca stagnum[8] calidae aquae introiit respergens proximos servorum, addita voce libare se liquorem illum Jovi liberatori. Exin balneo[9] illatus et vapore ejus exanimatus, sine ullo funeris solemni crematur.

Tacite, *Annales,* XV, 60.

4. susciperet : *a pour complément d'objet* dolorem *sous-entendu (toujours le style de Tacite, particulièrement économe de mots !).*

5. quoniam = quia.

6. impatientiam : *faiblesse d'âme.*

7. *Ici s'intercale un passage où Tacite raconte qu'en réalité la femme de Sénèque n'est pas morte, Néron ayant ordonné de la sauver afin de ne pas paraître trop cruel. Mauvaise langue, Tacite ajoute d'ailleurs que Madame Sénèque, aux dires de certains, n'aurait pas fait trop de difficultés pour se laisser soigner, une fois sûre que Néron ne lui voulait pas de mal... Elle survécut quelques années à son mari.*

8. stagnum, *ici : baignoire.*

9. balneo : *désigne ici non pas le bain, mais l'étuve (sorte de sauna, très apprécié des riches Romains).*

## Éloge de la mort, libération de l'âme

Colombes perchées sur un vase. (Mosaïque, Rome, Musée du Capitole.) La colombe symbolisait l'âme, s'envolant du corps tel un oiseau blanc, à l'instant de la mort.

*Sur le problème de la mort, la doctrine stoïcienne était moins nette que celle d'Épicure. Néanmoins, tout en se gardant de donner à leur attitude une forme dogmatique, les stoïciens s'accordaient en général à admettre, contrairement aux épicuriens, que le sort de l'âme – une âme en principe matérielle – n'était pas lié à celui du corps, et que la mort de celui-ci ne signifiait pas nécessairement la mort de celle-là. Sénèque en tout cas, dans sa* Consolation à Marcia, *proclame, en partie peut-être pour les besoins de la cause, sa foi inébranlable en l'immortalité de l'âme, et développe à ce propos le thème bien connu du corps-prison et de la mort conçue comme délivrance.*

Imago dumtaxat[1] filii tui periit et effigies; ipse quidem aeternus meliorisque nunc status est, despoliatus oneribus alienis[2] et sibi relictus; haec quae vides : ossa, nervos et cutem vultumque et ministras manus et cetera quibus involuti sumus, vincula animorum tenebraeque sunt; obruitur his, inficitur, arcetur a veris et suis[3], in falsa conjectus; illi cum hac gravi carne certamen est, ne abstrahatur et sidat; nititur illo unde demissus est. Ibi illum alterna requies manet, ex confusis crassisque[4] pura et liquida visentem.

Proinde non est quod[5] ad sepulcrum filii tui curras : pessima ejus et ipsi molestissima istic jacent, ossa cineresque, non magis illius partes quam vestes aliaque tegimenta corporum. Integer ille nihilque in terris relinquens sui, fugit et totus excessit; paulumque supra nos commoratus, dum situm omnem mortalis aevi excutit, deinde ad excelsa sublatus, inter felices currit animas. Excepit illum coetus sacer, Scipiones Catonesque et parens tuus, Marcia : ille nepotem suum applicat sibi et vicinorum siderum meatus docet et in arcana naturae ducit et in profunda terrarum permittere aciem[6] jubet; juvat enim ex alto relicta respicere.

Sénèque, *Ad Marciam de consolatione.* 24-25.

1. dumtaxat = solum, tantum.
2. alienus : *étranger.*
3. veris et suis : *la Vérité, pour laquelle elle (l'âme) est faite.*
4. confusis crassisque : *pluriels neutres : le chaos grossier (du monde terrestre).*
5. non est quod : *il n'y a pas de raison pour que, tu n'as pas de raison de* (*on dit aussi :* non est cur); *à retenir.*
6. permittere aciem : *plonger son regard;* profunda terrarum = profundas terras *(construction poétique, fréquente, à retenir).*

## *Recherche*

• Comparez ce texte avec celui de Cicéron, p. 212. Que pensez-vous du tableau que trace Sénèque de la réception ménagée à l'âme du mort lors de son arrivée dans les cieux?

### ◆ Calamo aut ore

Thème :

*La philosophie stoïcienne est parfois un peu rude, et la force d'âme qu'elle exige du sage est telle qu'on peut se demander si la sagesse ne devient pas inaccessible. Telle était bien, au XVII*e *siècle, l'opinion du philosophe Malebranche, dont vous pourrez traduire en latin quelques-unes des réflexions :*

« Qu'y a-t-il de plus magnifique que l'idée que Sénèque nous donne de son sage, mais qu'y a-t-il au fond de plus vain et de plus imaginaire? (...) La douleur ne touche pas son sage; la crainte de la douleur ne l'inquiète pas; son sage est au-dessus de la fortune et de la malice des hommes : ils ne sont pas capables de l'inquiéter.

Il n'y a point de murailles que les béliers et les autres machines ne renversent avec le temps, mais il n'y a point de machines assez puissantes pour ébranler l'esprit de son sage (...) Les dieux mêmes peuvent être accablés sous les ruines de leurs temples, mais son sage n'en sera pas accablé (...) Voilà jusqu'où l'imagination vigoureuse de Sénèque emporte sa faible raison (...) Épicure avait raison de dire que les offenses étaient supportables à un homme sage; mais Sénèque a tort de dire que les sages ne peuvent même pas être offensés. » (*Recherche de la Vérité,* II, 4.)

# Un fâcheux remis à sa place

*Malebranche, vous venez de le voir, n'appréciait guère les belles théories de Sénèque. Et c'est un fait que, dans l'Antiquité déjà, les stoïciens, dont l'austère vertu s'affichait un peu trop, étaient souvent considérés comme des raseurs et des importuns... En témoigne cette petite scène de comédie, consignée par* Aulu-Gelle *dans ses souvenirs.*

Herodes Atticus arcessebat saepe nos, cum apud magistros Athenis essemus, in villas ei urbi proximas, me et clarissimum virum[1] Servilianum compluresque alios nostrates qui Roma in Graeciam ad capiendum ingenii cultum concesserant. Atque ibi tunc, cum essemus apud eum in villa cui nomen est Cephisia, in aestu anni et sidere autumni[2] flagrantissimo, propulsabamus incommoda caloris lucorum umbra ingentium, longis ambulacris et mollibus, aedium positu refrigeranti, lavacris nitidis et abundis et collucentibus totiusque villae venustate, aquis undique canoris atque avibus personante.

Erat ibidem nobiscum simul adulescens philosophiae sectator, disciplinae, ut ipse dicebat, Stoicae, sed loquacior impendio et promptior. Is plerumque in convivio, sermonibus[3] qui post epulas haberi solent, multa atque immodica de philosophiae doctrinis disserebat, praeque se uno ceteros omnes, linguae Atticae principes gentemque omnem togatam, rudes esse et agrestes praedicabat, atque interea vocabulis haud facile cognitis, syllogismorum captionumque dialecticarum laqueis, strepebat. Rem vero ethicam naturamque humani ingenii virtutumque origines asseverabat nulli esse magis explorata, comperta meditataque[4]. Cruciatibus autem doloribusque corporis et periculis mortem minitantibus habitum statumque vitae beatae, quem se adeptum putabat, neque laedi neque imminui existimabat, ac ne oris quoque[5] et vultus serenitatem Stoici hominis umquam ulla posse aegritudine obnubilari.

Has ille inanes glorias cum flaret jamque omnes finem cuperent verbisque ejus defatigati pertaeduissent, tum Herodes : « Permitte, inquit, philosophorum amplissime, quoniam respondere nos tibi, quos vocas idiotas, non quimus, recitari ex libro quid de hujusmodi magniloquentia vestra senserit dixeritque Epictetus, Stoicorum maximus. » Jussitque proferri Epicteti primum librum, in quo ille venerandus senex juvenes qui se Stoïcos appellabant, neque frugi neque operae probae[6], sed de theorematibus tantum nugalibus deblaterantes, objurgatione justa incessivit (...) His ille auditis insolentissimus adulescens obticuit.

Aulu-Gelle, *Nuits attiques,* I, 2.

1. clarissimum virum = senatorem.
2. sidere autumni : *la constellation d'automne. L'épisode se situe aux alentours du 20 septembre, à Athènes, saison à laquelle il fait encore très chaud.*
3. sermonibus : *ablatif de temps.*
4. nulli esse magis explorata... = a nullo esse magis explorata... quam a se.
5. ne... quoque = ne... quidem.
6. homo frugi : *homme honnête;* homo operae probae : *homme qui se conduit bien.*

## D'un texte à l'autre

*Vous pourrez rapprocher des textes de Sénèque les pensées suivantes de l'empereur* ***Marc-Aurèle*** *(traduites du grec par Mario Meunier) :*

Ressembler au promontoire contre lequel incessamment se brisent les flots. Lui reste debout et, autour de lui, viennent s'assoupir les gonflements de l'onde.

Malheureux que je suis, parce que telle chose m'est arrivée ! – Mais non, au contraire : bienheureux que je suis, puisque, telle chose m'étant arrivée, je persiste à être exempt de chagrin.

Chaque chose a été faite en vue d'une fonction, le cheval, la vigne. Mais toi, pour quoi as-tu été créé ? Pour le plaisir ? Vois si cette pensée est admissible.

Bonheur de l'homme ; faire ce qui est le propre de l'homme. Et ce qui est le propre de l'homme, c'est d'être bienveillant envers ses pareils, de mépriser les mouvements des sens, de contempler la nature universelle et tout ce qui arrive conformément à sa loi.

*... et celles-ci d'****Épictète*** *:*

Conduite et caractère de l'homme vulgaire : il n'attend jamais de lui-même profit ou dommage, mais des choses extérieures. Conduite et caractère du philosophe : il n'attend tout profit et tout dommage que de lui-même.

Si tu veux que tes enfants, ta femme et tes amis vivent toujours, tu es un sot ; tu veux en effet que ce qui ne dépend point de toi en dépende, et que ce qui est à autrui soit à toi.

Ne dis pas de quoi que ce soit : « Je l'ai perdu », mais : « Je l'ai rendu. » Ton enfant est mort, il est rendu ; ta femme est morte, elle est rendue.

Ne demande pas que ce qui arrive arrive comme tu le veux. Mais veuille que les choses arrivent comme elles arrivent, et tu seras heureux.

## VERSIONS

### Cheveux longs et idées courtes

Ad Herodem Atticum consularem virum adiit, nobis praesentibus, palliatus quispiam et crinitus barbaque praeditus prope ad pubem usque porrecta, ac petiit aes sibi dari *eis artous*[1]. Tum Herodes interrogat quisnam esset, atque ille, vultu sonituque vocis objurgatorio, philosophum se esse dicit, et mirari quoque addit cur quaerendum Herodes putavisset quod videret[2].

« Video, inquit Herodes, barbam et pallium; philosophum nondum video. Quaeso[3] autem te, cum bona venia, dicas mihi quibus nos uti posse argumentis existimas, ut esse te philosophum noscitemus. »

Interibi aliquot ex iis qui cum Herode erant erraticum hominem esse dicunt et nullius rei[4] incolamque sordentium ganearum ac, nisi accipiat quod petit, convicio turpi solitum incessere[5].

Atque ibi Herodes : « Demus, inquit, huic aliquid aeris, cuicuimodi est ! At demus tamquam homines, non tamquam homini » ; et jussit dari pretium panis XXX dierum ; « sed hoc, inquit, dolori mihi et aegritudini est, quod istiusmodi animalia spurca atque probra nomen usurpant sanctissimum, et philosophi appellantur ! »

Aulu-Gelle, *Nuits attiques,* IX, 10.

1. eis artous *(en grec)* = ad panem emendum *(en latin).*
2. *Les philosophes mendiants, vivant en marge de la société selon les principes des cyniques, étaient fort nombreux dans le monde antique... et très mal vus des gens « comme il faut ».*
3. quaeso *se construit avec un verbe subordonné au subjonctif, sans conjonction de subordination.*
4. homo nullius rei : *un homme de rien.*
5. (eum) solitum (esse) incessere.

## Un philosophe de bonne cuvée

Aristoteles philosophus, annos jam fere natus duo et sexaginta, corpore aegro affectoque ac spe vitae tenui fuit. Tunc omnis ejus sectatorum cohors ad eum accedit, orantes obsecrantesque ut ipse deligeret loci sui et magisterii successorem. Erant tunc in ejus ludo boni multi, sed praecipui duo, Theophrastus et Eudemus; alter ex insula Lesbo fuit, Eudemus autem Rhodo.

Aristoteles autem respondit se facturum esse quod vellent, cum id sibi foret tempestivum. Postea brevi tempore, vinum ait quod tum biberet non esse ex[1] valetudine sua, sed insalubre esse atque asperum, ac propterea quaeri debere exoticum, vel Rhodium vel Lesbium; id sibi utrumque ut curarent petiit, usurumque eo dixit quod sese magis juvisset. Eunt, quaerunt, inveniunt, afferunt. Tum Aristoteles Rhodium petit, degustat : « Firmum, inquit, hercle, vinum et jucundum! » Petit mox Lesbium; quo item degustato : « Utrumque, inquit, oppido bonum, sed dulcius Lesbium! » Id ubi dixit, nemini fuit dubium quin lepide simul et verecunde successorem illa voce sibi, non vinum delegisset : erat e Lesbo Theophrastus, suavitate homo insigni linguae pariter ac vitae. Itaque non diu post, Aristotele vita defuncto, ad Theophrastem omnes concesserunt.

Aulu-Gelle, *Nuits attiques,* XIII, 5.

1. esse ex + *abl. : convenir à, être bon pour.*

Échansons, esclaves et convives. (Musée du Bardo, Tunis.)

# Primum philosophari, ... deinde vivere!

## LE SATIRICON

Quelles que puissent être leurs qualités littéraires, les textes que nous étudions habituellement pèchent souvent par austérité : ils nous donnent de la Rome antique une image impressionnante, voire héroïque, celle d'un monde raffiné, moral, intellectuel. Quelle idée de la France du XXe siècle auraient les hommes de l'an 4000, s'ils se contentaient de lire les œuvres des académiciens français?

Voici donc, dans la littérature latine, une bouffée de fraîcheur et de réalisme. Il s'agit d'un roman – le premier en date de tous les romans – intitulé le *Satiricon*. De son auteur, nous savons peu de choses, sinon qu'il s'appelait vraisemblablement Petronius Arbiter **(Pétrone).** On l'a généralement identifié avec un grand seigneur raffiné, bel esprit et plutôt frondeur, du temps de Néron, soit du milieu du Ier siècle après J.-C. Mais d'autres indices permettraient une datation plus tardive. Nous dirons que l'auteur du *Satiricon* et les réalités qu'il décrit dans son livre doivent être situés au Ier siècle de notre ère.

Le texte qui nous est parvenu est, hélas, très mutilé et comporte beaucoup de lacunes. Le caractère souvent grivois des aventures qui y sont racontées aurait-il incité les copistes, gens d'Église pour la plupart, à censurer le trop scabreux? Toujours est-il que nous avons du mal à reconstituer une histoire qui, dans son état original, devait déjà être passablement compliquée. Les deux héros du livre, Encolpe et Ascylte, ricochent d'aventures en aventures, à la manière des héros de romans picaresques, comme Don Quichotte, Tom Jones ou Gil Blas de Santillane, ou encore, pour rester dans le monde romain, le Lucius des *Métamorphoses* d'Apulée. Nous allons vous présenter des textes tirés de la *Cena Trimalcionis;* ce n'était sans doute qu'un épisode du roman, mais le récit de ce repas constitue un tout, et ce long passage représente l'essentiel de ce qui nous est parvenu du livre de Pétrone.

Ascylte et Encolpe, jeunes hommes libres, après diverses aventures se retrouvent dans une ville d'Italie du Sud. Sans qu'on sache très bien pourquoi, ils sont invités à participer à un banquet que donne Trimalcion, *lautissimus homo,* en sa somptueuse demeure. Ce Trimalcion est effroyablement riche, malgré sa basse origine : c'est un ancien esclave, un affranchi, qui a fait fortune au point de ne plus savoir très bien ce qu'il possède... C'est là un signe des temps : les nouveaux riches tiennent le haut du pavé, et l'époque où les grandes familles dominaient l'harmonie de la vieille République romaine est bien loin déjà. En ce siècle se développe la toute-puissance de l'argent, et l'on y voit des ascensions sociales fulgurantes. L'empereur lui-même a pour conseiller des affranchis, qui deviennent parfois consuls!

Nous sommes donc chez un parvenu, qui n'a rien perdu de sa grossièreté. Faut-il pour autant trouver Trimalcion ridicule, bête, odieux, et lui faire jouer le rôle, classique, du nouveau riche en veine de snobisme? Il faudrait pour cela que notre homme cherche à dissimuler ses origines – loin de là, il s'en vante!...

Peut-être doit-on trouver, dans la *Cena Trimalcionis,* la satire impitoyable d'une société qui se donne pour plus noble qu'elle ne l'est. Somme toute, la réalité romaine, à cette époque, c'est le monde de Trimalcion : l'argent n'a pas d'odeur, mieux vaut une belle vie qu'une belle mort, et empiffrons-nous pendant qu'il en est temps! Pétrone nous donne peut-être ici une leçon de lucidité... A vous de juger!

• Pour ces textes, pas de « Recherche » systématique; à vous de les commenter librement. Tout au plus, nous nous bornerons à vous indiquer quelques points qui méritent attention, pour guider votre appréciation.

• Nous vous conseillons de lire l'ensemble du roman : vous trouverez, dans des collections de poche, des traductions assez réussies dont la lecture est très divertissante.

• Pour le travail sur les textes latins, nous vous proposons de procéder, autant que possible, par lecture cursive; la langue de Pétrone – celle de ses personnages – est d'une incroyable richesse, pleine d'images et de saveur; le style est direct, proche du langage parlé et quotidien, le *sermo cotidianus;* la syntaxe manque de rigueur, ce n'est pas du Cicéron! Laissez-vous porter par le sens, et votre intuition fera merveille, si vous êtes sensibles au mouvement du texte et à la vigueur du style. Pour vous aider, un court lexique vous indiquera le sens de mots ou d'expressions rares ou difficiles. Et n'hési-

tez pas à faire des rapprochements avec ce qu'on dirait en français...
• En dehors de ce travail de lecture, essayez de donner des traductions fidèles du texte. Par fidélité, nous entendons surtout fidélité au ton, à la manière qu'ont les personnages de s'exprimer : ne faites pas parler ces héros comme des marquis. Ils sont grossiers? Soyez-le aussi, mais pas plus qu'eux : à vous d'apprécier! Ils font des fautes de syntaxe? Faites-en aussi, celles que vous entendez (ou commettez) dans le langage de tous les jours. Ils font d'affreux calembours? Essayez de trouver des équivalents (drôles!) en français, ce qui n'est pas toujours facile.
... Et si après cela vous vous ennuyez !!!

## Quelques hors-d'œuvre...

*Encolpe, accompagné de son ami Ascylte et du rhéteur Agamemnon, un pédant de la plus belle eau, s'est rendu chez le riche Trimalcion. Ils passent à table.*

Nous finîmes par passer à table. Des esclaves d'Alexandrie nous versèrent sur les mains de l'eau de neige; venant à leur suite, d'autres s'occupèrent de nos pieds et débarrassèrent nos ongles de leurs envies avec une incroyable dextérité; et même en accomplissant cette désagréable besogne, ils ne se taisaient pas : ils faisaient cela en chantant. Je voulus voir si tous les esclaves de la maison chantaient de la sorte, et je demandai de l'eau. Un petit esclave fort empressé accueillit mon désir en entonnant, lui aussi, une mélodie aigrelette, et il en fut ainsi de tous ceux à qui nous demandions quelque chose. On se serait cru en face d'un chœur de pantomime, non dans la salle à manger d'un paterfamilias.

Cependant, on nous apporta des hors-d'œuvre tout à fait raffinés – car tous les convives s'étaient mis à table, à l'exception de Trimalcion lui-même, qui s'était fait réserver, par une mode nouvelle, la place d'honneur. Sur le plateau des amuse-gueule, on avait installé un petit âne en bronze de Corinthe, portant un bissac qui contenait d'un côté des olives vertes, de l'autre des olives noires. Au-dessus, disposés de manière à faire une sorte de toit, il y avait deux plats, qui portaient gravés sur leurs bords le nom de Trimalcion et leur poids d'argent. Des espèces de passerelles y étaient soudées, et elles supportaient des loirs saupoudrés de miel et de pavot. Il y avait aussi des saucisses brûlantes posées sur un gril d'argent, avec, sous le gril, des pruneaux de Syrie mélangés de pépins de grenade.

## Une entrée discrète

In his eramus lautitiis[1], cum ipse Trimalcio ad symphoniam allatus est, positusque inter cervicalia[2] minutissima expressit imprudentibus risum. Pallio[3] enim coccineo[4] adrasum excluserat caput, circaque oneratas veste cervices laticlaviam immiserat

1. lautitia : *magnificence, splendeur.*
2. cervical : *oreiller.*
3. pallium : *manteau.*
4. coccineus : *écarlate.*

5. mappa : *large foulard.*

6. fimbria : *frange.*

7. ferruminatus : *incrusté, sur lequel on a soudé une décoration métallique.*

8. armilla : *bracelet.*

9. lamina : *plaque.*

10. conexus : *fermé.*

11. pinna : *pointe, aiguille.*

12. terebinthinus : *en bois de térébinthe (précieux et odorant).*

13. tessera : *dé à jouer.*

14. calculum : *jeton.*

mappam[5] fimbriis[6] hinc atque illinc pendentibus. Habebat etiam in minimo digito sinistrae manus anulum grandem subauratum, extremo vero articulo digiti sequentis minorem, ut mihi videbatur, totum aureum, sed plane ferreis veluti stellis ferruminatum[7]. Et ne has tantum ostenderet divitias, dextrum nudavit lacertum armilla[8] aurea cultum et eboreo circulo lamina[9] splendente conexo[10].

Ut deinde pinna[11] argentea dentes perfodit : « Amici, inquit, nondum mihi suave erat in triclinium venire, sed ne diutius absentivus morae vobis essem, omnem voluptatem mihi negavi. Permittetis tamen finiri lusum! » Sequebatur puer cum tabula terebinthina[12] et crystallinis tesseris[13], notavique rem omnium delicatissimam : pro calculis[14] enim albis ac nigris, aureos argenteosque habebat denarios.

Pétrone, *Satiricon,* chap. 31-33.

• Trimalcion arrive-t-il en retard volontairement ou non? Quel effet cherche-t-il à produire par cette entrée en scène? A-t-il réussi? Que font les acteurs, dans le théâtre de boulevard, lorsqu'ils ont réussi un effet, avant de reprendre leur texte? Que fait Trimalcion? Qu'est-ce que le snobisme?

**Cet Étrusque obèse du musée archéologique de Florence n'est évidemment pas Trimalcion, mais on pourrait imaginer ainsi le « triple roi » (tel est en effet le sens de son nom sémitique) du festin de Pétrone.**

## Madame Trimalcion et son Trimalcion d'époux

*Encolpe, très intrigué par ce curieux repas, et dérouté par les gags du maître de maison, interroge son voisin : quelle est cette femme qui court de tous côtés?*

« C'est l'épouse de Trimalcion, Fortunata, la bien nommée : elle mesure son argent à la pelle! Et pourtant, hier encore, qu'est-ce qu'elle était? Sauf ton respect, tu n'aurais pas accepté un morceau de pain de sa main. Et maintenant, sans qu'on sache ni pourquoi, ni comment, la voilà montée au ciel, et le bras droit de Trimalcion. Bref, qu'elle lui dise en plein midi qu'il fait nuit, il la croira.

Quant à lui, il est tellement richissime qu'il ne sait même plus tout ce qu'il possède; mais celle-là, un vrai lynx de bas-fonds, elle a l'œil à tout, y compris où tu ne penserais pas. Elle ne boit pas, elle ne bouffe pas, et elle est de bon conseil : elle vaut son pesant d'or. Cela dit, c'est une méchante langue, un vrai cafard de traversin. Quand elle aime quelqu'un, elle l'aime bien; quand elle ne l'aime pas, elle ne l'aime pas. Trimalcion, il a des terres qui s'étendent aussi loin que le vol d'un aigle, sans compter les sous de ses sous. Dans la loge de son concierge, il y a plus d'argenterie que dans le patrimoine de n'importe qui. Quant à ses esclaves, oh pardon! je crois bien qu'il n'y en a pas un sur dix qui connaisse son maître! Bref, il ferait rentrer sous une feuille de chou n'importe lequel de ces beaux messieurs.

Et ne va pas t'imaginer qu'il achète quoi que ce soit : tout naît dans son domaine, la laine, les citrons, le poivre; si tu lui demandes du lait de poule, il t'en trouvera. Tiens, il ne trouvait pas assez bonne la laine qui venait de chez lui : il a acheté des béliers de Tarente, et il les a collés à la tâche dans son troupeau. Pour récolter chez lui du miel de l'Attique, il a fait venir des abeilles d'Athènes; et, du même coup, ses abeilles du pays s'amélioreront au contact de celles de Grèce; voilà autre chose : ces jours-ci, il a écrit qu'on lui envoie de l'Inde des graines de champignons! Pour ses mules, il n'y en a pas une qui n'ait été faite par un onagre. Tu vois tous ces coussins : il n'y en a pas un dont le bourrage ne soit teint en pourpre ou en écarlate. Voilà le bonheur de notre homme! »

*Op. cit.*, chap. 37-38.

• Luxe effréné, richesse immense, idées imbéciles : montrez-le.

« Les Romains de la décadence » tels qu'on les voyait au siècle dernier, et tels que Pétrone permet de les imaginer. (Tableau de Thomas Couture, 1847, Paris, Musée d'Orsay.)

## Grandeur et décadence des affranchis

Reliquos autem collibertos ejus cave contemnas! Valde sucosi[1] sunt. Vides illum qui in imo imus[2] recumbit? Hodie sua octoginta[3] possidet. De nihilo crevit. Modo solebat collo suo ligna portare... Ego nemini invideo, si quid deus dedit! Est tamen sub alapa[4] et non vult sibi male[5]. Itaque cum hoc titulo proscripsit[6] : « C. Pompeius Diogenes ex Kalendis Juliis cenaculum[7] locat : ipse enim domum emit. » Quid ille qui libertini loco jacet? Quam bene se habuit[8] ! Non impropero[9] illi. Sestertium suum vidit decies[10], sed male vacillavit. Non puto illum capillos liberos habere. Nec mehercules sua culpa; ipso enim melior homo non est; sed liberti scelerati, qui omnia ad se fecerunt. Scito autem : sociorum olla[11] male fervet, et ubi semel res inclinata est, amici de medio! Et quam honestam negotiationem exercuit, quod illum sic vides! Libitinarius[12] fuit. Solebat sic cenare, quomodo rex : apros gausapatos[13], opera pistoria[14], aves, coquos, pistores. Plus vini sub mensa effundebatur quam aliquis in cella habet. Phantasia[15], non homo! Inclinatis quoque rebus suis, cum timeret ne creditores illum conturbare[16] existimarent, hoc titulo auctionem[17] proscripsit : « C. Julius Proclus auctionem faciet rerum supervacuarum. »

*Op. cit.*, chap. 38.

1. sucosus : *plein de suc, juteux, plein de fric.*
2. imus in imo (lecto) : *c'est-à-dire à la place la moins reluisante.*
3. sua octoginta : *sous-entendez une « forte » unité monétaire.*
4. alapa : *le soufflet symbolique par lequel on affranchissait un esclave.*
5. non vult sibi male = sibi bene vult : *il s'en croit.*
6. proscribere : *faire afficher une vente.*
7. cenaculum : *mansarde, appartement en étage (par opposition à* domus, *maison de maître).*
8. bene se habere : *se donner du bon temps, vivre agréablement.*
9. improperare : *blâmer.*
10. decies sestertium : *dix fois 100 000 sesterces (100 millions... si l'on veut).*
11. olla : *marmite (tant vit la marmite, tant vit l'amitié!)*
12. libitinarius : *entrepreneur de pompes funèbres.*
13. gausapatus : *servi entier (avec ses poils).*
14. opera pistoria : *des pièces montées.*
15. phantasia : *un rêve.*
16. conturbo : *faire faillite.*
17. auctio : *vente aux enchères.*

## Oraison funèbre d'un Romain qui ne fut pas un héros

*Tandis que les plats se succèdent, tous aussi étonnants et mirobolants, les conversations prennent le pas sur la bonne chère. Encolpe est très attentif aux propos de ses voisins, et l'auteur nous fait ainsi profiter de savoureuses conversations sur la vie et la mort, qui ne manquent pas de faire songer à cette philosophie des fins de banquets, qui varie peu avec les époques! Écoutons l'un des convives.*

« Fui hodie in funus. Homo bellus, tam bonus, Chrysantus, animam ebulliit. Modo, modo me appellavit : videor mihi cum illo loqui. Heu, eheu! Utres inflati ambulamus... Minoris quam muscae sumus. Illae tamen aliquam virtutem habent : nos non pluris sumus quam bullae. Et quid si non abstinax fuisset! Quinque dies aquam in os suum non conjecit, non micam panis. Tamen abiit ad plures. Medici illum perdiderunt, immo magis malus fatus[1] : medicus enim nihil aliud est quam animi consolatio. Tamen bene elatus est, vitali lecto, stragulis bonis. Planctus est optime – manu misit aliquot – etiam si maligne illum ploravit uxor. Quid si non illam optime accepisset! Sed mulier quae mulier, milvinum genus! Neminem nihil boni facere oportet; aeque est enim ac si in puteum conjicias. Sed antiquus amor, cancer est... »

1. malus fatus : *barbarisme, pour* malum fatum.

Molestus fuit, Philerosque proclamavit : « Vivorum meminerimus! Ille habet quod sibi debebatur : honeste vixit, honeste obiit. Quid habet quod queratur? Ab asse crevit, et paratus fuit quadrantem de stercore mordicus tollere! Itaque crevit, quicquid crevit, tamquam favus. Puto mehercule illum reliquisse solida centum, et omnia in nummis habuit. De re tamen ego verum dicam, qui linguam caninam comedi : durae buccae fuit, linguosus, discordia, non homo... Tamen verum quod frunitus est, quam diu vixit : datum est cui datum est, non cui destinatum... »

*Voici une traduction de ce texte : à vous de la justifier, éventuellement, de la critiquer et de l'améliorer.*

« Aujourd'hui, j'étais d'enterrement : Chrysante, ce chic type, et si brave homme, a claqué sa bulle. Hier, pas plus tard qu'hier, il criait après moi : je me vois encore lui parler. Ah là là! pauvres de nous! nous allons comme les outres, pleins de vent... Nous valons moins que les mouches, tiens! Elles, elles ont un peu de force; mais nous, nous ne pesons pas plus lourd qu'une bulle d'air. Et ça lui a servi de se mettre à la diète! Pendant cinq jours, il n'a pas porté à sa bouche la moindre goutte d'eau, la moindre croûte de pain. Ça ne l'a pas empêché d'aller rejoindre la foule des autres. Ce sont les médecins qui ont eu sa peau, ou plutôt son mauvais destin : après tout, un médecin, ce n'est rien d'autre qu'un réconfort moral. Enfin, quoi qu'il en soit, il a eu un bel enterrement, sur son lit de vivant, avec de bonnes couvertures. On l'a pleuré magnifiquement – il avait fait pas mal d'affranchis –, même si sa femme n'y a été que d'une méchante larme. Qu'est-ce que ç'aurait été, s'il ne l'avait pas si bien traitée! Mais femme que femme, rien que des rapaces : personne ne devrait jamais leur faire du bien; c'est comme si on le jetait dans un puits. Mais un vieil amour, ça te dévore l'homme comme un crabe. »

Notre homme devenait assommant, et Philéros affirma à pleins poumons :

« Occupons-nous des vivants! Ton gars a eu ce qui lui était dû : il a eu une belle vie, il a eu une belle mort. De quoi peut-il se plaindre? Il est parti d'un as, et il est monté de là; il aurait été prêt à mordre dans un tas de fumier pour y récupérer un quart d'as. Et toute son ascension, il l'a faite comme ça, aussi vite que grandit le miel dans la ruche. Crénom, je crois bien qu'il a laissé derrière lui une bonne centaine de mille, et tout en liquide. Cela dit, je parlerai franc sur la question (comme on dit, j'ai bouffé de la langue de chien) : c'était une méchante langue, fort en gueule, la discorde faite homme. Mais il faut dire ce qui est : tant qu'il a vécu, il en a bien profité : on a ce qu'on vous donne, pas ce qu'on vous promet! »

*Op. cit.* 42-43.

## Les temps sont durs, et les édiles d'aujourd'hui ne valent pas ceux d'hier

*Un nommé Ganymède prend ensuite la parole.*

« Les histoires qu'il nous raconte n'intéressent ni ciel ni terre, et pendant ce temps-là, personne ne se soucie du prix du blé qui nous ronge. Crénom, aujourd'hui, je n'ai pas réussi à trouver une bouchée de pain. Et il faut voir comme cette sécheresse ne se décide pas à finir ! Ça fait un an que c'est la famine. Les édiles, qu'ils crèvent ! Ils sont de mèche avec les boulangers : arrange-moi, je t'arrangerai ! Et voilà pourquoi le petit peuple est dans la mouise, car, pour ces carnassiers, c'est tous les jours carnaval. Ah ! si nous avions encore ces lions que j'ai vus ici, quand j'ai débarqué d'Asie ! Ça c'était vivre ! Si la farine de Sicile n'était pas de premier choix, ils vous rossaient tous ces pantins, que Jupiter en était jaloux !

Sed memini Safinium; tunc habitabat ad arcum veterem, me puero : piper, non homo ! Is quacumque ibat, terram adurebat[1]. Sed rectus, sed certus, amicus amico, cum quo audacter posses in tenebris micare[2]. In curia autem, quomodo singulos pilabat[3] ! Nec schemas[4] loquebatur, sed directum. Cum ageret porro in foro, sic illius vox crescebat tamquam tuba ! Nec sudavit unquam nec exspuit[5] : puto enim nescio quid Asiadis[6] habuisse. Et quam benignus resalutare, nomina omnium reddere, tamquam unus de nobis ! Itaque illo tempore annona pro luto[7] erat. Asse panem quem emisses, non potuisses cum altero devorare. Nunc oculum bublum[8] vidi majorem ! Heu ! heu ! quotidie pejus ! Haec colonia retroversus crescit, tamquam cauda vituli... Sed quare nos habemus aedilem trium cauniarum[9], qui sibi mavult assem quam vitam nostram ? Itaque domi gaudet, plus in die nummorum accipit quam alter patrimonium habet. Jam scio unde[10] acceperit denarios mille aureos. Sed si coleos haberemus[11], non tantum sibi placeret. Nunc populus est domi leones, foras vulpes[12]. Quod ad me attinet, jam pannos[13] meos comedi, et si perseverat haec annona, casulas[14] meas vendam ! Quid enim futurum est, si nec dii nec homines ejus coloniae miserentur ?... Nemo enim caelum caelum putat, nemo jejunium servat, nemo Jovem pili[15] facit, sed omnes opertis oculis bona sua computant. Antea, stolatae[16] ibant nudis pedibus in Clivum[17], passis capillis, mentibus puris, et Jovem aquam exorabant. Itaque statim urceatim[18] pluebat, aut tunc aut nunquam – et omnes ridebant udi[19] tamquam mures ! Itaque dii pedes lanatos habent, quia non religiosi sumus. Agri jacent... »

*Op. cit.*, chap. 44.

1. aduro : *brûler.*
2. micare : *jouer à la « mourre » (les joueurs montrent en même temps un certain nombre de doigts de leur main droite, et disent un nombre; on marque un point lorsque le total des doigts montrés correspond au nombre énoncé).*
3. pilare : *écraser (?), étriller (?), flanquer la pile (?).*
4. schema : *figure de rhétorique, belle phrase.*
5. exspuo : *cracher à terre.*
6. Asiadis : *faute du locuteur, pour* Asiani. *(Le style « asiatique »,* asianus, *caractérisait une éloquence abondante, imagée, fleurie, voire compassée.)*
7. lutum : *boue* → pro luto : *pour rien, à vil prix.*
8. bublus = bubulus, *de bœuf.*
9. caunia, ae : *figue sèche (ici, gén. de prix).*
10. scio unde : *je connais une occasion où, un coup où...*
11. si coleos haberemus = si tam fortes ac strenui quam viri esse debent essemus (!).
12. vulpes, is *f* : *renard (symbole de lâcheté à Rome; nous dirions autre chose).*
13. pannus, i : *fripes, frusques.*
14. casula, ae : *bicoque.*
15. pilus, i : *poil* → aliquid ne pili quidem facere : *ne pas se soucier, ne pas faire cas d'une chose pour un cheveu, pour un sou* (facere : *estimer* ).
16. stolata, ae : *une femme qui porte la* stola, *une dame de la haute.*
17. in Clivum (Capitolinum) : *le* Clivus Capitolinus *était la rampe qui conduisait du forum au Capitole.*
18. urceatim : *à pleines outres, à seaux.*
19. udus : *trempé.*

• Ganymède parle une langue imagée : expliquez ses bons mots et expressions savoureuses (ex. : *in tenebris micare*). Avec quel (ou quels) auteur(s) français pourriez-vous faire un rapprochement ? Que pensez-vous des opinions de notre homme ? Quelle idée ce texte donne-t-il de l'administration d'une petite ville *(colonia)* à l'époque du roman ?

### ◆ Calamo aut ore

Ce texte est de la langue parlée ; la meilleure façon de le traduire serait d'en donner une version française qui passerait oralement, avec le ton, voire les gesticulations ! Essayez de faire en commun ce travail de traduction, et n'hésitez pas à actualiser le texte : ex. : *Jupiter :* le Bon Dieu ; *nescio quid Asiadis* : quelque chose de « rhétrorique » (avec la faute) dans son style...

## Campagne électorale

Le festin de Trimalcion, vu par Fellini en 1969.

« Je t'en prie, dit Échion le chiffonnier, ne parle pas comme ça ! Un peu comme ci, un peu comme ça, comme disait le paysan qui avait perdu un cochon de deux couleurs. Aujourd'hui une chose, demain autre chose. Nom d'un chien, il n'y aurait pas de meilleure patrie que celle-là, si seulement on y trouvait des hommes ! Mais ces temps-ci, ça ne va pas pour elle, et elle n'est pas la seule. Nous ne devons pas faire les fines bouches : partout, on est au centre du ciel. Mais toi, si tu étais ailleurs, tu raconterais qu'ici les cochons se promènent tout rôtis ! Et puis voilà que nous allons avoir trois jours de fête, avec un super spectacle de gladiateurs. Et pas des professionnels, des affranchis pour la plupart. D'ailleurs, notre ami Titus voit grand, et il a la tête chaude : ceci ou cela, en tout cas, ce sera quelque chose. Moi, je suis de ses amis, il ne fait pas les choses à moitié. Il va nous donner les plus fines lames, avec pas de fuyards, et une vraie boucherie en plein milieu de piste, pour que tout l'amphithéâtre voie bien. Et il a de quoi! Il a touché un héritage de trente millions de sesterces : son père a eu, comme on dit, le malheur de mourir. Admettons qu'il en dépense quatre cent mille, son patrimoine ne le sentira pas passer, et il laissera un nom à la postérité!

Mais je subodore que Mammaea va nous offrir un banquet, avec deux deniers pour moi et pour mes potes. S'il fait ça, il enlèvera à Norbanus tous ses supporters! Sache une chose, il le battra à plates coutures. Et au fait, qu'est-ce qu'il nous a fait de bien, ce Norbanus? Il nous a donné des gladiateurs qui ne valaient pas un sou : si on leur avait soufflé dessus, ils seraient tombés par terre; j'ai vu des condamnés aux bêtes qui valaient mieux! Il a fait tuer des cavaliers qui étaient des vraies figures de candélabres : on aurait dit des coqs déguisés en poules! Y en avait un qui s'effondrait sous ses armes comme un âne sous la charge; l'autre traînait la patte et un autre encore, celui qui vint remplacer le mort, il était quasi déjà mort, avec ses jarrets coupés. Il n'y en avait qu'un qui montrait un peu de souffle, un Thrace, et encore... tout le combat était combiné d'avance. Bref, finalement, on les fouetta tous, tant la foule criait : "Cognez-les!" : de vraies machines à fuir! "Tout de même, dira l'autre, je t'ai donné des jeux de gladiateurs! – Et moi, je t'applaudis. Fais ton compte, je t'en donne plus que ce que tu m'as donné. Une main lave l'autre!" »

*Op. cit.*, chap. 45.

• Quel rôle jouaient les banquets et les spectacles offerts dans les campagnes électorales à Rome? Que pensez-vous de cet écho d'une ville de province?
Quel rôle jouent des individus comme le chiffonnier Échion dans la vie politique de ces cités?

## La culture... un trésor ou un placement?

*Échion a remarqué que ses propos faisaient sourire Agamemnon, l'ami d'Encolpe, qui est rhéteur (professeur d'éloquence) de métier.*

Videris mihi, Agamemnon, dicere : "Quid iste argutat molestus?" Quia tu, qui potes loquere[1], non loquis. Non es nostrae fasciae, et ideo pauperorum[2] verba derides. Scimus te prae[3] litteras fatuum esse. Quid ergo est? Aliqua die te persuadeam ut ad villam venias et videas casulas nostras. Inveniemus quod manducemus[4], pullum, ova : belle erit! Inveniemus ergo unde saturi fiamus. Et jam tibi discipulus crescit, cicaro[5] meus. Jam quattuor partes[6] dicit; si vixerit, habebis ad latus servulum. Nam quicquid illi vacat, caput de tabula non tollit. Ingeniosus est, et bono filo[7], etiam si in aves morbosus[8] est. Ego illi jam tres cardeles[9] occidi, et dixi quia[10] mustella comedit. Invenit

1. loquere, loquis : *dans la langue populaire, les déponents tendent à prendre des formes actives* (= loqui, loqueris).

2. pauperorum = pauperum.

3. prae + *abl., ici : à cause de.*

4. manducare : *manger.*

5. cicaro, onis : *gamin (terme affectueux ; il s'agit du « petit chéri » d'Échion, son « protégé », son « mignon »).*

6. quattuor partes : *la division par quatre (on n'apprenait pas les tables de multiplication, mais les tables de division).*

7. filum, i : *fil, nature, trempe.*

8. morbosus in aves : *qui a la folie des oiseaux.*

9. card(u)elis : *chardonneret.*

10. dixi quia = dixi + *prop. inf.*

tamen alias nenias[11], et libentissime pingit. Ceterum jam Graeculis calcem impingit[12] et Latinas[13] coepit non male appetere, etiamsi magister ejus sibi placens[14] sit : nec uno loco consistit, sed venit raro; scit quidem litteras, sed non vult laborare. Est et alter, non quidem doctus, sed curiosus, qui plus docet quam scit. Itaque feriatis diebus solet domum venire, et quicquid dederis, contentus est. Emi ergo nunc puero aliquot libra rubricata[15], quia volo illum ad domusionem[16] aliquid de jure gustare. Habet haec res panem. Nam litteris satis inquinatus[17] est! Quod si resilierit, destinavi illum artificium docere, aut tonstrinum[18], aut praeconem[19], aut certe causidicum[20], quod illi auferre non possit nisi Orcus. Ideo illi quotidie clamo : “Primigeni, crede mihi, quicquid discis, tibi discis! Vide Phileronem causidicum : si non didicisset, hodie famem a labris non abigeret! Modo, modo collo suo circumferebat onera venalia : nunc etiam adversus Norbanus se extendit[21]. Litterae thesaurum est, et artificium numquam moritur!” »

*Op. cit.*, chap. 46.

11. nenia, ae : *chanson, chansonnette, marotte.*
12. calcem impingere + *dat.* : *donner un coup de pied, envoyer promener.*
13. Graeculis (litteris), Latinas (litteras).
14. sibi placere : *s'en croire.*
15. libra rubricata : *des livres de droit, dans lesquels les titres des chapitres* (rubricae) *sont écrits en rouge* (*voir* ruber).
16. domusio = domus usus.
17. inquinatus : *souillé, barbouillé.*
18. tonstrinus : *barbier.*
19. praeco : *crieur public.*
20. causidicus : *avocat (de petites causes).*
21. se extendere : *se déployer, se lancer.*

### ◆ Quelle langue!

Relevez dans ce passage les signes avant-coureurs de l'évolution du latin vers les langues romanes, tant du point de vue des mots que de la syntaxe.

• Que nous apprend ce texte sur l'éducation des enfants dans les villes de province? Quelle remarque peut-on faire sur l'étude du latin et du grec? Échion est-il sympathique? Sa mentalité peut-elle surprendre les lecteurs de Cicéron et de Virgile que vous êtes?

## L'art d'être riche

*Trimalcion s'était retiré pour... se soulager. Après avoir complaisamment rendu compte à ses invités de ses difficultés intestinales :*

« Vinum, inquit, si non placet, mutabo : vos illud oportet bonum faciatis; deorum beneficio, non emo, sed nunc quicquid ad salivam facit, in suburbano[1] nascitur eo, quod ego adhuc non novi. Dicitur confine esse Terraciniensibus et Tarentinis. Nunc conjungere agellis Siciliam volo, ut, cum Africam libuerit ire, per meos fines navigem. Sed narra tu mihi, Agamemnon, quam controversiam[2] hodie declamasti? Ego autem si causas non ago, in domusionem tamen litteras didici (...) Dic ergo, si me amas, peristasim declamationis tuae! » Cum dixisset Agamemnon : « Pauper et dives inimici erant... », ait Trimalcio : « Quid est pauper? » – « Urbane[3]! » inquit Agamemnon, et nescio quam controversiam exposuit. Statim Trimalcio : « Hoc, inquit, si factum[4] est, controversia non est; si factum non est, nihil est! »

*Op. cit.*, chap. 48.

1. suburbanum, i : *propriété, maison de campagne.*
2. controversia : *les rhéteurs, comme Agamemnon, exerçaient leurs élèves par des controverses, débats contradictoires sur un sujet fictif* (peristasis). *Voir p. 256.*
3. urbane : *bien dit! spirituel! très drôle!*
4. factum : *un fait réel, quelque chose qui existe.*

• Situez Terracine et Tarente sur une carte de l'Italie; que pensez-vous de la géographie de Trimalcion? Et de ses ambitions? Quel sens politique peut avoir ce côté Picrochole, dans le contexte de l'Empire?

## Vous qui ne vous êtes donné que la peine de naître...

*Trimalcion se lance ensuite dans une série de considérations littéraires, allant jusqu'à composer lui-même cette épigramme, qui résume bien sa philosophie :*

Quod non exspectes, ex transverso fit
et supra nos Fortuna negotia curat.
Quare da nobis vina Falerna, puer!

*Les jugements de valeur de Trimalcion sont pour le moins surprenants : il place au premier rang des poètes l'obscur Mopsos de Thrace, et, dans une bizarre comparaison entre l'orateur Cicéron et l'auteur de mimes Publilius Syrus, c'est le second que célèbre notre homme... Suit alors une loterie, dont les lots sont des farces et font l'objet d'abominables calembours. Tant de bêtise est insupportable à Ascylte, l'ami d'Encolpe, qui s'esclaffe bruyamment, au mépris de toute politesse. Il se fait vivement reprendre par un des affranchis qui assistent au repas.*

« Quid rides, inquit, berbex[1]? An tibi non placent lautitiae domini mei? Tu enim beatior es, et convivare melius soles! Ita Tutelam hujus loci habeam propitiam, ut ego si secundum illum[2] discumberem, jam illi balatum[3] clusissem[4]! Bellum pomum, qui rideatur[5] alios! Larifuga[6] nescio quis, nocturnus, qui non valet lotium[7] suum! Ad summam[8], si circumminxero[9] illum, nesciet qua fugiat! Non mehercules soleo cito fervere, sed in molle carne vermes[10] nascuntur. Ridet! Quid habet quod rideat? Numquid pater fetum emit lamna[11]? Eques Romanus es? Et ego regis filius! "Quare ergo servisti?" – Quia ipse me dedi in servitutem et malui civis Romanus esse quam tributarius[12]. Et nunc spero me sic vivere ut nemini jocus sim. Homo inter homines sum, capite aperto ambulo; assem aerarium[13] nemini debeo; constitutum[14] habui nunquam; nemo mihi in foro dixit : "Redde quod debes!" Glebulas[15] emi, lamellulas[16] paravi; viginti ventres pasco, et canem; contubernalem meam redemi, ne quis in illius sinu manus tergeret; mille denarios pro capite solvi; sevir[17] gratis factus sum; spero sic moriar, ut mortuus non erubescam. Tu autem tam laboriosus es, ut post te non respicias? In alio pediculum[18] vides, in te ricinum[19] non vides. Tibi soli ridiculi videmur; ecce magister tuus[20], homo major natu : placemus illi. Tu lacticulosus[21], nec mu nec ma[22] argutas, vasus fictilis[23], immo lorus[24] in aqua : lentior[25], non melior! Tu beatior es : bis prande[26], bis cena! Ego fidem meam malo quam thesauros. Ad summam, quisquam me bis poposcit? Annis quadraginta servivi; nemo tamen scit utrum servus essem an liber. Et puer capillatus[27] in hanc coloniam veni; adhuc basilica non erat facta. Dedi tamen operam ut domino

1. berbex (vervex) : *mouton, imbécile.*
2. secundum illum : *à côté de lui (Ascylte).*
3. balatus, us : *bêlement.*
4. cludo (claudo) : *fermer, arrêter.*
5. rideatur : *incorrect, pour* rideat.
6. larifuga = qui Lares suos fugit : *un homme sans feu ni lieu.*
7. lotium, ii : *urine.*
8. ad summam : *bref, en un mot, passez-moi l'expression.*
9. circummingo : *uriner sur, pisser autour de.*
10. vermis, is : *ver.*
11. lamna (lamina) : *feuille d'or, lingot d'or.*
12. tributarius : *nom donné aux roitelets protégés par Rome, qui paient cette protection par le* tributum.
13. as aerarius : *un as de bronze, un sou.*
14. constitutum : *citation à comparaître en justice.*
15. glebula, ae : *motte de terre, lopin.*
16. lamellulas paravi : *j'ai mis de côté quelques pièces d'or.*
17. sevir, iri : *sévir, membre d'un collège de six personnes (voir* decemvir...); *ici, fonction municipale.*
18. pediculus, i : *pou.*
19. ricinus, i : *tique, teigne.*
20. magister tuus : *il s'agit d'Agamemnon.*
21. lacticulosus, i : *qui tète encore.*
22. mu, ma : *syllabes qu'apprenaient les écoliers après l'alphabet : ni a ni b.*
23. vasus fictilis : *vase en terre, cruche.*
24. lorus, i : *courroie.*
25. lentus, i : *souple, mou.*
26. prando : *déjeûner.*
27. puer capillatus : *un enfant qui porte encore les cheveux longs, un tout jeune enfant.*

satisfacerem, homini majesto et dignitoso[28], cujus pluris erat unguis quam tu totus es. Et habebam in domo qui mihi pedem opponerent! Tamen – Genio illius gratias! – enatavi. Haec sunt vera athla[29] : nam in ingenuum nasci[30] tam facile est quam "Accede istuc!". »

*Op. cit.*, chap. 57.

28. majesto et dignitoso : *barbarismes (adjectifs formés sur* majestas *et* dignitas).

29. athlon, i *n (mot grec transcrit) : épreuves dans les jeux (voir athlète), épreuves de la vie.*

30. in ingenuum nasci = liber nasci (ingenuus : *libre par naissance*).

## Le testament de Trimalcion

**Ce jeune domestique pourrait être le *cicaro,* tel que Trimalcion souhaite le voir figurer sur son tombeau. (Sarcophage de la légende d'Achille, IIe s. ap. J.-C. Musée du Louvre.)**

*Et le repas continue, émaillé d'incidents, qui sont autant de mises en scène burlesques orchestrées par le maître de maison. On se gorge de nourriture et de vin. Arrivent des amis de Trimalcion, Habinnas et sa femme Scintilla, qui sortent d'un autre banquet; tout le monde est passablement éméché, l'ambiance devient scabreuse, il y a de l'orgie dans l'air. Les desserts ramènent un peu de calme, et, dans les brumes de l'ivresse, Trimalcion se met à proclamer ses dernières volontés :*

« Amici, inquit, et servi homines sunt, et aeque unum lactem biberunt, etiam si illos malus fatus[1] oppresserit! Tamen me salvo cito aquam liberam gustabunt : ad summam, omnes illos in testamento meo manumitto[2] ! Philargyro etiam fundum lego et contubernalem suam, Carioni quoque insulam[3], et vicesimam[4], et lectum stratum. Nam Fortunatam meam heredem facio, et commendo illam omnibus amicis meis. Et haec ideo omnia publico[5], ut familia mea jam nunc sic me amet tamquam mortuum! »

Déjà tous s'empressaient à rendre grâces à la générosité de leur maître, quand celui-ci, oubliant toute plaisanterie, ordonna qu'on lui apporte un exemplaire de son testament, et, tandis que toute la maison se répandait en gémissements, il le lut à haute voix du début à la fin. Puis il se tourna vers Habinnas :

1. malus fatus = malum fatum.

2. manumitto : *affranchir.*

3. insula, ae : *immeuble, pâté de maisons.*

4. vicesima, ae : *(impôt du) vingtième, que payait le maître sur le prix des esclaves affranchis (1/20 de ce prix).*

5. publico, are : *publier, déclarer en public.*

« Quid dicis, inquit, amice carissime? Aedificas monumentum meum quemadmodum te jussi? Valde te rogo, ut secundum pedes statuae meae catellam pingas, et coronas, et unguenta, et Petraitis[6] omnes pugnas, ut mihi contingat tuo beneficio post mortem vivere; praeterea ut sint in fronte pedes centum, in agrum[7] pedes ducenti. Omne genus[8] enim poma volo sint circa cineres meos, et vinearum largiter! Valde enim falsum est vivo quidem domos cultas esse, non curari eas ubi diutius nobis habitandum est! Et ideo ante omnia addici volo :

"Hoc monumentum heredem non sequatur."

Ceterum erit mihi curae ut testamento caveam ne mortuus injuriam accipiam. Praeponam enim unum ex libertis sepulchro meo custodiae causa, ne in monumentum meum populus cacatum[9] currat. Te rogo ut naves etiam in lateribus monumenti mei facias plenis velis euntes, et me in tribunali sedentem praetextatum cum anulis aureis[10] quinque et nummos in publico de sacculo effundentem; scis enim quod epulum dedi et binos denarios. Faciatur, si tibi videtur, et triclinia; facies et totum populum sibi suaviter facientem[11]! Ad dexteram meam pones statuam Fortunatae meae columbam tenentem – et catellam cingulo[12] alligatam ducat –, et cicaronem meum, et amphoras copiosas gypsatas, ne effluant vinum. Et urnam licet fractam sculptas, et super eam puerum plorantem. Horologium[13] in medio, ut quisquis horas inspiciet, velit nolit, nomen meum legat. Inscriptio quoque vide diligenter si haec satis idonea tibi videtur :

C. POMPEIVS TRIMALCIO MAECENATIANVS
hic requiescit.

Huic seviratus[14] absenti decretus est.

Cum posset in omnibus decuriis esse
Romae, tamen noluit. Pius, fortis, fidelis, ex
parvo crevit, sestertium reliquit trecenties[15],
nec umquam philosophum audivit.
VALE! – ET TV! »

*Op. cit.*, chap. 71.

6. Petraitis : *Pétraitès, gladiateur, « idole » de Trimalcion.*

7. in fronte, in agrum : *en façade, en profondeur – en long, en large.*

8. omne genus : *acc. de relation, qualifiant* poma.

9. cacatum : *supin de* cacare, *dont vous devinez le sens.*

10. cum anulis aureis : *l'anneau d'or (un seul!) était le symbole des chevaliers romains, et le rêve de Trimalcion (il porte un* anulus subauratus *qui peut, de loin, tromper les gens...).*

11. sibi suaviter facere : *s'en donner, se payer du bon temps, se goberger.* Faciatur : *barbarisme!*

12. cingulum, i : *ceinture, laisse.*

13. horologium, i : *une horloge, luxe inouï à l'époque, dont Trimalcion est très fier.*

14. seviratus, us : *le sévirat, la fonction de sévir.*

15. sestertium trecenties : *trente millions de sesterces.*

• Trimalcion est-il odieux ou émouvant? Montrez que ce monument à sa propre gloire donne de lui un portrait très fidèle : sa vie (il a fait fortune par le grand commerce), son personnage, sa mentalité, voire sa naïveté.

## Histoire d'une vie

*La fête continue... Soudain éclate un incident non prévu au programme : comme Trimalcion s'était montré fort caressant pour un joli petit esclave (ce sont les mœurs de l'époque, et il n'y avait rien là que de bien ordinaire), Fortunata lui fait une scène de jalousie effroyable, au point que, pour la faire taire, son époux lui jette une coupe à la tête. Tandis que Fortunata soigne son œil poché, Trimalcion laisse éclater sa colère : cette traînée ne se rappelle plus qu'il l'a tirée du ruisseau! Sur la prière de ses amis, Trimalcion se calme un peu, puis éclate en sanglots – l'ivresse... – et prend Habinnas à témoin.*

*Naves aedificavi, oneravi vinum :* scène de halage. (Bas-relief gallo-romain, Musée lapidaire d'Avignon.)

« Je t'en prie, Habinnas, aussi vrai que je te souhaite de bien profiter de ton argent, dis-le-moi : si j'ai fait quelque chose de pas bien, crache-moi au visage! Si j'ai embrassé cet excellent garçon, ce n'est pas pour sa beauté, mais parce que c'est un bon gars : il sait sa table de dix, il lit à livre ouvert, il s'est acheté un costume thrace en économisant sur son salaire; avec sa cagnotte, il s'est payé un fauteuil et deux vases. N'est-il pas digne que je le porte en mon cœur? Mais voilà, Fortunata ne veut pas! C'est ce que tu penses, espèce de chèvre? Crois-moi, digère ton bon temps, rapace, et ne me fais pas grincer des dents, beauté chérie, ou alors tu verras ce que j'ai dans la tête. Tu me connais : quand j'ai décidé quelque chose, je l'ai enfoncé dans le crâne comme un clou dans le plancher. Mais occupons-nous des vivants! Je vous en prie, les amis, payez-vous-en! J'ai été ce que vous êtes, et c'est mon seul mérite qui m'a mené là où je suis. C'est le bon sens qui fait l'homme! Tout le reste, foutaises! J'achète bien, je vends bien! A chacun sa recette. Moi, je crève de bonheur. Et toi, espèce de machine à ronfler, tu trouves encore moyen de pleurnicher? Attends un peu, je vais te faire pleurer pour quelque chose! Enfin, comme j'avais commencé à le dire, si je suis arrivé à cette fortune, c'est parce que j'avais du plomb dans la cervelle. Quand je suis venu d'Asie, je n'étais pas plus grand que ce candélabre. Bref, chaque jour je me passais à la toise, et pour avoir plus vite du poil au bec, je me frictionnais les lèvres avec l'huile de la lampe. Pourtant, quatorze ans durant, j'ai servi de chérubin à mon maître; il n'y a pas de honte à faire ce que commande le maître! Faut dire qu'en même temps je contentais aussi la patronne – vous voyez ce que je veux dire; je n'en dis pas plus, la vantardise n'est pas mon genre.

Ceterum, quemadmodum di volunt, dominus in domo factus sum et ecce cepi ipsimi[1] cerebellum[2]. Quid multa? Cohaeredem me Caesari[3] fecit, et accepi patrimonium laticlavium[4]. Nemini tamen nihil satis est : concupivi negotiari. Ne multis vos morer, quinque naves aedificavi, oneravi vinum – et tunc erat contra aurum! –, misi Romam. Putares me jussisse[5] : omnes naves naufragarunt. Factum, non fabula! Uno die Neptunus trecenties sestertium devoravit. Putatis me defecisse? Non mehercules mihi hac jactura gusti[6] fuit, tamquam nihil facti. Alteras feci majores et meliores et feliciores, ut nemo non me virum fortem diceret. Scis, magna navis magnam fortitudinem habet : oneravi rursus vinum, lardum, fabam, seplasium[7], mancipia[8]. Hoc loco Fortunata rem piam fecit : omne enim aurum suum, omnia vestimenta vendidit et mihi centum aureos in manu posuit. Hoc fuit peculii mei fermentum. Cito fit quod di volunt! Uno cursu, centies sestertium corrotundavi. Statim redemi fundos omnes qui patroni mei fuerant. Aedifico domum, venalicia[9] coemo[10], jumenta : quicquid tangebam, crescebat tanquam favus[11]; postquam coepi plus habere quam tota patria mea habet, manum de tabula[12]! Sustuli me de negotiatione et coepi libertos fenerare[13]. Et sane nolente me negotium meum agere exhortavit mathematicus[14], qui venerat forte in coloniam, Graeculio[15], Serapa nomine, consiliator deorum.

Il m'a dit des choses que j'avais oubliées; il me raconta tout de A à Z; il savait ce que j'avais dans les tripes – encore un peu, il me disait ce que j'avais mangé la veille! On aurait dit qu'il avait toujours vécu avec moi. Tu es témoin, Habinnas, je crois bien que tu étais là, il m'a dit : "Avec toute ta fortune, tu t'es fabriqué ton tyran. Tu n'es guère heureux en amis. Personne ne te paye de reconnaissance. Tu possèdes de vastes domaines. Tu nourris une vipère en ton sein." Et – après tout, pourquoi ne pas vous le dire? – il m'a prédit qu'il me reste à ce jour trente ans, quatre mois et dix jours à vivre... »

*Op. cit.*, chap. 75-77.

1. ipsimus, i : *le maître (argotique), le « singe ».*
2. cerebellum (cerebrum) capere : *monter à la tête, enticher.*
3. cohaeredem Caesari : *pour éviter les falsifications des testaments, on mettait l'empereur (*Caesar *est ici un nom générique) au nombre des légataires, et l'administration impériale surveillait de la sorte l'application du testament. Trimalcion est donc « cohéritier » de l'empereur.*
4. laticlavium : *le laticlave, bande de pourpre au bord de la toge, était l'insigne des sénateurs. Trimalcion a reçu un patrimoine « de sénateur », ceci donnant une idée de son importance.*
5. putares me jussisse : *on aurait dit un fait exprès.*
6. gusti = gustui, *dat. de* gustus, us.
7. seplasium, i : *espèce de parfum.*
8. mancipium, i : *esclave.*
9. venalicium, i : *marché d'esclaves.*
10. coemere : *acheter des parts dans une entreprise.*
11. favus, i : *un rayon de miel.*
12. manum de tabula (auferre) : *passer la main, se retirer.*
13. fenerare + *acc. : prêter avec intérêt de l'argent à quelqu'un.*
14. mathematicus, i : *astrologue.*
15. Graeculio, onis = Graeculus, *diminutif péjoratif de* Graecus.

• Que pensez-vous de l'amoralisme de Trimalcion? Ne s'explique-t-il pas par sa situation?

# Les chemins du savoir

## PÉDAGOGIE ROMAINE

### A la maison

*L'éducation, à Rome, repose sur deux bases d'égale importance : une formation morale et intellectuelle au sein de la famille, et une instruction, à prétention encyclopédique, à l'école. « Aux yeux des Romains, écrit l'historien H.I. Marrou, la famille est le milieu naturel où doit grandir et se former l'enfant. » Ne nous étonnons pas si* ***Quintilien*** *commence son* Institution oratoire *par des conseils de puériculture, montrant qu'il a pleinement conscience de l'importance fondamentale des premières années de la vie, mise en lumière par les spécialistes modernes.*

#### Importance du milieu socio-culturel

Ante omnia ne sit vitiosus sermo nutricibus; quas, si fieri posset, sapientes[1] Chrysippus[2] optavit, certe, quantum res pateretur, optimas eligi voluit. Et morum quidem in his haud dubie prior ratio est; recte tamen etiam loquantur. Has primum audiet puer, harum verba effingere imitando conabitur, et natura tenacissimi sumus eorum quae rudibus animis percepimus. Non adsuescat ergo, ne dum infans quidem est, sermoni qui dediscendus sit.

In parentibus vero quam plurimum esse eruditionis optaverim. Nec de patribus tantum loquor (...) Nec tamen ii, quibus discere ipsis non contigit, minorem curam docendi liberos habeant, sed sint propter hoc ipsum ad cetera magis diligentes. De pueris[3], inter quos educabitur, ille huic spei destinatus[4], idem quod de nutricibus dictum sit. De paedagogis hoc amplius : ut aut sint eruditi plane, quam primam[5] esse curam velim, aut se non esse eruditos sciant. Nihil est pejus iis qui, paulum aliquid ultra primas litteras[6] progressi, falsam sibi scientiae persuasionem induerunt (...) Si tamen non contingent quales maxime velim nutrices, pueros, paedagogos habere, at unus certe sit adsiduus, loquendi non imperitus, qui, si qua erunt ab his praesente alumno dicta vitiose, corrigat protinus.

Quintilien, *Institutio oratoria,* I, 1, 4-11.

1. sapientes : *sages, instruites dans la philosophie.*
2. *Chrysippe : philosophe stoïcien du* III*e* *siècle avant J.-C., qui s'est intéressé aux problèmes de pédagogie.*
3. pueri : *les jeunes esclaves (voir l'anglais* boy).
4. huic spei destinatus : *sur qui on fonde cet espoir (qu'il devienne un bon orateur).*
5. quam primam curam : *le tout premier souci. Tournure à rapprocher de* quam + *superlatif. Voir, au début du paragraphe,* quam plurimum.
6. primas litteras : *les rudiments.*

## *Recherche*

• Quels sont les trois mots employés par Quintilien pour désigner le futur orateur ? Jusqu'à quel âge était-on considéré comme *infans ?* Et comme *puer ?*

• A quelle couche sociale s'adresse Quintilien ? Qu'est-ce qui compose, d'après ce texte, la *familia* romaine ? Quel est son double rôle sur le plan éducatif? En quoi les conseils de Quintilien sont-ils dépassés ? En quoi restent-ils toujours valables ?

### ◆ Ad mentem relaxandam

**Cadrans solaires :**

Horas non numero nisi serenas.
Sol omnibus lucet.
Omnes vulnerant, ultima necat.
Ora ne te perdat hora.
Fugit irreparabile tempus.

## On élève les enfants en dépit du bon sens !

*A Rome, nous le verrons, l'éducation avait surtout pour but de former des orateurs. Or, en 75 après J.-C., l'éloquence avait perdu tout le prestige dont elle jouissait à l'époque de Cicéron. Tacite, sur la demande d'un ami, entreprend, dans son* Dialogue des orateurs *(écrit vers 102 apr. J.-C.), d'expliquer les causes de ce déclin. Première cause : le relâchement des mœurs familiales.*

**Deux milieux socio-culturels : enfant romain entre sa mère, dame de la haute société, et une servante. (bas-relief du IIe s. ap. J.-C., Musée de Genève.)**

Nam pridem[1] suus cuique filius[2] non in cella emptae nutricis sed gremio ac sinu matris educabatur, cujus praecipua laus erat tueri domum et inservire liberis. Eligebatur autem major aliqua natu[3] propinqua, cujus probatis spectatisque moribus omnis ejusdem familiae suboles committeretur; coram qua[4] neque dicere fas erat quod turpe dictu, neque facere quod inhonestum factu[5] videretur. Ac non studia modo curasque[6], sed remissiones etiam lususque puerorum sanctitate quadam ac verecundia temperabat.

At nunc natus infans delegatur Graeculae alicui ancillae, cui adjungitur unus aut alter ex omnibus servis, plerumque vilissimus nec cuiquam serio ministerio accommodatus. Horum fabulis et erroribus[7] teneri statim et rudes animi imbuuntur; neque quisquam in tota domo pensi habet[8] quid coram infante domino aut dicat aut faciat. Quin etiam ipsi parentes nec probitati neque modestiae parvulos assuefaciunt, sed lasciviae et dicacitati, per quae paulatim impudentia irrepit et sui alienique contemptus. Jam vero propria et peculiaria hujus urbis vitia paene in utero matris concipi mihi videntur, histrionalis[9] favor et gladiatorum equorumque studia. Quibus occupatus et obsessus animus quantulum loci bonis artibus relinquit? Quotumquemque invenies qui domi quicquam aliud loquatur? Quos alios adulescentulorum sermones excipimus, si quando auditoria[10] intravimus?

Tacite, *Dialogus de oratoribus*, 28-29.

1. pridem : *autrefois.*
2. suus cuique filius : *le fils, dans chaque famille.*
3. major natu : *d'un certain âge, assez âgée.*
4. *L'antécédent de* qua, *relatif de liaison, peut être* propinqua *ou* suboles. *Que choisissez-vous ?*
5. dictu, factu : *supins en* -u.
6. curae : *les devoirs (du soir)*; remissiones : *les récréations.*
7. errores : *les préjugés, les superstitions.*
8. pensi habere : *se préoccuper de, avoir souci de, surveiller.*
9. histrionalis = histrionum.
10. auditoria : *les salles de cours.*

## Recherche

• Qui jouait, selon Tacite, le principal rôle dans l'ancienne éducation des enfants romains? Comment était conçu ce rôle? Quelles sont les qualités attendues de la mère de famille? Que nous indique, sur le statut social de la femme, en ce temps-là, l'expression : « ... *cujus praecipua laus erat tueri domum et inservire liberis* »?

• Montrez comment Tacite oppose, point par point, le second paragraphe au premier. Quels sont, selon lui, les défauts que les enfants peuvent contracter quand se relâchent les liens familiaux?

Quelles occupations Tacite critique-t-il dans la deuxième partie du second paragraphe? Vous savez sans doute que, sous l'Empire, les Romains avaient pris de plus en plus goût à certains spectacles. En quoi, selon Tacite, cela constitue-t-il un danger? Que critiquerait-il de la même façon dans notre monde moderne?

### Un peu de grammaire

Comment traduisez-vous *suus cuique filius?* En dehors de cet emploi de *quisque* avec un réfléchi, quand peut-on aussi employer cet adjectif indéfini?

Traduisez : un sur dix – tous les plus beaux – plus un homme est honnête, plus il a de peine à soupçonner.

Relevez toutes les expressions où est employé *quisquam*. Pouvez-vous justifier l'emploi de cet indéfini ?

### Un peu de sémantique

• Relevez les diminutifs contenus dans ce texte et rappelez leur formation.

• Que signifie, étymologiquement, *parens ?* De quel verbe latin ce mot est-il dérivé ? Sur le supin de ce verbe, *partum,* on a formé les noms *partio* et *partus* (accouchement) et le verbe *parturio.* Qu'est-ce qu'une parturiente ? une parturition ?

• *Error* provient de *erro, are,* qui a le double sens du verbe français errer (vagabonder et se tromper). Comment expliquez-vous le double sens de ce verbe, en latin comme en français ? De même, *error* peut se traduire, selon le contexte, par errance ou par erreur. Mais que dire d'errement ? Qu'est-ce qu'un erratum, une erre, une fièvre erratique, un bloc erratique, une opinion erronée ?

### Un peu d'épigraphie

Deux témoignages de piété filiale :

NVNDINO
PATRI + ET + MA
TERNAE + MATRI
PATERNVS + FIL
POSVIT

(Paternus, leur fils, a élevé ce monument à son père Nundinus et à sa mère Materna.)

D M
MEMORIAE
SANCTISSIM[AE]
SECCARI + SABN
FIL

(Aux dieux Mânes et à la mémoire très sainte de Seccarus, fils de Sabinius.)

# L'école primaire

*Bien souvent, les familles riches faisaient instruire leurs enfants, jusqu'à l'âge de quatorze ou quinze ans, par un précepteur privé. Celui-ci, ajoutant son savoir à l'autorité des parents et à la surveillance étroite de l'esclave pédagogue, s'engageait à rendre son élève apte à suivre plus tard les cours des rhéteurs. Quintilien, soucieux d'efficacité, se demande s'il ne vaut cependant pas mieux envoyer les enfants à l'école publique.*

## Bienfaits de l'école publique

« Verum[1] in studiis magis vacabit unus uni. » – Ante omnia nihil prohibet esse illum nescio quem[2] unum etiam cum eo qui in scholis eruditur. Sed etiamsi jungi utrumque non pos-

1. verum : *mais, me direz-vous (introduit l'objection d'un contradicteur supposé).*

2. illum nescio quem unum : *ce je ne sais qui unique = ce professeur particulier, quel qu'il soit.*

set, lumen tamen illud conventus honestissimi tenebris ac solitudini praetulissem : nam optimus quisque praeceptor frequentia gaudet ac majore se theatro dignum putat. At fere minores[3] ex conscientia suae infirmitatis officio fungi quodam modo paedagogorum non indignantur (...)

Adde quod domi ea sola discere potest[4], quae ipsi praecipientur, in schola etiam quae aliis. Audiet multa cotidie probari, multa corrigi; proderit alicujus objurgata desidia; proderit laudata industria. Excitabitur laude aemulatio; turpe ducet cedere pari[5], pulchrum superasse majores. Accendunt haec omnia animos et, licet ipsa vitium sit ambitio, frequenter tamen causa virtutum est. Non inutilem scio servatum esse a praeceptoribus meis morem; qui, cum pueros in classes distribuerant, ordinem dicendi secundum[6] vires ingenii dabant, et ita superiore loco quisque declamabat, ut[7] praecedere profectu videbatur. Hujus rei judicia[8] praebebantur. Ea nobis ingens palma[9], ducere vero classem multo pulcherrimum. Nec de hoc semel decretum erat; tricesimus dies reddebat victo certaminis potestatem. Ita nec superior successu curam remittebat, et dolor victum ad depellendam ignominiam concitabat.

Quintilien, *Institutio oratoria*, I, 2, 9-10 et 21-24.

3. minores : *les enseignants médiocres, sans talent.*

4. potest : *le sujet, non exprimé, est* puer.

5. par : *un enfant du même âge.*

6. secundum : *préposition.*

7. ita... ut : *dans la mesure où, selon que;* superiore loco : *à un meilleur rang (voir* ordinem dicendi).

8. hujus rei judicia : *des compositions, des épreuves, des contrôles pour ce classement.*

9. ea nobis ingens palma (erat) : *notre classement était pour nous une énorme récompense.*

**« Apprendre à lire et à écrire. » Enfant lisant, sous le patronage de Cicéron. (Vincenzo Foppa, XVe s.).**

## *Recherche*

• Quels sont les éléments du texte qui montrent que tout le système éducatif romain est orienté vers la formation d'orateurs et la maîtrise de l'expression orale?
C'est un type de formation vers lequel on revient de nos jours. Est-ce dans la même perspective? En quoi l'éducation dispensée dans le cadre d'une communauté, la classe, favorise-t-elle cette formation?

• Quels sont, d'après Quintilien, les bienfaits de l'éducation en commun? Et d'après vous?

• Le rôle de l'émulation par les classements est critiqué dans la pédagogie moderne. Par quels autres moyens s'efforce-t-on de susciter le goût de l'étude?
Sur ce problème de l'émulation, vous comparerez avec le texte de Quintilien les deux textes suivants :

« Ce qui est nuisible dans les classements scolaires, c'est la mauvaise place, non la bonne. La mauvaise place qualifie et pèse le médiocre, et le scelle sur lui-même. J'aime mieux la couronne, qui en distingue un ou deux, et égalise tous les autres, qui font comme une cohorte serrée et indistincte, tout admise à l'honneur d'admirer. Sentiment que j'ai observé bien des fois, et que les années n'effacent pas; chacun se vante d'avoir étudié sur les mêmes bancs qu'un élève qui emportait toutes les couronnes. » (Alain.)

« Dans le travail libre par groupes, le maître n'a plus à juger ses élèves. Il ne les compare plus les uns aux autres, à la fois parce que cette comparaison est impossible et fausse, qu'il n'a plus besoin de stimuler les enfants par cette prétendue émulation, et qu'il se refuse à donner cet aliment à la vanité des familles... Chaque enfant redevient une personnalité intéressante en soi, sans qu'il soit nécessaire ni utile de le comparer avec aucun autre. » (Cousinet.)

• Quelles sont les qualités du style de Quintilien? Lui-même disait : « Quand on a un beau sujet, je crois qu'on n'en doit supprimer aucun ornement, mais à condition que la clarté n'en souffre jamais. »

## Apprendre à lire et à écrire

*Lorsque l'enfant quittait le giron de sa mère pour aller à l'école, son premier maître était une sorte d'instituteur, le* litterator *ou* magister ludi. *Quintilien nous explique quel était le travail de celui-ci.*

Neque enim illud mihi placet, quod fieri in plurimis (scholis) video, ut litterarum nomina et contextum[1] prius quam formas parvuli discant. Obstat hoc agnitioni earum, non intendentibus[2] mox animum ad ipsos ductus, dum antecedentem memoriam sequuntur. Quae causa est praecipientibus[3], ut etiam, cum satis adfixisse eas pueris recto illo, quo primum scribi solent, contextu videntur, retroagant rursus[4] et varia permutatione turbent, donec litteras qui instituuntur facie norint[5], non ordine. Quapropter optime, sicut hominum, pariter et habitus et nomina[6] edocebuntur (...)

Cum vero jam ductus sequi coeperit[7], non inutile erit eos tabellae quam optime insculpi, ut per illos velut sulcos ducatur stilus. Nam neque errabit, quemadmodum in ceris (continebitur enim utrimque marginibus neque extra praescriptum egredi poterit), et celerius ac saepius sequendo certa vestigia firmabit articulos neque egebit adjutorio manum suam manu super imposita regentis[8] (...) Syllabis nullum compendium[9] est; perdiscendae omnes, nec, ut fit plerumque, difficillima quaeque earum

1. contextum : *la succession, l'ordre.*

2. intendentibus (discipulis) : *datif;* mox : *plus tard (quand on leur montrera l'alphabet écrit).*

3. quae causa est praecipientibus : *c'est une raison pour les maîtres de...*

4. retroagere rursus : *reprendre en sens inverse.*

5. norint = noverint. *Le sujet est* qui instituuntur.

6. et habitus et nomina (litterarum). *Ces mots sont à l'accusatif. On peut compléter ainsi la phrase :* discipuli a magistris et habitus et nomina edocebuntur; *c'est la transformation passive d'une phrase active à double accusatif, qui serait :* magistri discipulos et habitus et nomina edocebunt.

7. coeperit : *le sujet, non exprimé, est* puer, *ou* discipulus.

8. manum suam regentis : *d'un guide conduisant sa main.*

9. compendium : *simplification, méthode abrégée.*

10. difficillima quaeque earum *(quisque avec superlatif) : les plus difficiles de toutes;* differre : *remettre à plus tard (l'apprentissage).*

11. suppeditare : *se faire.*

12. complecti : *former;* sermonem conectere : *former des phrases.*

differenda[10], ut in nominibus scribendis deprehendantur. Quin immo, ne primae quidem memoriae temere credendum; repetere et diu inculcare fuerit utilius et in lectione quoque non properare ad continuandam eam vel accelerandam, nisi cum inoffensa atque indubitata litterarum inter se conjunctio suppeditare[11] sine ulla cogitandi mora poterit. Tunc ipsis syllabis verba complecti et his sermonem conectere[12] incipiat.

Quintilien, *Institutio oratoria,* I, 1, 24-28 et 27-31.

**Scène d'école gallo-romaine. (Relief trouvé à Neumagen, Musée de Trèves.)**

## *Recherche*

• Pourquoi Quintilien ne veut-il pas que l'on fasse apprendre oralement par cœur l'alphabet, avant d'apprendre à reconnaître la forme des lettres? Cette habitude avait été transmise aux Latins par les maîtres d'école grecs, dont les premières leçons consistaient à faire apprendre une sorte de comptine : « Il y a *alpha, bêta, gamma* et *delta...* » Pourquoi le maître d'école était-il appelé *litterator?*

• Que pensez-vous de l'ingénieux procédé d'initiation à l'écriture décrit par Quintilien?

• Quelles étaient, à Rome, les étapes successives dans l'apprentissage de la lecture et de l'écriture? Henri-Irénée Marrou nous apprend que les élèves étaient classés en trois catégories, les *abecedarii,* les *syllabarii* et les *nominarii.* Expliquez ces mots.

• Quelles sont les méthodes pédagogiques modernes en vigueur pour l'apprentissage de la lecture et de l'écriture? En quoi sont-elles plus motivantes pour les élèves? La méthode traditionnelle est restée en usage jusqu'à une époque toute récente. Il n'y a pas si longtemps que les mères de famille étaient fières que leurs enfants « sachent leur alphabet » avant même d'être allés à l'école. Rabelais a été l'un des premiers à la contester, en se moquant de « Maître Thubal Holoferne, qui apprit à Gargantua sa charte (son alphabet) si bien qu'il le disait par cœur au rebours, et y fut cinq ans et trois mois ».

• Quelles sont les difficultés de l'apprentissage de la lecture et de l'écriture propres au français ? Ces difficultés existaient-elles pour le latin ?

• Quintilien a beau vouloir imiter Cicéron, il n'est pas puriste et emploie bien des mots appartenant au domaine linguistique de son propre temps. Étudiez l'emploi des mots *articulos, praescriptum, compendium.* D'autre part, un procédé d'expression, très courant sous l'Empire, revient souvent, comme un tic, sous sa plume. Lequel ?

## Bruits et fureurs matinaux

*Vous avez certainement remarqué que les qualités requises en premier lieu chez un élève étaient la docilité et l'obéissance, voire la passivité. Quand les maîtres, en ce bon vieux temps, se trouvaient en présence d'un élève rétif, ils n'avaient aucun scrupule à employer la manière forte. Le poète* ***Martial,*** *comme bien d'autres auteurs latins, en garde un pénible et cuisant souvenir.*

Quid tibi nobiscum est, ludi scelerate magister,
invisum pueris virginibusque caput ?
Nondum cristati rupere silentia galli :
murmure jam saevo verberibusque tonas.
Tam grave[1] percussis incudibus aera resultant,
causidicum medio cum faber aptat equo[2] ;
mitior in magno clamor furit amphitheatro,
vincenti parmae[3] cum sua turba favet.
Vicini somnum – non tota nocte – rogamus :
nam vigilare leve est, pervigilare grave est.
Discipulos dimitte tuos. Vis, garrule, quantum
accipis ut clames, accipere[4] ut taceas ?

Martial, *Epigrammes.*

1. grave = graviter.

2. *Il s'agit d'une statue équestre, commandée par un avocat.*

3. parma : *petit bouclier, arme caractéristique de certains gladiateurs, les* parmularii.

4. (tantum) accipere : *les maîtres d'école étaient payés par les parents des élèves.*

***Ludi scelerate magister* :**
**châtiments corporels dans l'Angleterre du XIXe s. (Gravure de F.S. Walker.)**

### Vive les vacances!

Ludi magister, parce simplici turbae :
sic[1] te frequentes audiant capillati
et delicatae diligat chorus[2] mensae,
nec calculator[3] nec notarius[4] velox
majore quisquam circulo coronetur.
Albae Leone[5] flammeo calent luces
tostamque fervens Julius coquit messem.
Cirrata loris horridis Scythae pellis[6]
ferulaeque tristes, sceptra paedagogorum,
cessent et Idus dormiant in Octobres :
aestate pueri si valent, satis discunt.

Martial, *Epigrammes.*

1. sic : *en récompense.*
2. chorus mensae : *la troupe (d'élèves) qui entoure ton bureau.*
3. calculator : *le professeur de calcul.*
4. notarius : *le professeur de sténographie.*
5. Leo : *la constellation du Lion.*
6. cirrata pellis : *le cuir découpé;* Scythae : *comme de nos jours, les cuirs de Russie étaient réputés.*

## *Recherche*

• Que nous apprennent ces épigrammes sur la durée quotidienne du travail scolaire (les écoliers sortaient de classe vers dix-sept heures, mais ne rentraient pas chez eux à midi) et sur l'organisation de l'année scolaire? L'historien de l'éducation H.-I. Marrou écrit : « Nous ne savons pas quelles étaient les fêtes que les écoles chômaient », sinon, ajouterons-nous, les Saturnales, à la fin de l'année.

Le vers 4 de la deuxième épigramme mentionne l'existence de deux professeurs spécialisés, enseignant dans leurs propres locaux, le *calculator,* qui initie aux mathématiques (le *magister ludi* se contentant des rudiments de calcul) et le *notarius,* professeur de sténographie; sous l'Empire, la connaissance des « notes tironiennes », comme on les appelait en souvenir de leur inventeur, Tiron, affranchi de Cicéron, était indispensable dans les bureaux de l'administration.

• A quelle méthode pédagogique les maîtres recourent-ils? Relevez les expressions les plus significatives. Montaigne, au XVI^e siècle, parle encore des « cris d'enfants suppliciés et des maîtres enivrés de leur colère », et saint Augustin, faisant allusion aux souffrances endurées par les élèves, va jusqu'à écrire, non sans quelque exagération : « N'importe quel adulte, si on lui en offrait le choix, préférerait mourir tout de suite plutôt que de revenir à la condition d'enfant. »
Mais Quintilien a une autre attitude : « Bien que ce soit une coutume acceptée, je réprouve les punitions corporelles, d'abord parce que c'est un châtiment humiliant, réservé aux esclaves; ensuite parce que, si l'élève est si fermé aux études que le blâme ne l'amène pas à s'amender, il s'endurcira même aux coups. Ajoutons que les élèves que l'on frappe ainsi sont entraînés par la douleur ou par la peur à commettre de mauvaises actions dont ils rougissent par la suite. »

### La vie des mots

Qu'est-ce que l'*homo faber?* Ce mot *faber* a eu une nombreuse descendance dans toutes les langues romanes. Un forgeron se dit *faure* (ou *haur,* ou *fabre*) en occitan, *fèvre* (que l'on retrouve dans « orfèvre ») en français. Citez quelques noms de famille qui ont cette racine. Quant au mot « forgeron », il est formé sur « forge », doublet ancien de « fabrique ».

Qu'est-ce que l'activité ludique, un prélude, un interlude, une illusion? un réverbère, une réverbération? un toast? la ferveur, l'effervescence?

## VERSION

**La pédagogie doit être adaptée à la psychologie des élèves**

Haec[1] cum magister animadverterit, perspiciat deinceps quonam modo tractandus sit discentis animus. Sunt quidam, nisi institeris, remissi; quidam imperia indignantur; quosdam continet metus, quosdam debilitat; alios continuatio[2] extundit, in aliis plus impetus facit. Mihi ille detur puer, quem laus excitet, quem gloria juvet, qui victus fleat. Hic erit alendus ambitu, hunc mordebit objurgatio, hunc honor excitabit, in hoc desidiam numquam verebor. Danda est tamen omnibus aliqua remissio, non solum quia nulla res est quae perferre possit continuum laborem atque ea quoque, quae sensu et anima carent, ut servare vim suam possint, quiete alterna retenduntur, sed quod studium discendi voluntate, quae cogi non potest, constat. Itaque plus virium adferunt ad discendum renovati ac recentes, et acriorem animum, qui fere necessitatibus repugnat.

Quintilien, *Institutio oratoria,* II, 8.

1. haec : *les formes d'intelligence des élèves (mémoire, don d'imitation, précocité...).*
2. continuatio : *un travail régulier.*

# L'enseignement secondaire

*Quand l'enfant savait lire et écrire couramment – et aussi compter, ce qui s'apprenait oralement et grâce à un boulier, car il est difficile de faire des opérations écrites avec les chiffres « romains »! – il allait, si du moins il appartenait à un milieu aisé, chez le « grammairien »* (grammaticus), *ce qui correspondait à notre enseignement secondaire; mais il continuait à étudier sous la direction d'un maître unique : l'établissement du type lycée ou collège, avec plusieurs professeurs plus ou moins spécialisés dans une ou deux disciplines, était inconnu à Rome.*

*Le programme de cet enseignement était à cent pour cent littéraire. On lisait et on commentait les œuvres des grands écrivains latins, notamment Térence et Virgile. On apprenait aussi le grec, qui était la plus importante des langues vivantes, et dont la connaissance était à peu près indispensable aussi bien sur le plan culturel que dans la vie pratique : un grand nombre d'esclaves étaient grecs; tout le sud de l'Italie et la Sicile étaient de population grecque, et il en était de même de toute la moitié orientale de l'Empire. Aussi tous les Romains instruits étaient-ils bilingues, et, à l'école, Homère et les grands orateurs d'Athènes venaient s'ajouter à Virgile et à Cicéron.*

*Quant aux autres matières dont nous avons l'habitude, ou bien elles s'étudiaient à travers les textes littéraires (c'était le cas pour l'histoire et la géographie), ou bien elles ne s'étudiaient pas du tout (c'était le cas pour les disciplines scientifiques, auxquelles on ne pouvait s'initier qu'avec un précepteur privé).*

## A la recherche du temps perdu

*Dans ses* Confessions, *saint Augustin, devenu l'un des plus brillants intellectuels de sa génération, évoque ses souvenirs scolaires, et notamment son passage chez le* grammaticus. *Il adorait le latin, mais il était fort mauvais en grec – et toute sa vie il devait rester un piètre helléniste, incapable de lire les ouvrages de théologie rédigés en grec... Par ailleurs, se plaçant d'un point de vue chrétien, il critique sévèrement le contenu de l'enseignement qu'il a reçu.*

Quid autem erat causae[1], cur Graecas litteras oderam[2], quibus puerulus imbuebar? Ne nunc quidem mihi satis exploratum est : adamaveram enim Latinas, non quas primi magistri, sed quas docent qui grammatici vocantur; nam illas primas, ubi legere et scribere et numerare discitur, non minus onerosas poenalesque habebam quam omnes Graecas. Meliores tamen, quia certiores, erant primae illae litterae, quibus factum est et habeo illud, ut et legam, si quid scriptum invenio, et scribam ipse, si quid volo, quam illae, quibus tenere cogebar Aeneae nescio cujus[3] errores, oblitus errorum meorum, et plorare Didonem mortuam, quia se occidit ob amorem, cum interea me ipsum in his a te morientem[4], deus, vita mea, siccis oculis ferrem miserrimus!

Quid enim miserius misero non miserante se ipsum, et flente Didonis mortem, quae fiebat amando Aeneam, non flente autem mortem suam, quae fiebat non amando te, deus, lumen cordis mei? (...) Talis dementia honestiores et uberiores litterae putatur quam illae, quibus legere et scribere didici! Peccabam ergo puer, cum illa inania istis utilioribus amore praeponebam, vel potius ista oderam, illa amabam. Jam vero « unum et unum duo, duo et duo quattuor » odiosa cantio mihi erat, at dulcissimum spectaculum equus ligneus plenus armatis et Trojae incendium!

*Mais alors, se demande Augustin, pourquoi est-ce que je détestais le grec, puisque j'adorais ce genre de récits et qu'on les trouve aussi bien chez Homère que chez Virgile?*

1. quid... causae = quae... causa.

2. oderam : *utiliseriez-vous ce mode dans un thème latin?*; litteras : *traduisez par « études ».*

3. Aeneae nescio cujus : *de je ne sais quel Énée.*

4. a te morientem : *mourant loin de toi. A cette époque, Augustin n'est pas encore converti; la conversion sera pour lui une véritable renaissance.*

5. grammaticam, *ici : la littérature;* etiam : *elle aussi.*

6. dulcissime vanus : *délicieusement inutile. Commentez cette expression.*

7. credo Vergilius ita sit = credo Vergilium ita esse *(construction à ne pas imiter en thème!).*

8. instabatur : *passif impersonnel.*

Cur ergo Graecam grammaticam[5] oderam, etiam[5] talia cantantem? Nam et Homerus peritus texere tales fabellas et dulcissime vanus[6] est – et mihi tamen amarus erat puero. Credo Graecis pueris etiam Vergilius ita sit[7], cum eum sic discere coguntur ut ego illum : videlicet difficultas, difficultas omnino ediscendae linguae peregrinae quasi felle aspergebat omnes suavitates Graecas fabulosarum narrationum : nulla enim verba illa noveram, et saevis terroribus ac poenis, ut nossem, instabatur[8] mihi vehementer.

Saint Augustin, *Confessions,* I. 13-14.

## Le travail du grammairien

Quintilien définit ainsi le programme du grammairien : « *Recte loquendi scientia et poetarum enarratio* », et il précise : « Il faut d'abord que les enfants sachent décliner et conjuguer; sans cela ils ne peuvent comprendre la suite de leurs études. » Puis il donne des exemples de problèmes grammaticaux sur lesquels les professeurs et les élèves devaient être amenés à réfléchir. L'étude théorique de la langue est, en effet, à Rome, une longue tradition. Les Grecs avaient donné l'exemple; c'est à Alexandrie, à la fin du IIe siècle avant J.-C., que Denys de Thrace composa la première description systématique du grec, mais Platon, Aristote, les stoïciens... s'étaient déjà beaucoup intéressés aux problèmes linguistiques. Comme en d'autres domaines, les Romains les imitèrent. Varron, dont vous avez peut-être traduit, en seconde, un texte d'agronomie, écrivit un gros traité intitulé *De lingua Latina.* César lui-même, en pleine campagne contre la Gaule, composa un ouvrage *De analogia,* qu'il dédia à Cicéron. L'âge d'or des études grammaticales latines fut celui de Donat et de Priscien (IVe-Ve siècle apr. J.-C.), dont les manuels, utilisés tels quels jusqu'au XVIIe siècle, sont à la base de la grammaire traditionnelle.

L'explication des textes poétiques se faisait en deux temps. Il y avait d'abord la *praelectio,* ou lecture expliquée, puis l'*enarratio* ou commentaire. La lecture demandait une certaine préparation matérielle (« On surchargeait, nous dit H.-I. Marrou, le texte de signes spéciaux, liant ou séparant les mots là où on pouvait hésiter, notant l'accent, la quantité, les pauses... ») et intellectuelle : pratiquement, dans l'Antiquité, on ne pouvait pas bien lire du premier jet un texte que l'on ne connaissait pas, car les manuscrits ne comportaient ni ponctuation, ni séparation entre les mots. D'où la nécessité de la *praelectio :* le maître lit le texte le premier, en l'expliquant, et ce n'est guère qu'après que l'élève peut se risquer à son tour.

« Le grammairien, précise Quintilien, devra faire attention à tous les détails. Il demandera de mettre les vers en prose, et fera indiquer les caractéristiques des pieds. Il devra relever tout ce qui est barbare, impropre, contraire aux règles habituelles du langage. Il signalera les termes archaïques, les différents sens des mots, les mots rares. Mais, avant tout, il devra montrer aux élèves les qualités du plan, l'habileté dans la peinture des personnages, la beauté des pensées et des expressions. »

Après avoir fait le commentaire, long et fastidieux, de la forme et du fond, les élèves devaient se livrer à des exercices écrits d'application, comme celui que préconise Quintilien dans le texte suivant.

### Composition latine

1. eorum = *les* grammatici.

2. stilo : *par écrit.*

Adjiciamus tamen eorum[1] curae quaedam dicendi primordia quibus aetates nondum rhetorem capientes instituant. Igitur Aesopi fabellas, quae fabulis nutricularum proxime succedunt, narrare sermone puro et nihil se supra modum extollente, deinde eamdem gracilitatem stilo[2] exigere condiscant; versus primo solvere, mox mutatis verbis interpretari, tum paraphrasi[3] audacius vertere, qua et breviare quaedam et exornare salvo poetae sensu permittitur. Quod opus, etiam consummatis professoribus difficile, qui commode tractaverit, cuicumque discendo sufficiet.

Quintilien.

3. paraphrasi : *ablatif.*

## *D'un texte à l'autre*

Les grands classiques, les poètes que les grammairiens faisaient lire obligatoirement à leurs élèves, étaient Virgile et Térence. Mais ils prenaient aussi des auteurs contemporains. Voici les réactions opposées de deux de ceux-ci devant cette sorte d'hommage :

PERSE

*At pulchrum est digito monstrari et dici : « Hic est! »*
*Tene cirratorum centum dictata fuisse pro nihilo pendes?*

Mais il est beau d'être montré du doigt et d'entendre dire : « C'est lui! » Compteras-tu pour rien d'avoir été le sujet de dictée de cent têtes bouclées?

HORACE

*... contentus paucis lectoribus. An tua demens vilibus in ludis dictari carmina malis?*
*Non ego.*

... content de peu de lecteurs. Préfères-tu, insensé, que l'on dise tes poèmes dans de vulgaires écoles? Moi pas.

Virgile *(Vergilius Maro),* l'auteur le plus lu dans les classes, à l'époque d'Augustin. (Mosaïque du IIIe s., Rome, Musée de la Civilisation romaine.

*Lorsqu'on étudie un système éducatif, il est intéressant de se demander à quelle couche sociale il s'adresse. En ce qui concerne Rome, nous savons que l'éducation était payante, et il est évident que, plus les professeurs avaient de notoriété, plus ils se faisaient payer cher. La sélection par l'argent jouait donc, et les petites gens devaient faire de gros sacrifices pour que leurs enfants reçoivent une éducation convenable. Ce fut le cas du père d'Horace, receveur municipal* (coactor) *de Venouse, simple affranchi, auquel son fils reconnaissant rend un juste hommage dans le texte que vous allez traduire.*

*Ce sera aussi pour vous une occasion de prendre contact avec l'occitan. Langue romane à part entière, fille du latin et sœur du français, elle a subi les vicissitudes de l'histoire, lorsque les régions qui la pratiquent (Gascogne, Languedoc, Guyenne, Périgord, Limousin, Auvergne, Dauphiné et Provence) ont été peu à peu conquises et annexées par les rois de France. Ces vicissitudes expliquent que la langue occitane, à la littérature orale très vivace, mais dont les écrits ont été longtemps mal diffusés, se soit morcelée en quatre grands dialectes (gascon, provençal, languedocien, nord-occitan).*

*Pour vous les faire connaître, nous partirons du texte d'**Horace**, et nous vous en proposerons quatre traductions, en gascon et en languedocien pour le début, en provençal et en nord-occitan pour la fin.*

## Un père digne de ce nom

Atqui si vitiis mediocribus ac mea paucis
mendosa est natura, alioqui recta, velut si
egregio inspersos reprehendas corpore naevos,
si neque avaritiam neque sordes aut mala lustra
objiciet vere quisquam mihi, purus et insons
(ut me collaudem) si et vivo carus amicis,
causa fuit pater his, qui macro pauper agello
noluit in Flavi[1] ludum me mittere, magni
quo pueri magnis e centurionibus orti
laevo suspensi loculos tabulamque lacerto
ibant, octones referentes Idibus aeris.
Sed puerum est ausus Romam portare docendum
artes quas doceat quivis eques atque senator
semet prognatos. Vestem servosque sequentes,
in magno ut populo, siqui vidisset, avita
ex re praeberi sumptus mihi crederet illos.
Ipse mihi custos incorruptissimus omnes
circum doctores aderat. Quid multa? Pudicum
qui primus virtutis honos, servavit ab omni
non solum facto, verum opprobrio quoque turpi;
nec timuit sibi ne vitio quis verteret, olim

1. Flavi : *génitif de* Flavius. *Flavius était un grammairien de Venouse, ville où vivait le père d'Horace.*

si praeco parvas aut, ut fuit ipse, coactor
mercedes sequerer; neque ego essem questus, at hoc nunc
laus illi debetur et a me gratia major.

Horace, *Satires*, I. 65 sqq.

***Gascon :***

E ben, si la mia natura, dreita shens aquò, es endecada de pichons defauts, e de pauc, coma quan reprovas, sus un còs remirable, los pigalhs que i son escampilhats, si digun non pòt pas juste me reprochar d'este cobejós, pudent o gorrinaire, e si, net e blos (que'm lausi!) vivi estimat deus mens amics, mon pair n'es la cause, eth qui, pas guaire ric dab son maishant ben, non voloc m'enviar a l'escóla deu Flavius, on anavan los hilhs fierós deus fierós centurions, en se pénder a l'espatla esquèrra plumèirs e tauletas, portant cadun, per las Idas, los uèit asses de paga.

(Traduction Laliman et Rapin.)

***Languedocien :***

Pr'aquò, se ma natura, dreita de son biais, es gamada de defauts pichons e escarses, coma de pardas escampilhadas que reprovariós sus un còs remirable, se degun pòt pas, de verai, me far repròchi d'èstre cobés, lordàs o gorrinàs, e se, pur e cande (me canti lausenjas!) vivi presat dels amics, mon paire n'es causa, el que, paure amb son magre benòt, me volguèt pas mandar a l'escòla del Flavius, ont anavan los gròsses filhs dels gròsses centurions, amb penjats a l'espatla esquèrra plumèirs e tauletas d'escriure, e cadun sos uèit asses de paga per las Idas.

(Traduction Rigouste.)

***Provençal :***

Ben au contra, aguet lo front de me menar, pichòt que pichòt, a Roma, per me far ensenhar leis Arts, tant coma o fan lei chivaliers e lei senators, per tot enfant sieu. De suposicion, se s'èra arremarcat, dau mitan d'un bèu monde, mon vestit e ma seguida, se serian cresegut que mon patrimòni reglava totei lei despensas. Mon sénher paire lo plus incorruptible de mei gàrdis me companhava devers mei mèstres. Basta! m'aparèt dins ma candor – flor primièra de la vertut – en me sostant de caire non socament de tota accion laida mai tanben de tota mala-dobtança e aguèt ges de crenta que degun li faguesse un jorn rancura, cridaire public o perceptor, coma lo sieguet eu-meme, s'aviau tocat un pichòt de-qué que, segur, m'auria agradat. Ausin, per tot aquò, s'amerita d'estre lausat en lo guierdonant de ma reconeissença granda.

(Traduction Reboul.)

***Nord-occitan :***

A l'encontrari, fuguèt pro ardit per me menar, mainatge enquera, a Roma per me far estudiar los arts coma zo fan los chivalièrs e los senators per lors dròlles ad ilhs.

En supausar lo càs que quò se sià pogut far au mitan de tot queu monde, quauqu'un auriá remarcat mos vestiments e mos vailets, que auriá cregut que mon pairenau me paiava totas quelas despensas. Mon quite pair, lo mens corromput daus gardians, m'acompanhava chas mos regents. Entau fasent, parèt ma puretat, çò que est ben la prumièra flor de la vertut, en me tener luenh non pas solament de tot maufait mas tanben de tota maudobtança e n'aguèt pas paur de las criticas qu'aurian pogut li far si un jorn, devengut, io, cridaire public o perceveire de las talhas, coma zo fuguèt, eu, avià tucat una pita paia; e mai io me'n serà pas plangut. E quò es per tot quò que merita aura un brave laus e ma mai bèla reconeissença.

(Traduction Chadeuil.)

## La rhétorique

Quand ils quittaient le grammairien, les jeunes gens allaient à l'école du rhéteur (professeur d'éloquence). Ce passage d'un niveau à l'autre ne se faisait pas à un âge déterminé, mais en fonction des qualités de chaque élève. Quintilien, à des parents qui lui demandaient quand leur fils devait être confié au rhéteur, répondit : « Quand il en sera capable. » Chez le rhéteur, avant d'être admis à prononcer une « déclamation », les élèves devaient effectuer toute une série d'exercices préparatoires, tels que narrations, récitations, discussions d'un problème... Mais ils devaient surtout lire pour affermir leur style et élargir leur culture. Les poètes étant réservés au niveau d'études précédent, il s'agissait surtout de prosateurs; Quintilien cite Tite-Live, Salluste, Cicéron... Venait enfin le moment où l'élève était amené à composer des discours en forme, *suasoria* (discours visant à persuader un public de prendre une décision déterminée) ou *controversia* (discours portant sur un litige).

Nous connaissons bien les sujets de discours et de discussions que l'on faisait traiter aux futurs orateurs dans les écoles de rhétorique : le père du philosophe Sénèque (on l'appelle parfois pour cette raison, mais à tort, **Sénèque le Rhéteur**) en avait, en effet, réuni un grand nombre dans un ouvrage destiné à ses fils, que nous avons conservé. En voici quelques-uns :

- « On suppose l'existence d'une loi aux termes de laquelle "un fils ayant frappé son père aura les mains coupées". Sujet : un tyran ordonne à deux jeunes gens de frapper leur père; l'un préfère se jeter par la fenêtre; le second accepte, mais plus tard tue le tyran et venge ainsi lui-même et son père. Faut-il malgré tout lui trancher les mains? Plaider le pour et le contre. »
- « Un homme marié se prépare à tuer un tyran; le tyran, ayant des soupçons, soumet à la torture l'épouse de cet homme pour lui faire avouer le projet de son mari; héroïquement, elle refuse d'avouer. Quelques années plus tard, son mari la répudie pour cause de stérilité. Imaginer le discours que chacun des époux tient à l'autre. »
- « Un homme a perdu ses deux mains à la guerre; en rentrant dans ses foyers, il trouve sa femme en compagnie d'un amant; dans l'incapacité de se faire justice lui-même, il demande à son fils de tuer l'amant à sa place; le fils refuse. Qui a raison? Plaider le pour et le contre. »
- « Alexandre se demande s'il lancera ses navires sur l'Océan. »
- « Cicéron se demande s'il doit supplier Antoine de lui laisser la vie sauve. »

• « Antoine accepte de laisser la vie sauve à Cicéron, mais à condition que l'orateur brûle ses œuvres. Cicéron se demande s'il doit s'y résoudre (!). »

Comme vous pouvez le constater, ces exercices étaient peut-être efficaces pour la formation de l'orateur, dans la mesure où ils constituaient une assez bonne gymnastique intellectuelle, et permettaient d'acquérir une réelle virtuosité dans le maniement des idées et la construction d'une argumentation. En revanche, ils présentaient le grave inconvénient d'être, comme nous dirions aujourd'hui (et comme on disait déjà), coupés de la vie et sans rapport, le plus souvent, avec les affaires que les avocats ou les hommes publics devaient traiter dans la pratique. Aussi ne manquait-il pas d'excellents esprits pour contester sévèrement l'enseignement de la rhétorique.

*Juvenis ille, oratorum discipulus* : un orateur en herbe parmi ses aînés. (Sculpture du IIIᵉ s., Rome, Musée des Thermes.)

## La parole aux contestataires

*Dans son roman, Pétrone met en scène un de ces contestataires, un étudiant qui, à la fin du cours, n'hésite pas à dire au professeur ce qu'il pense de ses méthodes.*

Haec ipsa[1] tolerabilia essent, si ad eloquentiam ituris viam facerent; nunc[2] et rerum tumore et sententiarum vanissimo strepitu hoc tantum proficiunt ut, cum in foro venerint, putent se in alium orbem terrarum delatos! Et ideo adulescentulos existimo in scholis stultissimos fieri, quia nihil ex his quae in usu habemus aut audiunt aut vident, sed piratas cum catenis in litore stantes, sed tyrannos edicta scribentes quibus imperent filiis ut patrum suorum capita praecidant, sed responsa in pestilentiam (ab oraculis) data, ut virgines tres aut plures immolentur[3] (...) Qui inter haec nutriuntur, non magis sapere[4] possunt, quam bene olere qui in culina habitant. Pace vestra liceat dixisse[5], primi omnium eloquentiam perdidistis!

Pétrone, *Satiricon*, chap. 1-2.

1. Haec ipsa : *tous ces exercices.*
2. nunc : *mais en réalité (sens fréquent, à retenir).*
3. responsa... immolentur : *quand on ne parvenait pas à enrayer une épidémie* (pestilentia), *on consultait jadis un oracle pour savoir quels sacrifices pourraient apaiser la colère du dieu qui l'avait envoyée.*
4. sapere : *à la fois « être savant » et « avoir bon goût »; Pétrone joue sur le double sens du verbe.*
5. pace vestra liceat dixisse : *ne vous en déplaise (littéralement : qu'avec votre permission j'aie le droit de le dire); l'étudiant s'adresse ici, à travers son professeur, à l'ensemble des rhéteurs.*

## La seule école valable est celle de la vie

*Aussi allait-on parfois jusqu'à mettre en cause l'institution même des écoles de rhétorique, en affirmant que l'éloquence ne doit pas s'apprendre avec un professeur mais sur le terrain, en se mettant « dans le bain », en fréquentant, sous la conduite d'un avocat, les tribunaux et les diverses assemblées où se prononcent des discours. C'est, en tout cas, ce que soutient Secundus, l'un des personnages mis en scène par Tacite dans son* Dialogue des orateurs.

Apud majores nostros, juvenis ille qui foro et eloquentiae parabatur, deducebatur a patre ad eum oratorem qui principem in civitate locum obtinebat : hunc sectari, hunc prosequi, hujus omnibus dictionibus[1] interesse, sive in judiciis sive in contionibus, adsuescebat, ita ut pugnare in proelio (ut sic dixerim) disceret; atque, hercule, juvenis ille de quo loquimur, oratorum discipulus, fori auditor, sectator judiciorum, eruditus alienis experimentis, cui cotidie audienti[2] notae leges, non novi[3] judicum vultus, cognitae populi aures[4], cuicumque causae par erat. At nunc adulescentuli nostri deducuntur in scholas istorum qui rhetores vocantur, in quibus non facile dixerim utrum locus ipse an condiscipuli an genus studiorum plus mali ingeniis adferant : nam in loco nihil reverentiae est[5], in quem nemo nisi aeque imperitus intrat; in condiscipulis nihil profectus[6], cum adulescentuli inter adulescentulos et dicant et audiantur; ipsae vero exercitationes magna ex parte contrariae[7]; tyrannicidarum (enim) praemia aut pestilentiae remedia aut incesta matrum aut quicquid in schola agitur, in foro vel raro vel numquam[8], ingentibus verbis persequuntur.

Tacite, *Dialogus de oratoribus,* 34.

1. dictionibus : *les prises de parole.*
2. cotidie audienti = quia eas cotidie audiebat. *Dans la relative (et dans les deux suivantes), sous-entendez* erant.
3. non novi : *non nouveaux = familiers.*
4. populi aures : *les goûts (littéralement : les oreilles) du public (retenez ce sens de* populus*).*
5. nihil reverentiae est : *il n'y a rien qui inspire le respect.*
6. nihil profectus : *rien qui fasse faire des progrès.*
7. contrariae : *contraires au but que l'on poursuit.*
8. in foro... : *attention à bien rendre l'asyndète!*

## *Recherche*

• Quel est, aux yeux de Secundus, l'avantage essentiel de l'ancien mode de formation d'un orateur? Et que reproche-t-il surtout aux écoles de rhétorique?

• Son point de vue vous paraît-il entièrement satisfaisant? Quel défaut grave pourrait-on reprocher au mode de formation dont il fait l'éloge? Et quel est tout de même l'avantage de la formation chez le rhéteur? Quel serait, au fond, le système idéal? A vous d'imaginer toutes les transpositions modernes de ce problème très actuel.

**Jeune Romain vêtu de la toge prétexte.**

# L'ORATOR ET SON MONDE

## Rome et la parole

Nous vivons une civilisation de l'image, qui succède à une civilisation du livre. L'on peut parler, pour Rome, d'une civilisation de la parole. Chez nous, être avocat est un métier rétribué; à Rome, il n'y a pas d'avocat rétribué, la loi l'interdit, et l'on peut laisser dans l'ombre les médiocres *causidici* auxquels on avait recours lors de chicanes sans envergure, et qui aidaient leur client en échange de quelque cadeau. La défense en justice est assurée par un *patronus :* tel est le mot latin pour avocat, et vous savez le rôle que joue ce terme dans les structures sociales de la Rome antique. La relation entre le *patronus* et son *cliens* n'est pas commerciale, mais sociale. Par le lien de la *clientela,* un citoyen se met dans la dépendance d'un autre citoyen plus puissant, son *patronus :* il entre à son service, l'accompagne au forum, l'aide dans sa carrière politique et ses campagnes électorales; en échange, il reçoit une aide matérielle (à l'origine, la *sportula :* panier garni) et la protection de ses intérêts en justice. Le *patronus* est un homme qui sait parler, et dont la parole a du poids devant un tribunal; sa définition sociale contribue souvent davantage à ce privilège de la parole que ses talents oratoires.

Et puis, pour un citoyen romain de bon lignage et d'honnête fortune, il n'est d'autre carrière que la politique. Entreprendre le *cursus honorum,* cela signifie s'engager dans des campagnes électorales, et, à terme, exercer face au Sénat des fonctions consulaires. Le moyen de tout cela ? Parler en public. Tout sénateur est un orateur, qui doit prendre la parole devant ses collègues pour faire valoir sa *sententia* sur les questions de l'actualité. Le prestige d'un homme politique est lié à son aptitude à se faire valoir aux yeux de ses contemporains, c'est-à-dire à se faire entendre : aux tribunaux du forum, il plaide *(causam dicere, causam agere,* ou, tout simplement, *agere);* face au peuple, il monte à la tribune et prononce des discours publics *(contionem habere);* au Sénat, il donne son avis *(sententiam dicere)* ou prononce des discours politiques *(orationem habere);* il parle en faveur des projets de loi *(legem suadere),* ou contre leur adoption *(legem dissuadere).*

L'homme politique romain – ou plutôt, le Romain qui appartient à la classe politique – est donc nécessairement *orator :* il doit posséder l'art de bien parler *(eloquentia),* l'art de séduire, l'art de défendre, l'art de persuader. De là lui vient sa puissance...

## L'éloquence mène le monde

*Dans son traité* De oratore, *Cicéron s'efforce de dessiner la silhouette de l'*orator *idéal. Il fait dialoguer des orateurs célèbres de la génération précédente, et parmi eux les hautes figures de M. Antonius et de L. Licinius Crassus. Celui-ci fait un vibrant éloge de l'éloquence.*

Neque vero mihi quicquam praestabilius videtur quam posse dicendo tenere hominum coetus, mentes adlicere, voluntates impellere quo velis, unde autem velis deducere. Haec una res in omni libero populo maximeque in pacatis tranquillisque civitatibus praecipue semper floruit semperque dominata est. Quid enim est tam mirabile quam ex infinita multitudine hominum exsistere unum, qui id, quod omnibus natura sit datum, vel solus vel cum perpaucis facere possit, aut tam jucundum cognitu atque auditu quam sapientibus sententiis gravibusque verbis ornata oratio et polita, aut tam potens tamque magnificum quam populi motus, judicum religiones, senatus gravitatem unius oratione converti? Quid tam porro regium, tam liberale, tam munificum quam opem ferre supplicibus, excitare adflictos, dare salutem, liberare periculis, retinere homines in civitate[1]? Quid autem tam necessarium quam tenere semper arma quibus vel tectus[2] ipse esse possis, vel provocare improbos, vel te ulcisci lacessitus?... Hoc enim uno praestamus vel maxime[3] feris, quod colloquimur inter nos et quod exprimere dicendo sensa[4] possumus. Quamobrem, quis hoc jure non miretur, summeque in eo elaborandum esse arbitretur ut, quo uno homines bestiis maxime praestent, in hoc hominibus ipsis antecellat? Ut vero jam ad illa summa veniamus, quae vis alia potuit aut dispersos homines unum in locum congregare aut a fera agrestique vita ad hunc humanum cultum civilemque deducere et jam constitutis civitatibus leges, judicia, jura describere?

Cicéron, *De oratore,* I, 30-33.

1. retinere in civitate : *en ces temps de crise, l'exil était une menace constante pour les hommes politiques; Cicéron lui-même en a fait la triste expérience!*

2. tectus = tutus.

3. vel maxime = quam maxime.

4. sensa = ea quae sentimus.

*Dicendo tenere hominum coetus, voluntates impellere quo velis :* Jean Jaurès tenant un meeting au Pré-Saint-Gervais.

## *Recherche*

• Ce passage pourrait être intitulé : l'orgueil de l'*orator.* Montrez-le.

• Relevez les adjectifs dont use Crassus pour qualifier l'éloquence : quels sont les attributs de cet art? Quelles sensations procure-t-il à celui qui le possède? Quelle est son utilité? Comment s'explique sa nécessité? Quel argument Crassus emprunte-t-il à la philosophie? Quel rapport fait-il entre éloquence et civilisation? Expliquez ce point.

• Telle qu'elle est présentée par Crassus, l'éloquence est une chose fascinante. Ne risque-t-elle pas d'être dangereuse? Quels mots du texte vous paraissent le suggérer particulièrement?

*Crassus exprime dans le texte précédent la haute conception que Cicéron se fait de l'art oratoire : l'éloquence est le fondement du pouvoir, et la vocation de l'*orator *est politique. Un peu plus loin, Crassus conclut en ces termes :*

« Voici mon avis : de la sagesse et de la modération d'un orateur parfait dépendent non seulement son propre prestige, mais aussi le salut d'un très grand nombre de citoyens, et le salut de l'État lui-même dans son ensemble. »

# Les dangers de l'éloquence

*Un autre personnage du dialogue cicéronien critique ces vues : il s'agit de Q. Mucius Scaevola, juriste fameux, homme de bon sens et de tradition.*

« Il y a deux points, Crassus, que je crains de ne pouvoir te concéder : d'abord, tu as dit que c'étaient les orateurs qui, à l'origine, avaient fondé les cités, et qui, par la suite, les avaient à maintes reprises sauvegardées; tu as arrêté que, en dehors du forum, des assemblées populaires, des tribunaux et du sénat, l'orateur atteignait à la perfection en tous domaines du langage et de la culture. Qui pourrait, en effet, t'accorder que la race humaine, en ses premiers temps, dispersée dans les montagnes et dans les forêts, ait été amenée à s'enfermer dans des villes et des remparts, non point sous l'impulsion des sages, mais sous le charme des orateurs? Ou que tout ce qui est utile à la fondation et à la sauvegarde des cités ait été institué non point par des sages et des héros, mais par des hommes éloquents et à la parole élégante? »

An vero tibi Romulus ille aut pastores et convenas congregasse aut Sabinorum conubia conjunxisse aut finitimorum vim compressisse eloquentia videtur, non consilio et sapientia singulari? Quid in Numa Pompilio? Quid in Servio Tullio? Quid? In ceteris regibus, quorum multa sunt eximia ad constituendam rem publicam, num eloquentiae vestigium apparet? Quid? Exactis regibus, tametsi ipsam exactionem mente, non lingua perfectam L. Bruti esse cernimus, sed deinceps omnia nonne plena consiliorum, inania verborum videmus?

Ego vero si velim et nostrae civitatis exemplis uti et aliarum, plura proferre possim detrimenta publicis rebus quam adjumenta per homines eloquentissimos importata. Sed ut reliqua praetermittam, omnium mihi videor eloquentissimos audisse Ti. et C. Sempronios[1], quorum pater, homo prudens et gravis, haudquaquam eloquens, et saepe alias et maxime censor saluti rei publicae fuit (...) A vero ejus filii, diserti et omnibus vel naturae vel doctrinae praesidiis[2] ad dicendum parati, cum civitatem vel paterno consilio vel avitis armis florentissimam accepissent, ista praeclara gubernatrice, ut ais, civitatum, eloquentia rem publicam dissipaverunt.

Cicéron, *De oratore,* I, 35-38.

1. Ti. et C. Sempronios (Gracchos) : *les Gracques.*

2. vel naturae vel doctrinae praesidiis : *le talent naturel et celui qu'apporte l'étude* (doctrina : *voir* docere).

## *Recherche*

• Éclairez les allusions historiques de ce passage. La scène du dialogue cicéronien se situe en 91 avant J.-C. et, pour les participants de ce dialogue, la crise des Gracques est un souvenir « vécu ». Expliquez en quel sens l'on peut dire, comme Scaevola (c'est-à-dire comme Cicéron), que les Gracques *eloquentia rem publicam dissipaverunt.*

• Que pensez-vous des critiques de Scaevola ? De quel côté vous paraît être le bon sens ?

## L'idéal cicéronien

Ces discussions préparent, en quelque sorte, le terrain : vous devinez où elles vont aboutir ! La grande idée de Cicéron était que l'*orator* devait non seulement être un technicien accompli du discours, maître dans l'art de convaincre les hommes et de les émouvoir, mais aussi s'imposer à ses contemporains par sa haute figure morale. Pourquoi l'éloquence des Gracques, qu'évoque Scaevola, a-t-elle été destructrice ? Parce que les Gracques s'étaient détournés du droit chemin politique, celui que montre la *virtus.* On ne saurait mettre le pouvoir que confère l'éloquence au service du mal, qu'il s'agisse de la révolution ou de la tyrannie. Que l'orateur soit vertueux, et il sera l'homme politique par excellence : l'éloquence, cela est dit et répété, a pour mission de conserver les cités, elle est une arme au service de la paix et de la concorde sociales. L'orateur, c'est le « civil » par excellence, le *togatus,* aussi efficace dans l'action politique que l'*imperator* dans l'action militaire. Dans les temps de crise que traverse la République romaine, il faut que se dresse un *togatus* pour éviter les affrontements sanglants qui ne rebuteraient point les *imperatores...* Cicéron le dit en un vers fameux : « *Cedant arma togae, concedant laurea laudi !* »

Il fait ainsi l'éloge de son consulat de 63 : il est venu à bout de Catilina avec les seules armes de la parole, en prononçant les *Catilinaires,* qui ont obligé le conspirateur à s'enfuir de Rome, et lui ont fait perdre toute sa force.

### POLITIQUE ET CULTURE

Pour Cicéron, la mission politique de l'*orator* impose une haute conception de l'éloquence. Ce n'est pas dans des manuels de rhétorique, qui enseignent les ficelles du métier, que l'*orator* trouvera la haute inspiration qui doit le conduire. Le vieil esprit romain considérait la culture avec méfiance : cette culture vient de Grèce et trop de philosophie éloigne du bon sens ; à trop apprendre, on apprend surtout à tromper son monde. Cicéron s'inscrit en faux contre de telles idées. L'orateur, dit-il, est l'homme le plus qualifié pour persuader ses contemporains de ce qui est bien et de ce qui est mal : seule une culture philosophique donnera à sa réflexion la profondeur nécessaire, et l'histoire sera pour lui le lieu d'une méditation fructueuse en même temps qu'une source d'exemples... L'art oratoire met la culture au service de l'action politique, et donne ainsi un sens à la culture. Cicéron lui-même donne l'exemple : avocat, homme politique, il écrit pour ses contemporains des traités de philosophie, et des traités sur l'art oratoire, qui ne sont pas uniquement des « bréviaires » de rhétorique, des mémentos techniques.

## Réflexions sur le petit nombre des grands orateurs

Mihi quidem, saepenumero in summos homines ac summis ingeniis praeditos intuenti, quaerendum esse visum est cur plures in omnibus rebus quam in dicendo admirabiles exstitissent. Nam quocumque te animo et cogitatione converteris, permultos excellentes in quoque genere videbis, non mediocrium artium[1], sed prope maximarum. Quis enim est qui, si clarorum hominum scientiam[2] rerum gestarum vel utilitate vel magnitudine metiri velit, non anteponat oratori imperatorem ? Quis autem

1. mediocrium artium : *les* artes mediocres *sont, par exemple, la mathématique, la musique, la grammaire, la poésie ; pour un Romain, seules la politique et la guerre méritent le nom de* maximae artes.

2. metiri scientiam : *mesurer la valeur du savoir.*

dubitet quin belli duces ex hac una civitate praestantissimos paene innumerabiles, in dicendo autem excellentes vix paucos proferre[3] possimus? Jam vero, consilio ac sapientia qui regere ac gubernare rem publicam possint, multi nostra, plures patrum memoria[4] atque etiam majorum, exstiterunt, cum boni perdiu nulli, vix autem singulis aetatibus singuli[5] tolerabiles oratores invenirentur. Ac ne quis forte cum aliis studiis, quae reconditis in artibus atque in quadam varietate litterarum versentur[6], magis hanc dicendi rationem quam cum imperatoris laude aut cum boni senatoris prudentia comparandam putet, convertat animum ad ea ipsa artium genera circumspiciatque qui in eis floruerint quamque multi : sic facillime quanta oratorum sit et semper fuerit paucitas judicabit.

Cicéron, *De oratore*, I, 6-8.

3. proferre : *produire, montrer, citer.*

4. nostra (patrum, majorum) memoria : *de notre temps.*

5. singulis aetatibus singuli : *un seul pour chaque génération...*

6. reconditae artes : *les arts abstraits;* in quadam varietate litterarum : *dans les disciplines variées du domaine des lettres, de la littérature.*

## *Recherche*

• Reconstituez, dans ce texte, la hiérarchie traditionnelle des *artes* à Rome, à laquelle se réfère Cicéron. Contre quelle objection s'élève la dernière phrase? Montrez que, d'emblée, Cicéron place l'art oratoire au sommet de la hiérarchie des *artes :* à quoi est-il comparable?

• Anticipez sur la suite du texte : qu'est-ce que Cicéron entreprend de démontrer ici? par quel raisonnement?

**L'orateur. (Statue trouvée à Herculanum, Musée national de Naples.)**

# Ô suprême difficulté de l'art oratoire!

*Voici la réponse aux questions que se posait Cicéron : s'il y a eu si peu de grands orateurs, c'est que, de tous les arts, le leur était le plus difficile.*

Posteaquam, imperio omnium gentium constituto, diuturnitas pacis otium confirmavit[1], nemo fere laudis cupidus adulescens non sibi ad dicendum studio omni enitendum putavit. Ac primo quidem totius rationis[2] ignari, qui neque exercitationis ullam viam neque aliquod praeceptum artis esse arbitrarentur, tantum quantum ingenio et cogitatione poterant consequebantur; post autem, auditis oratoribus Graecis cognitisque eorum litteris[3] adhibitisque doctoribus[4], incredibili quodam nostri homines dicendi studio flagraverunt. Excitabat eos magnitudo ac varietas multitudoque in omni genere causarum, ut ad eam doctrinam[5], quam suo quisque studio consecutus est, adjungeretur usus frequens, qui omnium magistrorum praecepta superaret. Erant autem huic studio maxima, quae nunc quoque sunt, exposita praemia vel ad opes vel ad dignitatem[6]. Ingenia vero, ut multis rebus possumus judicare, nostrorum hominum multum ceteris hominibus omnium gentium praestiterunt. Quibus de causis, quis non jure miretur ex omni memoria aetatum, temporum, civitatum tam exiguum oratorum numerum inveniri? Sed enim majus est hoc[7] quiddam quam homines opinantur, et pluribus ex artibus studiisque collectum. Quid enim quis aliud in maxima discentium multitudine[8], summa magistrorum copia, praestantissimis hominum ingeniis, infinita causarum varietate, amplissimis eloquentiae propositis praemiis, esse causae[9] putet, nisi rei quamdam incredibilem magnitudinem ac difficultatem?

Cicéron, *De oratore,* I, 14-16.

1. *Après les guerres Puniques et la conquête, soit au IIe siècle avant J.-C.*
2. rationis : *théorie.*
3. litteris : *leurs écrits.*
4. doctoribus : *des maîtres, des professeurs.*
5. doctrinam : *connaissances théoriques, apprises.*
6. opes : *la puissance matérielle;* dignitas : *le prestige.*
7. hoc : *cet art (dont je parle), cette éloquence.*
8. in... : *alors qu'il y a...*
9. quid aliud... causae = quam aliam causam.

# L'orator un siècle après

*Avant d'être l'historien que vous connaissez, Tacite avait connu la gloire d'un avocat de talent. De fait, le seule formation littéraire, la seule culture possible en ce domaine, si ce n'est dans tous les domaines, était celle de l'*orator. *Mais au moment où Tacite écrit son* Dialogue des orateurs, *l'éloquence, à Rome, est en crise : la liberté de parole, sous les empereurs, a subi de graves restrictions, et l'art oratoire en a pâti; là-dessus se greffe une querelle des Anciens et des Modernes qui divise les orateurs du temps : faut-il imiter les Anciens, ou laisser se former une éloquence contemporaine? Tacite confie à l'un des personnages du dialogue, Marcus Aper, le soin de défendre cette dernière thèse : Aper s'attache à montrer que l'éloquence varie avec les époques, auxquelles elle doit s'adapter, et, de ce point de vue, il souligne le mérite de Cicéron, novateur en éloquence, tout en critiquant ses défauts!*

## Tacite, juge de Cicéron

Ad Ciceronem venio, cui eadem pugna cum aequalibus suis fuit quae mihi vobiscum[1] est. Illi enim antiquos mirabantur, ipse suorum temporum eloquentiam anteponebat; nec ulla re magis ejusdem aetatis oratores praecurrit quam judicio[2]. Primus enim excoluit orationem, primus et verbis dilectum adhibuit et compositioni artem, locos[3] quoque laetiores attentavit et quasdam sententias[4] invenit, utique in iis orationibus quas senior jam et juxta finem vitae composuit, id est postquam magis profecerat usuque et experimentis didicerat quod optimum dicendi genus esset. Nam priores ejus orationes non carent vitiis antiquitatis : lentus est in principiis, longus in narrationibus, otiosus circa excessus; tarde commovetur, raro incalescit; pauci sensus[5] apte et cum quodam lumine terminantur. Nihil excerpere, nihil referre possis, ut velut in rudi aedificio : firmus sane paries et duraturus, sed non satis expolitus et splendens. Ego autem oratorem, sicut locupletem ac lautum patrem familiae, non eo tantum volo tecto tegi quod imbrem et ventum arceat, sed etiam quod visum et oculos delectet; non ea solum instrui supellectile quam necessariis usibus sufficiat, sed sit in apparatu ejus et aurum et gemmae, ut sumere in manus et aspicere saepius libeat... Fugitet foedam et insulsam scurrilitatem, variet compositionem[6], nec omnes clausulas uno et eodem modo determinet – nolo irridere « rotam Fortunae »[7] et « jus verrinum »[8], et illud tertio quoque sensu in omnibus orationibus pro sententia positum « esse videatur[9] »...

Tacite, *Dialogus de oratoribus*, 22-23.

1. vobiscum : *les autres personnages du dialogue sont favorables aux « Anciens ».*
2. judicium : *le goût.*
3. loci *(cf. les lieux communs) : développements de caractère général.*
4. sententia : *trait de style, formule frappante (et réussie).*
5. sensus : *phrase.*
6. compositio : *l'agencement, le tour des phrases.*
7. rota Fortunae : *allusion à un trait d'esprit (?) décoché par Cicéron dans son discours* In Pisonem, *où il use de cette expression pour décrire les ronds que fait en dansant, lorsqu'il est passablement éméché, le riche Pison.*
8. jus verrinum : *le plus célèbre des calembours cicéroniens... Dans* Les Verrines, *Cicéron évoque la justice de Verrès* – jus Verrinum – *mais cette expression peut également signifier : jus de verrat. Notons que Cicéron affecte de ne pas prendre à son compte ce déplorable jeu de mots.*
9. *Voir « Quelques lumières ».*

# QUELQUES LUMIÈRES

## L'art de la clausule

Le latin, vous le savez, est une langue fortement rythmée par l'alternance des longues et des brèves. C'est ce rythme qui donne au vers latin sa cadence, et c'est à lui que recourent les orateurs latins pour terminer leurs phrases en les « enlevant ». Les formules métriques qui donnent aux fins de phrase un bon rythme ont été répertoriées dans les écoles d'éloquence, sous le nom de *clausŭlae* (elles permettent de bien clore la phrase); en voici quelques-unes :

– dichorée –⏑ / –⏑
ex. : ... *unūm fŭīssĕ;*
... *vehemēntĕr errăs.*
– di-crétique –⏑– / –⏓
ex. : ... *gloriāe bŏnīs ōmnĭbūs.*
– crétique-spondée –⏑– / –⏓
ex. : ... *arbitriō sŭō fēcĭt.*
– crétique-dispondée –⏑– / – – / –⏓
ex. : ... *pūblĭcām cōnclāmāstĭs.*
– péon Ier spondée –⏑⏑⏑ / –⏓
ex. : ... *ēssĕ vĭdĕātŭr.*
... *existimārĕ pŏtŭīssĕt.*

Cette dernière clausule, comme l'indique Tacite, était très appréciée de Cicéron, qui en faisait grand usage, et tombait ainsi dans le reproche de monotonie que lui adresse Marcus Aper !

Il est une question que vous devez vous poser : le public entendait-il ces clausules ? De la même façon que nous remarquons un alexandrin dans un discours en prose. Les lecteurs savaient repérer les clausules, comme nous repérons les alexandrins dans la prose de Michelet...

## L'éloquence a besoin des tempêtes

*Les personnages du dialogue de Tacite finissent par se ranger à l'avis de Curiatius Maternus : l'éloquence est à Rome, au Ier siècle après J.-C., en perte de vitesse. Ils s'interrogent sur les causes de ce déclin – sujet classique que cette question* de corruptela eloquentiae. *Cela tient-il à l'éducation? aux mœurs? aux nouvelles conditions de la vie judiciaire? Pour Maternus, qui conclut le dialogue, il faut se rendre à l'évidence : c'est dans les temps troublés que se déploie l'éloquence, elle se nourrit des crises, elle ne prend son plein éclat que dans les États malades. Qu'il vienne à s'instaurer un état de justice et de paix, il n'y aura plus besoin d'orateurs : faudra-t-il le regretter?*

Non de otiosa et quieta re loquimur et quae probitate et modestia gaudeat, sed est magna illa et notabilis eloquentia alumna licentiae, quam stulti libertatem vocant, comes seditionum, effrenati populi incitamentum, sine obsequio, sine severitate, contumax, temeraria, adrogans, quae in bene constitutis civitatibus non oritur.

L'histoire nous a-t-elle transmis le souvenir d'un seul orateur lacédémonien ou crétois? Or, dans ces États, on rapporte que la discipline était très rigoureuse, et très rigoureuses aussi les lois. Même chez les Macédoniens, chez les Perses ou toute autre nation, aussi longtemps que celle-ci fut contenue par un ferme gouvernement, nous ne connaissons point d'éloquence. Mais à Rhodes, il y eut quelques orateurs, et un très grand nombre à Athènes : chez ces peuples, tout était au pouvoir du peuple, tout était au pouvoir des incapables, tout était, si j'ose dire, au pouvoir de tout le monde.

Nostra quoque civitas, donec erravit, donec se partibus et dissensionibus et discordiis confecit, donec nulla fuit in foro pax, nulla in senatu concordia, nulla in judiciis moderatio, nulla superiorum reverentia, nullus magistratuum modus, tulit sine dubio valentiorem eloquentiam, sicut indomitus ager habet quasdam herbas laetiores. Sed nec tanti rei publicae Gracchorum eloquentia fuit ut pateretur et leges[1], nec bene famam eloquentiae Cicero tali exitu pensavit.

(...) Quod si inveniretur aliqua civitas in qua nemo peccaret, supervacuus esset inter innocentes orator sicut inter sanos medicus. Quomodo tamen minimum usus minimumque profectus ars medentis habet in iis gentibus quae firmissima valetudine ac saluberrimis corporibus utuntur, sic minor oratorum honor obscuriorque gloria est inter bonos mores et in obsequium regentis paratos. Quid enim opus est longis in senatu sententiis, cum optimi cito consentiant? quid multis apud populum contionibus, cum

1. et = etiam; leges (Gracchorum).

de re publica non imperiti et multi deliberent, sed sapientissimus et unus? quid voluntariis accusationibus, cum tam raro et tam parce peccetur? quid invidiosis et excedentibus modum defensionibus, cum clementia cognoscentis obviam periclitantibus eat?

Croyez-moi, vous qui êtes des hommes remarquables et, autant qu'il vous l'est permis, très éloquents, si vous étiez nés dans les siècles passés ou si ces grands hommes que nous admirons étaient nés dans notre siècle, et qu'un dieu vous eût fait changer mutuellement d'époque et de vie, vous auriez eu tout l'éclat et la gloire de l'éloquence, et ils auraient, eux, fait preuve de réserve et de modération. Mais, puisque personne ne peut jouir à la fois d'une grande réputation et d'une grande tranquillité, il faut profiter des avantages de son siècle, et ne pas jalouser les autres.

Tacite, *Dialogus de oratoribus,* 40-41.

## Recherche

• En la personne des Gracques et de Cicéron, Maternus évoque le début et la fin de l'essor que connut l'éloquence au Ier siècle avant J.-C. : montrez qu'il délimite aussi, ce faisant, le temps des crises de la République. Le tableau qu'il dresse de la cité en crise (c'est-à-dire de la République malade du siècle de Cicéron) vous paraît-il conforme à la réalité?

• Que pensez-vous des positions prises par Tacite, par la bouche de Maternus, dans ce passage? Vous paraissent-elles sensées, ou dangereuses? Dans ce *Dialogue,* Tacite a adopté la forme littéraire cicéronienne, imite son style, emprunte certaines de ses idées : ne trahit-il pas, à certains points de vue, l'idéal de Cicéron? (voir « L'éloquence mène le monde »).

• Dans son livre *Tacite et le destin de l'Empire,* Alain Michel évoque en ces termes la conclusion du *Dialogue des orateurs,* dont vous venez d'étudier un extrait :

« Ainsi se révèle, en fin de compte, la pensée profonde d'un historien blasé : le prince ne vaut guère, mais le Sénat, dans sa majorité, vaut moins encore, car la plupart de ses membres se dressent les uns contre les autres par ambition. Seuls les meilleurs sont désintéressés; aussi s'éloignent-ils des affaires, non par esprit d'opposition mais, au contraire, pour faciliter l'action d'un chef qui, s'il n'est point parfait, est au moins le plus sage, et qui présente au moins l'avantage d'être seul. »

Dans quelle mesure cette analyse éclaire-t-elle le passage que vous avez étudié?

# SCIENCES ET TECHNIQUES

*Vous avez vu les exigences de Cicéron en ce qui concerne l'*orator *: il doit connaître l'histoire, la philosophie, la rhétorique, bien sûr; il doit aussi s'interroger sur la grammaire, ne serait-ce que pour savoir le bon usage de la langue, et veiller à sa pureté. Enfin, l'idéal de culture cicéronien ne néglige pas ce que nous appellerions les sciences. Cicéron lui-même a beaucoup consacré de son* otium *à l'astronomie, et son contemporain Varron, à côté d'un important traité sur l'agriculture, a écrit avec autant de science un* De lingua Latina. *D'ailleurs la science antique n'est pas une activité réservée à des spécialistes, et le champ du travail intellectuel n'est pas, comme de nos jours, partagé en deux grands domaines radicalement opposés, les lettres et les sciences, au point qu'un moderne est assez embarrassé pour traduire en latin le mot « science ». Le philosophe Sénèque est aussi l'auteur d'un ouvrage scientifique, les* Questions naturelles. *Inversement, l'ingénieur* ***Vitruve,*** *auteur du* De architectura, *considère que l'architecte doit être un homme complet, à la fois théoricien et praticien, instruit dans les disciplines connexes comme la géométrie, l'arithmétique, la physique, la géographie (pour l'adaptation des bâtiments au climat), la musique (pour la construction des théâtres), mais aussi versé dans le droit, les lettres (pour rédiger de bons mémoires sur ses projets), et la philosophie (pour comprendre les buts profonds de son travail). Il n'est donc pas étonnant de trouver dans son ouvrage un passage où il décrit à ses lecteurs une des découvertes célèbres du savant de Syracuse, Archimède.*

## Le physicien dans sa baignoire

Hiéron, prince de Syracuse, avait fait vœu d'offrir dans un temple une couronne aux dieux immortels. Il se mit d'accord avec un adjudicataire sur le prix de la façon, et lui donna le poids d'or nécessaire à la fabrication. Au jour promis, l'artisan livra son ouvrage, que le prince trouva bien exécuté et du poids de l'or qui avait été fourni. Mais il apprit par un dénonciateur que l'artisan avait gardé une partie de l'or, et l'avait remplacée par de l'argent dans le métal de la couronne. Furieux d'avoir été berné, mais ne voyant aucun moyen de prouver la fraude, le prince pria Archimède d'en chercher un. Un jour que le savant, tout préoccupé par ce problème, se mettait au bain, il remarqua qu'il s'écoulait de la baignoire pleine, à mesure qu'il s'y enfonçait, une quantité d'eau égale au volume de son corps. Ce fut pour lui une illumination : sans plus attendre, fou de joie, il bondit hors de l'établissement de bains et, tout nu, regagna son domicile en disant aux gens qu'il rencontrait : « Eurêka! Eurêka! »

Tum vero ex eo inventionis ingressu duas dicitur fecisse massas aequo pondere, quo etiam fuerat corona, unam ex auro, alteram ex argento. Cum ita fecisset, vas amplum ad summa labra implevit aqua; in quo demisit argenteam massam : cujus quanta magnitudo[1] in vase depressa est, tantum aquae effluxit. Ita exempta massa, quanto minus factum fuerat[2], refudit sextario mensus, ut eodem modo, quo prius fuerat, ad labra aequaretur. Ita ex eo invenit quantum pondus argenti ad certam aquae mensuram responderet. Cum id expertus esset, tum auream massam similiter pleno vase demisit, et, ea exempta, eadem ratione mensura addita invenit ex aqua non tantum defluxisse sed minus, quanto minus magno corpore[3] eodem pondere auri massa esset quam argenti. Postea vero repleto vase, in eadem aqua ipsa corona demissa, invenit plus aquae defluxisse in[4] corona, quam in aurea eodem pondere massa; et ita, ex eo quod plus defluxerat aquae in corona quam in massa, ratiocinatus deprehendit argenti in auro mixtionem et manifestum furtum redemptoris.

Vitruve, *De architectura*, IX.

1. magnitudo : *volume.*
2. quanto minus factum fuerat (*complément de* refudit) : *la quantité d'eau manquante.*
3. corpus : *volume.*
4. in : *pour, dans le cas de.*

## *Recherche*

• Aidez votre professeur de latin à résoudre le problème suivant : On dispose de trois cubes pleins, de masses identiques, d'or, d'argent et d'alliage d'or et d'argent. On dispose d'une balance de Roberval et des poids nécessaires. Indiquez la méthode à suivre pour déterminer le pourcentage d'or et d'argent dans le cube d'alliage. (On considérera comme négligeable la contraction en volume observée au moment de la fabrication de l'alliage.)

• Quel est l'inconvénient de la manipulation opérée par Archimède?

**D'après cet illustrateur du début XX^e^ siècle, l'*Euréka* d'Archimède ne surgit pas de sa baignoire, mais plutôt... de la pleine mer.**

# Gloire au chou, « l'universelle panacée »

*La médecine est sans doute aussi vieille que la maladie. Comme le dit Pline l'Ancien :* « Milia gentium sine medicis vitam degunt, nec tamen sine medicina. » *Le premier médecin de profession qui ouvrit un cabinet à Rome, en 219 avant J.-C., fut, naturellement, un Grec, Archagathos. Mais il n'exista jamais de démarcation nette entre la médecine des spécialistes et l'art médical populaire. De génération en génération, on se transmettait des recettes de remèdes, incroyablement nombreuses et compliquées, à base de plantes essentiellement, de substances animales et de quelques éléments minéraux.* ***Pline l'Ancien*** *en a consigné des milliers dans son* Histoire naturelle.

Brassicae laudes longum est exsequi, cum et Chrysippus medicus privatim volumen ei dicaverit, per singula membra hominis digestum, et Dieuches, ante omnes autem Pythagoras et Cato non parcius eam celebrarint. Cujus sententiam diligentius persequi par est, ut noscatur qua medicina usus sit annis sexcentis populus Romanus. Cato crispam maxime probat, dein levem grandibus foliis, caule magno. Prodesse tradit capitis doloribus, oculorum caligini scintillationique, lieni, stomacho, praecordiis, crudam ex[1] aceto et melle, coriandro, ruta, mentha, laseris radicula, sumptam acetabulis duobus matutine; tantam esse vim ut, qui terat haec, validiorem se fieri sentiat... Vulnera et recentia et vetera, etiam carcinomata, quae nullis aliis medicamentis sanari possint, foveri prius aqua calida jubet ac bis die tritam imponi. Insomnia etiam vigiliasque tollere[2] decoctam, si jejuni edant quam plurimam ex[1] oleo et sale... Auribus quoque ex[1] vino succum brassicae tepidum instillari suadet idque etiam tarditati audientium prodesse adseverat.

1. ex : *mélangé avec.*
2. tollere (Cato dicit).

Pline l'Ancien, *Naturalis historia,* XIX, 136.

## *Recherche*

• Quels sont, d'après ce texte, les trois modes d'utilisation médicale du chou? Qu'est-ce qui nous montre que Pline est un compilateur plutôt qu'un savant? Montrez que, s'il respecte la science grecque, il conserve à son égard une certaine réserve nationaliste.
Comparez le texte de Pline avec le texte suivant, tiré du *Guide pratique des plantes médicinales,* de Vincent d'Auffray (Paris, 1973) :

**Chou**

Propriétés : antiscorbutique, pectoral, antinévralgique, béchique.

Recettes :
– enrouement, toux, bronchite : boire l'eau de cuisson des choux;
– douleurs, rhumatismes, arthroses : appliquer en cataplasmes. Enlever du chou les grandes feuilles extérieures, les ébouillanter et les aplanir avec une bouteille. Mettre plusieurs feuilles les unes sur les autres;
– blessures : recouvrir la plaie et changer les feuilles quand elles noircissent.

• Le chou a l'avantage d'être une aimable plante potagère très commune. Mais, dans la variété inimaginable des drogues, on ne manquait pas d'essayer aussi les vertus des plantes lointaines et des animaux exotiques. Pline nous parle de l'utilisation de l'urine de lynx, de la cendre de peau d'hippopotame, de la pistache de terre égyptienne... et cette étude lui arrache un cri d'admiration, assez inattendu, pour l'Empire romain, garant de la santé universelle :

« Est-il, dans notre civilisation, quelque chose de plus merveilleux que de voir l'herbe scythique nous arriver de Palus-Méotide, l'euphorbe du mont Atlas, l'herbe *britannica* des îles de l'Océan, à la limite du monde, l'herbe *aethiopis* des contrées brûlées par le soleil, et de voir cet échange permanent, entre les différents points du globe, de plantes utiles à la santé des hommes ? Nous le devons à l'immensité de la paix romaine, qui fait connaître aux peuples éloignés les uns des autres non seulement les hommes qui s'y trouvent, mais encore les productions et les végétaux. Puisse ce bienfait être acquis pour l'éternité ! »

## La vie des mots

De quels mots latins du texte rapprochez-vous les mots suivants : les laudes – digestion – parcimonie – crêpe, crépu, crépinette, créper (et son doublet, crisper), crépi – acétique (à ne pas confondre avec ascétique) – mellifère, mélasse (emprunté à l'espagnol) – matutinal – carcinome – fomentation (terme médical) – décoction, maître-queux – jeûne, déjeuner, dîner *(< disjejunare)* – instillation ?

Quel est le rapport de sens entre *volumen* et le verbe de même racine, *volvere ?*

Vous ne confondrez évidemment pas en français les mots homophones rue < *ruta* et rue < *ruga* = sillon (voir rugueux).

Chou pommé. (Gravure, vers 1880, bibliothèque des Arts décoratifs.)

*Heureusement (peut-être) pour les malades, la médecine empirique n'entrava pas le succès des médecins professionnels, dépositaires d'une tradition scientifique solide, pratiquement tous d'origine grecque. L'un des plus illustres est Galien (130-201 ap. J.-C.) dont les ouvrages servirent de manuels pendant tout le Moyen Age. Ils portaient sur l'anatomie, la physiologie, l'hygiène, la diététique, la théorie du pouls, la pharmacologie, la thérapeutique... Ils sont, évidemment, encombrés d'erreurs, mais constituent un considérable progrès, notamment pour la connaissance du corps humain. Galien pratiquait en effet des dissections sur des anthropoïdes, selon une véritable méthode expérimentale. Il démontra ainsi, par exemple, le rôle du cerveau. Selon un de ses commentateurs modernes : « En pratiquant la section des nerfs cervicaux, il constata l'arrêt du fonctionnement du cœur. Il concluait ainsi, en opposition avec Aristote, que, bien loin que les nerfs eussent leur origine dans le cœur, celui-ci était au contraire sous la dépendance du cerveau par l'intermédiaire des nerfs. »*

*Comme les autres secteurs de la science, la médecine n'était pas l'apanage des spécialistes, et les écrivains encyclopédistes ne manquaient pas de lui consacrer quelques volumes. Nous avons ainsi conservé un traité de médecine dû à l'écrivain* ***Celse,*** *qui constituait le livre VI d'une vaste encyclopédie. En voici un extrait.*

**Un Romain chez l'ophtalmologiste. (Bas-relief de Ravenne, église Saint-Victor.)**

# L'opération de la cataracte

Ante curationem autem modico uti cibo, bibere aquam triduo debet[1], pridie ab omnibus abstinere. Post haec in adverso[2] collocandus est, loco lucido, lumine adverso, sic ut contra medicus paulo altius sit; a posteriore parte caput ejus qui curabitur minister contineat, ut immobile id praestet : nam leni motu eripi acies in perpetuum potest. Quin etiam ipse oculus qui curabitur immobilior faciendus est, super alterum lana imposita. Tum acus admovenda est, sic acuta ut foret non nimium tenuis; eaque demittenda, recta, est per summas duas tunicas medio loco inter oculi nigrum[3] et angulum tempori propiorem e regione mediae suffusionis[4], sic ne qua vena laedatur. Neque tamen timide demittenda est, quia inani loco excipitur; ad quem cum ventum est, ne mediocriter quidem peritus falli potest, quia prementi nihil renititur. Uti eo ventum est, inclinanda acus ad ipsam suffusionem leniterque ibi vertendo paulatim eam deducere infra regionem pupillae debet[5]; ubi deinde eam transiit, vehementius imprimi[6], ut inferiori parte insidat. Si haesit, curatio expleta est;

1. debet : *le sujet est « le malade ».*

2. in adverso : *en face (du médecin).*

3. oculi nigrum = pupilla.

4. e regione mediae suffusionis : *au niveau du milieu de la cataracte. Celle-ci est constituée par une opacification du cristallin.*

5. debet (medicus); eam = suffusionem.

6. imprimi (debet suffusio).

si subinde redit, eadem acu concidenda et in plures partes dissipanda est, quae singulae et facilius conduntur et minus late officiunt. Postea educenda recta acus est; imponendumque lana molli exceptum ovi album et supra quod inflammationem coerceat; atque ita devinciendum. Post haec opus est quiete, abstinentia, lenium medicamentorum inunctionibus, cibo, qui postero die satis mature datur, primum liquido, ne maxillae laborent.

Celse, *De arte medica.*

## *Recherche*

• Comment se traduit le souci de précision de l'auteur ? La citation suivante, de Littré, vous expliquera les raisons de la diète :
« On doit faire tenir le ventre libre au malade afin que, pendant les premiers jours qui suivront l'opération, il n'ait pas à faire d'efforts violents qui puissent provoquer la rupture de la cicatrice cornéenne. »

• A l'opération ancienne qui consistait en fait à dégager le champ pupillaire par abaissement ou découpage du cristallin opacifié, on préfère maintenant l'extraction. Mais, dans l'un et l'autre cas, le malade recouvre-t-il réellement la vue ?

# Le charlatan confondu

*Tous les médecins n'avaient sans doute pas la qualité requise pour effectuer de semblables opérations, loin de là, d'autant qu'il n'existait pas d'écoles habilitées à délivrer des diplômes autorisant à pratiquer la médecine. Le métier s'apprenait sur le tas et n'importe qui pouvait se prétendre médecin, sans encourir les foudres de la loi, comme en témoigne cette fable de* ***Phèdre.***

Malus cum sutor inopia deperditus
medicinam ignoto facere coepisset loco
et venditaret falso antidotum nomine,
verbosis adquaesivit sibi famam strophis.
Hic cum jaceret morbo confectus gravi
rex urbis, ejus experiendi gratia,
scyphum poposcit; fusa dein simulans aqua
miscere antidoto in illius se toxicum,
ebibere jussit ipsum posito praemio.
Timore mortis ille tum confessus est
non artis ulla medicae se prudentia,
verum stupore vulgi factum nobilem.
Rex advocata contione haec addidit :
« Quantae putatis esse vos dementiae,
qui capita vestra non dubitatis credere
cui calceandos nemo commisit pedes ? »
Hoc pertinere vere ad illos dixerim
quorum stultitia est quaestus impudentiae.

Phèdre, *Fables,* I, 14.

# Des dieux et des hommes

Dis-moi ce que tu crois, je te dirai qui tu es...

Les religions, vous le savez, jouent un rôle essentiel dans l'évolution des civilisations. Croyants ou non-croyants, nous vivons dans une civilisation dont la religion dominante est le christianisme, avec tout ce que cela représente pour nous : des valeurs, une morale, une attitude historique vis-à-vis des nations non chrétiennes, une certaine forme de pensée. Vous avez déjà pu constater, si vous avez étudié le chapitre sur la « contestation chrétienne », que le christianisme et le paganisme se sont affrontés, dans l'histoire de Rome, sur bien d'autres terrains que la stricte vérité des dogmes. Nous avons pu parler de conflit idéologique, et remarquer que cette lutte entre une nouveauté – la pensée chrétienne – et les valeurs traditionnelles du monde antique revêtait tous les aspects d'une crise de civilisation, en s'inscrivant dans le mouvement général de mutation du monde romain.

Si vous abordez l'étude de la philosophie, vous serez sans doute amenés à poser de façon théorique la question de la religion. Ce que nous vous proposons dans ce chapitre, c'est d'observer un certain nombre de faits religieux caractéristiques de la civilisation romaine, compte tenu de son évolution historique. L'étude des religions est une science difficile, et nous ne voulons pas ici nous engager dans la voie de l'érudition; il s'agit d'évoquer un aspect de la civilisation romaine, en recherchant, ici comme ailleurs, une meilleure compréhension des mentalités, des réalités sociales, de la vie quotidienne. Il nous faut pour cela avoir conscience de tout ce qui, a priori, risque de faire obstacle à notre jugement.

Chrétiens, israélites et musulmans sont accoutumés à s'interroger sur la religion dans le cadre du monothéisme : ils parlent de Dieu au singulier, et doivent faire un effort pour comprendre la mentalité de ces hommes qui parlaient des dieux, au pluriel. Le polythéisme, contrairement à ce que nous pourrions penser en nous laissant guider par une impression première, n'est pas forcément une vision naïve, primitive, archaïque du monde, mais une autre vision du monde, tout aussi élaborée, et dont toute spiritualité n'est pas absente.

Le christianisme se présente comme une religion révélée, qui se fonde, tout comme l'islam et le judaïsme, sur un corps de textes sacrés. Ce n'est pas le cas des religions anciennes, dont l'origine reste confuse, et qui ignorent la notion de dogme : la tradition, qu'il s'agisse des mythes religieux ou des rites du culte, y joue un rôle déterminant. Mais surtout, ces religions sont susceptibles de se modifier, d'introduire dans leur panthéon des divinités nouvelles, de nouveaux cultes, de pratiquer des assimilations : tout cela peut nous surprendre, et nous laisser sur l'impression défavorable d'un beau désordre...

Mars. (Musée étrusque, Rome.)

La notion de « foi », essentielle à notre pensée religieuse, centre les rapports entre l'humanité et la divinité sur la croyance individuelle : l'Église est l'assemblée des croyants, et les prêtres ont pour mission d'aider les hommes à faire leur salut individuel, en les confirmant dans leur foi ou en les convertissant. Dans l'Antiquité, la religion prend beaucoup plus l'aspect d'un phénomène de masse, au niveau d'une société. Les pratiques religieuses y sont des pratiques sociales, voire politiques, et les prêtres y jouent un autre rôle, bien plus proche de celui des magistrats. Souvent, du reste, ces fonctions sont associées par définition.

Enfin, notre pensée religieuse est avant tout préoccupée du salut des âmes : il faut que les fautes soient rachetées, et la théologie enseigne comment les hommes ont pu être sauvés par le sacrifice de Jésus. Les civilisations antiques ne fondent pas la religion sur de telles réflexions, et ce n'est que tardivement que se sont développées, dans le paganisme, des « religions de salut », venues d'Orient, telles que le culte d'Isis ou celui de Mithra; le christianisme fut, à l'origine, une religion de salut parmi d'autres. Les religions de l'Antiquité étaient beaucoup plus préoccupées des rapports qui existent entre les dieux et les activités humaines, entre la puissance divine et l'ordre de la nature. Il n'est pas essentiel, pour elles, qu'un dieu soit créateur du monde; il suffit qu'il exerce une tutelle sur le monde : honorer les dieux, cela consiste très souvent à s'assurer de leur bienveillance, à apaiser leur colère, à se recommander à eux pour la réussite d'une entreprise. Du reste, ces dieux ne sont pas éternels, mais immortels. Ils ont une histoire, et, pour certains, ont commencé leur « carrière » comme de simples humains avant d'être reçus au nombre des divinités. La mystique du salut doit plus aux religions orientales qu'à la mentalité romaine traditionnelle.

Voilà quelques indications qui pourront peut-être vous aider dans votre réflexion sur les textes. Somme toute, il nous faut aborder cet aspect de la civilisation romaine avec l'intention de comprendre, et non de juger.

# QUE DE DIEUX!

*« Il y a dans Rome plus de dieux que de citoyens... »*

*Cette phrase de l'historien Fustel de Coulanges résume bien l'impression que peut ressentir quiconque se penche sur la religion romaine... La multiplicité des dieux était telle que les Romains eux-mêmes n'étaient pas sûrs du nombre exact de divinités qu'ils honoraient. Nous ne parlons pas, bien sûr, de « l'homme de la rue », qui se souciait peu de ce nombre, et se bornait à honorer les dieux qu'il connaissait; mais, dans la mesure où il existait à Rome une religion d'État, il était nécessaire de savoir, avec quelque précision, quelles divinités devaient recevoir un culte, et en quelles circonstances on devait les invoquer. À cet effet, le collège le plus élevé dans la hiérarchie des prêtres de l'État, les Pontifes, avait, entre autres, mission de dresser des listes précises des dieux « officiellement reconnus » (en particulier les dieux d'origine étrangère), en notant pour chacun toute indication utile pour le bon déroulement de leur culte. Ces listes de dieux, les* indigitamenta, *ne prenaient en considération que les divinités associées à la religion publique; il faudrait leur ajouter toutes les divinités de la religion privée, qui variaient de ville en ville, et même de famille en famille! On arrive ainsi à des nombres impressionnants... Et saint Augustin, dans* La Cité de Dieu, *souligne à plaisir ce pullulement de divinités et de cultes.*

# Un dieu pour chaque chose, et chaque chose a son dieu!

Comment pourrais-je évoquer en un seul passage de mon livre tous les noms des dieux et des déesses, qui peuvent à peine tenir dans les gros volumes d'*indigitamenta* où les païens assignent à chaque chose la fonction spéciale d'une divinité!

Nec agrorum munus uni alicui deo committendum arbitrati sunt, sed rura deae Rusinae, juga montium deo Jugatino; collibus deam Collatinam, vallibus Valloniam praefecerunt. Nec saltem potuerunt unam Segetiam talem invenire, cui semel segetes commendarent[1], sed sata frumenta, quamdiu sub terra essent, praepositam voluerunt habere deam Seiam; cum vero jam essent super terram et segetem facerent, deam Segetiam; frumentis vero collectis atque reconditis, ut tuto servarentur, deam Tutelinam praeposuerunt. Cui non sufficere videretur illa Segetia, quamdiu seges ab initiis herbidis usque ad aristas aridas perveniret? Praefecerunt Proserpinam frumentis germinantibus, geniculis[2] nodisque culmorum deum Nodutum, involumentis folliculorum[3] deam Volutinam; cum folliculi patescunt, ut spica exeat, deam Patelanam, cum segetes novis aristis aequantur[4] (quia veteres aequare « hostire » dixerunt), deam Hostilinam; florentibus frumentis deam Floram, lactescentibus deum Lacturnum, maturescentibus deam Matutam; cum runcantur[5], id est a terra auferuntur, deam Runcinam. Nec omnia commemoro, quia me piget quod illos non pudet.

Je me suis borné à un énoncé très restreint, pour que l'on comprenne qu'ils ne peuvent en aucune façon prendre l'audace de prétendre que l'Empire romain a été établi, accru et maintenu par ces divinités tellement spécialisées dans leur fonction propre qu'on ne leur a même pas confié l'intégralité d'une tâche! A quel moment Ségétia pourrait-elle veiller sur l'Empire, elle qui ne peut pas veiller à la fois sur les moissons et sur les arbres? A quel moment Cunina pourrait-elle songer aux travaux guerriers, elle qui n'avait pas l'autorisation d'outrepasser ses fonctions de préposée à la garde des berceaux des bébés? A quel moment Nodutus pourrait-il prêter aide à la guerre, lui dont la compétence s'étendait non pas jusqu'à l'enveloppe de l'épi de blé, mais seulement jusqu'au nœud de la tige?

Unum quisque domi suae ponit ostiarium, et quia homo est, omnino sufficit : tres deos isti posuerunt, Forculum foribus, Cardeam cardini, Limentinum limini. Ita non poterat Forculus simul et cardinem limenque servare.

Saint Augustin, *De civitate Dei*, IV, 8.

1. cui... commendarent : *relative à sens consécutif, comme l'indique le corrélatif* talem.

2. geniculum : *l'articulation de la tige* (culmus).

3. folliculus : *le fourreau de l'épi proprement dit* (spica).

4. cum segetes novis aristis aequantur : *quand la barbe de l'épi* (arista) *a poussé au point d'être aussi longue* (aequare) *que l'épi lui-même* (seges), *le fruit est prêt à être récolté. Ce signe indique, en effet, que le blé est parvenu à maturité.*

5. runcantur : *pour le sens, voir « Recherche ».*

## *Recherche*

• Dans son *De civitate Dei,* Augustin démontre aux païens qu'ils ne peuvent tirer argument du prodigieux destin de Rome pour affirmer la vérité de sa religion traditionnelle. Comment cette intention se retrouve-t-elle dans ce passage? Pensez-vous que le raisonnement de l'auteur soit bien pertinent? Qualifiez le ton général de ce texte.

• Le verbe *runcare* signifie proprement « sarcler ». Si l'on suit la logique de l'énumération que fait Augustin des divinités qui président à la vie d'un grain de blé, quel sens doit-on lui donner dans le texte? Augustin emploie visiblement ce mot pour souligner sa parenté étymologique avec le nom de *Runcina.* Ce souci de justification étymologique apparaît dans d'autres points du texte : donnez-en des exemples. Qu'est-ce qui prouve que l'auteur accorde une grande importance à cette présentation systématique?

• Le nom des dieux et des déesses évoqués dans ce texte est intimement lié aux termes qui désignent leur champ de compétence. Quelle conclusion Augustin veut-il en tirer? Cette manie de voir des dieux partout vous paraît-elle témoigner d'un instinct satanique? Comment pourriez-vous l'expliquer? Dans le cas du blé, comment peut-on expliquer le besoin des paysans romains d'avoir un dieu à invoquer, voire à prier pour chaque moment de sa croissance? Au demeurant, n'est-il pas abusif de parler de dieux et de déesses en cette occurrence?

• Dans la religion chrétienne telle qu'elle est pratiquée, ne peut-on pas trouver la marque de ce travers de spécialisation à outrance que critique Augustin? Quel rôle ambigu fait-on jouer aux saints? Citez des exemples.

**Le Printemps. (Fresque de Stabies, Naples, Musée archéologique national.)**

# QUELQUES LUMIÈRES

## Numen et numina

Le mot *numen* risque de vous poser, à l'occasion, un problème de traduction. Par ce terme, les Romains désignent la puissance mystique, parfois mystérieuse, d'un dieu ou d'une déesse, et parfois la divinité elle-même dont le *numen* est la manifestation essentielle. Un dieu existe dans la mesure où l'on ressent sa puissance, son influence sur le cours des événements humains : c'est la volonté du dieu qui fait sa majesté. *Numen* dérive d'ailleurs du verbe archaïque *nuo,* qui signifie « faire un signe de la tête, manifester sa volonté par un signe ».

La multiplication des *numina* témoigne du mysticisme confus des Romains : elle est à la mesure des mille inquiétudes de la vie quotidienne, de tous ces points d'interrogation qui font naître les superstitions. Il ne faut pas croire que tous ces *numina* désignent des dieux en bonne et due forme : ils témoignent surtout du besoin de nommer ce qu'il y a de mystérieux en chaque chose, et le texte d'Augustin le montre bien. Le monde est plein de dieux parce qu'il est plein de mystères, surtout pour un humble paysan romain...

L'on peut, sur ce point, rendre hommage à la prudence des Romains : ils ne se risquent jamais à affirmer qu'ils ont fait un inventaire exhaustif des dieux ! A côté des *dii certi,* reconnus nettement, il y a place pour un nombre infini de dieux indéterminés, les *dii incerti,* qui se révèlent au fur et à mesure des occasions. Lorsqu'on commença à battre monnaie, le besoin se fit sentir d'un dieu *Aesculanus* pour présider à cette opération, rapidement secondé par *Argentinus* pour la surveillance spéciale des pièces d'argent. Même à l'époque historique, un événement remarquable pouvait entraîner la reconnaissance d'un dieu : lorsque Hannibal, en 211, rebroussa chemin devant Rome, sa retraite fut attribuée officiellement à l'ordre formel du dieu *Rediculus Tutanus,* inconnu jusque-là...

## Des dieux familiers, serviables, complaisants

*« Ce qui occupe le Romain, c'est sa famille, sa maison, son domaine, son troupeau, sa moisson, sa ville et aussi son peuple. Pour tous ces intérêts, il ne trouve jamais assez de dieux familiers et serviables. Il remplace la qualité par la quantité. » (Albert Grenier.)*

*Pour le Romain, les dieux ne sont pas des êtres inaccessibles, qui contemplent du haut de leur divinité les menus incidents de la vie humaine. Les dieux sont, sinon sur terre, du moins présents dans la vie terrestre, et ils font en quelque sorte partie de la famille, lorsqu'il est dans leurs attributions de veiller sur la famille, le foyer, la maison... Les dieux lares sont de ceux-là. On ne saurait dire leur origine, ou même cerner de façon précise leur personnalité : ces « génies » semblent avoir eu pour fonction d'assurer l'abondance dans la maison et le domaine. Toujours est-il qu'on les aime bien : ils ont leur siège dans une petite niche, le* lararium, *qu'ils partagent sans être offusqués avec d'autres divinités, celles dont le* paterfamilias *apprécie le plus la protection. On parle d'eux au pluriel, mais, à l'occasion, ils peuvent s'individualiser, pour devenir, par exemple, un personnage de comédie : de leur place, ils voient tout dans la maison, et c'est au* Lar familiaris *que Plaute confie, dans l'*Aulularia, *la mission d'informer le spectateur des données de l'intrigue.*

## Un lare chez des ladres

Ne quis miretur qui sim, paucis eloquar.
Ego Lar sum familiaris ex hac familia
unde exeuntem me aspexistis. Hanc domum
jam multos annos est cum possideo et colo
patri avoque jam hujus qui nunc hic habet[1].
Sed mihi avus hujus obsecrans concredidit
auri thesaurum clam[2] omnes : in medio foco
defodit, venerans me ut id servarem sibi.
Is quoniam[3] moritur (ita avido ingenio fuit!)
numquam indicare id filio voluit suo;
inopem optavit potius eum relinquere
quam eum thesaurum commonstraret filio;
agri reliquit ei non magnum modum,
quo cum labore magno et misere viveret.
Ubi is obiit mortem qui mi[4] id aurum credidit,
coepi observare, ecqui[5] majorem filius
mihi honorem haberet quam ejus habuisset pater.
Atque ille vero minus minusque impendio[6]
curare minusque me impertire[7] honoribus.
Item a me contra factum est, nam item obiit diem.
Is ex se hunc reliquit qui hic nunc habitat filium
pariter moratum ut pater avusque hujus fuit.
Huic filia una est. Ea me cotidie
aut ture aut vino aut aliqui[8] semper supplicat,
dat mihi coronas. Ejus honoris gratia
feci thesaurum ut hic reperiret Euclio[9],
quo illam facilius nuptum[10], si vellet, daret.

Plaute, *Aulularia*, v. 1-27.

1. habet = habitat.
2. clam *est ici une préposition suivie de l'accusatif, et signifie : à l'insu de.*
3. quoniam, *ici : sur le point de. C'est le sens étymologique : dans* quoniam, *on reconnaît* quum (cum) *et* jam.
4. mi = mihi.
5. ecqui : *adverbe interrogatif, introduisant une proposition interrogative indirecte après* observare : *si en quelque manière, si...*
6. minus minusque impendio : *de moins en moins.*
7. curare, impertire : *infinitifs de narration.* Impertire aliquem aliqua re : *faire participer quelqu'un à quelque chose, donner à quelqu'un une part de quelque chose.*
8. aliqui : *ablatif neutre archaïque de* aliquis.
9. Euclio : *c'est le nom du père de la jeune fille;* facere ut : *faire en sorte que.*
10. quo : *voir « Recherche »;* dare nuptum *(supin) : donner (une fille) en mariage.*

*Mais l'avare Euclion, dont Molière s'est inspiré pour créer le personnage d'Harpagon, a d'autres projets, et surtout, bien d'autres soucis!*

## Recherche

• Expliquez les vers 2 et 3. Quelle indication nous donnent-ils sur le décor de la scène? Quel effet Plaute tire-t-il de la nature un peu spéciale de son personnage (par définition, un lare est casanier...)? Comment les données de l'intrigue – un détail, en particulier – justifient-elles le choix de ce personnage pour présenter les faits que doit connaître le spectateur? Pourquoi le lare est-il bien qualifié pour être au courant de toute cette histoire?

• Commentez le terme *possideo* (v. 4) : en quoi éclaire-t-il la psychologie de notre *Lar familiaris?* Quel jugement porte-t-il sur les *patres-familias* auxquels il a eu affaire? Quel est son critère en la matière? Comment justifie-t-il sa sympathie pour la fille d'Euclion?

• Quelles indications ce texte nous donne-t-il sur les relations qui pouvaient exister entre les habitants de la maison et les dieux lares ? Quel aspect de la religion domestique laisse-t-il transparaître ?

### Un peu de grammaire

Étudiez, en les distinguant dans le texte, les emplois du pronom/adjectif *hĭc* et de l'adverbe de lieu *hīc.*

Lorsque la subordonnée de but comporte un comparatif, la conjonction *ut* est généralement remplacée par *quo* (ablatif neutre du pronom relatif = *ut eo :* afin que par ce moyen, pour que par là).
Exemple :
*Audi audaces quo melius audeas :* Écoute les audacieux pour mieux oser.

## QUELQUES LUMIÈRES

# La religion dans la famille

L'historien Fustel de Coulanges donne un tableau remarquable de la vie religieuse du Romain :

« Sa maison est pour lui ce qu'est pour nous un temple : il y trouve son culte et ses dieux. C'est un dieu que son foyer ; les murs, les portes, le seuil sont des dieux, les bornes qui entourent son champ sont encore des dieux. Le tombeau est un autel et ses ancêtres sont des êtres divins. Chacune de ses actions de chaque jour est un rite... La naissance, l'initiation, la prise de la toge, le mariage et les anniversaires de tous ces événements sont les actes solennels de son culte... Chaque jour il sacrifie dans sa maison, chaque mois dans sa curie, plusieurs fois par an dans sa *gens* et dans sa tribu. Par-dessus tous ces dieux, il doit encore un culte à ceux de la cité... »

La vie religieuse romaine est dominée par la distinction entre le culte domestique *(sacra privata)* et le culte d'État *(sacra publica).* Mais ces deux aspects du culte obéissent souvent aux mêmes préoccupations fondamentales : la famille (le cercle restreint de la *familia* comme la large communauté que constitue la *gens*) est une collectivité, et il en va de même, au niveau supérieur, pour l'État. Ceci explique l'attachement des Romains à des divinités qui ont pour fonction la protection d'un lieu donné : celui où vit la famille, celui où s'élève la ville, celui où s'est installée une nation. Tel est le cas des lares, qui veillent sur le domaine, et que l'on rencontre dans les carrefours, aux confins de propriétés voisines. Tel est également le cas des pénates, préposés aux provisions de bouche (voir *penus* ) : chaque repas, dans la maison, comporte une offrande à ces pourvoyeurs de nourriture qui garantissent la survie de la collectivité. Ils sont indissociables de la collectivité qu'ils protègent : Énée, lorsqu'il est venu fonder pour sa race une nation nouvelle en Italie, transportait dans ses bagages les pénates de Troie. Tel est enfin le cas de Vesta, protectrice du foyer, qui a sa place dans les maisons comme au cœur de Rome, « maison » du peuple romain.

Au nombre des divinités de la famille, il faut mettre le *genius* du *paterfamilias,* bon génie qui veille personnellement sur celui qui, dans la cellule sociale de la famille, détient l'autorité et la responsabilité économique et morale.

Au niveau de la *gens,* il est des divinités auxquelles la tradition familiale confère une importance particulière : telle *gens* sacrifie à titre personnel à Hercule, telle autre revendique la protection privilégiée de Vénus... Ces cultes « gentilices » se déroulent en marge du culte d'État, mais arrivent, par l'importance politique que prennent certaines *gentes,* à l'influencer profondément.

Notons que, pour les Romains, les origines de ces cultes domestiques se perdaient dans la nuit des temps. Cela explique peut-être qu'ils soient restés immuables au cours des siècles...

# Le credo du paysan

*Donnons maintenant la parole au poète Tibulle, qui proclame son vif désir d'un retour aux champs, et à qui les devoirs religieux du paysan qu'il veut être inspirent un enthousiasme mêlé d'émotion.*

Nam veneror, seu stipes habet desertus in agris,
seu vetus in trivio florida serta lapis[1],
et quodcumque mihi pomum novus educat annus,
libatum agricolae ponitur ante deo.
Flava Ceres, tibi sit nostro de rure corona
spicea, quae templi pendeat ante fores,
pomosisque ruber custos ponatur in hortis,
terreat ut[2] saeva falce Priapus aves.
Vos quoque, felicis quondam, nunc pauperis agri
custodes, fertis munera vestra, Lares.
Tunc vitula innumeros lustrabat caesa juvencos,
nunc agna exigui est hostia parva soli.
Agna cadet vobis, quam circum[3] rustica pubes
clamet : « Io! messes et bona vina date! »
Hic ego pastoremque meum lustrare quotannis,
et placidam soleo spargere lacte Palem.
Adsitis, divi, nec vos e paupere mensa
dona nec e puris spernite fictilibus.
Fictilia antiquus primum sibi fecit agrestis
pocula, de facili[4] composuitque luto.

Tibulle, *Elégies,* I, 1, 11-30.

1. *Scandez ces vers;* florida serta *est complément de* habet, *qui a pour sujet* stipes *et* lapis; *le verbe* venerari *doit être pris dans un sens absolu : j'éprouve un pieux respect.*

2. terreat ut = ut terreat; *voir « Quelques lumières » p. 282.*

3. quam circum = circum quam.

4. facili : *facile à travailler, malléable.*

## Recherche

• Montrez que, pour Tibulle, les cultes agraires sont empreints de simplicité : de façon générale, notre poète vante la vie rustique, comme un paradis perdu, loin des vaines ambitions, de la gloire, de l'argent, des tracas. Une chaumière et un cœur, voilà ce qu'il souhaite.

• Quelle idée ce texte donne-t-il des relations entre les hommes et les dieux? Le paysan, selon Tibulle, est-il un homme inquiet?

• Cérès veillait sur les moissons : montrez-le.

**Scène de labour. (Mosaïque du musée de Saint-Germain-en-Laye.)**

## QUELQUES LUMIÈRES

• Les vieilles souches, les pierres isolées étaient l'objet d'une vénération spéciale : les paysans romains se disaient sans doute que, si elles étaient restées là, c'est qu'il y avait une raison, et on les associait volontiers au dieu Terme *(Terminus)* qui surveillait les limites des domaines.

• Quel peut être le *deus agricolae* dont il est question au vers 4 ? L'indication *annus novus* permet de voir que l'offrande décrite est celle des prémices ; elle est prélevée sur les premières récoltes de l'année. Tibulle ici n'apporte pas de précision : ce n'est pas son propos, et les cultes décrits dans ce poème sont bien flous !

• Le débonnaire Priape, voué ici à un rôle d'épouvantail, était une divinité rustique... dans tous les sens du terme ! On le figurait grossièrement en sculptant un vieux tronc d'arbre, et l'essentiel de sa personnalité résidait dans son organe sexuel de taille gigantesque, bariolé en rouge. Tibulle, qui est délicat, parle ici d'une faux, autre attribut de ce dieu des jardins.

• Palès était préposée à la santé du troupeau ; on la fêtait le 21 avril *(Palilia)*.

# Le culte des morts

*Le culte des morts est un élément essentiel de la religion romaine, comme d'ailleurs de toutes les religions de l'Antiquité. Pour les Anciens, d'une manière ou d'une autre, les morts ne s'évanouissent pas dans le néant, ils connaissent une autre vie, ou plutôt ils continuent à vivre... ailleurs. Les Romains ne se posent pas trop de questions sur cet « ailleurs » et ce qui s'y passe. C'est le genre de spéculations qui les rebutaient, et ils se bornent, comme toujours, à considérer le côté « pratique » de la chose.*

*Ce qui compte, c'est que les morts restent présents, et sont susceptibles d'avoir une action sur le monde des vivants. Les Étrusques accordaient une très grande importance aux honneurs posthumes : ils bâtissaient de magnifiques nécropoles, ornées de peintures, remplies de vivres et de bijoux, sortes de maisons pour les défunts, dont beaucoup ont été mises au jour par les archéologues. Les Romains semblent avoir adopté beaucoup de coutumes, en ce domaine, qui viennent des Étrusques : avant d'être un spectacle pour le bon peuple, les jeux de gladiateurs* (munus), *venus d'Étrurie, avaient pour fonction de fournir aux morts une indispensable nourriture, le sang humain, seul capable de les revigorer. Mais les Romains associaient plus volontiers le culte des morts aux cultes familiaux. Leur grande incertitude était de savoir si les morts étaient bons ou méchants : on les appelait* Manes *(à rapprocher d'un vieil adjectif* manus, *signifiant « bon, gentil »), mais peut-être s'agit-il là d'une précaution respectueuse, car le culte des morts témoigne à la fois d'un respect naturel et du souci de ne pas s'exposer aux rigueurs des « chers disparus », capables des pires méchancetés s'ils s'estiment mal traités !*

### C'était pendant l'horreur d'une profonde nuit

*Dans son poème des* Fastes, *Ovide décrit les principales cérémonies du calendrier religieux romain. En dehors des offrandes du culte privé, les morts avaient droit, dans l'organisation du culte d'État, à une neuvaine, les* dies parentales, *du 13 au 21 février, qui comportait diverses cérémonies consacrées aux défunts, et qui se terminait, en toute simplicité, par un banquet en leur honneur. Mais tout n'était pas aussi agréable dans ces dévotions : pendant trois nuits du mois de mai, le 9, le 11 et le 13, on s'occupait des* lemures *(cérémonies des* Lemuria*), morts insatisfaits qui venaient certaines nuits jouer aux fantômes pour tourmenter les vivants...*

Mensis erat Maius, majorum nomine dictus...
Nox ubi jam media est somnoque silentia praebet,
  et canis et variae conticuistis aves,
ille[1] memor veteris ritus timidusque deorum
  surgit; habent gemini vincula[2] nulla pedes
signaque dat digitis medio cum pollice junctis,
  occurrat tacito ne[3] levis umbra sibi;
terque manus puras[4] fontana perluit unda,
  vertitur et nigras accipit ore fabas,
aversusque[5] jacit, sed dum jacit : « Haec ego mitto;
  his, inquit, redimo meque meosque fabis! »
Hoc novies dicit, nec respicit : umbra putatur
  colligere, et nullo terga vidente[6] sequi.
Rursus aquam tangit, Temesaeaque concrepat aera[7],
  et rogat ut tectis exeat umbra suis.
Cum dixit novies : « Manes exite paterni! »,
  respicit et pure sacra peracta putat.

Ovide, *Fasti,* 5.

1. ille : *le* paterfamilias.
2. vincula : *désigne métaphoriquement des chaussures.*
3. occurrat... ne = ne occurrat.
4. puras : *cet adjectif exprime le résultat ou le but de l'opération.*
5. aversus : *sens adverbial : derrière lui, par-dessus son épaule.*
6. colligere (fabas); nullo vidente : *sans que personne ne la voie, sans être aperçue.*
7. Temesaeaque aera : *des objets en bronze de Témésée (ville de l'Italie du Sud). Il semble que cette image poétique désigne tout bonnement des marmites et casseroles.*

*Curieuse chasse aux fantômes... Que viennent faire les fèves là-dedans? Cet innocent légume avait une réputation maléfique, et le grand prêtre de Jupiter ne pouvait ni le toucher ni entendre son nom!*

## *Recherche*

• L'étymologie qui fait venir *Maius* de *majorum* est fantaisiste : pourquoi Ovide en fait-il état?

• Dans quelle atmosphère se déroule ce rite? Comment le poète crée-t-il « l'ambiance »? Quels traits indiquent que l'officiant n'est pas trop rassuré?

• Commentez le vers 6 : faites vous-mêmes le geste qui est décrit. Quel est le but de ce geste?

• Commentez l'usage qui est fait des fèves : quel est le sens de cette offrande? Qu'apporte la précision *nigras fabas?* Dans certains pays méditerranéens, on crache derrière soi, par-dessus son épaule gauche, pour détourner le mauvais sort. Pourquoi, à votre avis, le *paterfamilias* se lave-t-il les mains à deux reprises?

• Dans l'Antiquité, traditionnellement, sorciers et magiciennes vont les pieds nus. D'autres aspects de la cérémonie en soulignent le caractère magique : lesquels? Que pensez-vous des prescriptions : *ter* et *novies?*

• « Le culte des morts se trouve partout où il y a des hommes, et partout le même; c'est le seul culte peut-être, et les théologies n'en sont que l'ornement ou le moyen. C'est ici surtout que l'imagination tend ses pièges, évoquant les apparences, et créant une sorte de terreur d'instinct où il entre trop peu de réelle piété... Ainsi tout l'effort du culte va à calmer cette peur presque animale, et les plus naïves religions ont toujours senti que le retour des morts dans leur apparence extérieure était le signe qu'on ne leur avait point rendu les honneurs qu'on leur devait... » (Alain, *Propos sur la religion.)*

Ne trouve-t-on pas des traces de paganisme dans la façon dont est communément interprétée la fête de la Toussaint?

## D'un tombeau l'autre

*Parmi les soins qu'ils prenaient de leurs morts, les Romains vouaient un attachement particulier à leur sépulture. Un tombeau est un monument sacré, protégé par l'État. Les grandes familles s'enorgueillissaient des imposants édifices dédiés à leurs ancêtres défunts : on peut encore les voir à la sortie de Rome, le long de la Via Appia. Chez les humbles, une pierre dressée suffisait à perpétuer le souvenir du disparu. Une inscription, dédiée aux dieux mânes* (dis manibus, *en abrégé* DM), *rappelait l'identité du mort, son âge (parfois au jour près), ses activités passées, par qui avait été érigée la stèle, qui aurait le droit d'être enterré dans cette tombe. Parfois, chez les grands comme chez les moins grands, quelques vers d'épitaphe venaient rappeler les hauts faits de l'ancêtre ou les vertus de l'épouse, en prenant à témoin le passant. En voici quelques exemples que vous traduirez aisément. Nous avons ajouté, pour vous aider, les lettres qui manquent et quelques signes de ponctuation, mais pas tous!*

***Générosité silencieuse d'un ex-préfet du prétoire***

AUReliae UXORI DULCISSIMAE FL.ROMULIANUS EX Praefecto Praetorio DE PROPRIO SUO ARCAM COMPARAVIT

***Amertume posthume***

EUBULUS VIXI ANNis XII ITA FELICIOR SIS QUAM EGO FUI
ABSTINE MANUS

***Un bon vivant***

Vixit Annis LII DM TI.CLAUDI SECUNDI HIC SECUM HABET OMNIA
BALNEA, VINA, VENUS CORRUMPUNT CORPORA NOSTRA
SED VITAM FACIUNT Balnea, Vina, Venus

***Devinette macabre***
(avec gros solécisme!)

HIC QUiESCUNT DUAS MATRES, DUAS FILIAS, NUMERO TRES FACIUNT

*Il y a la grand-mère, la mère, la fille!*

***Gare aux représailles!***

DM AURELIUS NICETA AURELIAE FILIAE BENE MERENTI FECIT
FOSSOR VIDE NE FODIAS DEUS MAGNUm OCuLUm hABET
VIDE! ET TU FILIOS hABES!

*Que nous indique cette épitaphe sur la prononciation du latin, à l'époque où le graveur l'a écrite?*

***Une toute petite fille***

JACET SUB HOc SIGNINO[1] DULCISSIMA SECUNDILLA QUaE RAPTA PARENTIBUS RELIQUIT DOLOREM, UT TAM DULCIS ERAT TAMQUAM AROMATA, DESIDERANDO SEMPER MELLEAm VITAm. QUAE VIXIT ANNIS III, MENsibus VI, DIEbus XVI.

1. signinum = parvum signum.

Cet homme déroulant un *volumen* semble relire sa vie... (Détail d'un bas-relief de sarcophage romain, Rome, Musée national.)

## Ci-gît Aelia...

*Cette inscription est l'œuvre d'un petit fonctionnaire de Mésie inférieure (Roumanie actuelle), qui la fit graver sur le tombeau de son épouse. Il l'avait certainement composée lui-même, car un homme de métier n'aurait pas laissé quinze vers faux sur vingt-cinq! Cela dit, faut-il railler ces prétentions littéraires, l'abus de la mythologie, des réminiscences poétiques passablement embrouillées, les formules et éloges convenus qui se mêlent au texte, et conclure que ce texte révèle plus le narcissisme de son auteur que la sincérité de ses regrets? Ou doit-on céder à l'émotion qui se dégage de tant de maladresses et croire à la naïve tendresse du mari d'Aelia? A vous de juger et de justifier votre impression... Le texte est difficile, entaché de fautes (le graveur n'était pas à une coquille près) : c'est la raison pour laquelle nous vous en donnons une traduction, qui s'efforce de respecter le ton et le style de l'inscription, jusque dans ses lourdeurs...*

Puisse-t-il seulement reposer au milieu des plus douces fleurs, le corps de mon Aelia chérie, que l'on vient d'enfermer dans ce tombeau! Telle est la prière que je t'adresse, ô Proserpine, reine et épouse du grand roi Pluton, car mon Aelia mérite tant de choses de moi pour le bonheur qu'elle m'a donné, ô Proserpine, toi qui t'es hâtée de rompre le fil des déesses qui gouvernent, sur le fuseau des Parques, le déroulement de tous les destins – et cela, Aelia ne le méritait pas. Ce qu'elle fut, quelle fut la pudeur de sa vie, si seulement je pouvais *(comme Orphée)* le chanter sur une lyre, j'en persuaderais les mânes eux-mêmes! Avant tout elle fut chaste et pure, qualité qui flatte ton oreille, chacun le sait, qu'il soit du monde des vivants ou du royaume de Pluton. Je t'en prie, fais qu'elle s'arrête dans les champs Élysées, fais que l'on orne ses cheveux d'une couronne de myrte et ses tempes d'une guirlande de fleurs. Pour moi, elle fut le lare de ma maison, elle fut mon espoir, à elle seule elle fut toute ma vie, et *(si elle était encore là)* elle voudrait ce que je voudrais, elle ne voudrait pas ce que je ne voudrais pas; rien en elle que je ne connaissais; le travail ne lui manqua jamais *(sic)*, et elle ne risque pas d'ignorer l'art de filer la laine *(re-sic!)*; elle était économe en tout, mais prodigue de son amour pour moi, son mari; sans ma compagnie, elle ne trouvait de goût ni à la nourriture ni aux présents de Bacchus; elle était d'une rare sagesse, pleine d'esprit, honorablement connue. Ô toi qui possèdes le champ où s'élève ce tombeau, je t'en prie, permets que l'on grave mon poème, je t'en prie, veuille bien nettoyer chaque année l'emplacement de cette inscription, et réchauffe ce monument éternel, au moment voulu, par quelque petite rose encore pleine de rosée, ou une douce fleur d'amarante, et par quelques plantes variées, de plusieurs espèces, dont la floraison se renouvelle, de sorte que, tout au long de l'année, ce tombeau connaisse un peu de chaleur.

### *A une bonne épouse*

*Nous reproduisons cette épitaphe avec l'orthographe latine (*U *noté* V, *pas de ponctuation).*

1. HOSPES QVOD DEICO PAVLLVM EST ASTA AC PELLEGE
2. HEIC EST SEPVLCRVM HAV PVLCRVM PVLCRAI FEMINAE
   NOMEN PARENTES NOMINARVNT CLAVDIAM
4. SVOM MAREITVM CORDE DEILEXIT SVO
   GNATOS DVOS CREAVIT HORVNC ALTERVM
6. IN TERRA LINQVIT ALIVM SVB TERRA LOCAT
   SERMONE LEPIDO TVM AVTEM INCESSV COMMODO
8. DOMVM SERVAVIT LANAM FECIT DIXI ABEI

*Étudiez la graphie de ce texte. A partir du premier mot du deuxième vers, vous comprenez facilement quel phonème est noté par les lettres* EI. *Comment faut-il donc interpréter* DEICO *(vers 1),* MAREITVM *et* DEILEXIT *(vers 4),* ABEI *(vers 8)? A la fin du deuxième vers, relevez une incohérence graphique. Au même vers, quelle lettre manque-t-il à la fin de* HAV? *Au vers 5,* HORVNC = horum.

*Ne vous laissez pas aller à trop admirer la délicate simplicité de la formule finale (une vie résumée en quatre mots) : cet éloge de la bonne épouse était traditionnel, et vite devenu un cliché, comme nos « regrets éternels » si facilement proclamés.*

## Les anciens cimetières sous la lune

*Les cimetières ont toujours eu mauvaise réputation – surtout la nuit! L'au-delà transpire des tombes, et il se trouve toujours des individus mal intentionnés pour venir y fureter, en quête de puissance maléfique. Les Romains, nous l'avons vu, n'hésitaient pas à se livrer à des rites tout à fait proches de la magie pour se débarrasser des* lemures; *parfois, ils usaient des tombeaux comme « boîtes à lettres » pour recommander un ennemi ou une rivale à la funeste influence des puissances infernales. Ces « missives »* (tabellae defixionis) *étaient des feuilles de plomb que l'on glissait dans une sépulture, après y avoir gravé, sur les conseils d'une sorcière spécialisée, les formules d'exécration propres à mettre à mal la personne visée. Mais, dans le texte que voici, les sorcières* (sagae) *viennent travailler pour leur compte.*

*La scène se passe aux Esquilies, entre l'Esquilin et le Quirinal. Sur l'emplacement d'un ancien cimetière, on a dressé des jardins, et, dans cet agréable lieu de promenade, un Priape taillé dans un tronc de figuier a la charge de surveiller les plates-bandes et quelques tombeaux de familles huppées, laissés en place parce qu'ils jouissent d'une concession à perpétuité. C'est lui qui nous raconte ce qu'il a vu, une nuit.*

1. aggere : *il s'agit d'un talus qui fermait le vallon où se trouvait l'ancien cimetière, sur lequel* (quo = in quo) *les promeneurs dominaient celui-ci.*

2. tristes... spectabant : *les gens contemplaient tristement.*

3. cum mihi : *alors que pour moi, mais moi;* mihi... curae sunt atque labori : *double datif; le participe* suetus *peut être suivi d'un infinitif complément.*

4. *Comprendre :* (eae mulieres) quae carminibus atque venenis versant...

5. perdere : *venir à bout.*

6. cum Sagana majore : *avec Sagana l'aînée (des deux); remarquer que Sagana est un nom formé à partir de* saga.

7. utrasque : *pluriel poétique, au lieu de* utramque.

8. pullam... agnam : *une agnelle noire. Les animaux de cette couleur étaient réservés aux divinités infernales.*

9. et... erat : *il y avait aussi. La poupée de laine représente la punition qui doit frapper la personne à envoûter, représentée par la petite poupée de cire.*

10. servilibus... modis : *comme si elle allait bientôt périr d'un châtiment semblable à ceux que l'on inflige aux esclaves.*

11. videres serpentes et canes infernas errare : *on aurait cru voir... – Les serpents et les monstres canins font partie de diverses représentations des Enfers (voir Cerbère).*

Nunc licet Esquiliis habitare salubribus atque
aggere in aprico spatiari, quo[1] modo tristes
albis informem spectabant[2] ossibus agrum,
cum mihi non tantum furesque feraeque suetae[3]
hunc vexare locum curae sunt atque labori,
quantum carminibus quae versant[4] atque venenis
humanos animos : has nullo perdere[5] possum
nec prohibere modo, simul ac vaga luna decorum
protulit os, quin ossa legant herbasque nocentes.
Vidi egomet nigra succinctam vadere palla
Canidiam pedibus nudis passoque capillo,
cum Sagana majore[6] ululantem; pallor utrasque[7]
fecerat horrendas aspectu. Scalpere terram
unguibus et pullam divellere mordicus agnam[8]
coeperunt; cruor in fossam confusus, ut inde
manes elicerent, animas responsa daturas.
Lanea et effigies erat[9], altera cerea; major
lanea, quae poenis compesceret inferiorem;
cerea suppliciter stabat, servilibus ut quae
jam peritura modis[10]. Hecatem vocat altera, saevam
altera Tisiphonem; serpentes atque videres
infernas errare canes[11] lunamque rubentem,
ne foret his testis, post magna latere sepulcra...

*Horrifié par ces pratiques, le débonnaire Priape laisse échapper son indignation sous la forme... d'un pet si violent qu'il fait éclater le bois dans lequel on l'a sculpté! Terrorisées par ce coup de tonnerre, les sorcières prennent la fuite éperdument, en abandonnant sur place*

Canidiae dentes, altum Saganae caliendrum!

Horace, *Satires,* I, 8, 14 sqq.

## Recherche

• Notre Priape a bien des soucis : comment, par le ton même qu'il lui prête, Horace campe-t-il ce pittoresque personnage?

• Ramasser les herbes poussées sur les charniers (en vue de quelque savante décoction) ou glaner les os échappés de pauvres tombes, c'est là, somme toute, une déprédation négligeable aux yeux de Priape : du quotidien, si l'on peut dire. Mais Canidie et Sagana se livrent à des activités bien plus inquiétantes : elles évoquent les ombres (cette opération s'appelle une nécromancie). Que pensez-vous du portrait qu'en brosse Priape? L'allure spécifique des sorcières a-t-elle beaucoup varié au cours des siècles? Commentez le sacrifice exécuté par les sorcières; quel rôle joue le sang de la victime? Pourquoi, selon vous, les mânes des morts seraient-ils avides de sang?

• A quelles pratiques magiques bien connues vous font penser les deux petites figurines? Quel est le principe de ces opérations magiques? Ensuite, les sorcières mettront le feu à la poupée de cire, qui représente la victime. Que représente la poupée de laine? Il est probable que cette figurine aura été placée dans le trou creusé par les sorcières, et imbibée du sang de la victime (c'est pour cela qu'elle est en laine).

« Le mauvais œil », croyance magique de tous les temps. (Antioche, Musée des mosaïques.)

## D'une sorcière l'autre

*Dans son poème* La Pharsale, ***Lucain*** *évoque la magicienne Erichtho, dont Pompée était allé solliciter les bons offices : une bien sympathique personne, comme vous allez le voir.*

Initiée aux assemblées des mânes, elle connaît les demeures du Styx et les secrets de l'infernal Pluton : ni les dieux, ni sa condition de mortelle ne l'embarrassent. Les pâleurs du Styx s'étalent sur son front terrible, qu'ombragent ses cheveux en désordre. Pour peu que quelque orage ou de sombres nuées viennent voiler les étoiles, alors la Thessalienne sort des tombeaux vides, et aspire avidement les foudres de la nuit. Ses pas brûlent la semence des fécondes moissons, son souffle corrompt définitivement la pureté de l'air. Elle ne prie point les dieux, elle n'évoque point en un chant suppliant le secours d'une divinité, elle ignore les sacrifices expiatoires : ce qui fait sa joie, c'est de placer sur les autels les torches funéraires, et l'encens qu'elle a ravi aux flammes des bûchers. Aux premiers accents de sa voix, les dieux cèdent à sa prière sacrilège : ils craignent de l'entendre une seconde fois. Elle enfouit dans les tombeaux des vivants qui gouvernent encore et leur souffle et leur corps; une mort imprévue vient prendre des hommes qui n'avaient pas encore épuisé les années dues à leur destin; les convois funèbres, en cortège inversé, retournent pleins des tombes, et les cadavres fuient le lit du tombeau.

Du cœur même des bûchers, elle ravit les cendres encore fumantes et les os encore brûlants des jeunes défunts, la torche qu'ont tenue les parents, les fragments du lit funèbre, d'où s'élève une sombre fumée; elle ramasse les vêtements qui tombent en poussière et les cendres encore pleines de l'odeur des membres. Quand c'est la pierre qui garde les corps, elle qui aspire leur humeur intime et pétrifie les cadavres en tirant à elle le suc de leur moelle, alors Erichtho se déchaîne avidement sur chaque membre, elle plonge ses doigts dans les yeux, prend sa joie à en extraire les globes glacés, et ronge la moisissure blanchâtre qui a poussé sur les mains desséchées. Elle coupe de ses dents cordes et nœuds coulants, elle cueille les pendus qui se balancent encore, elle dépouille minutieusement les croix des suppliciés, elle arrache les entrailles battues par la pluie d'orage et les moelles brûlées par le soleil. Elle recueille les clous fichés dans les mains, le noir liquide qui tombe goutte à goutte des membres pourrissants et leur suc coagulé, et quand, dans ses morsures, un tendon accroche ses dents, elle y reste suspendue...

*Bigre! Canidie et Sagana sont des « enfants de chœur »... Comparez néanmoins ces deux textes : quels traits communs ont ces sorcières?*

Lucain, *Bellum civile (La Pharsale)*, VI, 513 sqq.

# ROME CHÉRIE DES DIEUX

*A l'origine de Rome, que trouvons-nous? Quelques cabanes de bergers, disent les archéologues. Les dieux, affirment les Romains. Souvenez-vous : Romulus est fils de Mars; la fondation de la Ville est décidée par un acte religieux : en prenant les augures, Romulus et Rémus ont sollicité l'approbation des dieux. Le passé mythique de Rome justifie son destin, ce destin que révélait Jupiter, dans l'*Énéide, *par les mots fameux :*

His ego nec metas rerum nec tempora pono :
imperium sine fine dedi...

*Cette tutelle divine est essentielle dans l'idée que Rome a d'elle-même : le culte des dieux est un acte politique, car, au-delà des entreprises humaines, c'est la bienveillante protection des divinités qui assure la continuité et la prospérité de la « chose romaine ». Aussi, que de temples, que de cérémonies! Les Romains seraient-ils, comme l'écrit l'historien grec Polybe, « plus religieux que les dieux eux-mêmes »?*

# Camille et le site de Rome

*Nous sommes en 387 avant J.-C. Rome sort d'une tourmente : les hordes gauloises ont campé sous les murs du Capitole! Grâce à Camille, les envahisseurs ont été défaits et repoussés. Mais la Ville a été brûlée, saccagée, à l'exception de la citadelle et du sanctuaire du Capitole. La plèbe ne manifeste guère l'intention de tout reconstruire, et les tribuns conseillent une émigration à Véies, la puissante voisine récemment soumise. Camille, personnage plus ou moins mythique, qui symbolise l'attachement patricien aux traditions et à la grandeur de la Ville, s'élève violemment contre ce projet, et, dans les paroles que lui prête Tite-Live, ce sont les arguments religieux qui sont déterminants : quitter le site de Rome, ce serait renier les dieux de Rome, qui ont choisi ce site et dont on ne saurait transporter le culte ailleurs.*

« A quoi bon avoir récupéré cette ville, l'avoir arrachée aux mains des ennemis qui l'assiégeaient, si, après l'avoir reprise, nous l'abandonnons de notre propre initiative? Alors que les Gaulois nous avaient vaincus, que toute la ville était prise, les dieux de Rome et les hommes de Rome ont cependant gardé le Capitole et la citadelle; maintenant que nous avons vaincu les Gaulois, que la ville est reprise, va-t-on abandonner aussi cette citadelle et le Capitole, et notre succès vaudra-t-il un plus grand désastre à cette ville que ne lui en avait valu notre malheur?

Dans la tempête que vient de subir Rome, l'intervention de la puissance divine a été si manifeste qu'elle aurait dû, je le pense, nous guérir de toute négligence dans le culte des dieux.

Intuemini enim horum deinceps annorum vel secundas res vel adversas; invenietis omnia prospera evenisse sequentibus[1] deos, adversa spernentibus. Jam omnium primum, Veiens bellum[2] – per quot annos, quanto labore gestum! – non ante cepit finem quam[3] monitu deorum aqua ex lacu Albano emissa est[4]. Quid haec tandem urbis nostrae clades nova? Num ante exorta est quam spreta vox caelo emissa[5] de adventu Gallorum, quam gentium jus ab legatis nostris violatum[6], quam a nobis, cum vindicari deberet, eadem neglegentia deorum praetermissum? Igitur victi captique ac redempti[7] tantum poenarum diis hominibusque dedimus ut terrarum orbi documento essemus[8]. Adversae deinde res admonuerunt[9] religionum. Confugimus in Capitolium ad deos, ad sedem Jovis Optimi Maximi; sacra[10], in ruina rerum nostrarum, alia terra celavimus, alia avecta in finitimas urbes amovimus ab hostium oculis; deorum cultum, deserti ab diis hominibusque, tamen non intermisimus. Reddidere[11] igitur patriam et victoriam et antiquum belli decus amissum, et in hostes, qui caeci avaritia in pondere[12] auri foedus ac fidem fefellerunt, verterunt terrorem fugamque et caedem. »

Tite-Live, *Histoire romaine,* V, 51, 3-10.

1. sequentibus, spernentibus : *sous-entendre* nobis (*ou* vobis).
2. Veiens bellum : *la guerre contre Véies.*
3. ante... quam : *tmèse; elle est répétée à plusieurs reprises dans le texte.*
4. *L'oracle de Delphes et un vieux devin de Véies avaient signifié cet avis des dieux : la guerre ne prendrait fin que lorsque l'eau du lac Albain déborderait; ce qui se produisit!*
5. spreta (est) vox caelo emissa : *c'est un plébéien qui avait entendu cette voix mystérieuse qui annonçait l'arrivée des Gaulois; aussi n'en avait-on pas tenu compte.*
6. *L'ambassadeur romain Fabius, envoyé auprès des Gaulois, engagea immédiatement le combat contre eux, au mépris des formes consacrées par le droit international romain* (jus gentium) *pour les déclarations de guerre.*
7. redempti : *les Gaulois exigeaient, pour quitter la ville, le paiement d'une rançon; les Romains ont donc été obligés de « se racheter »;* tantum poenarum = tantas poenas.
8. orbi terrarum documento essemus : *double datif.*
9. admonere *(+ génitif) : faire se souvenir, rappeler le souvenir de.*
10. sacra : *les objets du culte.*
11. reddidere (dei).
12. *Les Gaulois avaient triché sur les poids destinés à peser la rançon. Ce forfait ne leur a apparemment pas profité!*

**Les cérémonies romaines ne peuvent avoir lieu qu'à Rome.**

« En voyant de si grands témoignages de l'influence qu'ont, dans les affaires des hommes, le respect ou la négligence de la puissance divine, ne sentez-vous pas, Quirites, la gravité du sacrilège auquel nous nous apprêtons, alors que nous sortons à peine du naufrage dans lequel nous avait entraînés une première faute ?

Urbem auspicato inauguratoque[1] conditam habemus. Nullus locus in ea non religionum deorumque est plenus. Sacrificiis sollemnibus[2] non dies magis stati sunt quam[3] loca sunt in quibus fiant. Hos omnes deos publicos privatosque, Quirites, deserturi estis ? Quam par[4] vestrum factum ei est quod in obsidione nuper in egregio adulescente[5], C. Fabio, non minore hostium admiratione quam vestra, conspectum est, cum inter Gallica tela degressus ex arce sollemne Fabiae gentis in colle Quirinali obiit ! An[6] gentilicia sacra ne in bello quidem intermitti, publica sacra et Romanos deos etiam in pace deseri placet, et pontifices flaminesque neglegentiores publicarum religionum esse quam privatus in solemni gentis fuerit ? Forsitan aliquis dicat aut Veiis ea nos facturos aut huc inde missuros sacerdotes nostros qui faciant ; quorum neutrum fieri salvis caerimoniis[7] potest. »

Tite-Live, *op. cit.* V, 52, 1-5.

1. auspicato inauguratoque, *participes au passif impersonnel, portant sur* conditam : *des auspices ayant été pris. Il est difficile de distinguer* auspicato *et* inaugurato *dans la traduction.*
2. sollemnibus : *qui reviennent périodiquement, périodiques. Le mot est à rapprocher de* soleo.
3. *Pour traduire, renverser les termes de la comparaison et opposez-les par « non moins que ».*
4. quam par, *exclamation ironique :* dispar.
5. in egregio adulescente : *dans le cas d'un jeune d'élite, de valeur. La* gens *des Fabii revendiquait pour elle-même le culte de Quirinus.*
6. an : *est-il possible que... Cette interrogation ironique porte sur le contraste entre les deux attitudes décrites.*
7. salvis caerimoniis : *en respectant les rites.*

*Et Camille énumère les objets les plus sacrés de la religion d'État : le* pulvinar, *ce coussin sacré sur lequel on étendait la statue de Jupiter, le 13 novembre, pour offrir au dieu, entouré de Junon et de Minerve, un repas d'offrandes* (Jovis epulum); *le foyer de Vesta, dont les flammes ne devaient jamais s'éteindre, et le mystérieux Palladium,* pignus imperii, *très vieille statue qu'Énée aurait ravie aux flammes de Troie, et que personne n'avait le droit de voir; les* ancilia, *boucliers sacrés de Mars : sous le règne de Numa, un de ces boucliers était tombé du ciel, et le roi, pour éviter qu'on ne le vole, en avait fait fabriquer onze autres, absolument semblables, si bien qu'il était impossible de distinguer lequel des douze* ancilia *venait du dieu.*

*Camille conclut sur ce point :*

« Déciderons-nous d'abandonner aux profanations tous ces objets sacrés, aussi anciens que notre ville, et quelques-uns plus vieux encore que sa fondation ? »

## Recherche

• Quelle image des rapports entre les dieux et les hommes, et plus particulièrement les dieux de Rome et les Romains, ce texte donne-t-il ?

• Dégagez, en vous appuyant sur le texte, les traits essentiels de la religion d'État pour les Romains : tradition, respect des rites, lien avec le destin de la cité.

• L'assaut des Gaulois contre Rome et, sans doute, les velléités d'émigration des Romains après la destruction de la Ville sont des évé-

Un couple uni jusque dans la mort.
(Volterra, Musée étrusque.)

nements historiques; en revanche, le rôle de Camille dans la guerre contre Véies et le contenu de ce texte ont été largement forgés par l'affabulation des générations postérieures : ce héros fait partie du passé mythique de Rome plus que de son histoire. Dans les paroles que lui prête Tite-Live, on peut relever bon nombre d'anachronismes (ou plutôt d'anticipations!) : par exemple, l'habitude de servir des repas aux dieux (cette cérémonie s'appelle un *lectisternium* ) n'apparaît pas avant le IIIe siècle avant J.-C. Quel rôle Tite-Live entend-il faire jouer à Camille? En quoi le héros incarne-t-il l'« esprit » romain? Pourquoi l'auteur donne-t-il tant d'ampleur à l'épisode, en faisant prononcer à Camille un long discours?

# QUELQUES LUMIÈRES

## Religio, religiones

*Religio* est un mot abstrait, qui désigne le lien existant entre l'homme romain et ses dieux : vous le traduirez, selon les cas, par « scrupules religieux », « conscience religieuse », « respect ou crainte du divin ». Ce sens se retrouve bien dans l'adjectif *religiosus :* au sens actif, cet adjectif qualifie l'attitude de l'homme qui éprouve la *religio;* au sens passif, il décrit ce qui tombe sous le coup de la *religio,* et signifie « qui fait l'objet d'un scrupule religieux, d'une crainte mystique », « ce qu'interdit la *religio* ».

Ce n'est qu'au pluriel que le mot prend un sens concret : *religiones* désigne la religion positive, c'est-à-dire les cultes qui la composent, le patrimoine religieux des Romains, ressenti comme un ensemble de traditions religieuses et de pratiques rituelles.

## Sacra

Là encore, le pluriel donne au terme un sens concret. Ce sont les objets du culte, les actes dédiés aux dieux, de façon générale, tout ce qui est spécifiquement réservé aux dieux. Cela suppose une reconnaissance de la part des dieux; ce qui est déclaré *sacer* est inviolable, tabou, intouchable. C'est, par exemple, le cas des tribuns de la plèbe qui, aussi longtemps qu'ils sont en fonction, sont réputés *sacrosancti :* toute atteinte contre leur personne est sacrilège.

## Les cultes dans la cité

Pour se persuader du rôle que tenait la religion dans la vie de la cité, il suffit de jeter un coup d'œil sur le calendrier des fêtes et cérémonies. A l'époque républicaine, on ne compte pas moins de quarante-cinq jours de fêtes religieuses, fixes *(feriae stativae)* ou mobiles *(indictivae),* auxquelles il faut ajouter toutes les fêtes des temples, les cérémonies de la vie politique, et les quelque soixante jours de jeux publics *(ludi sollemnes),* de caractère religieux, du moins à l'origine; enfin, les ides de chaque mois sont consacrées à Jupiter, et ce sont des critères religieux qui inspirent le dénombrement des jours fastes et des jours néfastes, où toute activité est suspendue, car elle ne recevrait pas l'appui mystique indispensable à sa réussite...

# Les jeux

*Les jeux* (ludi) *n'étaient pas uniquement des spectacles destinés à amuser le bon peuple. Tout au moins, ce n'était pas là leur destination première; les jeux étaient des manifestations de caractère religieux, et on le voit bien en étudiant l'origine des principaux* ludi. *Certains remontent à Romulus, selon la tradition, comme les* Ludi Consuales, *en l'honneur du dieu agraire Consus, qui veillait sur le blé engrangé (c'est au cours de ces* Consualia *qu'aurait eu lieu l'enlèvement des Sabines). Les* Ludi Romani, *ou* Ludi Magni, *auraient été institués par Tarquin et étaient dédiés à Jupiter, de même que les* Ludi Capitolini, *institués après la retraite des envahisseurs gaulois en 389, pour remercier le dieu de sa protection. Les* Ludi Ceriales, *très anciens, célébraient Cérès, et les* Ludi Apollinares, *institués pendant la deuxième Guerre Punique, étaient dédiés à Apollon.*

*A l'origine, les* ludi *avaient un caractère guerrier très affirmé. Le spectacle consistait en courses (chevaux et chars), avec peut-être des épreuves de lutte, et se déroulait au* Circus Maximus, *bâti par Tarquin. L'aspect religieux de ces festivités était très marqué dans le défilé d'ouverture, la* Pompa Circensis, *qui traversait le forum en suivant la via Sacra. La disposition du cortège, la tenue des participants, l'ordonnance des cérémonies faisaient l'objet d'un rituel minutieux. C'est seulement par la suite que les jeux affichèrent à leur programme des spectacles de nature théâtrale, et Tite-Live nous rapporte l'explication traditionnelle de cette innovation.*

### Place au théâtre!

*Nous sommes en 364 avant J.-C. Une épidémie meurtrière ravage Rome et ses environs, la peste peut-être. Les victimes se multiplient, et, parmi elles, on compte l'illustre Camille, vainqueur des Gaulois. Que faire? Assurément, ces malheurs sont imputables au courroux des dieux : il faut les apaiser, rétablir la* pax deorum, *cette bonne entente entre les hommes et leurs dieux. On multiplie les cérémonies, on décide un lectisterne : rien n'y fait. Alors, il faut imaginer quelque chose de nouveau... Ce sera une forme de théâtre musical.*

Cum vis morbi nec humanis consiliis nec ope divina levaretur, victis superstitione animis, ludi quoque scaenici – nova res bellicoso populo; nam circi modo spectaculum fuerat – inter alia caelestis irae placamina instituti dicuntur; ceterum parva, ut ferme principia omnia, et ea ipsa peregrina res fuit. Sine carmine[1] ullo, sine imitandorum carminum actu[2], ludiones ex Etruria acciti, ad tibicinis modos[3] saltantes, haud indecoros motus more Tusco dabant. Imitari deinde eos juventus, simul inconditis inter se jocularia fundentes versibus, coepere; nec absoni a voce motus erant. Accepta itaque res saepiusque usurpando excitata. Vernaculis artificibus, quia « hister » Tusco verbo ludio voca-

1. carmen : *paroles en vers destinées à être accompagnées par un instrument.*

2. imitandorum carminum actus : *gestes, mimique propre à imiter des paroles, c'est-à-dire à exprimer leur sens, leur contenu.*

3. ad tibicinis modos : *au rythme des mélodies exécutées par un joueur de flûte.*

batur, nomen histrionibus[4] inditum; qui non, sicut ante, Fescennino versu similem incompositum temere ac rudem[5] alternis jaciebant, sed impletas modis saturas[6] descripto jam ad tibicinem cantu motuque congruenti peragebant[7].

Tite-Live, *Histoire romaine,* VII, 2, 3-6.

4. nomen histrionibus : *le nom d'histrions.* Histrionibus *est au datif, par attraction de* artificibus.

5. versu = versui; incompositum ac rudem (versum); *Fescennia était une ville d'Étrurie, où l'on faisait des dialogues en vers improvisés, forme rudimentaire de poésie qui tenait plus de l'échange d'injures amusantes et grossières que de l'art inspiré des Muses.*

6. impletas modis saturas : *le mot* satura *semble avoir désigné une espèce de ragoût comprenant des ingrédients variés; appliqué à une pièce littéraire, il insiste sur la variété qui la compose : diversité des sujets, des types de vers, etc. (voir en français, un pot-pourri);* modis impletas : *avec un accompagnement continu de mélodies rythmées* (modi).

7. *Ce terme laisse entendre qu'il s'agit d'une sorte de pièce de théâtre, de sketch (voir* fabulam agere).

## Recherche

• Ne peut-on pas « repenser » l'origine des mimes, puis des dialogues chantés, autrement que le fait Tite-Live dans ce texte? Pouvez-vous citer d'autres exemples des liens qui ont pu exister, à l'origine, entre les cérémonies religieuses et le théâtre, ou l'opéra?

• Appréciez, dans ce texte, le rationalisme de Tite-Live : comment explique-t-il le développement de l'expression théâtrale? Quel rôle fait-il jouer à l'étymologie? On rattachait souvent, dans l'Antiquité, le mot *ludio* au nom des Lydiens, ancêtres (mythiques) des Étrusques; de quelle autre racine verbale le rapprocheriez-vous?

**« Place au théâtre! » : Thalie, muse de la comédie. (Rome, musée du Vatican.) Le masque est celui d'un esclave, personnage-clé de la comédie gréco-latine.**

### ... et le théâtre fut!

*Tite-Live poursuit :*

Quelques années après, Livius Andronicus osa le premier quitter la satire et tramer l'intrigue d'une pièce. On dit que, comme tous les artistes d'alors, il jouait lui-même ses œuvres; comme, étant fréquemment bissé, il avait fatigué sa voix, il demanda au public la permission de placer un jeune esclave chargé de chanter devant le joueur de flûte, et il joua ainsi le rôle chanté par un autre avec beaucoup plus d'animation; la nécessité d'user de sa voix ne le gênait plus. Dès lors, les histrions commencèrent à disposer d'un chanteur, et ne gardèrent pour leurs propres voix que les dialogues. Les pièces se jouaient donc de cette façon; et le théâtre, se détournant du rire et de la plaisanterie débridée, devint peu à peu un art. Après cela, les jeunes gens, laissant aux histrions la représentation des pièces, se mirent à échanger, suivant la coutume antique, des bouffonneries mêlées de vers : c'est ce qu'on appela par la suite des *exodia*, petites pièces gaies, que l'on interprétait après les représentations de tragédies.

VII, 2, 8-11.

*Cela dit, l'innovation des* Ludi Scaenici *ne suffit point à arrêter l'épidémie... Les dieux bouderaient-ils l'art?*

## Carmen saeculare

*Une tradition voulait que l'on célébrât tous les cent dix ans des jeux exceptionnels, les jeux séculaires* (Ludi Saeculares), *avec des sacrifices et des prières pour la conservation de Rome et son empire. Cette institution avait été établie après consultation des oracles sibyllins* (Sibyllini versus), *lesquels avaient fixé la longueur du siècle à cent dix ans, parce que cette durée représentait la durée maximale que peut atteindre une vie humaine. Il y a donc eu des* Ludi Saeculares *en 456, 346, 236, 126 avant J.-C., mais les plus prestigieux furent ceux que donna Auguste en 17 avant J.-C. La date avait été avancée d'un an pour coïncider avec le dixième anniversaire de l'attribution au jeune Octave du titre d'*Augustus *: autant dire qu'il s'agissait d'un événement politique, qui s'inscrivait dans la droite ligne de la propagande augustéenne! Sortie de la décadence qui l'avait conduite aux guerres civiles, Rome renaît avec Auguste, retrouve sa vigueur passée et restaure ses valeurs traditionnelles. Le troisième jour de ces jeux, le 3 juin 17, un chœur de jeunes garçons et de jeunes filles chanta un* Carmen saeculare, *hymne patriotique en forme de prière aux dieux, dont la composition fut confiée à* ***Horace****, promu au titre de poète officiel du régime.*

*Silvarum potens Diana.*
(Fresque de Pompéi, Naples, Musée archéologique national.)

Phoebe silvarumque potens Diana[1],
lucidum caeli decus, o colendi
semper et culti, date quae precamur
tempore sacro,

quo Sibyllini monuere versus
virgines lectas puerosque castos
dis, quibus septem placuere colles,
dicere carmen.

Alme sol, curru nitido diem qui
promis et celas aliusque et idem
nasceris[2], possis nihil urbe Roma
visere majus!

(...)

Roma si vestrum est opus Iliaeque[3]
litus Etruscum tenuere turmae,
jussa pars[4] mutare Lares et urbem
sospite cursu,

cui per ardentem sine fraude[5] Trojam
castus Aeneas patriae superstes
liberum munivit iter, daturus
plura relictis[6],

di, probos mores docili juventae,
di, senectuti placidae quietem,
Romulae genti date remque prolemque
et decus omne;

quaeque vos bobus[7] veneratur albis
clarus Anchisae Venerisque sanguis[8],
impetret, bellante prior[9], jacentem
lenis in hostem!

Horace, *Carmen saeculare,* strophes 1-3 et 10-13.

1. *Le troisième jour des jeux était celui de Phébus-Apollon, le dieu solaire et de Diane-Artémis, la déesse lunaire.*

2. qui alius et idem nasceris : *toi qui renais toujours nouveau et toujours le même...*

3. *Horace s'adresse maintenant à l'ensemble des dieux qui veillent sur Rome.* Ilius, a, um : *d'Ilion, troyen.*

4. pars : *un groupe d'hommes (Énée et ses compagnons);* pars *est en apposition à* turmae.

5. sine fraude : *sans dommage (pour eux).*

6. relictis : *neutre, complément du comparatif* plura.

7. bobus : *ablatif pluriel de* bos.

8. clarus sanguis : *l'illustre descendant (Auguste).*

9. bellante (hoste) prior : *supérieur à l'ennemi qui le combat.*

## Recherche

• Reconnaissez dans ce texte les principaux traits de l'idéologie augustéenne : accomplissement du destin de Rome, restauration des traditions religieuses et morales, impérialisme triomphant, célébration du monarque et de ses vertus.

• Pour éclairer votre réflexion, voici quelques strophes tirées des *Odes* qu'Horace composa dans cette veine « patriotico-propagandiste » :

« Delicta majorum immeritus lues,
Romane, donec templa refeceris
aedesque labentes deorum et
foeda nigro simulacra fumo!

Dis te minorem quod geris, imperas[1] :
hinc omne principium, huc refer exitum!

Caelo tonantem credidimus Jovem
regnare : praesens divus habebitur
Augustus adjectis Britannis
imperio gravibusque Persis[2].

Virtus, recludens immeritis mori
caelum, negata temptat iter via
coetusque vulgares et udam
spernit humum fugiente pinna. »

1. *Construire :* imperas quod dis minorem te geris.

2. Persis = Parthis.

*Les dieux sont pointilleux sur le rituel : on devait recommencer* (instaurare) *toute cérémonie religieuse – les Jeux aussi, par conséquent – lorsque le rite n'avait pas été scrupuleusement suivi ou qu'un incident de mauvais augure en avait troublé le déroulement. Il arrivait que ce vice de forme échappe à la vigilance des hommes; alors les dieux trouvaient bien un moyen de manifester leur insatisfaction et d'exiger une reprise générale!*

## Un mauvais rêve

*Nous sommes en 485 avant J.-C. Les* Ludi Magni *viennent d'avoir lieu; un* paterfamilias *a eu la mauvaise idée de faire fouetter un de ses esclaves sur le terrain même du* Circus, *juste avant le début des festivités, et la chose n'a pas plu à Jupiter.*

Haud ita multo post, Tito Latinio, de plebe homini, somnium fuit. Visus[1] Juppiter dicere « sibi ludis praesultatorem[2] displicuisse; nisi magnifice instaurarentur ii ludi, periculum urbi fore; iret, ea consulibus nuntiaret ». Quamquam haud sane liber erat religione animus, verecundia tamen majestatis magistratuum vicit, ne in ora hominum[3] pro ludibrio abiret. Magno illi ea cunctatio stetit[4]; filium namque intra paucos dies amisit. Cujus repentinae cladis ne causa ei dubia esset, aegro animo eadem illa in somnis observata species visa est rogitare « satisne magnam spreti numinis haberet mercedem; majorem instare, ni eat propere ac nuntiet consulibus ». Jam praesentior res erat. Cunctantem tamen ac prolatantem ingens vis morbi adorta est debilitate subita. Tunc enimvero deorum cura admonuit. Fessus igitur malis praeteritis instantibusque, consilio propinquorum adhibito, cum visa atque audita et observatum totiens somno Jovem, minas irasque caelestes repraesentatas casibus suis exposuisset, consensu inde

1. (ei) visus (est).

2. *Le* praesultator *était le danseur qui introduisait la procession* (pompa circensis). *On comprend de quelle danse il s'agit ici...*

3. ne : *dans la crainte qu'il avait de...;* in ora hominum : *sous les yeux des gens, en public.*

4. magno... stare (*voir* constare) : *coûter cher.*

haud dubio omnium qui aderant, in forum ad consules lectica defertur. Inde in curiam jussu consulum delatus, eadem illa cum patribus ingenti omnium admiratione enarrasset, ecce aliud miraculum : qui captus omnibus membris[5] delatus in curiam esset, eum pedibus suis domum redisse traditum est.

Tive-Live, *Histoire romaine,* II, 36, 2-8.

5. captus omnibus membris : *paralysé de tous ses membres.*

## *Recherche*

• Quel rôle Tite-Live fait-il jouer à la psychologie dans cette anecdote? En quoi cela contribue-t-il à donner au récit quelque vraisemblance? Quel détail peut contribuer à justifier les hésitations de Titus Latinius?

• Cette anecdote est évidemment destinée à prouver la nécessité de l'*instauratio* et à en signaler la première apparition. Plus haut, Tite-Live a précisé que l'esclave battu était entravé par une sorte de carcan en forme de fourche (en grec, *stauros*). Cela contribue-t-il à expliquer la genèse de cette fable?

• Étudiez dans le texte le discours indirect. Aux lignes 10 et 11, les formes *eat* et *nuntiet* sont-elles celles que l'on attendrait? Comment expliqueriez-vous ce changement de concordance? Mettez au style direct les paroles de Jupiter, puis récrivez-les au style indirect en les faisant dépendre d'un verbe introducteur au présent : *videtur Juppiter dicere...* et plus bas *eadem species videtur rogitare...*

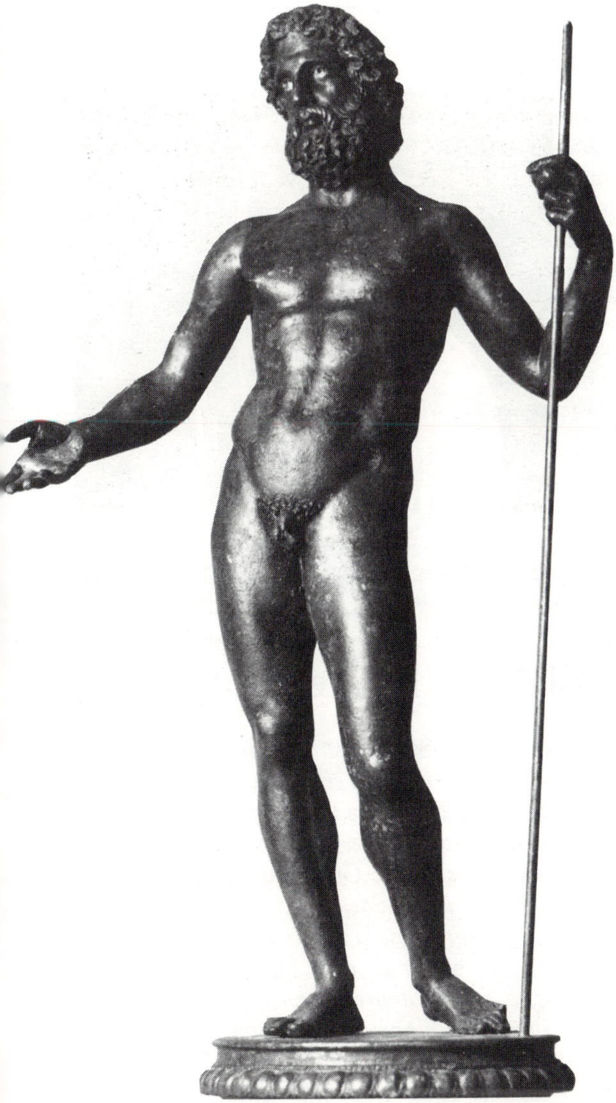

***Visus Juppiter dicere... :***
**statuette de Jupiter.**

# LES LOIS RELIGIEUSES DANS LA CITÉ

La religion, à Rome, est une affaire d'État. L'organisation des cultes, les rapports entre les fonctions religieuses et le pouvoir politique, le recours à la sanction divine sont des traits essentiels de la société romaine. Les institutions religieuses, que les Romains faisaient remonter au temps des rois, et plus particulièrement de Numa, s'étaient façonnées au cours des siècles, non sans faire obstacle à l'évolution politique de la cité : comme toutes les sociétés indo-européennes, Rome a connu un régime de castes, défini par le monopole des fonctions religieuses. Tel était à l'origine le privilège du patriciat, et vous vous souvenez peut-être du poids de cet argument dans les conflits entre patriciens et plébéiens : un plébéien ne pouvait être consul, car seuls les patriciens pouvaient pratiquer l'art augural, support mystique du pouvoir exécutif! Lorsque cette opposition entre la plèbe et le patriciat se fut estompée, la religion continua à jouer un rôle déterminant dans la définition du pouvoir des magistrats, et, de façon plus large, à composer un code moral de la cité, qu'il s'agisse de pratiques juridiques comme le serment, ou d'actes politiques comme une déclaration de guerre à l'ennemi. Les lois humaines ne sauraient contredire les lois divines, et les dieux, dans leur toute-puissance, servent à la fois d'arbitres et de témoins des conflits humains.

La vie religieuse est dominée et réglée par le collège des Pontifes. Sous la présidence du *Pontifex Maximus,* ce corps de prêtres ne borne pas sa compétence à l'ordonnance de la vie religieuse. A l'origine, il avait également pour mission d'établir le droit et détenait le privilège de la science juridique. Ce n'est qu'au milieu du Ve siècle que les plébéiens obtinrent la publication de la loi, jusque-là tenue secrète par les Pontifes : ainsi furent rédigées les *Lois des XII Tables,* ainsi nommées parce que les textes étaient gravés sur douze tables de bronze. Cet ensemble de lois resta la référence fondamentale du droit romain; malgré cette « sécularisation », le droit pontifical survécut et conserva toute sa puissance dans certains domaines (par exemple, les questions d'héritage). Il fallut attendre le Ier siècle avant J.-C. pour qu'un jurisconsulte, Q. Mucius Scaevola, publie, pour la première fois, un traité exhaustif de droit civil, qui ne comportait pas moins de dix-huit livres.

Statue d'Auguste en habit de pontife, daté de 14. (Rome, Musée national des Thermes.)

## Nécessité des lois religieuses

*Dans son traité intitulé* De legibus, *Cicéron pose en philosophe et en politicien le problème des lois dans la cité. Il a pour cela un brillant prédécesseur, Platon, qui, dans* Les Lois, *avait étudié les rapports entre la justice et l'action humaine, en s'interrogeant sur l'origine de la loi et sur son rôle dans la cité. Cicéron applique sa réflexion à la République romaine, et s'inspire des stoïciens pour affirmer la nature divine des lois : la loi, dit-il, est la règle du juste et de l'injuste; pour établir le droit, il faut partir de cette loi suprême qui, antérieure à tous les temps, a précédé toute loi écrite et la constitution de toute cité; l'homme possède en partage la raison, principe divin, cette droite raison sur laquelle se fonde la loi. Ainsi donc, les lois religieuses doivent jouer un rôle essentiel dans la cité.*

Sit igitur hoc jam a principio persuasum civibus, dominos esse omnium rerum ac moderatores deos, eaque quae gerantur eorum geri judicio ac numine eosdemque optime de genere hominum mereri, et qualis quisque sit, quid agat, quid in se admittat[1], qua mente, qua pietate colat religiones, intueri, piorumque et impiorum habere rationem.

His enim rebus imbutae mentes haud sane abhorrebunt ab utili ac vera sententia[2]. Quid est enim verius quam neminem esse oportere tam stulte arrogantem ut in se rationem et mentem putet inesse, in caelo mundoque non putet? Aut, ut ea quae vix summa ingenii vis concipiat, nulla ratione moveri putet? Quem vero astrorum ordines, quem dierum noctumque vicissitudines, quem mensum temperatio, quemque ea quae gignuntur nobis ad fruendum, non gratum esse cogunt, hunc hominem omnino numerari qui[3] decet? Cumque omnia quae rationem habent praestent iis quae sunt rationis expertia, nefasque[4] sit dicere ullam rem praestare naturae omnium rerum, rationem inesse in ea[5] confitendum est. Utiles autem has opiniones quis neget, cum intellegat quam multa firmentur jurejurando, quantae saluti sint foederum religiones[6], quam multos divini supplicii metus a scelere revocarit, quamque sancta sit societas civium inter ipsos[7], diis immortalibus interpositis tum judicibus tum testibus?

Cicéron, *De legibus*, II, 16.

1. quid in se admittat : *ses pensées intimes.*
2. sententia : *désigne ici une conception du monde, une façon de penser.*
3. qui, *adverbe interrogatif : en quoi ? comment ?*
4. nefas est : *il est sacrilège.*
5. in ea = in natura.
6. foederum religiones : *les cérémonies religieuses par lesquelles les Romains garantissaient la signature des traités.*
7. societas civium inter ipsos : *le lien social qui unit entre eux les citoyens.*

## *Recherche*

• Sous quels aspects apparaît ici la divinité ? Quel rapport entretient-elle avec la conscience individuelle ? Que pensez-vous de la façon dont Cicéron présente ici la notion de moralité ?

• Par quel type d'arguments Cicéron prouve-t-il l'existence des dieux (ou plutôt de la raison divine) ? De quel courant philosophique sa conception se rapproche-t-elle ?

• Qu'est-ce qui, en dernier lieu, fonde la nécessité des lois religieuses ? Leur vérité ou leur utilité ? Quels rapports entretiennent-elles avec la vie des hommes en société ?

# Une constitution religieuse pour Rome

*Dans le* De legibus, *Cicéron se fait législateur : il propose à son ami Atticus et à son frère Quintus un corps de lois susceptibles d'organiser au mieux la religion dans la cité romaine; de la même manière il énoncera, au livre III du traité, une constitution politique de Rome. Dans l'un et dans l'autre cas, il s'exprime dans le style archaïque des* Lois des XII Tables, *et donne à ses lois le caractère très formulaire – il s'agit de prescriptions et d'interdictions – du patrimoine législatif romain.*

Que l'on s'approche des dieux d'une âme pure; qu'on apporte au culte de la piété; que les richesses en soient bannies. Celui qui aura agi autrement, le dieu lui-même le punira.

Que personne n'ait de dieux à part; que personne n'honore des dieux nouveaux et étrangers, s'ils n'ont pas été reconnus par l'État.

Qu'il y ait dans les villes des temples bâtis par les ancêtres, des enclos sacrés à la campagne, et des sanctuaires des lares.

Que l'on respecte les rites familiaux et ancestraux.

Que soient honorés comme dieux ceux que l'on a toujours regardés comme célestes, et ceux que leurs mérites terrestres ont fait monter au ciel : Hercule, Liber, Esculape, Castor, Pollux, Quirinus; quant aux vertus qui permettent aux hommes de monter au ciel, Mens, Virtus, Pietas, Fides, qu'il y ait des temples en leur honneur, mais aucun temple en l'honneur des vices.

Qu'on assiste aux cérémonies publiques.

Qu'aux jours de fête soit suspendue toute querelle, et que les esclaves, leur travail terminé, soient admis à les célébrer. Que ces fêtes tombent périodiquement dans les plis naturels de l'année, et que cela soit fixé par écrit.

Que soient bien déterminés les produits du sol et les baies des arbres dont les prêtres font offrande au nom du peuple; et cela pour des sacrifices déterminés à des dates déterminées; de même, qu'ils réservent pour d'autres jours l'abondance du lait et des portées de bétail, et, pour éviter toute omission, que les prêtres tiennent un compte en la matière et définissent le cours des années, et qu'ils sachent d'avance quelles victimes conviennent et plaisent à quels dieux.

## *Recherche*

• Dégagez, d'après ce texte, les traits dominants de la religion d'État selon Cicéron.

• Commentez la distinction que fait Cicéron entre les dieux « de toujours », les mortels déifiés (*Quirinus :* Romulus, après son apothéose) et les entités divinisées (*Mens,* etc.). Pouvez-vous reconnaître une influence sous cette présentation? Qu'est-ce qu'un « héros » dans la civilisation grecque? Que pensez-vous de la divinisation des vertus humaines et civiques? Cela ne vous rappelle-t-il pas certaines périodes de l'histoire de France?

# La divination en question

*Les pratiques divinatoires font partie de la tradition religieuse romaine, et, de façon générale, des civilisations antiques, très préoccupées de la connaissance de l'avenir. C'est sur cette constatation que Cicéron commence son traité* De divinatione :

C'est une croyance ancienne, née dans les temps héroïques et transmise jusqu'à nos jours, confirmée par l'assentiment du peuple romain et de toutes les races humaines, que la divination occupe une certaine place dans les affaires humaines; les Grecs l'appellent *mantiké,* et c'est une compréhension anticipée et une connaissance des faits à venir. Si cet art existe réellement, c'est une chose magnifique et salutaire, qui permet à l'homme mortel d'approcher au plus près de la puissance des dieux. Aussi bien, nous nous montrons bien supérieurs aux Grecs, comme en bien d'autres domaines, dans la façon que nous avons de nommer cet art excellent : *divinatio* affirme son origine divine, tandis que le terme grec, si l'on en croit l'interprétation de Platon, le rattache à un état de délire sacré *(mania).* Mais je ne vois aucune nation, si policée ou cultivée, ou au contraire si sauvage ou barbare qu'elle soit, qui ne pense point qu'il existe des signes révélant l'avenir, et que certains hommes peuvent le connaître et le prédire...

*Mais, au-delà de cette reconnaissance universelle de la divination, se pose un problème théorique, dont la philosophie s'empare : cette croyance est-elle justifiée? Tel est le sujet du traité cicéronien, qui prend la forme d'un débat contradictoire.*

## Oui, la divination existe! L'argument stoïcien

Divinationem quidem esse re vera, hac Stoicorum ratione concluditur : si sunt di neque ante declarant hominibus quae futura sunt, aut non diligunt homines, aut quid eventurum sit ignorant, aut existimant nihil interesse[1] hominum scire quid futurum sit, aut non censent esse suae majestatis praesignificare hominibus quae sunt futura, aut ea ne ipsi quidem dii significare possunt. At neque non diligunt nos (sunt enim benefici generique hominum amici) neque ignorant ea, quae ab ipsis constituta et designata sunt, neque nostra nihil interest scire ea quae eventura sunt (erimus enim cautiores, si sciemus), neque hoc alienum ducunt majestate sua (nihil est enim beneficentia praestantius), neque non possunt futura praenoscere. Non igitur sunt di nec significant futura. Sunt autem di; significant ergo. Et non, si significant, nullas vias dant nobis ad significationis scientiam (frustra enim significarent) nec, si dant vias, non est divinatio; est igitur divinatio.

Cicéron, *De divinatione,* I, 82.

1. *Retenez les constructions du verbe* interesse, *employé impersonnellement au sens de « il est de l'intérêt de, il importe à... » :*
- *avec un nom de personne au génitif :* Consulis interest victoriam ferre.
- *avec l'accusatif neutre pluriel du possessif :* Mea interest manere, vestra proficisci.
- *avec un nom abstrait à l'accusatif précédé de* (ad) : Ad gloriam Ciceronis interest consulem fieri.
- *avec un nom propre au datif :* Ciceroni intererat Catilinam interfici.

*Notez encore que ce verbe impersonnel peut être qualifié par un génitif de prix :* Magni interest hominum futura scire.

## Recherche

• Étudiez avec soin la progression du raisonnement stoïcien, et essayez de représenter par un schéma logique le mécanisme de la démonstration. Justifiez votre traduction de la phrase : « *Non igitur sunt di nec significant futura* » (lignes 12-13). Pourquoi ne peut-on traduire par : « il n'y a pas de dieux et ils n'annoncent pas par des signes les événements à venir » ?

• Que pensez-vous du syllogisme :
*Non sunt di nec significant futura.*
*Sunt autem di.*
*Significant ergo.*

Ce raisonnement vous paraît-il correct ? Voici un autre syllogisme stoïcien, passé à la postérité :

« *Mus* » *syllaba est.*
*Mus autem caseum rodit.*
*Syllaba ergo caseum rodit.*
En quoi ce syllogisme est-il fautif ?

• Voici en quels termes, au livre II du *De inventione,* Cicéron réfute l'argumentation stoïcienne :

Ô quels esprits pénétrants ! Qu'il leur faut peu de mots pour croire l'affaire réglée ! Pour mener à bien leur démonstration, ils s'appuient sur des propositions dont aucune ne saurait leur être accordée ! Une conclusion n'a de valeur que si ce qui est contesté découle, dans le raisonnement, de prémisses incontestées !

Voici votre première proposition : « S'il y a des dieux, ils sont bienfaisants pour les hommes. » Qui vous accordera ce point ? Épicure, qui affirme que les dieux ne se soucient de rien, ni d'autrui, ni d'eux-mêmes ? Notre poète Ennius, qui se fait applaudir et reçoit l'assentiment général, quand il dit :

*Ego deum esse semper dixi et dicam caelitum :*
*sed deos non curare opinor quid agat humanum genus ?*

... Les stoïciens prennent comme chose certaine ce qui est douteux et contesté. Mais je poursuis : « Les dieux n'ignorent rien parce que ce sont eux qui ont décidé de tout. » Que de batailles entre les hommes les plus savants pour réfuter ce point ! « Mais il est de notre intérêt de connaître les événements à venir. » Il y a un gros livre de Dicéarque écrit pour démontrer que mieux vaut les ignorer. « Il n'est pas contraire à la majesté des dieux de nous en donner connaissance. » Cette proposition, tous ceux qui croient que l'avenir est indéterminé la rejettent. Vois-tu donc que les stoïciens prennent pour certaines et reconnues des propositions contestées ?... « Il est impossible, s'ils révèlent l'avenir, qu'ils ne donnent point aux hommes des moyens d'acquérir la connaissance de cette révélation. » Mais il se peut qu'ayant ces moyens ils ne les communiquent pas aux hommes. En effet, pourquoi les donneraient-ils aux Étrusques plus qu'aux Romains ?... Vient enfin la proposition finale : « Il y a une science de la divination. » C'est une conclusion, mais elle n'est pas établie : de prémisses fausses, on ne peut rien établir de vrai (ce sont les stoïciens eux-mêmes qui nous l'ont enseigné). Toute leur argumentation est donc par terre.

Comparez les deux textes.

## Le mystérieux bonhomme Tagès

Travaux des champs. (Fresque du Musée d'Ostie.)

*Science ou charlatanisme ? L'art divinatoire était une spécialité étrusque – avant du moins que les mages chaldéens et égyptiens ne viennent se poser en concurrents redoutables. Dans les cas douteux, lorsque, par exemple, on restait perplexe devant quelque prodige inexpliqué – grondement céleste, naissance d'un animal monstrueux, pluie de sang, etc. –, les Romains faisaient appel à la compétence des haruspices étrusques, qui étaient passés maîtres dans l'interprétation de l'avenir à partir de l'examen des entrailles des victimes : selon la configuration du foie, longuement palpé, mesuré, flairé, soupesé, les haruspices lançaient des arrêts aussi catégoriques que précis. Ils savaient également tirer les plus riches informations des coups de foudre, et surtout deviner ce que le consultant souhaitait s'entendre dire. Néanmoins, la divination était pour eux une science, dont les principes étaient consignés dans des livres* (libri fatales, libri fulgurales) *auxquels Cicéron fait allusion dans ce texte, qui raille l'origine légendaire de l'« haruspicine ».*

Ortum videamus haruspicinae : sic facillime, quid habeat auctoritatis, judicabimus. Tages quidam dicitur, in agro Tarquiniensi[1], cum terra araretur et sulcus altius esset impressus, exstitisse repente et eum affatus esse qui arabat. Is autem Tages, ut in libris est Etruscorum, puerili specie dicitur visus, sed senili fuisse prudentia. Ejus adspectu cum obstupuisset bubulcus clamoremque majorem cum admiratione edidisset, concursum esse factum, totamque brevi tempore in eum locum Etruriam conve-

1. in agro Tarquiniensi : *sur le territoire de Tarquinies (cité étrusque).*

nisse; tum illum plura locutum multis audientibus, qui omnia verba ejus exceperint litterisque mandarint; omnem autem orationem fuisse eam qua haruspicinae disciplina contineretur; eam postea crevisse rebus novis cognoscendis et ad eadem illa principia referendis. Haec accepimus ab ipsis[2], haec scripta conservant, hunc fontem habent disciplinae. Num ergo opus est ad haec refellenda Carneade? num Epicuro[3]? Estne quispiam ita desipiens, qui credat exaratum esse... deum dicam an hominem? Si deum[4], cur se contra naturam in terra se abdiderat, ut patefactus aratro lucem adspiceret? Quid? Idem nonne poterat deus hominibus disciplinam superiore e loco tradere? Si autem homo ille Tages fuit, quonam modo potuit terra oppressus vivere? unde porro illa potuit quae docebat alios didicisse? Sed ego insipientior quam illi ipsi qui ista credunt, qui quidem contra eos tamdiu disputem. Vetus autem illud Catonis admodum scitum[5] est, qui mirari se aiebat quod non rideret haruspex, haruspicem cum vidisset. Quota enim quaeque res evenit praedicta ab istis? Aut, si evenit quippiam, quid afferri potest cur non casu id evenerit[6]?... Quid ego haruspicum responsa commemorem (possum equidem innumerabilia) quae aut nullos habuerint exitus aut contrarios?

2. ipsis (Tuscis, *ou* haruspicibus).

3. Carneades : *philosophe de la Nouvelle Académie, sceptique;* Epicurus : *vous devez le connaître.*

4. si deum (exaratum esse credat).

5. scitum : *n'est pas ici une forme de* scire; illud : *ce mot, cette parole (emploi fréquent de* illud, *à retenir).*

6. quid afferri potest cur... : *quel argument peut-on avancer pour prouver que...*

Cicéron, *op. cit.* II, 50.

*Cela dit, lorsque ses intérêts le commandaient, Cicéron tirait de fort habiles arguments des prédictions des haruspices!*

## Recherche

• Montrez que Cicéron traite de cette histoire avec un humour qui dénote un certain mépris.

• D'après ce que vous connaissez du tempérament romain, est-ce que cette historiette avait quelque chance d'impressionner favorablement les compatriotes de Cicéron? En quoi la référence à Caton est-elle révélatrice sur ce point?

### Puissance des augures

*Cicéron,* vir consularis, *membre du collège des augures, peut-il vraiment condamner les pratiques divinatoires, si importantes dans l'exercice des magistratures? Quel que puisse être son scepticisme intime, il lui faut faire taire ses scrupules philosophiques au nom de la raison d'État, et avancer une opinion plus mesurée sur l'art augural.*

Maximum autem et praestantissimum in re publica jus est augurum cum auctoritate conjunctum. Neque vero hoc quia sum ipse augur ita sentio, sed quia sic existimare nos necesse est. Quid enim majus est, si de jure quaerimus, quam posse a summis imperiis et summis potestatibus comitiatus et consilia vel instituta dimittere, vel habita rescindere? Quid gravius quam rem susceptam dirimi, si unus augur « alio die » dixerit? Quid magnificentius quam posse decernere ut magistratu se abdicent consules? Quid religiosius quam cum populo, cum plebe agendi jus dare aut non dare? Quid, legem, si non jure rogata est, tollere, ut Titiam[1] decreto collegii augurum, ut Livias[2] consilio Philippi consulis et auguris? Nihil domi, nihil militiae per magistratus gestum, sine auctoritate eorum posse cuiquam probari?

*Et Cicéron de conclure :*

Sed dubium non est quin haec disciplina et ars augurum evanuerit jam et vetustate et neglegentia. Itaque neque illi assentior qui hanc scientiam negat umquam in nostro collegio fuisse, neque illi qui esse etiam nunc putat. Quae mihi videtur apud majores fuisse duplex, ut ad rei publicae tempus nonnumquam, ad agendi consilium saepissime pertineret.

Cicéron, *De legibus,* II, 31.

1. Lex Titia : *loi agraire (99 av. J.-C.).*

2. Leges Liviae : *lois édictées par le tribun Livius Drusus, en 91 avant J.-C., proposant des distributions frumentaires à la plèbe, et l'extension du droit de cité aux alliés latins.*

## Recherche

• D'après ce texte, pouvez-vous reconstituer le rôle des augures, leur fonction dans l'administration de l'État, leur intervention dans la vie politique?

• Du point de vue de Cicéron, à quoi servent les augures? Ont-ils dans l'État une activité positive? Comme preuve de leur utilité, Cicéron évoque l'abrogation pour motifs religieux des lois Titia et Liviae : considérant la nature de ces lois, que pensez-vous de la coloration politique du collège des augures en ce temps-là?

**Au centre, un augure. (Autel dédié aux Lares d'Auguste, Musée de Florence.)**

# Oracles et prophètes

*La grande préoccupation que les civilisations antiques ont eue de leur destin se retrouve tout entière dans l'importance qu'elles accordaient aux oracles. Il s'agit de se mettre à l'écoute d'un dieu, de recueillir les signes ou les paroles par lesquels il communique aux humains sa connaissance des destins. L'art augural quêtait une approbation mystique, et se donnait les allures d'une science. La divination, par l'haruspicine, par exemple, reposait sur l'interprétation humaine de signes matériels; dans le cas des oracles, c'est le dieu lui-même qui s'exprime, et l'on écoute sa parole. C'est Apollon qui préside aux oracles, et il s'adresse aux humains qui viennent le consulter par l'intermédiaire d'une prophétesse inspirée comme la Pythie de Delphes ou la Sibylle de Cumes : ces femmes entrent en transe, et, dans leur délire sacré, les mots qu'elles prononcent sont la parole même du dieu qui les possède.*

*La réponse du dieu exige souvent une interprétation subtile, car les destins ne sont pas révélés franchement; il faut trouver la vérité sous l'énigme. Ceci permet à l'oracle d'être diplomate, et à son porte-parole de sauver sa réputation en dégageant sa responsabilité!*

*A Pyrrhus, roi d'Épire, l'oracle de Delphes répondit sobrement :* « Aio te Romanos vincere posse. »

*De la sorte, quelle que pût être l'issue de la guerre, l'oracle aurait dit la vérité – et vive la syntaxe latine... ou grecque, en l'occurrence!*

## Énée chez la Sibylle de Cumes

*La flotte des Troyens a abordé aux côtes italiennes, près de Cumes. Dans ce site très anciennement hellénisé, Apollon avait un sanctuaire réputé, et Virgile conduit les pas de son héros vers l'antre de la Sibylle, prophétesse du dieu : il va la consulter pour savoir ce qui l'attend en terre italienne.*

At pius Aeneas arces quibus altus Apollo
praesidet horrendaeque procul secreta Sibyllae,
antrum immane, petit, magnam cui[1] mentem animumque
Delius inspirat vates[2] aperitque futura (...)
Excisum Euboicae[3] latus ingens rupis in antrum,
quo lati ducunt aditus centum, ostia centum,
unde ruunt totidem voces, responsa Sibyllae.
Ventum erat ad limen, cum virgo[4] : « Poscere fata,
tempus », ait; « deus, ecce deus! » Cui talia fanti
ante fores subito non vultus[5], non color unus,
non comptae mansere comae; sed pectus anhelum,
et rabie fera corda tument, majorque videri[6]
nec mortale sonans, adflata est numine quando
jam propiore dei. « Cessas in vota precesque,
Tros », ait, « Aenea? cessas? neque enim ante dehiscent
attonitae magna ora domus ». Et talia fata conticuit.

Virgile, *Énéide,* VI, 9-12 et 42-54.

1. cui : *a pour antécédent* Sibyllae.
2. Delius vates : *Apollon de Délos (dans cette île grecque, le dieu avait un sanctuaire très réputé).*
3. Euboicus : *désigne la région de Cumes, ville fondée par des Grecs venus de l'Eubée.*
4. virgo : *la Sibylle, qu'Énée accompagne dans l'antre du dieu.*
5. non vultus (unus mansit) : *elle changea de visage.*
6. videri : *infinitif de narration.*

*Énée prie Apollon Phoebus :*

« Phoebe, graves Trojae semper miserate labores,
Dardana qui Paridis direxti[1] tela manusque
corpus in Aecidae[2], magnas obeuntia terras
tot maria intravi duce te penitusque repostas
Massylum gentes praetentaque Syrtibus arva[3] :
jam tandem Italiae fugientes prendimus oras.
Hac Trojana tenus[4] fuerit fortuna secuta!
Vos quoque Pergameae[5] jam fas est parcere genti,
dique deaeque omnes, quibus obstitit Ilium et ingens
gloria Dardaniae. Tuque, o sanctissima vates,
praescia venturi, da (non indebita posco
regna meis fatis) Latio considere Teucros
errantesque deos agitataque numina Trojae.
Tum Phoebo et Triviae[6] solido de marmore templum
instituam festosque dies de nomine Phoebi.
Te[7] quoque magna manent regnis penetralia nostris :
hic ego namque tuas sortes arcanaque fata
dicta meae genti ponam, lectosque sacrabo,
alma, viros[8]. Foliis tantum ne carmina manda,
ne turbata volent rapidis ludibria ventis :
ipsa canas oro. » Finem dedit ore loquendi.

*Ibid.*, 56-76.

1. direxti = direxisti.

2. Aeacidae : *Achille, petit-fils d'Eaque.*

3. Massylum : *génitif pluriel; les Massyliens étaient un peuple nomade de Numidie;* praetenta Syrtibus arva : *les terres qui s'étendent en avant des Syrtes. La Grande Syrte, au large de la Libye actuelle, et la Petite Syrte, au large de Gadès, étaient deux golfes réputés pour leurs bancs de sables mouvants qui les rendaient dangereux. Énée, rappelons-le, arrive de Carthage.*

4. hac... tenus : *tmèse.*

5. Pergameus : *de Pergame (nom de la citadelle de Troie).*

6. Triviae : *Diane, adorée dans les carrefours; sous l'influence grecque, Diane, plus ou moins confondue avec Artémis et Hécate, forme couple avec Apollon.*

7. te : *Énée s'adresse maintenant à la Sibylle.*

8. lectos viros : *Énée annonce ici le collège des* decemviri *chargés de la conservation des livres sibyllins et de leur consultation.*

**La Sibylle de Cumes, souvent intégrée à l'iconographie chrétienne, vue ici par Andrea del Castagno. (Florence, XVe siècle.) Comment interprétez-vous l'inscription figurant sous son effigie?**

## Recherche

• Le contact avec le dieu est une expérience grandiose et effrayante : que pensez-vous de la description de l'antre divin? Ne peut-on y voir un symbolisme? Quelles sont les réactions de la Sibylle à l'approche du dieu? Expliquez les notations de Virgile « *major videri, nec mortale sonans* », et le ton de son adresse à Énée.

• Dégagez le plan de la prière d'Énée. Pourquoi Énée rappelle-t-il le passé? Que pensez-vous de la parenthèse « *non indebita posco regna meis fatis* »? Quelle est la mission religieuse du *pius Aeneas,* rappelée dans ce texte?

• Il arrivait à la Sibylle de rendre ses oracles par écrit, et les Romains conservaient précieusement des recueils d'oracles (les livres sibyllins), qui, selon la tradition, auraient été acquis par Tarquin (ou Numa). Pourquoi, dans le cas présent, Énée – c'est-à-dire Virgile – demande-t-il à la Sibylle de parler?

# AU CONTACT DE LA GRÈCE

Nous venons de voir que la philosophie s'est emparée des questions religieuses; et cette philosophie est, si l'on peut dire, un produit importé. Cicéron cite Carnéade, Épicure; il a été formé par des maîtres grecs; la pensée de Platon, d'Aristote et des stoïciens éclaire sa méditation philosophique.

Mais l'apport de la Grèce, en matière de religion, ne se borne pas au rationalisme volontiers sceptique dont nous venons de voir des exemples; souvenons-nous que l'Italie du Sud et la Sicile, avant de devenir terres romaines, étaient appelées la Grande Grèce, et que l'Étrurie, dont sont issus tant de cultes romains, avait connu de longue date une influence hellénique. Avant même que la conquête mette en contact direct, voire en compétition, la culture romaine et la culture grecque, le rayonnement de la civilisation hellénique, plus ancienne, plus élaborée, avait touché la pensée romaine. Par exemple, on voit, dans le découragement de la deuxième guerre Punique, se manifester une inquiétude religieuse qui se tourne avec avidité vers de nouveaux dieux, de nouveaux rites, venus pour la plupart de l'Orient grec. Les dieux reçoivent forme humaine, on leur offre des repas sacrés dans leurs temples; le Sénat envoie des ambassadeurs à Delphes consulter l'oracle d'Apollon.

La religion romaine, nous l'avons dit, est une religion ouverte, prête à accueillir de nouveaux dieux, ceux des cités vaincues, annexés avec la cité, ceux des voisins, lorsqu'ils semblent pouvoir apporter une aide à Rome. L'essentiel est que ces nouveautés ne détournent pas des saines vertus du *mos majorum,* et ne causent aucun désordre! En 212, on décide de vouer des jeux à Apollon, qui seront organisés selon le rite grec : cette manifestation religieuse, alors que les Carthaginois occupent une grande partie de l'Italie, cherche autant à appeler l'aide du dieu pour redresser la situation qu'à apaiser l'angoisse populaire en mal d'innovation religieuse.

Paradoxalement, cet apport de nouveaux dieux et de nouveaux cultes va contribuer à une simplification et une unification du patrimoine religieux romain. Très vite, en effet, les Romains vont sentir les ressemblances qui existent entre divinités de divers peuples – et pour cause : ces civilisations ont une source indo-européenne commune – et reconnaître sous des noms différents, dans des légendes différentes, les mêmes dieux. Ce mouvement d'assimilation porte le nom de syncrétisme (en grec, ce mot signifie « mélange unifiant »). Zeus et Jupiter peuvent bien être confondus, de même que Diane et Artémis... Mais les dieux italiques vont gagner, dans l'opération, une personnalité qu'ils n'avaient pas dans l'ancienne religion romaine : ils s'humanisent, ils s'intellectualisent, ils se prêtent désormais à une représentation, ce que ne rendait guère possible la notion très floue de *numen.* Enfin, Rome découvre une mythologie bien plus riche en couleurs – et en complications! – que les légendes simplistes dont se contentait le mysticisme confus des anciens Romains. Un progrès? Voire...

# Les frasques des dieux

*Voici donc que les dieux ont une histoire – et quelle histoire! Le monde de l'Olympe est un merveilleux tremplin pour l'imagination artistique. Dans cette famille « à rallonge » où les liens de parenté se perdent dans les branches d'un impossible arbre généalogique, la tradition a prêté aux dieux des aventures peu recommandables et une personnalité souvent peu reluisante.*

*Zeus, s'il est le maître des dieux, n'a pas la sérénité de Jupiter et, si vous avez lu l'*Amphitryon *de Molière (peut-être aussi celui de Plaute?), vous avez pu voir qu'il usait de ses pouvoirs divins pour... sacrifier à Vénus au mépris des lois de l'amour conjugal. Bel exemple! Et après on s'étonnera que Mars se soit compromis avec la vestale Rhéa Silvia, pour le plus grand bien de Rome, sans doute, puisque de cette union naquirent Romulus et Rémus. Toutes ces galantes aventures avaient été longuement traitées par les artistes grecs, peintres, sculpteurs, poètes. Et c'est à l'école des Grecs que les Latins se sont mis, à leur tour, à « faire dans le mythologique ».*

*Voici de quelle façon Ovide, dans* Les Métamorphoses, *nous conte les monstrueuses amours de Jupiter et de la nymphe Europe.*

## Le taureau blanc

*Du haut de sa céleste demeure, Jupiter lorgne avec concupiscence la jeune et belle Europe, fille d'Agénor, le roi de Phénicie. Il lui faut la séduire incognito...*

*Non loin de la plage où l'innocente Europe joue avec ses petites camarades, le dieu des dieux repère un troupeau de bovins. Il charge Mercure de faire avancer ce troupeau vers l'objet de ses vœux...*

Non bene conveniunt nec in una sede morantur
majestas et amor : sceptri gravitate relicta,
ille pater rectorque deum[1], cui dextra trisulcis
ignibus armata est, qui nutu concutit orbem,
induitur faciem tauri mixtusque juvencis
mugit et in teneris formosus obambulat herbis.
Quippe color nivis est, quam nec vestigia duri
calcavere pedis nec solvit aquaticus Auster.
Colla toris exstant, armis palearia pendent[2];
cornua parva quidem, sed quae contendere possis
facta manu puraque magis perlucida gemma[3].
Nullae in fronte minae nec formidabile lumen :
pacem vultus habet. Miratur Agenore nata[4]
quod tam formosus, quod proelia nulla minetur.
Sed quamvis mitem, metuit contingere primo.
Mox adit et flores ad candida porrigit ora.
Gaudet amans et, dum veniat sperata voluptas,

1. deum = deorum.

2. armis palearia pendent : *son fanon pend jusqu'à ses épaules;* armis *est une forme de* armus.

3. *Scandez ce vers.*

4. Agenore nata : *la fille d'Agénor (Europe).*

oscula dat manibus; vix jam, vix cetera differt...
Et nunc adludit viridique exsultat in herba,
nunc latus in fulvis niveum deponit harenis;
paulatim metu dempto, modo pectora praebet
virginea plaudenda[5] manu, modo cornua sertis
impedienda novis. Ausa est quoque regia virgo,
nescia quem premeret, tergo considere tauri,
cum deus a terra siccoque a litore sensim
falsa[6] pedum primo vestigia ponit in undis.
Inde abit ulterius mediique per aequora ponti
fert praedam. Pavet haec litusque ablata relictum
respicit et dextra cornum tenet, altera dorso
imposita est; tremulae sinuantur flamine vestes...

Ovide, *Metamorphoses,* II, 846, sqq.

5. plaudenda : *l'adjectif verbal attribut du compément d'objet direct exprime le but;* plaudo : *frapper avec la main, donner des tapes (affectueuses), flatter.*

6. falsa vestigia : *des pattes trompeuses; le taureau cache ses intentions malhonnêtes.*

*Rassurez-vous : loin des regards indiscrets, dans l'île de Crète, Jupiter aura la délicatesse de reprendre forme... humaine!*

**L'enlèvement d'Europe. (Fresque de Pompéi, Naples, Musée archéologique.) Comparez cette illustration avec le texte d'Ovide; notez les points communs et les différences.**

## Recherche

• Ovide affecte-t-il d'admirer l'entreprise de Jupiter, ou de la désapprouver? Qu'est-ce qui, paradoxalement, sauve le dieu du ridicule?

• Il est évidemment difficile, a priori, de séduire une jeune fille sous les traits d'un taureau : comment Jupiter y parvient-il? Pourquoi, selon Ovide, le divin taureau a-t-il des *cornua parva?* Quelle est la tactique de Jupiter?

• Dans ce passage, Ovide se souvient de modèles grecs, qui ne sont sans doute pas tous poétiques; l'enlèvement d'Europe est un beau sujet de tableau. Que pensez-vous, de ce point de vue, des trois derniers vers? Les artistes de l'époque alexandrine s'attachaient, dans leurs œuvres, à représenter des formes en mouvement, et la grâce dans l'instabilité de l'instant : ne peut-on trouver la marque de cette esthétique dans la description d'Ovide?

• Chez Ovide, la délicatesse et l'aisance poétique cèdent parfois à la préciosité : donnez des exemples de ces qualités et défauts dans le texte.

# Le monde des Enfers

*Nous avons vu que les anciens Romains ne se posaient guère de questions sur l'avenir des trépassés. En tout cas, s'ils supposaient que les défunts continuaient à vivre, ils ne se hasardaient guère à imaginer leur nouveau séjour, se bornant à redouter que ces fantômes viennent leur tirer les pieds.*

*Les Grecs ont, sur ce point encore, inspiré la vieille religion italienne : les Enfers existent, et l'on y rencontre, entre autres personnages hauts en couleurs – malgré leur pâleur mortelle – comme le nocher Charon, le chien Cerbère et les maîtres du lieu, Hadès et Perséphone, les plus hautes figures du genre humain, les héros du passé, en leurs nouvelles fonctions : les criminels purgent l'éternité de leur peine et endurent des châtiments raffinés, les bons goûtent la félicité incomparable des Champs Élyséens.*

*Sans être, à proprement parler, un lieu d'excursion pour les humains, les Enfers ont connu d'illustres visiteurs, célébrés par la légende. Vous connaissez déjà l'histoire d'Orphée et Eurydice. Le grand Homère, au chant XI de l'*Odyssée*, entraîne son héros dans la plus extraordinaire de ses aventures : Ulysse sacrifie de nombreuses victimes au-dessus d'une fosse creusée dans le sol, qui en recueille le sang; et c'est alors que les ombres infernales issues des entrailles de la terre viennent boire ce sang : le héros reconnaît sa mère, Agamemnon, Achille, Ajax, ses compagnons de guerre, et les suppliciés célèbres, Tityos, Tantale, Sisyphe... Défilé saisissant, dont Virgile se souvient lorsqu'il écrit son épopée : après avoir consulté la Sibylle de Cumes, Énée demande à la prophétesse de le guider jusqu'aux Enfers. Non loin de Cumes, en effet, se trouve un lac de cratère, d'aspect peu engageant, le lac Averne, où les Anciens plaçaient une entrée des Enfers; Énée veut revoir son père Anchise...*

## Le rameau d'or

Virgile apparaît à Dante dans la forêt obscure (Manuscrit du XIV<sup>e</sup> siècle, Venise, Bibliothèque Marciana).

Talibus orabat dictis arasque tenebat,
cum sic orsa loqui vates : « Sate sanguine divum[1],
Tros Anchisiade[2], facilis descensus Averno :
noctes atque dies patet atri janua Ditis;
sed revocare gradum superasque evadere ad auras
hoc opus, hic labor est. Pauci, quos aequus amavit
Juppiter aut ardens evexit ad aethera virtus,
dis geniti, potuere. Tenent media omnia silvae,
Cocytusque sinu labens circumvenit atro.
Quod si tantus amor menti, si tanta cupido est
bis Stygios innare lacus, bis nigra videre
Tartara, et insano juvat indulgere labori,
accipe quae peragenda prius. Latet arbore opaca
aureus et foliis et lento vimine ramus,
Junoni infernae dictus sacer; hunc tegit omnis
lucus et obscuris claudunt convallibus umbrae.
Sed non ante datur telluris operta subire
auricomos quam[3] quis decerpserit arbore fetus.
Hoc sibi pulchra suum ferri Proserpina munus
instituit. Primo avulso non deficit alter
aureus, et simili frondescit virga metallo.
Ergo alte vestiga oculis et rite repertum
carpe manu : namque ipse volens facilisque sequetur,
si te fata vocant; aliter non viribus ullis
vincere nec duro poteris convellere ferro. »

1. divum = deorum.
2. Anchisiade : *vocatif.*
3. ante... quam : *tmèse.*

*Et Énée s'en va dans le bois sacré, en quête du rameau d'or : la forêt est immense, et le héros désespère...*

« Si nunc se nobis ille aureus arbore ramus
ostendat nemore in tanto! »
Vix ea fatus erat, geminae cum forte columbae
ipsa sub ora viri caelo venere volantes,
et viridi sedere solo. Tum maximus heros
maternas agnovit aves laetusque precatur :
« Este duces, o, si qua via est, cursumque per auras
dirigite in lucos ubi pinguem dives opacat
ramus humum! tuque, o, dubiis ne defice rebus,
diva parens! »

Virgile, *Énéide,* 124 sqq.

*Guidé par les colombes, Énée parvient au rameau d'or, qu'il cueille sans la moindre peine.*

## L'entrée des Enfers

Il y avait une profonde caverne, taillée dans le roc, qui ouvrait affreusement un gouffre immense; elle était protégée par un lac aux eaux noires et l'ombre d'une forêt, qu'aucun oiseau ne pouvait impunément survoler : des profondeurs du gouffre s'exhalait un miasme tel qu'il entraînait en son creux tout ce qui passait au-dessus. Énée y fit amener quatre victimes, des taureaux noirs; le prêtre verse du vin sur leurs fronts, et jette sur les foyers sacrés les poils coupés entre leurs cornes : telle fut la première libation, accompagnée d'une invocation, à haute voix, à Hécate, qui règne aussi bien sur le ciel que sur l'Érèbe. Les compagnons plongent leurs couteaux dans la gorge des victimes, et recueillent le sang tiède dans les coupes. Énée lui-même tue de son épée une agnelle noire, victime immolée à la Nuit, Mère des Euménides, et à la Terre, sa grande sœur, et pour toi, Proserpine, il sacrifie une génisse stérile; alors commence le sacrifice nocturne au roi du Styx, et l'on jette les corps entiers des victimes sur les flammes, en arrosant d'huile leurs entrailles brûlantes. C'est alors, comme le soleil commençait à poindre, c'est alors que le sol se mit à mugir sous les pieds, les collines boisées à trembler, et que l'on crut entendre, dans l'ombre, les hurlements des chiens qui annoncent l'arrivée de la déesse. « Loin d'ici, loin d'ici, profanes! », s'écrie la Sibylle, « sortez de ce bois sacré! Toi, Énée, en route, et sors ton épée du fourreau! C'est maintenant qu'il faut du courage, c'est maintenant qu'il faut un cœur inébranlable! » A ces mots, délirante, elle se précipite dans l'ouverture du gouffre; Énée l'imite et la suit dans sa route, et ses pas ne tremblent point.

Di, quibus imperium est animarum, Umbraeque silentes
et Chaos et Phlegethon, loca nocte tacentia late,
sit mihi fas audita loqui, sit numine vestro
pandere res alta terra et caligine mersas![1]
Ibant obscuri sola sub nocte per umbram
perque domos Ditis vacuas et inania regna :
quale per incertam lunam sub luce maligna
est iter[2] in silvis, ubi caelum condidit umbra
Juppiter, et rebus nox abstulit atra colorem.
Vestibulum ante ipsum primisque in faucibus Orci
Luctus et ultrices posuere cubilia Curae
pallentesque habitant Morbi tristisque Senectus,
et Metus et malesuada Fames ac turpis Egestas,
terribiles visu formae, Letumque Labosque;
tum consanguineus Leti Sopor et mala mentis
Gaudia, mortiferumque adverso in limine[3] Bellum,
ferreique Eumenidum thalami et Discordia demens
vipereum crinem vittis innexa cruentis.

1. *C'est Virgile lui-même qui adresse cette invocation;* audita : *les secrets que je connais.*

2. quale est iter : *comme lorsque l'on marche.*

3. adverso in limine : *sur le seuil, en face d'Énée.*

In medio[4] ramos annosaque bracchia pandit
ulmus opaca, ingens, quam sedem Somnia vulgo
vana tenere ferunt, foliisque sub omnibus haerent.

*Ibid.,* 237-284.

4. in medio (vestibulo).

## *Recherche d'ensemble*

• Quel est le sens symbolique de l'épisode du rameau d'or? A quelles conditions un mortel peut-il être admis à visiter les Enfers de son vivant? Que vient rappeler le miracle des colombes?

• L'autre monde est-il accueillant? Montrez le caractère fantastique que le poète donne à l'aventure. Quelle impression se dégage des sacrifices et invocations qui préludent au voyage?

• Quelle est la couleur dominante dans l'autre monde? Relevez les notations par lesquelles le poète évoque cette couleur. Que représentent les entités (*Luctus, Curae,* etc.) qui peuplent l'entrée du monde infernal?

### Le bac infernal

*Énée et la Sibylle parviennent aux rives de l'Achéron. Pour traverser le fleuve infernal, ils vont devoir recourir aux services du nocher Charon, et se mêlent à la foule des morts qui attendent leur tour de passage.*

Huc omnis turba ad ripas effusa ruebat,
matres atque viri defunctaque corpora vita
magnanimum[1] heroum, pueri innuptaeque puellae,
impositique rogis juvenes ante ora parentum :
quam multa[2] in silvis autumni frigore primo
lapsa cadunt folia, aut ad terram gurgite ab alto
quam multae glomerantur aves, ubi frigidus annus
trans pontum fugat et terris immittit apricis.
Stabant orantes primi transmittere[3] cursum
tendebantque manus ripae ulterioris amore.
Navita sed tristis nunc hos, nunc accipit illos,
ast alios longe summotos arcet harena.
Aeneas miratus enim motusque tumultu :
« Dic, ait, o virgo, quid vult concursus ad amnem?
Quidve petunt animae? Vel quo discrimine ripas
hae linquunt, illae remis vada livida verrunt? »
Olli[4] sic breviter fata est longaeva sacerdos :
« Anchisa generate, deum certissima proles,
Cocyti stagna alta vides Stygiamque paludem,
di cujus jurare timent et fallere numen[5].
Haec omnis, quam cernis, inops inhumataque turba est :
portitor ille, Charon; hi, quos vehit unda, sepulti.

1. magnanimum = magnanimorum; *de même, au vers 18,* deum = deorum.

2. quam multa... cadunt folia : *aussi nombreux que les feuilles qui tombent.*

3. transmittere : *infinitif dépendant de* orantes; transmittere cursum : *effectuer la traversée.*

4. olli = illi.

5. numen : *avec* jurare, *l'accusatif indique ce par quoi on jure. Les hommes juraient par Jupiter, les dieux par le Styx.*

6. datur (his).

7. transportare : *passer, traverser; aller de l'autre côté de.*

8. revisunt : *ils voient enfin.*

Nec ripas datur[6] horrendas et rauca fluenta
transportare[7] prius quam sedibus ossa quierunt.
Centum errant annos volitantque haec litora circum;
tum demum admissi stagna exoptata revisunt[8]. »

*Ibid,* 305-330.

## *D'un texte à l'autre*

*Au XIV^e^ siècle, le poète italien Dante compose* La Divine Comédie. *Dans cet immense poème, Dante raconte comment, égaré dans une forêt, symbole de son âme privée de la Grâce, il rencontra l'ombre de Virgile, son maître, qui le conduisit dans l'autre monde et lui fit voir l'Enfer, le Purgatoire et le Paradis. La simple présence de Virgile vous donne à penser que le souvenir du Chant VI de l'*Énéide *domine tout le livre de Dante : la représentation païenne des Enfers se met au service du mysticisme chrétien. Voici de quelle façon Dante décrit le passage de l'Achéron :*

Virgile (barbu) guidant Dante aux Enfers. (Manuscrit du XIVe s., Paris, Bibliothèque nationale.)

« ... J'aperçus une multitude d'âmes au bord d'un grand fleuve : "Maître, dis-je à mon guide, apprends-moi quelles sont ces ombres que je distingue à l'aide du faible jour qui nous éclaire, et quelle loi les force à se presser de traverser ce fleuve..."

Nous vîmes alors paraître un vieillard à cheveux blancs, monté sur une barque, et qui criait : "Malheur à vous, âmes dépravées, n'espérez jamais voir le ciel! Je viens pour vous mener sur l'autre rive, dans la région des ténèbres, au milieu des flammes et des glaces éternelles; et toi, homme vivant qui te présentes ici, éloigne-toi de ceux qui sont morts!" Voyant que je ne m'éloignais pas : "C'est par un autre chemin, et non à ce port que tu peux traverser cette onde..."

... Les âmes nues et harassées, dès qu'elles entendirent les paroles dures de Charon, changèrent de couleur et grincèrent des dents; elles blasphémaient Dieu, elles maudissaient leurs parents, les enfants de leurs enfants, l'espèce humaine, le lieu et le temps de leur naissance; ensuite elles se réunirent, en versant des larmes, sur la rive maudite où est attendu tout homme qui ne craint pas Dieu. Charon, le démon aux yeux de braise, les rassemble toutes d'un signe, et frappe de sa rame les plus lentes à se mouvoir. Ainsi que, dans l'automne, les feuilles tombent des arbres, l'une après l'autre, tant que les branches n'ont pas rendu à la terre toutes leurs dépouilles, ainsi les fils pervers d'Adam se jettent dans la barque un à un, au moindre signe du pilote, semblables à l'oiseau que trompe la ruse de l'oiseleur. Ainsi les ombres s'en vont sur l'onde noire; et avant qu'elles soient descendues de l'autre bord, une autre foule s'est déjà rassemblée sur la première rive. "Mon fils, dit mon guide bienfaisant, ceux qui meurent dans la colère de Dieu, c'est ici qu'ils arrivent, de tous les pays de la terre. Ils sont tourmentés par le besoin de traverser le fleuve, parce que la justice divine les aiguillonne, et que leur crainte se change en désir. Ici jamais une âme vertueuse ne passe, et si Charon a voulu te repousser, tu dois bien comprendre maintenant quel est le motif de ses menaces." » (III, 1-136).

• Comparez les deux textes : montrez les réminiscences de Virgile chez Dante. Le tableau est le même, mais fait l'objet de deux interprétations, l'une païenne, l'autre chrétienne. Comparez ces interprétations. En quoi, chez Virgile, les morts sont-ils tributaires des vivants? Cela vous surprend-il, d'après ce que vous connaissez du culte des morts à Rome? Est-ce le cas dans le poème de Dante? Le passage du fleuve a-t-il chez l'un et chez l'autre la même signification symbolique?

## Une vision du monde

*Énée retrouve son père Anchise : après les embrassades, le héros poursuit sa visite des Enfers, et questionne son père : sur les bords du fleuve Léthé, en un séjour enchanteur, des âmes boivent à longs traits l'eau de l'Oubli; elles reviendront sur terre habiter de nouveaux corps mortels. « Pourquoi? », demande Énée, et Anchise lui répond :*

Principio caelum ac terras camposque liquentes
lucentemque globum lunae Titaniaque astra[1]
spiritus intus alit, totamque infusa per artus
mens agitat molem et magno se corpore miscet.
Inde hominum pecudumque genus vitaeque volantum
et quae marmoreo fert monstra sub aequore pontus.
Igneus est ollis[2] vigor et caelestis origo
seminibus, quantum[3] non noxia corpora tardant
terrenique hebetant artus moribundaque membra.
Hinc[4] metuunt cupiuntque, dolent gaudentque, neque auras
dispiciunt clausae[5] tenebris et carcere caeco.
Quin et supremo cum lumine vita reliquit,
non tamen omne malum miseris nec funditus omnes
corporeae excedunt pestes, penitusque necesse est
multa diu concreta modis inolescere miris.
Ergo exercentur[6] poenis veterumque malorum
supplicia expendunt : aliae panduntur inanes
suspensae ad ventos, aliis sub gurgite vasto
infectum eluitur scelus aut exuritur igni[7] (...),
donec longa dies perfecto temporis orbe
concretam exemit labem, purumque relinquit
aetherium sensum atque aurae simplicis ignem.
Has omnes, ubi mille rotam volvere per annos,
Lethaeum ad fluvium deus evocat agmine magno,
scilicet immemores supera ut convexa revisant
rursus, et incipiant in corpora velle reverti.

Virgile, *Énéide,* VI, 724-751.

1. astra Titania : *cette périphrase désigne le Soleil, enfant du Titan Hypérion.*
2. ollis (seminibus) = illis.
3. quantum : *dans la mesure où, tant que.*
4. hinc : *de là (du corps) vient que.*
5. clausae (animae).
6. exercentur : *subissent.*
7. igni : *ablatif (non classique !) de* ignis.

## *Recherche*

• Ce texte est imprégné des théories pythagoriciennes sur la nature des âmes, leur survie, et la fonction des Enfers. Voici quelques idées essentielles de la doctrine pythagoricienne :
– le monde entier est vivant : une âme faite de souffle et de feu anime tous les êtres;
– *sôma sêma :* cette formule, faite de deux mots grecs, signifie : le corps (est) une tombe (pour l'âme); l'âme est prisonnière de la matérialité du corps, et de là viennent ses passions;
– la métempsycose (les âmes reviennent habiter d'autres corps) donne au monde une sorte d'éternel retour;
– le séjour infernal est une purification des souillures contractées par les âmes lors de leur vie terrestre.
Retrouvez dans le texte – en le citant – ces traits de doctrine.

• Dans quelle mesure une telle compréhension des Enfers dénote-t-elle une inquiétude mystique chez les hommes du temps de Virgile? La doctrine de Pythagore est bien plus ancienne : faites une enquête sur ce philosophe.

# LA SOIF DU SALUT

La religion romaine, rigide et formaliste, ne laissait guère de place à l'émotion, ni même à l'inquiétude. Entre les dieux et les hommes existe une sorte de contrat, mais aucune tendresse. Les rites et la tradition finirent par devenir un carcan, et l'on se détourna des dieux officiels, trop préoccupés peut-être de la vie de la cité pour se soucier des malheurs des hommes. Les religions orientales fascinèrent alors les Romains, par leur nouveauté, le faste de leurs cérémonies, le fanatisme qu'elles suscitaient chez leurs adeptes, mais aussi parce qu'elles proposaient une autre vision des rapports entre les dieux et les hommes : une certaine intimité, un élan spirituel. Le dieu y est à la fois le mystère et l'explication du mystère.

Dès le IIe siècle avant J.-C., le culte d'Isis, venu d'Égypte, pénètre à Rome, et, malgré les réticences et les interdits des pouvoirs officiels, cette religion nouvelle se développe rapidement. En ces temps troublés (la République glisse irrésistiblement vers l'horreur des guerres civiles, et l'antique sérénité sera noyée dans le sang fratricide), les esprits sont inquiets : les stoïciens prêchent l'impassibilité du sage face à la mort, les épicuriens son insensibilité, d'autres conseillent de jouir de la vie autant qu'il est possible avant le vieillissement scandaleux et l'odieuse vérité de la mort; autant de piètres remèdes à une obsession, de consolations intellectuelles à un pessimisme à la mesure des temps.

Voici, venus d'Orient, des dieux qui souffrent, des dieux qui consolent, qui ignorent l'ordre humain des classes sociales, et qui offrent, au plus humble de leurs fidèles, en récompense de sa pureté morale, la contemplation du divin la joie du salut...

Prêtre et prêtresse d'Isis, reconnaissables à leurs longues tuniques à l'égyptienne. (Fresque des environs du Vésuve. Musée national de Naples.)

# Isis

*Le culte de la déesse égyptienne semble être venu à Rome par l'intermédiaire des gens de mer, et connut très vite un vif succès chez les humbles. Même les esclaves étaient admis à participer pleinement aux cérémonies. Cette religion repose sur un mythe relativement simple, aisément compréhensible pour le commun des mortels.*

*Osiris, époux et frère d'Isis, fils du dieu solaire Râ, gouvernait le monde dans la justice. Mais son frère Seth (qui incarne le Mal) l'assassine, et disperse les morceaux du cadavre. Isis, éplorée, se met à la recherche des restes d'Osiris; elle les retrouve, et Osiris, qui ressuscite chaque printemps – comme la vie elle-même – devient roi et juge des Enfers. Son fils Horus, après avoir détrôné l'infâme Seth, devient roi d'Égypte : le Bien a triomphé du Mal. Autour de ce mythe se développe rapidement un syncrétisme mystique : Osiris devient le dieu suprême, Isis règne au ciel comme déesse lunaire, et tend à absorber toutes les déesses de l'ancien panthéon gréco-romain : elle est une puissance divine universelle.*

*L'organisation du culte rend bien compte de tout ce qui sépare cette religion des cultes romains traditionnels : le prêtre, issu de la masse des fidèles, est un guide spirituel pour ses ouailles; ses fonctions religieuses sont distinctes de sa vie civile. Le fidèle lui-même, qui a choisi sa divinité et s'y donne pleinement, met sa foi à l'épreuve dans des jeûnes et des méditations; il gravit ainsi différents degrés d'initiation, où lui sont révélées les vérités d'Isis. Le temple devient un monde clos où s'opère, sous le regard de la déesse voilée, une quête de perfection.*

### La prière de Lucius

*Un des plus remarquables témoignages dont nous disposions pour connaître le culte d'Isis nous est fourni par Apulée, au livre XI des* Métamorphoses *(qu'on appelle aussi* L'Âne d'or*). C'est la fin des aventures de Lucius. Ce héros doit vous être familier, si vous avez étudié, dans le manuel de 3<sup>e</sup>, le récit de ses infortunes : son excessive curiosité lui a valu d'être transformé en âne (l'animal de l'infâme Seth) et de subir bien des malheurs.*

*Cette histoire prend une signification mystique : à bout de forces, perdu dans sa détresse, l'âne Lucius se retrouve sur une plage, abandonné de tous...*

C'était au début de la première veille de la nuit : une frayeur subite m'éveilla, et je vis le disque plein de la lune, rayonnant d'une parfaite clarté, émerger, au moment même, des flots de la mer. Avec moi, l'ombre de la nuit, le silence, la solitude... Je savais que la Déesse Suprême détenait un pouvoir souverain, que les choses humaines obéissaient à sa providence, et que non seulement les bestiaux et les bêtes sauvages, mais aussi les êtres inanimés tiraient leur force de la divine puissance de sa lumière, et que les êtres vivants aussi, sur terre, sur mer et dans le ciel croissent et décroissent au même rythme qu'elle; je voyais que le destin, enfin rassasié de toutes mes infortunes, m'offrait, si tardif fût-il, un espoir de salut : je résolus d'implorer l'image vénérable de la déesse présente à mes yeux... J'adressai alors cette prière, les yeux emplis de larmes, à la toute-puissante divinité :

### *Prière à Isis*

Regina caeli – sive tu Ceres alma[1], frugum parens originalis, quae, repertu laetata filiae, vetustae glandis ferino remoto pabulo, miti commonstrato cibo, nunc Eleusiniam glebam percolis, seu tu caelestis Venus, quae primis rerum exordiis sexuum diversitatem, generato Amore, sociasti et, aeterna subole humano genere propagato, nunc circumfluo Paphi sacrario coleris[2], seu Phoebi soror[3], quae, partu fetarum medelis lenientibus recreato, populos tantos educasti, seu nocturnis ululatibus horrenda Proserpina[4] triformi facie larvales impetus comprimens terraeque claustra cohibens lucos diversos inerrans vario cultu propitiaris – ista luce femina collustrans cuncta moenia et udis ignibus nutriens laeta semina et solis ambagibus[5] dispensans incerta lumina, quoquo nomine, quoquo ritu, quaqua facie te fas est invocare,

Tu meis jam extremis aerumnis subsiste,
Tu fortunam collapsam adfirma,
Tu saevis exanclatis casibus pausam pacemque tribue!
Sit satis laborum, sit satis periculorum!
Depelle quadrupedis diram faciem,
redde me conspectui meorum,
ac si quod offensum numen inexorabili me saevitia premit,
mori saltem liceat, si non licet vivere!

Apulée, *Métamorphoses*, XI, 1-2.

1. Ceres alma : *Cérès est ici assimilée à Déméter; cette déesse grecque, après avoir obtenu de Zeus que sa fille Coré, enlevée par le dieu des Enfers, lui fût rendue pour les deux tiers de l'année (la belle saison), avait enseigné aux hommes la nourriture civilisée, par la révélation de l'épi de blé. On la célébrait à Éleusis, près d'Athènes, où avaient lieu des cérémonies d'initiation collective, les Mystères, dont nous ignorons le contenu exact.*

2. *Vénus possédait un temple célèbre dans l'île de Paphos.*

3. Phoebi soror : *Artémis-Diane, déesse lunaire, qui présidait également aux travaux de l'accouchement* (partu fetarum).

4. Proserpina, *assimilée à Hécate, déesse infernale, protectrice des magiciennes, était parfois représentée avec un triple visage. Elle règne sur les ombres des morts (voir* larvales impetus).

5. solis ambagibus : *dans tes révolutions solitaires.*

*Apulée use et abuse de l'ablatif; ce cas peut correspondre chez lui à un lien syntaxique très lâche, et il y a dans ce texte de véritables emboîtements d'ablatifs qu'il vous faut débrouiller et construire. Laissez-vous porter par le sens des mots.*

*Épuisé, Lucius sombre dans un sommeil irrésistible. Et voici que la déesse lui apparaît en songe : dans sa merveilleuse chevelure brille le symbole du disque lunaire; sur sa tunique, elle porte la* palla nigerrima, *ce manteau d'un noir intense qui est le vêtement sacré de la déesse; la bordure en est semée d'étoiles étincelantes. La description qu'en donne Apulée fait irrésistiblement penser, abstraction faite des attributs symboliques comme le sistre et la lampe en forme de barque, à une madone. Elle s'adresse alors à Lucius :*

En adsum tuis commota, Lucius[1], precibus, rerum naturae parens, elementorum omnium domina, saeculorum progenies initialis, summa numinum, regina manium, prima caelitum, deo-

1. *Nominatif en fonction de vocatif.*

2. inferum = inferorum.

rum dearumque facies uniformis, quae caeli luminosa culmina, maris salubria flamina, inferum[2] deplorata silentia nutibus meis dispenso : cujus numen unicum multiformi specie, ritu vario, nomine multijugo totus veneratur orbis (...) Aethiopes priscaque doctrina pollentes Aegyptii caerimoniis me propriis colentes appellant vero nomine Reginam Isidem. Adsum tuos miserata casus, adsum favens et propitia. Mitte jam fletus et lamentationes omitte, depelle maerorem : jam tibi providentia mea illucescit dies salutaris!... »

*Ibid.,* XI, 5.

## Recherche

• Étudiez le plan de la prière de Lucius, et comparez-le avec la réponse d'Isis : établissez entre les deux textes des correspondances (ex. : *Proserpina → regina manium, inferum deplorata silentia... dispenso).* Isis semble, par son apparition, apporter une confirmation formelle aux invocations angoissées de Lucius : quel lien cela définit-il entre la divinité et le fidèle?

• Gérard de Nerval, grand admirateur des Mystères et du paganisme, consacre un des chapitres de ses *Filles du feu* à Isis. Après avoir évoqué les fêtes, les rites et le temple de la déesse à Pompéi, voici en quels termes il exprime sa méditation sur le culte isiaque :

« Voilà le culte oriental, primitif et postérieur à la fois aux fables de la Grèce, qui avait fini par envahir et absorber peu à peu le domaine des dieux d'Homère. Le ciel mythologique rayonnait d'un trop pur éclat, il était d'une beauté trop précise et trop nette, il respirait trop le bonheur, l'abondance et la sérénité, il était, en un mot, trop bien conçu au point de vue des gens heureux, des peuples riches et vainqueurs, pour s'imposer longtemps au monde agité et souffrant. Les Grecs l'avaient fait triompher par la victoire dans cette lutte presque cosmogonique qu'Homère a chantée, et depuis encore la force et la gloire des dieux s'étaient incarnées dans les destinées de Rome; mais la douleur et l'esprit de vengeance agissaient sur le reste du monde, qui ne voulait plus s'abandonner qu'aux religions du désespoir. La philosophie accomplissait d'autre part un travail d'assimilation et d'unité morale; la chose attendue dans les esprits se réalisa dans l'ordre des faits. Cette Mère Divine, ce Sauveur, qu'une sorte de mirage prophétique avait annoncés çà et là d'un bout à l'autre du monde, apparurent enfin comme le grand jour qui succède aux vagues clartés de l'aurore. »

Que pensez-vous de cette analyse? Dans quelle mesure pourrait-on rapprocher le culte d'Isis du christianisme? Ces religions doivent-elles être inscrites dans un même courant spirituel?

# Vers le Dieu unique

*L'évolution de l'esprit religieux romain se fait dans le sens d'une exigence morale de plus en plus grande. Peut-être trouvons-nous là la marque d'une culture philosophique, pourtant très limitée à l'élite pensante. Toujours est-il que le stoïcisme impose aux questions religieuses un nouvel éclairage. Les coups de boutoir des épicuriens ont eu moins de prise sur les superstitions que l'idée stoïcienne de Providence : les dieux sont bons, leur Providence régit la nature, et la règle de vie du sage est de vivre conformément à cette nature. L'acte religieux est pour eux un acte moral, et l'idée se forme peu à peu d'un dieu omniprésent et unique.*

## Le vrai culte des dieux

Accendere aliquem lucernas sabbatis prohibeamus[1], quoniam nec lumine di egent et ne homines quidem delectantur fuligine! Vetemus salutationibus matutinis fungi et foribus adsidere templorum : humana ambitio istis officiis capitur; deum colit, qui novit! Vetemus lintea et strigiles Jovi ferre et speculum tenere[2] Junoni : non quaerit ministros deus! Quidni? Ipse generi humano ministrat, ubique et omnibus praesto est. Audiat licet quem modum in sacrificiis servare debeat, quam procul resilire a molestis superstitionibus : numquam satis profectum erit[3], nisi qualem debet deum mente conceperit, omnia habentem, omnia tribuentem, beneficum gratis. Quae causa est dis bene faciendi? Natura. Errat si quis illos putat nocere nolle : non possunt... Primus est deorum cultus deos credere : deinde reddere[4] illis majestatem suam, reddere[4] bonitatem, sine qua nulla majestas est, scire illos esse qui praesident mundo, qui universa vi sua temperant, qui humani generis tutelam gerunt, interdum curiosi singulorum. Hi nec dant malum nec habent : ceterum castigant quosdam et coercent et irrogant poenas et aliquando specie boni puniunt[5]. Vis deos propitiare? Bonus esto. Satis illos coluit quisquis imitatus est.

Sénèque, *Lettres,* 97.

1. *Allusion à un rite juif. Le monothéisme israélite avait fait des adeptes à Rome, au Ier siècle après J.-C. (parmi eux, peut-être, l'impératrice Poppée). Mais les observances très strictes de cette religion, concernant en particulier l'alimentation, le vêtement et le repos rituel hebdomadaire, avaient choqué les Romains.*
2. tenere = praebere.
3. profectum erit : *passif impersonnel* (proficere : *faire un progrès, progresser*).
4. reddere : *reconnaître.*
5. specie boni puniunt : *ce qui apparemment est un bien (la richesse, la puissance, etc.) est en fait une punition.*

**Le geste de la prière. Prototype de l'*orante.* (Bronze de Pompéi, Naples, Musée archéologique national.)**

## *Recherche*

• Tertullien, que vous avez rencontré pp. 67-68, dit de Sénèque : « *Seneca saepe noster...* », et sa théologie est très influencée par le stoïcisme. Qu'est-ce qui, dans ce texte, fait songer à la morale religieuse du christianisme?

## Le Dieu unique

*Le christianisme est une religion exclusive, qui se signale, dans le monde antique, par son souci de prosélytisme, sa volonté de convertir tout le monde à ses dogmes. C'est là une nouveauté : les Romains, nous l'avons vu, ne se souciaient guère de la religion du voisin et faisaient preuve de la plus grande tolérance, pourvu que le culte officiel fût respecté et que l'ordre régnât.*

*Dans son dialogue intitulé* Octavius, *le chrétien* ***Minucius Félix*** *s'efforce de convertir son ami païen Caecilius Natalis, et il y parvient. Voici de quelle façon un chrétien du IIIe siècle expliquait à un païen la nécessité du monothéisme.*

Vide : rex unus apibus, dux unus in gregibus, in armentis rector unus. Tu in caelo summam potestatem dividi credas et scindi veri illius ac divini imperii totam majestatem, cum palam sit[1] parentem omnium Deum nec principium habere nec terminum, qui nativitatem omnibus praestet, sibi perpetuitatem, qui ante mundo fuerit sibi ipse pro[2] mundo? Qui universa quaecumque sunt verbo jubet, ratione dispensat, virtute consummat. Hic non videri potest : visu clarior est; nec comprehendi : tactu purior est; nec aestimari : sensibus major est, infinitus, immensus, et soli sibi tantus, quantus est, notus. Nobis vero ad intellectum pectus angustum est, et ideo sic eum digne aestimamus, dum inaestimabilem dicimus. Eloquar quemadmodum sentio : magnitudinem Dei qui se putat nosse, minuit. Nec nomen Deo quaeras! Deus nomen est. Illic vocabulis opus est, cum per singulos propriis appellationum insignibus multitudo dirimenda est; Deo, qui solus est, Dei vocabulum totum est[3]. Quem si « patrem » dixero, terrenum opineris[4]; si « regem », carnalem suspiceris; si « dominum », intellegas utique mortalem. Aufer additamenta nominum, et perspicies ejus claritatem.

Minucius Félix, *Octavius,* 18, 7-10.

1. palam est : *il est évident.*
2. pro : *à la place de, au lieu de, en l'absence de.*
3. totum est : *le recouvre en entier (il n'a pas besoin d'autres noms).*
4. terrenum (eum esse) opineris : *tu pourrais croire qu'il s'agit d'un être terrestre.*

## *Recherche*

• Comment procède Minucius pour faire admettre l'unicité d'un Dieu tout-puissant? On a pu dire que l'accession à l'Empire avait ouvert la voie au monothéisme : pourquoi?

• Encore une fois, dans ce texte, il est question du nom à donner au Dieu des chrétiens. Pourquoi, selon Minucius, les hommes ont-ils multiplié les noms des dieux? Pour les chrétiens, Dieu n'a qu'un nom : on l'appelle Dieu. Pouvez-vous préciser dans quelle tradition s'inscrit ce principe? Quelle théorie Minucius réfute-t-il, particulièrement dans la dernière phrase? Quelle aurait pu être la tentation des Romains en la matière (voir *Jupiter Stator, Jupiter Optimus Maximus,* etc.)?

• Quels sont les attributs du Dieu des chrétiens? Le dogme de la Trinité a mis des siècles à se faire : selon vous, pourquoi?

# Deux religions... deux mondes...

*Nous voici en 384 après J.-C. Le christianisme a triomphé : avec Constantin, la religion chrétienne est devenue la religion officielle de l'Empire. Le paganisme subsiste pourtant, mais sa force diminue chaque jour, et la religion des aïeux est sur le point de s'éteindre sous les interdits des nouveaux maîtres de Rome. Un événement, ou plutôt un monument, va mettre aux prises les porte-parole les plus autorisés de l'une et l'autre religion.*

*Il existait à Rome, au Sénat, un autel dédié à la Victoire, institué par Auguste. Considéré comme vexatoire pour les sénateurs chrétiens, cet autel fut supprimé par Constance, puis rétabli par Julien et toléré par Valentinien Ier; en 382, Gratien le supprime à nouveau.* ***Symmaque*** (Quintus Aurelius Symmachus), *préfet de Rome, chef du parti païen, adresse à l'empereur Valentinien II une supplique demandant le rétablissement de cet autel, symbole de la tradition religieuse païenne de la Ville... C'est l'occasion d'un vibrant plaidoyer pour la survie du paganisme, qui a fait la grandeur de Rome.*

## La Victoire, symbole de notre Empire !

La Victoire, chère au cœur de Symmaque. (Colonne Trajane.)

Nous réclamons le maintien de ces cultes qui ont tant apporté à l'État romain. Énumérez les empereurs de l'une et l'autre religion, de l'une et l'autre foi : parmi eux, les plus anciens ont pratiqué les cérémonies des ancêtres, les plus récents ne les ont point supprimées. Si vous refusez de prendre exemple des scrupules religieux des premiers, prenez du moins exemple de la tolérance des autres! Qui donc est ami des barbares au point de ne pas avoir besoin d'un autel de la Victoire?... Votre éternité doit beaucoup à la Victoire, et, à l'avenir, elle lui devra encore davantage. Que se dressent contre sa puissance ceux à qui elle n'a jamais profité : vous, gardez-vous d'abandonner un patrimoine ami des triomphes! Tous les hommes doivent former des vœux pour sa puissance : personne ne refuse de l'honorer, s'il reconnaît qu'elle est souhaitable. Mais, même s'il n'était point juste d'éviter ce terrible présage, du moins aurait-on dû respecter cet ornement de la curie... Où prêterons-nous serment de fidélité? Quels scrupules religieux détourneront les menteurs du faux témoignage? Tout est plein de dieu, et il n'est pas de place en ce monde pour les parjures – mais pour susciter la crainte de commettre une faute, rien n'est plus fort que la contrainte qu'impose la présence même de la divinité. Pour l'ensemble des citoyens, cet autel maintient la concorde, c'est lui qui garantit la bonne foi dans les engagements privés, et rien ne donne plus de poids à nos décisions de sénateurs que le fait qu'elles sont le décret d'un ordre pour ainsi dire lié par serment. Ainsi donc cette assemblée, sans valeur religieuse désormais, sera ouverte aux parjures, et cela sera approuvé par nos nobles empereurs, qui assoient leur pouvoir sur le serment de fidélité de leurs sujets?

## Le passé dicte nos devoirs et notre tolérance...

Suus cuique mos, suus ritus [1] est; varios custodes urbibus cultusque mens divina [2] distribuit; ut animae nascentibus, ita populis fatales genii [3] dividuntur. Accedit utilitas, quae maxime homini deos adserit. Nam cum ratio omnis in operto sit [4], unde rectius quam de memoria atque documentis rerum secundarum cognitio venit numinum? Jam si longa aetas auctoritatem religionibus faciat, servanda est tot saeculis fides et sequendi sunt nobis parentes, qui secuti sunt feliciter suos. Romam nunc putemus assistere atque hic vobiscum agere sermonibus : « Optimi principum, patres patriae [5], reveremini annos meos, in quos me pius ritus adduxit! Utar [6] caerimoniis avitis, neque enim me paenitet! Vivam meo more, quia libera sum! Hic cultus in leges meas orbem redegit, haec sacra Hannibalem a moenibus, a Capitolio Senones [7] reppulerunt. Ad hoc ergo servata sum, ut longaeva [8] reprehendar? Videro [9] quale sit quod instituendum putatur : sera tamen et contumeliosa est emendatio senectutis. » Ergo diis patriis, diis indigetibus [10] pacem rogamus. ... Aequum est, quicquid homines colunt, unum putari : eadem spectamus astra, commune

1. mos : *la tradition en général;* ritus : *la tradition en matière religieuse.*

2. mens divina : *ce mot trahit, chez Symmaque, une inspiration stoïcienne ou néo-platonicienne, selon laquelle les divers dieux ne sont que des émanations de « l'âme du monde ».*

3. genii : *à l'échelle d'un peuple, le* genius *de chaque individu, sa divinité tutellaire personnelle;* fatales : *assignés par le destin.*

4. in operto esse : *être en plein mystère, être impuissant devant l'irrationnel.*

5. patres patriae : *titre officiel donné (indistinctement!) à tous les empereurs.*

6. utar : *subjonctif exprimant un souhait* (= mihi liceat uti).

7. Hannibalem, Senonas : *l'orateur évoque les deux moments les plus critiques de l'histoire de Rome, le siège de la Ville par les Gaulois Sénons (390 av. J.-C.) et l'invasion d'Hannibal (217-216 av. J.-C.). Hannibal avait regardé Rome de loin sans l'attaquer, mais les Gaulois avaient conquis la Ville, à l'exception du Capitole.*

8. longaeva : *maintenant que je suis vieille.*

9. videro, *ici : peu importe.*

10. dii patrii, dii indigetes : *à l'origine, les dieux troyens, et les dieux autochtones (italiques). Avec le temps, cette distinction s'est fondue dans une formule toute faite.*

caelum est; idem nos mundus involvit. Quid interest, qua quisque prudentia verum requirat? Uno itinere non potest perveniri ad tam grande secretum.

Symmaque, *Relatio,* 8-10.

## *Recherche*

• Pouvez-vous retrouver dans les paroles de Symmaque des traits caractéristiques de la pensée religieuse traditionnelle de Rome? Quel rapport établit-il entre religion et politique? Quel rôle jouent la tradition et l'évocation du passé de Rome? Montrez la présence de la tradition dans pratiquement tout le texte (citez des mots caractéristiques).

• Pourquoi, parmi les épisodes du passé romain, Symmaque choisit-il d'évoquer l'invasion gauloise et Hannibal? Quel rapport ces événements entretiennent-ils avec l'actualité?

• Que pensez-vous de l'esprit utilitaire dans lequel Symmaque prêche le conservatisme religieux? Vous surprend-il chez un Romain? Comment est-il conciliable avec les arguments philosophiques produits par l'orateur?

**Le forum d'Auguste à Rome, avec le temple de *Mars Ultor*.**

## QUELQUES LUMIÈRES

Symmaque adresse sa *relatio* à Valentinien II, mais celui-ci partage le pouvoir avec un autre *princeps,* Théodose, qui règne sur l'Orient. C'est la raison pour laquelle Symmaque parle au pluriel « des » empereurs, en usant des appellations officielles, comme Votre Éternité (mais il y a peut-être là, en l'occurrence, une intention...).

La grande préoccupation de l'époque, que ce texte laisse entrevoir, n'est pas d'ordre religieux : l'Empire donne de sérieux signes de fatigue, on redoute son démantèlement, et surtout, il est menacé sur ses frontières par des hordes barbares qu'il peut de moins en moins contenir. Longtemps, on l'a vu, le parti païen en a fait retomber la responsabilité sur les chrétiens ; ce fut le motif des persécutions. Cette idée n'est pas tout à fait absente du texte de Symmaque, mais les circonstances font que notre païen l'exprime avec modération, en sourdine.

Symmaque témoigne, dans ce texte, de la religion des païens cultivés de son temps. Le syncrétisme philosophique qu'il professe est une construction intellectuelle séduisante, et contraste singulièrement avec l'image d'un paganisme obscurantiste, voire sanguinaire, que nous présentent certains polémistes chrétiens... On pourrait rétorquer qu'il faut une certaine audace pour réclamer la tolérance, après les persécutions qu'ont subies les chrétiens, mais à qui la faute ? Les Romains auraient sans doute inclus le christianisme dans leur patrimoine religieux, et le Dieu des chrétiens dans leur panthéon, si les chrétiens n'avaient pas eux-mêmes refusé catégoriquement une telle perspective.

### Les chrétiens répondent

*L'autel de la Victoire était bien le symbole du paganisme : les deux partis en avaient conscience. Pour les chrétiens, il était inconcevable de céder sur ce point, à l'heure où Théodose songeait à mettre fin radicalement à tous les cultes païens. C'est son ami, confident et directeur de conscience,* ***Ambroise*** (Aurelius Ambrosius), *évêque de Milan, la plus brillante personnalité chrétienne de l'époque, qui répond à Symmaque. Ce texte est en quelque sorte l'oraison funèbre du paganisme, et le poète Prudence, qui en reconnut l'importance, le développa plus tard en vers. Dans le passage que nous vous proposons (nous avons pratiqué quelques coupures dans le texte original pour « resserrer » les arguments), Ambroise réfute les arguments de Symmaque et oppose à la prosopopée de la Rome païenne une contre-prosopopée : Rome est désormais chrétienne...*

Comme premier argument, il nous présente Rome en pleurs, qui se lamente pitoyablement pour réclamer le respect des cultes et cérémonies : « C'est cette religion, dit-elle, qui a repoussé Hannibal de nos murs, et aussi les Gaulois Sénons. » Ainsi, en voulant vanter la puissance de la religion païenne, il trahit sa faiblesse : Hannibal a donc pu longtemps insulter la religion romaine, et parvenir de victoire en victoire jusqu'aux murs de Rome, alors que les dieux combattaient contre lui ! Pourquoi donc se sont-ils laissé assiéger, ces Romains pour qui combattaient leurs dieux ? Et que dire des Gaulois ! Lorsqu'ils pénétraient dans les sanctuaires du Capitole, la poignée de Romains restés à Rome n'auraient pas pu les repousser, si une oie effrayée n'avait trahi leur présence par son vacarme ! Voilà les fiers gardiens des temples romains ! Et Jupiter, où était-il, à ce moment-là ? C'est par les cris de l'oie qu'il faisait entendre sa voix ?

### Prosopopée de Rome chrétienne

Facessat igitur invidiosa[1] illa populi Romani querela ! Non hanc Roma mandavit. Aliis illa vos interpellat vocibus : « Quid me casso[2] quotidie gregis innoxii sanguine cruentatis ? Non in fibris pecudum, sed in viribus bellatorum tropaea victoriae sunt ! Aliis ego disciplinis orbem subegi. Militabat[3] Camillus qui sublata Capitolio signa, caesis Tarpeiae rupis triumphatoribus, reportavit : stravit virtus quos religio non removit. Quid de Atilio[4] loquar, qui militiam etiam mortis impendit ? Africanus[5] non inter Capitolii aras, sed inter Hannibalis acies triumphum invenit. Quid mihi veterum exempla profertis ? Odi ritus Neronum[6] !... Paenitet lapsus[7] : vetusta canities pudendi sanguinis traxit ruborem[8]. Non erubesco cum toto orbe longaeva converti... Erubescat senectus quae se emendare non potest ! Non annorum canities[9] est laudanda, sed morum. Nullus pudor est ad meliora transire. Hoc solum habebam commune cum barbaris, quia[10] Deum antea nesciebam... »

Saint Ambroise, *Lettres*, 18, 7.

1. invidiosa : *détestable, révoltante.*
2. casso : *répandu pour rien, inutile. Allusion aux sacrifices faits, précisément, sur l'autel de la Victoire.*
3. militabat : *c'est en combattant comme soldat, non par des sacrifices, que Camille a fini par battre les Gaulois, permettant ainsi que l'on remît en place les statues enlevées du Capitole pour les soustraire au pillage.*
4. Atilio : M. Atilius Regulus, *dont vous connaissez l'histoire ; il accomplit son devoir de soldat jusqu'à la mort.*
5. Africanus : *Scipion l'Africain, qui mit fin à la deuxième guerre Punique, par sa victoire sur Hannibal, à Zama (202 av. J.-C.).*
6. ritus Neronum : *un culte (des rites) que pratiquèrent des Nérons, des tyrans comme Néron.*
7. lapsus : *l'erreur d'avoir adoré de faux dieux.*
8. « *Mes cheveux blancs de vieille femme me font rougir du sang honteux des victimes.* » *Cette expression alambiquée est bien dans le style de l'époque... Notez l'opposition avec* non erubesco *qui suit ;* convertor : *se convertir.*
9. canities *est pris ici dans un double sens : la blancheur des cheveux, marque des ans* (annorum), *et de la pureté des* morum.
10. quia = quod ; *à l'époque tardive, on emploie* quia *avec le sens de* quod : *le fait que, sans nuance causale ; on en viendra bientôt à employer des propositions introduites par* quia *ou* quod *en lieu et place de propositions infinitives.*

## *Recherche*

• Opposez la réponse d'Ambroise à la pétition de Symmaque. Établissez des correspondances entre les termes et les arguments de l'un et l'autre texte (ex. : *neque enim paenitet [avitorum caerimoniarum] → paenitet lapsus*).

• De quelle façon Ambroise s'attache-t-il à séparer la cause de Rome de celle de ses dieux ? En quoi réfute-t-il Symmaque sur ce point ? Est-ce que les chrétiens renonceront toujours à faire intervenir la volonté de Dieu dans la constitution des empires ?

• Étudiez le style d'Ambroise : montrez le rôle que jouent les oppositions et antithèses (parfois complexes !) dans ce texte. Le ton de l'évêque de Milan est-il le même que celui du préfet de Rome ? Dans quelle mesure cela trahit-il la position de force d'un parti par rapport à son adversaire ?

• On sent chez Symmaque, comme chez Ambroise, la présence fondamentale d'une même culture : déjà existe une image de Rome héroïque, que l'on projette sur l'actualité, mais que des siècles et des siècles séparent de l'actualité. Les deux hommes en tirent des leçons différentes : le paganisme semble tourné vers le passé, tandis que les chrétiens proclament que Rome continue dans son éternité en renaissant à la vraie religion. La culture antique, elle aussi, a subi une conversion...

# Annexes

Index des auteurs
Index grammatical
Les conjugaisons
Les déclinaisons

Éphèbe méditatif.
(Statuette en terre cuite, provenant de Béotie, fin du IVe siècle av. J.-C. ; hauteur 17 cm.)

# Index des auteurs

*N.B. L'italique signale les auteurs français, ou auteurs antiques traduits, qui figurent en parallèle aux textes latins.*

# INDEX GRAMMATICAL

## RAPPELS GRAMMATICAUX



## EXERCICES DE GRAMMAIRE

# Les conjugaisons

## sum

| | INDICATIF | SUBJONCTIF | IMPÉRATIF | INFINITIF | PARTICIPE |
|---|---|---|---|---|---|
| PRÉSENT | su-m<br>e-s<br>es-t<br>su-mus<br>es-tis<br>su-nt | s-i-m<br>s-i-s<br>s-i-t<br>s-i-mus<br>s-i-tis<br>s-i-nt | es<br><br><br>es-te | es-se | |
| IMPARFAIT | er-a-m<br>er-a-s<br>er-a-t<br>er-a-mus<br>er-a-tis<br>er-a-nt | es-se-m<br>es-se-s<br>es-se-t<br>es-se-mus<br>es-se-tis<br>es-se-nt | | | |
| FUTUR | er-o<br>er-i-s<br>er-i-t<br>er-i-mus<br>er-i-tis<br>er-u-nt | | esto<br><br><br>estote | fu-turum, am um<br>esse<br>*ou*<br>fo-re | fu-turus,<br>a, um |
| PARFAIT | fu-i<br>fu-isti<br>fu-it<br>fu-imus<br>fu-istis<br>fu-erunt<br>(fu-ere) | fu-eri-m<br>fu-eri-s<br>fu-eri-t<br>fu-eri-mus<br>fu-eri-tis<br>fu-eri-nt | fu-isse | | |
| PLUS-QUE-PARFAIT | fu-era-m<br>fu-era-s<br>fu-era-t<br>fu-era-mus<br>fu-era-tis<br>fu-era-nt | fu-isse-m<br>fu-isse-s<br>fu-isse-t<br>fu-isse-mus<br>fu-isse-tis<br>fu-isse-nt | | | |
| FUTUR ANTÉRIEUR | fu-er-o<br>fu-eri-s<br>fu-eri-t<br>fu-eri-mus<br>fu-eri-tis<br>fu-eri-nt | | | | |

REMARQUES

1) Les formes faites sur le radical du parfait ne présentent aucune particularité. ***Possum*** (parfait *potui*) : *potueram, potuero, potuerim, potuissem, potuisse.* ***Prosum*** (parfait *profui*) : *profueram, profuero, profuerim, profuissem, profuisse.*

2) Le verbe ***possum*** n'a pas d'impératif.

## possum

| | INDICATIF | SUBJONCTIF | INFINITIF |
|---|---|---|---|
| PRÉSENT | pos sum<br>pot es<br>pot est<br>pos sumus<br>pot estis<br>pos sunt | pos sim<br>pos sis<br>pos sit<br>pos simus<br>pos sitis<br>pos sint | posse |
| IMPARFAIT | pot eram<br>pot eras<br>... | possem<br>posses<br>... | |
| FUTUR | pot ero<br>pot eris<br>... | | |

## prosum

| | INDICATIF | SUBJONCTIF | IMPÉRATIF |
|---|---|---|---|
| PRÉSENT | pro sum<br>prod es<br>prod est<br>pro sumus<br>prod estis<br>pro sunt | pro sim<br>pro sis<br>pro sit<br>pro simus<br>pro sitis<br>pro sint | prod es<br><br><br>prod este |
| IMPARFAIT | prod eram<br>prod eras<br>... | prod essem<br>prod esses<br>... | |
| FUTUR | prod ero<br>prod eris<br>... | | |

| INFINITIF |
|---|
| prod esse |

# INFECTUM ACTIF

## INDICATIF

| | I | II | III | IV | III mixte |
|---|---|---|---|---|---|
| PRÉSENT | amo | dele-o | leg-o | audi-o | capi-o |
| | ama-s | dele-s | leg-i-s | audi-s | capi-s |
| | ama-t | dele-t | leg-i-t | audi-t | capi-t |
| | ama-mus | dele-mus | leg-i-mus | audi-mus | capi-mus |
| | ama-tis | dele-tis | leg-i-tis | audi-tis | capi-tis |
| | ama-nt | dele-nt | leg-u-nt | audi-u- nt | capi-u nt |
| IMPARFAIT | ama-ba-m | dele-ba-m | leg-e-ba-m | audi-e-ba-m | capi-e-ba-m |
| | ama-ba-s | dele-ba-s | leg-e-ba-s | audi-e-ba-s | capi-e-ba-s |
| | ama-ba-t | dele-ba-t | leg-e-ba-t | audi-e-ba-t | capi-e-ba-t |
| | ama-ba-mus | dele-ba-mus | leg-e-ba-mus | audi-e-ba-mus | capi-e-ba-mus |
| | ama-ba-tis | dele-ba-tis | leg-e-ba-tis | audi-e-ba-tis | capi-e-ba-tis |
| | ama-ba-nt | dele-ba-nt | leg-e-ba-nt | audi-e-ba-nt | capi-e-ba-nt |
| FUTUR | ama-bo | dele-bo | leg-a-m | audi-a-m | capi-a-m |
| | ama-bi-s | dele-bi-s | leg-e-s | audi-e-s | capi-e-s |
| | ama-bi-t | dele-bi-t | leg-e-t | audi-e-t | capi-e-t |
| | ama-bi-mus | dele-bi-mus | leg-e-mus | audi-e-mus | capi-e-mus |
| | ama-bi-tis | dele-bi-tis | leg-e-tis | audi-e-tis | capi-e-tis |
| | ama-bu-nt | dele-bu-nt | leg-e-nt | audi-e-nt | capi-e-nt |

## SUBJONCTIF

| | I | II | III | IV | III mixte |
|---|---|---|---|---|---|
| PRÉSENT | am-e-m | dele-a-m | leg-a-m | audi-a-m | capi-a-m |
| | am-e-s | dele-a-s | leg-a-s | audi-a-s | capi-a-s |
| | am-e-t | dele-a-t | leg-a-t | audi-a-t | capi-a-t |
| | am-e-mus | dele-a-mus | leg-a-mus | audi-a-mus | capi-a-mus |
| | am-e-tis | dele-a-tis | leg-a-tis | audi-a-tis | capi-a-tis |
| | am-e-nt | dele-a-nt | leg-a-nt | audi-a-nt | capi-a-nt |
| IMPARFAIT | ama-re-m | dele-re-m | leg-e-re-m | audi-re-m | cape-re-m |
| | ama-re-s | dele-re-s | leg-e-re-s | audi-re-s | cape-re-s |
| | ama-re-t | dele-re-t | leg-e-re-t | audi-re-t | cape-re-t |
| | ama-re-mus | dele-re-mus | leg-e-re-mus | audi-re-mus | cape-re-mus |
| | ama-re-tis | dele-re-tis | leg-e-re-tis | audi-re-tis | cape-re-tis |
| | ama-re-nt | dele-re-nt | leg-e-re-nt | audi-re-nt | cape-re-nt |

## SUPIN

| | I | II | III | IV | III mixte |
|---|---|---|---|---|---|
| ACCUSATIF | amat-um | delet-um | lect-um | audit-um | capt-um |
| DAT. / ABL. | amat-u | delet-u | lect-u | audit-u | capt-u |

## PARTICIPE

| | I | II | III | IV | III mixte |
|---|---|---|---|---|---|
| PRÉSENT | ama-ns, | dele-ns, | leg-e-ns, | audi-e ns, | capi-e ns, |
| | ama-ntis | dele-ntis | leg-e-ntis | audi-entis | capi-entis |
| FUTUR | amat-urus, a, um | delet-urus... | lect-urus... | audit-urus... | capt-urus... |

## IMPÉRATIF

| | I | II | III | IV | III mixte |
|---|---|---|---|---|---|
| PRÉSENT | ama, | dele, | lege, | audi, | cape, |
| | ama-te | dele-te | leg-i-te | audi-te | capi-te |
| FUTUR | ama-to, | dele-to, | leg-i-to, | audi-to, | capi-to, |
| | ama-to, | dele-to, | leg-i-to, | audi-to, | capi-to, |
| | ama-tote, | dele-tote, | leg-i-tote, | audi-tote, | capi-tote, |
| | ama-nto | dele-nto | leg-unto | audi-unto | capi-unto |

## INFINITIF

| | I | II | III | IV | III mixte |
|---|---|---|---|---|---|
| PRÉSENT | ama-re | dele-re | leg-e-re | audi-re | cape-re |
| FUTUR | amat-urum | delet-urum, | lect-urum, | audit-urum, | capt-urum, |
| | am, um (esse) | am, um (esse) | am, um (esse) | am, um (esse) | am, um (esse) |

## GÉRONDIF

| | I | II | III | IV | III mixte |
|---|---|---|---|---|---|
| ACCUSATIF | ama-ndum | dele-ndum | leg-e-ndum | audi-endum | capi-endum |
| GENITIF | ama-ndi | dele-ndi | leg-e-ndi | audi-endi | capi-endi |
| DATIF | ama-ndo | dele-ndo | leg-e-ndo | audi-endo | capi-endo |
| ABLATIF | ama-ndo | dele-ndo | leg-e-ndo | audi-endo | capi-endo |

# INFECTUM PASSIF

## INDICATIF

| | I | II | III | IV | III mixte |
|---|---|---|---|---|---|
| PRÉSENT | amor<br>ama-ris/re<br>ama-tur<br>ama-mur<br>ama-mini<br>ama-ntur | dele-or<br>dele-ris/re<br>dele-tur<br>dele-mur<br>dele-mini<br>dele-ntur | leg-or<br>leg-e-ris/re<br>leg-i-tur<br>leg-i-mur<br>leg-i-mini<br>leg-u-ntur | audi-or<br>audi-ris/re<br>audi-tur<br>audi-mur<br>audi-mini<br>audi-u ntur | capi-or<br>capi-ris/re<br>capi-tur<br>capi-mur<br>capi-mini<br>capi-u ntur |
| IMPARFAIT | ama-ba-r<br>ama-ba-ris/re<br>ama-ba-tur<br>ama-ba-mur<br>ama-ba-mini<br>ama-ba-ntur | dele-ba-r<br>dele-ba-ris/re<br>dele-ba-tur<br>dele-ba-mur<br>dele-ba-mini<br>dele-ba-ntur | leg-e-ba-r<br>leg-e-ba-ris/re<br>leg-e-ba-tur<br>leg-e-ba-mur<br>leg-e-ba-mini<br>leg-e-ba-ntur | audi-e-ba-r<br>audi-e-ba-ris/re<br>audi-e-ba-tur<br>audi-e-ba-mur<br>audi-e-ba-mini<br>audi-e-ba-ntur | capi-e-ba-r<br>capi-e-ba-ris/re<br>capi-e-ba-tur<br>capi-e-ba-mur<br>capi-e-ba-mini<br>capi-e-ba-ntur |
| FUTUR | ama-bor<br>ama-be-ris/re<br>ama-bi-tur<br>ama-bi-mur<br>ama-bi-mini<br>ama-bu-ntur | dele-bo-r<br>dele-be-ris/re<br>dele-bi-tur<br>dele-bi-mur<br>dele-bi-mini<br>dele-bu-ntur | leg-a-r<br>leg-e-ris/re<br>leg-e-tur<br>leg-e-mur<br>leg-e-mini<br>leg-e-ntur | audi-a-r<br>audi-e-ris/re<br>audi-e-tur<br>audi-e-mur<br>audi-e-mini<br>audi-e-ntur | capi-a-r<br>capi-e-ris/re<br>capi-e-tur<br>capi-e-mur<br>capi-e-mini<br>capi-e-ntur |

## SUBJONCTIF

| | | | | | |
|---|---|---|---|---|---|
| PRÉSENT | am-e-r<br>am-e-ris/re<br>am-e-tur<br>am-e-mur<br>am-e-mini<br>am-e-ntur | dele-a-r<br>dele-a-ris/re<br>dele-a-tur<br>dele-a-mur<br>dele-a-mini<br>dele-a-ntur | leg-a-r<br>leg-a-ris/re<br>leg-a-tur<br>leg-a-mur<br>leg-a-mini<br>leg-a-ntur | audi-a-r<br>audi-a-ris/re<br>audi-a-tur<br>audi-a-mur<br>audi-a-mini<br>audi-a-ntur | capi-a-r<br>capi-a-ris/re<br>capi-a-tur<br>capi-a-mur<br>capi-a-mini<br>capi-a-ntur |
| IMPARFAIT | ama-re-r<br>ama-re-ris/re<br>ama-re-tur<br>ama-re-mur<br>ama-re-mini<br>ama-re-ntur | dele-re-r<br>dele-re-ris/re<br>dele-re-tur<br>dele-re-mur<br>dele-re-mini<br>dele-re-ntur | leg-e-re-r<br>leg-e-re-ris/re<br>leg-e-re-tur<br>leg-e-re-mur<br>leg-e-re-mini<br>leg-e-re-ntur | audi-re-r<br>audi-re-ris/re<br>audi-re-tur<br>audi-re-mur<br>audi-re-mini<br>audi-re-ntur | cape-re-r<br>cape-re-ris/re<br>cape-re-tur<br>cape-re-mur<br>cape-re-mini<br>cape-re-ntur |

## IMPÉRATIF

| | | | | | |
|---|---|---|---|---|---|
| PRÉSENT | ama-re<br>ama-mini | dele-re<br>dele-mini | leg-e-re<br>leg-i-mini | audi-re<br>audi-mini | cape-re<br>capi-mini |
| FUTUR | ama-tor<br>ama-tor<br>ama-ntor | dele-tor<br>dele-tor<br>dele-ntor | leg-i-tor<br>leg-i-tor<br>leg-untor | audi-tor<br>audi-tor<br>audi-untor | capi-tor<br>capi-tor<br>capi-untor |

## INFINITIF

| | | | | | |
|---|---|---|---|---|---|
| PRÉSENT | ama-ri | dele-ri | leg-i | audi-ri | cap-i |
| FUTUR | amatum iri | deletum iri | lectum iri | auditum iri | captum iri |

## ADJECTIF VERBAL

| | | | | | |
|---|---|---|---|---|---|
| | ama-ndus a, um | dele-ndus, a, um | leg-endus, a, um | audi-endus, a, um | capi-endus, a, um |

## PERFECTUM ACTIF

| INDICATIF | | | SUBJONCTIF | | INFINITIF |
|---|---|---|---|---|---|
| PARFAIT | PLUS-QUE-PARFAIT | FUTUR ANTÉRIEUR | PARFAIT | PLUS-QUE-PARFAIT | |
| amav-i | amav-eram | amav-ero | amav-erim | amav-issem | |
| amav-isti | amav-eras | amav-eris | amav-eris | amav-isses | amav-isse |
| amav-it | amav-erat | amav-erit | amav-erit | amav-isset | |
| amav-imus | amav-eramus | amav-erimus | amav-erimus | amav-issemus | |
| amav-istis | amav-eratis | amav-eritis | amav-eritis | amav-issetis | |
| amav-erunt | amav-erant | amav-erint | amav-erint | amav-issent | |
| (amav-ere) | | | | | |

Le radical du parfait de chaque verbe est donné par le dictionnaire.

## PERFECTUM PASSIF

| INDICATIF | | | SUBJONCTIF | | INFINITIF |
|---|---|---|---|---|---|
| PARFAIT | PLUS-QUE-PARFAIT | FUTUR ANTÉRIEUR | PARFAIT | PLUS-QUE-PARFAIT | amatum, am, um (esse) |
| | amatus, a, um | | amatus, a, um | | |
| sum | eram | ero | sim | essem | |
| es | eras | eris | sis | esses | |
| est | erat | erit | sit | esset | **PARTICIPE** |
| | amati, ae, a | | amati, ae, a | | amatus, a, um |
| sumus | eramus | erimus | simus | essemus | |
| estis | eratis | eritis | sitis | essetis | |
| sunt | erant | erunt | sint | essent | |

Le radical du parfait de chaque verbe est donné par le dictionnaire.

# LES VERBES DÉPONENTS

**imitor,** aris, ari, imitatus sum *(imiter) : se conjugue comme* amor ;
**vereor,** eris, eri, veritus sum *(craindre, respecter) : se conjugue comme* deleor ;
**utor,** eris, uti, usus sum *(+ abl.) (employer, se servir de) : se conjugue comme* legor ;
**experior,** iris, iri, expertus sum *(experimenter, éprouver) : se conjugue comme* audior ;
**patior,** eris, pati, passus sum *(souffrir, supporter) : se conjugue comme* capior.

## INDICATIF

| | | | | | |
|---|---|---|---|---|---|
| PRÉSENT | imit-or<br>imita-ris<br>imita-tur... | vere-or<br>vere-ris<br>vere-tur... | ut-o-r<br>ut-e-ris<br>ut-i-tur... | experi-or<br>experi-ris<br>experi-tur... | pati-or<br>pate-ris<br>pati-tur... |
| IMPARFAIT | imita-ba-r<br>imita-ba-ris... | vere-ba-r<br>vere-ba-ris... | ut-e-ba-r<br>ut-e-ba-ris... | experi-eba-r<br>experi-eba-ris... | pati-eba-r<br>pati-eba-ris... |
| FUTUR | imita-bo-r<br>imita-be-ris<br>imita-bi-tur... | vere-bo-r<br>vere-be-ris<br>vere-bi-tur... | ut-a-r<br>ut-e-ris<br>ut-e-tur... | experi-a-r<br>experi-e-ris<br>experi-e-tur... | pati-a-r<br>pati-e-ris<br>pati-e-tur... |
| PARFAIT | imitatus, a, um<br>sum... | veritus, a, um<br>sum... | usus, a, um<br>sum... | expertus, a, um<br>sum... | passus, a, um<br>sum... |
| PLUS-QUE-PARFAIT | imitatus, a, um<br>eram... | veritus, a, um<br>eram... | usus, a, um<br>eram... | expertus, a, um<br>eram... | passus, a, um<br>eram... |
| FUTUR ANTÉRIEUR | imitatus, a, um<br>ero... | veritus, a, um<br>ero... | usus, a, um<br>ero... | expertus, a, um<br>ero... | passus, a, um<br>ero... |

## IMPÉRATIF

| | | | | | |
|---|---|---|---|---|---|
| PRÉSENT | imita-re<br>imita-mini | vere-re<br>vere-mini | ut-e-re<br>ut-i-mini | experi-re<br>experi-mini | pate-re<br>pati-mini |

## SUBJONCTIF

| | | | | | |
|---|---|---|---|---|---|
| PRÉSENT | imite-r<br>imite-ris... | vere-a-r<br>vere-a-ris... | ut-a-r<br>ut-a-ris... | experi-a-r<br>experi-a-ris... | pati-a-r<br>pati-a-ris... |
| PARFAIT | imitatus, a, um<br>sim... | veritus, a, um<br>sim... | usus, a, um<br>sim... | expertus, a, um<br>sim... | passus, a, um<br>sim... |
| IMPARFAIT | imita-re-r<br>imita-re-ris... | vere-re-r<br>vere-re-ris... | ut-e-re-r<br>ut-e-re-ris... | experi-re-r<br>experi-re-ris... | pate-re-r<br>pate-re-ris... |
| PLUS-QUE-PARFAIT | imitatus, a, um,<br>essem... | veritus, a, um<br>essem... | usus, a, um<br>essem... | expertus, a, um<br>essem... | passus, a, um<br>essem... |

## INFINITIF

| | | | | | |
|---|---|---|---|---|---|
| PRÉSENT | imita-ri | vere-ri | ut-i | experi-ri | pati |
| PASSÉ | imitatum, am, um<br>esse | veritum, am, um<br>esse | usum, am, um<br>esse | expertum, am, um<br>esse | passum, am, um<br>esse |
| FUTUR | imitaturum, am,<br>um esse | veriturum, am,<br>um esse | usurum, am,<br>um esse | experturum, am,<br>um esse | passurum, am,<br>um esse |

## PARTICIPE

| | | | | | |
|---|---|---|---|---|---|
| PRÉSENT | imita-ns, ntis | vere-ns, ntis | ut-e-ns, ntis | experi-ens, ntis | pati-ens, ntis |
| PASSÉ | imitatus, a, um | veritus, a, um | usus, a, um | expertus, a, um | passus, a, um |
| FUTUR | imitaturus, a, um | veriturus, a, um | usurus, a, um | experturus, a, um | passurus, a, um |

| | | | | | |
|---|---|---|---|---|---|
| **SUPIN** | imitatum | veritum | usum | expertum | passum |
| **GÉRONDIF** | (ad) imitandum | (ad) verendum... | (ad) utendum... | (ad) experiendum... | (ad) patiendum... |

# LES VERBES IRRÉGULIERS

## Fero, fers, ferre, tuli, latum : *porter, supporter, rapporter (une nouvelle...)*

| | INDICATIF | | SUBJONCTIF | | IMPÉRATIF |
|---|---|---|---|---|---|
| | ACTIF | PASSIF | ACTIF | PASSIF | ACTIF |
| PRÉSENT | fer- o<br>fer- s<br>fer- t<br>fer- i- mus<br>fer- tis<br>fer u nt | fer- or<br>fer- ris<br>fer- tur<br>fer- i- mur<br>fer- i- mini<br>fer u ntur | feram<br>feras<br>ferat<br>feramus<br>feratis<br>ferant | ferar<br>feraris<br>feratur<br>feramur<br>feramini<br>ferantur | fer<br><br><br><br>fer- te |
| IMPARFAIT | ferebam<br>ferebas<br>ferebat... | ferebar<br>ferebaris<br>ferebatur... | fer- rem<br>fer- res<br>fer- ret... | fer- rer<br>fer- reris<br>fer- retur... | |
| FUTUR | feram<br>feres<br>feret... | ferar<br>fereris<br>feretur... | | | ferto<br>fertote<br>ferunto |

| INFINITIF | | PARTICIPE |
|---|---|---|
| ACTIF | PASSIF | ACTIF |
| fer- re | fer- ri | ferens, ntis |

| GÉRONDIF |
|---|
| A (ad) ferendum<br>G ferendi<br>D ferendo<br>Ab ferendo |

| ADJECTIF VERBAL |
|---|
| ferendus, a, um |

## Fio, fis, fieri, factus sum

| | INDICATIF | SUBJONCTIF | INFINITIF |
|---|---|---|---|
| PRÉSENT | fio<br>fis<br>fit<br>fimus<br>fitis<br>fiunt | fiam<br>fias<br>fiat<br>fiamus<br>fiatis<br>fiant | fieri |
| IMPARFAIT | fiebam<br>fiebas... | fierem<br>fieres... | |
| FUTUR | fiam<br>fies... | | |
| PARFAIT | factus, a, um<br>sum... | | |

## Volo, nolo, malo

| | | Volo | Nolo | Malo |
|---|---|---|---|---|
| INDICATIF | PRÉSENT | volo<br>vis<br>vult<br>volumus<br>vultis<br>volunt | nolo<br>non vis<br>non vult<br>nolumus<br>non vultis<br>nolunt | malo<br>mavis<br>mavult<br>malumus<br>mavultis<br>malunt |
| | IMPARFAIT | volebam... | nolebam... | malebam... |
| | FUTUR | volam<br>voles... | nolam<br>noles... | malam<br>males... |
| | PARFAIT | volui... | nolui... | malui... |
| SUBJONCTIF | PRÉSENT | velim<br>velis<br>velit<br>velimus<br>velitis<br>velint | nolim<br>nolis<br>nolit<br>nolimus<br>nolitis<br>nolint | malim<br>malis<br>malit<br>malimus<br>malitis<br>malint |
| | IMPARFAIT | vellem<br>velles... | nollem<br>nolles... | mallem<br>malles... |
| INFINITIF PRÉSENT | | velle | nolle | malle |
| PARTICIPE PRÉSENT | | volens, ntis | nolens, ntis | malens, ntis |

## Eo, is, ire, ivi ou ii, itum: *aller*

| | INDICATIF | SUBJONCTIF | IMPÉRATIF | INFINITIF | PARTICIPE |
|---|---|---|---|---|---|
| PRÉSENT | eo<br>is<br>it<br>imus<br>itis<br>eunt | eam<br>eas<br>eat<br>eamus<br>eatis<br>eant | i<br><br><br><br>ite | (actif) ire<br><br>(passif) iri | iens, euntis |
| IMPARFAIT | ibam<br>ibas... | irem<br>ires... | | | |
| FUTUR | ibo<br>ibis... | | ito<br>itote<br>eunto | | iturus, a, um |

| SUPIN | GÉRONDIF |
|---|---|
| itum | (ad) eundum<br>eundi<br>eundo<br>eundo |

1) Les formes en *ii* peuvent se réduire à *i* devant *s* : *isti, istis, isse.*
2) Les formes faites sur le radical *ivi* ou *ii* ne présentent aucune particularité.

# Les déclinaisons

## ■ 1re-2e déclinaisons – adjectifs de la 1re classe

| | SINGULIER | | | | PLURIEL | | | |
|---|---|---|---|---|---|---|---|---|
| | 1re DÉCLINAISON | | ADJECTIF FÉMININ | | 1re DÉCLINAISON | | ADJECTIF FÉMININ | |
| N | | a | | a | | ae | | ae |
| A | | am | | am | | as | | as |
| G | ros | ae | bon | ae | ros | arum | bon | arum |
| D | | ae | | ae | | is | | is |
| Ab | | a | | a | | is | | is |
| | 2e DÉCLINAISON | | ADJECTIF MASCULIN | | 2e DÉCLINAISON | | ADJECTIF MASCULIN | |
| N | | us | | us | | i | | i |
| V | | e | | e | | i | | i |
| A | domin | um | bon | um | domin | os | bon | os |
| G | | i | | i | | orum | | orum |
| D | | o | | o | | is | | is |
| Ab | | o | | o | | is | | is |
| | 2e DÉCLINAISON | | ADJECTIF NEUTRE | | 2e DÉCLINAISON NEUTRE | | ADJECTIF NEUTRE | |
| N | | um | | um | | a | | a |
| A | | um | | um | | a | | a |
| G | templ | i | bon | i | templ | orum | bon | orum |
| D | | o | | o | | is | | is |
| Ab | | o | | o | | is | | is |

N.B. : La 2e déclinaison est la seule qui présente une forme spécifique de vocatif, et au singulier seulement.

## ■ 3e déclinaison

| | IMPARISYLLABIQUES | | | | PARISYLLABIQUES | | | | | |
|---|---|---|---|---|---|---|---|---|---|---|
| **SINGULIER** | | | | | | | | | | |
| | | | NEUTRE | | | | | | NEUTRE | |
| N | | consul | flumen | | | is | | s | | e |
| A | | em | flumen | | | em | | em | | e |
| G | consul | is | flumen | is | civ | is | urb | is | mar | is |
| D | | i | | i | | i | | i | | i |
| Ab | | e | | e | | e | | e | | i |
| **PLURIEL** | | | | | | | | | | |
| N | | es | | a | | es | | es | | ia |
| A | | es | | a | | es | | es | | ia |
| G | consul | um | flumin | um | civ | ium | urb | ium | mar | ium |
| D | | ibus | | ibus | | ibus | | ibus | | ibus |
| Ab | | ibus | | ibus | | ibus | | ibus | | ibus |

## Adjectifs de la 2e classe

| SINGULIER | *type* omnis | | *type* ingens | | *imparisyllabiques (dont les comparatifs)* | |
|---|---|---|---|---|---|---|
| | M F | N | M F | N | M F | N |
| N | omnis | omne | ingens | ingens | vetus | vetus |
| A | omnem | omne | ingentem | ingens | veterem | vetus |
| G | omnis | | ingentis | | veteris | |
| D | omni | | ingenti | | veteri | |
| Ab | omni | | ingenti/e | ingenti | vetere | |

| PLURIEL | | | | | | |
|---|---|---|---|---|---|---|
| N | omnes | omnia | ingentes | ingentia | veteres | vetera |
| A | omnes | omnia | ingentes | ingentia | veteres | vetera |
| G | omnium | | ingentium | | veterum | |
| D | omnibus | | ingentibus | | veteribus | |
| Ab | omnibus | | ingentibus | | veteribus | |

## Unus, duo, tres

| | M | F | N | M | F | N | M F | N |
|---|---|---|---|---|---|---|---|---|
| N | unus | una | unum | duo | duae | duo | tres | tria |
| A | unum | unam | unum | duos (duo) | duas | duo | tres | tria |
| G | | unius | | duorum | duarum | duorum | trium | |
| D | | uni | | duobus | duabus | duobus | tribus | |
| Ab | uno | una | uno | duobus | duabus | duobus | tribus | |

## 4e déclinaison

| | SINGULIER | | PLURIEL | |
|---|---|---|---|---|
| | M F | N | M F | N |
| N | man us | corn u | man us | corn ua |
| A | man um | corn u | man us | corn ua |
| G | man us | corn us | man uum | corn uum |
| D | man ui | corn ui | man ibus | corn ibus |
| Ab | man u | corn u | man ibus | corn ibus |

## 5e déclinaison

| | SINGULIER | | PLURIEL | |
|---|---|---|---|---|
| | M F | N | M F | N |
| N | res | di es | res | di es |
| A | rem | di em | res | di es |
| G | rei | di ei | rerum | di erum |
| D | rei | di ei | rebus | di ebus |
| Ab | re | di e | rebus | di ebus |

## Domus

| | SINGULIER | PLURIEL | |
|---|---|---|---|
| N | domus | domus | |
| A | domum | domus | domos |
| G | domus | domuum | domorum |
| D | domui | domibus | |
| Ab | domo | domibus | |
| LOCATIF | domi | | |

N.B. : Les adjectifs *totus, a, um; ullus, a, um; nullus, a, um* se déclinent comme *unus*.

## Les pronoms personnels

| | | | | |
|---|---|---|---|---|
| N | ego | tu | nos | vos |
| A | me | te | nos | vos |
| G | mei | tui | nostrum | vestrum |
| D | mihi | tibi | nobis | vobis |
| Ab | me | te | nobis | vobis |

| RÉFLÉCHI | |
|---|---|
| A | se |
| G | sui |
| D | sibi |
| Ab | se |

## Le pronom relatif

| | SINGULIER | | | PLURIEL | | |
|---|---|---|---|---|---|---|
| | M | F | N | M | F | N |
| N | qui | quae | quod | qui | quae | quae |
| A | quem | quam | quod | quos | quas | quae |
| G | cujus | cujus | cujus | quorum | quarum | quorum |
| D | cui | cui | cui | quibus | quibus | quibus |
| Ab | quo | qua | quo | quibus | quibus | quibus |

## Le pronom/adjectif interrogatif quis

| | SINGULIER | | | PLURIEL | | |
|---|---|---|---|---|---|---|
| | M | F | N | M | F | N |
| N | quis<br>qui *(adj.)* | quae | quid<br>quod *(adj.)* | qui | quae | quae |
| A | quem | quam | quid / quod | quos | quas | quae |
| G | cujus | cujus | cujus | quorum | quarum | quorum |
| D | cui | cui | cui | quibus | quibus | quibus |
| Ab | quo | qua | quo | quibus | quibus | quibus |

## Is, ea, id

| | SINGULIER | | | PLURIEL | | |
|---|---|---|---|---|---|---|
| | M | F | N | M | F | N |
| N | is | ea | id | ei (ii) | eae | ea |
| A | eum | eam | id | eos | eas | ea |
| G | ejus | ejus | ejus | eorum | earum | eorum |
| D | ei | ei | ei | eis (iis) | eis (iis) | eis (iis) |
| Ab | eo | ea | eo | eis (iis) | eis (iis) | eis (iis) |

## Les pronoms/adjectifs démonstratifs hic, iste, ille

| | SINGULIER | | | PLURIEL | | |
|---|---|---|---|---|---|---|
| | M | F | N | M | F | N |
| N | hic | haec | hoc | hi | hae | haec |
| A | hunc | hanc | hoc | hos | has | haec |
| G | hujus | hujus | hujus | horum | harum | horum |
| D | huic | huic | huic | his | his | his |
| Ab | hoc | hac | hoc | his | his | his |

*Iste* et *ille* ont la même déclinaison que *ipse*, sauf au N / A neutre singulier *(istud, illud)*.

## Ipse

| | SINGULIER | | | PLURIEL | | |
|---|---|---|---|---|---|---|
| | M | F | N | M | F | N |
| N | ipse | ipsa | ipsum | ipsi | ipsae | ipsa |
| A | ipsum | ipsam | ipsum | ipsos | ipsas | ipsa |
| G | ipsius | ipsius | ipsius | ipsorum | ipsarum | ipsorum |
| D | ipsi | ipsi | ipsi | ipsis | ipsis | ipsis |
| Ab | ipso | ipsa | ipso | ipsis | ipsis | ipsis |

## Nemo, *personne... ne*

| | |
|---|---|
| N | nemo |
| A | neminem |
| G | (nullius) |
| D | nemini |
| Ab | (nullo) |

## Nihil, *rien... ne*

| | |
|---|---|
| N | nihil |
| A | nihil |
| G | (nullius rei) |
| D | (nulli rei) |
| Ab | (nulla re) |

## Nullus, a, um, *aucun... ne*

| | | | |
|---|---|---|---|
| N | nullus | nulla | nullum |
| A | nullum | nullam | nullum |
| G | nullius | nullius | nullius |
| D | nulli | nulli | nulli |
| Ab | nullo | nulla | nullo |

## Alter

| | SINGULIER | | |
|---|---|---|---|
| | M | F | N |
| N | alter | altera | alterum |
| A | alterum | alteram | alterum |
| G | alterius | alterius | alterius |
| D | alteri | alteri | alteri |
| Ab | altero | altera | altero |

## Alius

| | SINGULIER | | |
|---|---|---|---|
| | M | F | N |
| N | alius | alia | aliud |
| A | alium | aliam | aliud |
| G | (alterius) | (alterius) | (alterius) |
| D | (alteri) | (alteri) | (alteri) |
| Ab | alio | alia | alio |

## Aliquis

| | SINGULIER | | | PLURIEL | | |
|---|---|---|---|---|---|---|
| | M | F | N | M | F | N |
| N | aliquis<br>aliqui *(adj.)* | aliqua | aliquid<br>aliquod *(adj.)* | aliqui | aliquae | aliqua |
| A | aliquem | aliquam | aliquid | aliquos | aliquas | aliqua |
| G | alicujus | alicujus | alicujus | aliquorum | aliquarum | aliquorum |
| D | alicui | alicui | alicui | aliquibus | aliquibus | aliquibus |
| Ab | aliquo | aliqua | aliquo | aliquibus | aliquibus | aliquibus |

N.B. : *Quis* indéfini se décline comme *aliquis.*

## Quidam

| | SINGULIER | | | PLURIEL | | |
|---|---|---|---|---|---|---|
| | M | F | N | M | F | N |
| N | quidam | quaedam | quiddam<br>quoddam *(adj.)* | quidam | quaedam | quaedam |
| A | quemdam | quamdam | quiddam | quosdam | quasdam | quaedam |
| G | cujusdam | cujusdam | cujusdam | quorumdam | quarumdam | quorumdam |
| D | cuidam | cuidam | cuidam | quibusdam | quibusdam | quibusdam |
| Ab | quodam | quadam | quodam | quibusdam | quibusdam | quibusdam |

# Table des matières

## Vivre et mourir

***Primum philosophari...***

### PROLÉGOMÈNES



### DANS LE JARDIN D'ÉPICURE



### A L'OMBRE DU PORTIQUE



***... deinde vivere***

### LE *SATIRICON* DE PÉTRONE



## Les chemins du savoir

### PÉDAGOGIE ROMAINE



### L'ORATEUR ET SON MONDE



### SCIENCES ET TECHNIQUES

# Des dieux et des hommes

**Crédits photographiques**

11 : Rapho/Bright. 13 : Dagli Orti. 15 : Rapho/Éd. Berlitz. 17 : Cinéstar. 21 : Roger-Viollet. 22 : Magnum/Lessing. 24 : Roger-Viollet. 26 : Nathan/Giraudon. 28 : Dagli Orti. 29 : Dagli Orti. 30 : Rapho/J. Ross. 32 : Amarger. 33 : Dagli Orti. 36 : Rapho/K. Lawson. 40 : R.M.N. 42 : Magnum/Lessing. 45 : Dagli Orti. 46 : Roger-Viollet. 49 : Scala. 51 : Rapho/Bulsen. 52 : Rapho/Michaud. 54 : Roger-Viollet. 57 : Rapho/Lawson. 58 : Magnum/Lessing. 61 : Haillaux du Tilly. 63 : Dagli Orti. 65 : Dagli Orti. 66 : Nathan/R.M.N. 69 : Scala. 72 : Explorer/Thomas. 75 : Roger-Viollet. 79 : Tallandier. 81 : Dagli Orti. 84 : Dagli Orti. 86 : Nathan/Roger-Viollet. 88 : Dagli Orti. 91 : Rapho/Gamet. 92 : Tallandier. 96 : Rapho/Michaud. 98 : Tallandier/Boudot-Lamotte. 101 : Magnum/Lessing. 103 : Roger-Viollet. 104 : Magnum/Lessing. 107 : Magnum/Lessing. 108 : Nathan. 111 : Christophe L. 113 : Dagli Orti. 115 : ERL/Sipa-Icono. 116 : Scala. 118 : D.R. 121 : Giraudon. 122 : Pix/Voge. 124 : R.M.N. 127 : Tallandier/Boudot-Lamotte. 129 : Lauros-Giraudon. 131 : Tallandier/Boudot-Lamotte. 133 : Nathan/B.N. 134 : Tallandier/Boudot-Lamotte. 137 : Pix/Kroner. 141 : Dagli Orti. 143 : Tallandier/Boudot-Lamotte. 145 : Nathan/Giraudon. 148 : Rapho/Ross. 153 : Magnum/Lessing. 157 : Amarger. 158 : Tallandier/Boudot-Lamotte. 161 : Explorer-Archives. 163 : Dagli Orti. 165 : Dagli Orti. 167 : Mas. 168 : Dagli Orti. 169 : Dagli Orti. 172 : Tallandier/Boudot-Lamotte. 177 : Dagli Orti. 179 : Dagli Orti. 181 : Dagli Orti. 182 : Nathan/B.N. 184 : Magnum/Lessing. 188 : Dagli Orti. 190 : Dagli Orti. 193 : Dagli Orti. 195 : Dagli Orti. 196 : Roger-Viollet. 200 : Roger-Viollet. 203 : Alinari-Giraudon. 206 : Roger-Viollet. 209 : Dagli Orti. 210 : Roger-Viollet. 213 : Roger-Viollet. 216 : Amarger. 218 : Lauros-Giraudon. 219 : Nathan/Giraudon. 221 : Dagli Orti. 225 : Rapho/Lawson. 228 : Nathan. 229 : Dagli Orti. 233 : Cinéstar. 237 : Tallandier/Boudot-Lamotte. 239 : Nathan/Roger-Viollet. 242 : Tallandier/Boudot-Lamotte. 245 : Dorka. 247 : Nathan/Giraudon. 248 : Explorer-Archives. 253 : Dagli Orti. 257 : Dagli Orti. 258 : Nathan. 260 : Nathan/Roger-Viollet. 263 : Giraudon. 269 : Explorer-Archives. 271 : J.-L. Charmet. 272 : Nathan. 274 : Nathan/Roger-Viollet. 277 : Roger-Viollet. 281 : Lauros-Giraudon. 284 : Roger-Viollet. 289 : Rapho/Michaud. 293 : Scala. 295 : Alinari-Giraudon. 296 : Lauros-Giraudon. 299 : Tallandier. 300 : Dagli Orti. 305 : Magnum/Lessing. 307 : Nathan. 309 : Giraudon. 312 : Dagli Orti. 313 : Dagli Orti. 317 : Tallandier/B.N. 320 : Magnum/Lessing. 324 : Alinari-Giraudon. 326 : Nathan. 328 : Zefa/K. Helbig. 332 : Magnum/Lessing.
Couverture : Giraudon.

**Édition :** Luce Camus, Annie Chouard
**Iconographie :** Laure Penchenat
**Mise en pages :** Françoise Crozat
**Cartographie :** Édica
**Composition et photogravure :** Touraine Compo

*Aubin Imprimeur*
LIGUGÉ, POITIERS

Achevé d'imprimer en avril 1990
N° d'édition K 50098 (I) 14 (CMSB) 80° TC / N° d'impression P 35069
Dépôt légal, avril 1990
Imprimé en France